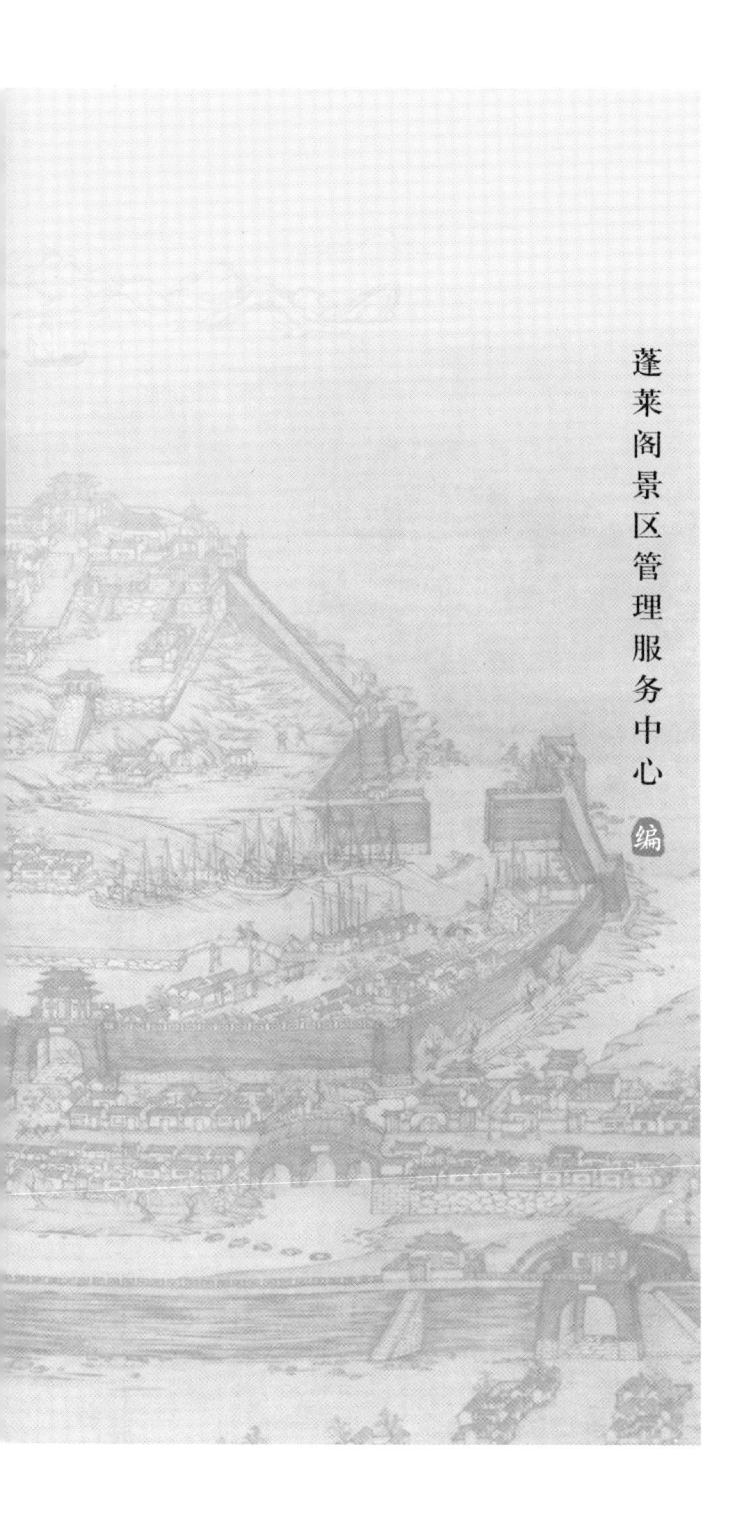

蓬莱阁明代文献研究

蓬莱阁景区管理服务中心 编

齐鲁书社
·济南·

图书在版编目（CIP）数据

蓬莱阁明代文献研究/蓬莱阁景区管理服务中心编. -- 济南：齐鲁书社，2023.12
ISBN 978-7-5333-4798-7

Ⅰ.①蓬… Ⅱ.①蓬… Ⅲ.①地方文献-研究-蓬莱-明代 Ⅳ.①K295.24

中国国家版本馆CIP数据核字(2023)第212813号

策划编辑　刘　强
责任编辑　王亚茹
装帧设计　亓旭欣

蓬莱阁明代文献研究

PENGLAIGE MINGDAI WENXIAN YANJIU

蓬莱阁景区管理服务中心　编

主管单位	山东出版传媒股份有限公司
出版发行	齐鲁书社
社　　址	济南市市中区舜耕路517号
邮　　编	250003
网　　址	www.qlss.com.cn
电子邮箱	qilupress@126.com
营销中心	（0531）82098521　82098519　82098517
印　　刷	山东华立印务有限公司
开　　本	787mm×1092mm　1/16
印　　张	38.5
插　　页	3
字　　数	732千
版　　次	2023年12月第1版
印　　次	2023年12月第1次印刷
标准书号	ISBN 978-7-5333-4798-7
定　　价	178.00元

《蓬莱阁明代文献研究》编纂委员会

主　任：李祥政
委　员：穆衍鹏　邢　伟　曲桓生　温丽艳　邢光杰
　　　　范　丽　黄继业　刘　莉　袁晓春

《蓬莱阁明代文献研究》编撰人员

主　编：刘　莉　袁晓春
编　辑：（按姓氏笔画排序）
　　　　王昱茜　石　莹　丛树珊　刘建军　李晓林
　　　　杨　猛　吴　珍　张景龙　范惠泉　修琳琳
　　　　董韶军

序

中国文化源远流长，中华文明博大精深。古籍作为中华民族最重要的文化遗产，保存、利用、弘扬好这笔遗产是时代的需要，也是我们的历史责任。2022年3月，蓬莱阁景区文物工作者在查询资料时偶然发现明弘治十四年《蓬莱阁诗集》、明万历十九年《蓬莱阁集》、万历三十一年《蓬莱阁集》三部古籍，作为孤本一直秘藏在国家图书馆，尚未被世人所知。这三部明代古籍收录了与蓬莱阁相关的散文、诗赋和碑铭等，许多内容填补了相关史料的空白，是研究登州人文历史和蓬莱阁文化的重要资料，具有珍贵的历史文化价值。

北宋嘉祐六年（1061），登州郡守朱处约在蓬莱城北丹崖山巅兴建"为州人游览之所"的蓬莱阁，使"神仙之蓬莱"成为"人世之蓬莱"。千百年来，文人墨客纷至沓来，留下众多脍炙人口的诗词佳句、文赋名篇，彰显出蓬莱阁深厚的文化底蕴和独特的艺术魅力。蓬莱阁所蕴含的神仙文化、海丝文化、海防文化、名楼文化、景观文化等，无不与诗词有着密切的联系。在中国古代文学史上，唐诗、宋词、元曲、明清小说是古代文学的四大高峰，辞赋创作从明代开始便转入衰落低潮，故而明代留下的有关蓬莱阁的诗文显得尤为珍贵。

蓬莱阁这三部明代古籍版本复杂，繁体、异体字多，文献考索、辑佚校勘、译注研究难度大、耗时长，对专业性、学术性要求高。蓬莱阁文物工作者历时近两年，终于完成《蓬莱阁明代文献研究》编纂工作，让深藏书箧的古籍珍本得到延续性保护利用。其中，明弘治十四年《蓬莱阁诗集》，登州知府喻宗府辑，收录诗词共计196首，是目前最早将蓬莱阁诗歌单独汇集成册的专辑文献；明万历十九年《蓬莱阁集》，登州知府王云鹭辑，收录诗歌辞赋300余篇；万历三十一年《蓬莱阁集》，登州知府程试对万历十九年《蓬莱阁集》重新辑录，"主盟复以《蓬莱集》杀青，已旧副墨宜新，乃以首篇督之"，并新增诗词91首。

三部古籍诗文900余篇全部收录在《蓬莱阁明代文献研究》中，诗文以明代为重，内容以蓬莱阁、海市为主，或描写蓬莱阁风光之美，或抒发游观感慨之情，词句优美，意蕴深长，向世人展示了蓬莱阁一幅幅绝美画卷，呈现出登州历史文化的独特印记。在此基础上，此书又根据《登州府志》及其他文献补充辑录明代诗文100余篇，并收录朝鲜使节咏蓬莱阁诗歌29首。"蓬莱题咏抚景感怀，一喜一愠形于言表……亦足以昭蓬莱之胜。"《蓬莱阁明代文献研究》不仅充实、丰富了蓬莱阁明代文化，还保护、传承了历史文化遗产，时代意义、学术意义重大。

新时代新的文化使命，我们将更加坚定文化自信，不断加强蓬莱古文献资料的挖掘、研究，推动传统文化创造性转化和创新性发展，为蓬莱城市高质量发展注入新的生机与动力。

李祥政

2023年11月15日

总 目 录

序	（1）
蓬莱阁诗集（明弘治十四年）	（1）
蓬莱阁集（明万历十九年）	（111）
蓬莱阁集（明万历三十一年）	（327）
蓬莱阁明代诗文补遗	（531）
后　记	（609）

蓬莱阁诗集

知府喻宗府 辑

（明弘治十四年）

目 录

七言绝句
宋
无　题 ··· 师　尹（9）
无　题 ··· 赵　俣（9）
明
无　题 ··· 年　富（10）
无　题 ··· 陈　璧（10）
次前韵 ······································· 陈景隆（11）
次前韵 ······································· 赵鹤龄（11）
观海四绝 ····································· 王崇庆（12）

五言律诗
元
无　题 ··· 刘　显（13）
明
无　题 ··· 翁世资（14）
无　题 ··· 杨　琅（14）
无　题 ··· 陈　璧（15）
无　题 ··· 寇　林（15）
登蓬莱阁并观海市 ····························· 郑　杰（16）
无　题 ··· 韩　贯（16）
无　题 ··· 王　栋（17）
无　题 ··· 王可与（17）
无　题 ··· 孙　侃（18）
无　题 ··· 钱　乾（18）
无　题 ··· 张衍庆（18）
春日游珠玑岩四首 ····························· 郑　漳（19）

七言律诗

宋

咏蓬莱阁 …………………………………… 赵 抃（21）
咏蓬莱阁 …………………………………… 许 遵（21）
无 题 …………………………………………… 曾 阜（22）

明

无 题 …………………………………………… 勇 镇（23）
无 题 …………………………………………… 吴 谦（23）
无 题 …………………………………………… 洪 彝（24）
无 题 …………………………………………… 陈 豫（24）
无 题 …………………………………………… 李 褒（25）
无 题 …………………………………………… 石 渠（25）
无 题 …………………………………………… 刘时敩（26）
无 题 …………………………………………… 孙 暲（26）
无 题 …………………………………………… 潘 祯（27）
无 题 …………………………………………… 张 盛（28）
无 题 …………………………………………… 张 玘（28）
无 题 …………………………………………… 普 晖（29）
次张宪副韵 ………………………………… 赵鹤龄（29）
无 题 …………………………………………… 沈 中（30）
次沈宪副韵 ………………………………… 邵 贤（30）
次沈宪副韵 ………………………………… 谈 诏（31）
无 题 …………………………………………… 王 表（31）
无 题 …………………………………………… 郑 杰（32）
无 题 …………………………………………… 钰 清（32）
无 题 …………………………………………… 周 竑（33）
无 题 …………………………………………… 马 鸾（33）
无 题 …………………………………………… 陈 玺（34）
无 题 …………………………………………… 罗 绮（35）
次沈宪副韵 ………………………………… 喻宗府（35）
次彭推府韵 ………………………………… 喻宗府（36）

无　题	王　谦	(36)
无　题	王　英	(36)
观　海	王　英	(37)
无　题	胡宗儒	(37)
无　题	张　朴	(38)
无　题	曲　锐	(38)
无　题	邓存德	(39)
无　题	彭　缙	(39)
无　题	宗　泰	(39)
无　题	姚　鉴	(40)
无　题	王　瓒	(40)
无　题	徐　璘	(41)
无　题	卜　寅	(41)
无　题	李　成	(41)
无　题	李　钺	(42)
无　题	张　惟	(42)
次山东提学沈宪副韵	姚　鉴	(43)
又次东莱彭推府韵	姚　鉴	(43)
无　题	任　忠	(44)
无　题	姜　济	(45)
无　题	郭　琏	(45)
无　题	潘　鉴	(46)
次潘佥宪韵	吴　怡	(46)
次潘佥宪韵	吴　俊	(47)
无　题	徐　旻	(47)
无　题	周廷徵	(47)
无　题	彭　洪	(48)
无　题	高　赞	(48)
无　题	林孔洁	(49)
无　题	陈宗大	(49)
无　题	王　钿	(50)

无　题	陈　钰	(50)
无　题	石　溥	(51)
无　题	鲍　义	(51)
无　题	宗　璘	(52)
无　题	周　秀	(52)
无　题	吕　溥	(52)
无　题	徐三悦	(53)
无　题	李　让	(53)
蓬莱阁晓霞	卫　青	(54)
登蓬莱阁奉次沈休斋先生韵	袁　经	(54)
登阁归途明月如画山海奇胜因成二律	李　贡	(55)
观海奉次舫斋李先生韵	陈　镐	(56)
无　题	林　昌	(57)
无　题	吴　纲	(57)
无　题	王懋中	(58)
无　题	张　澜	(58)
无　题	吕　和	(59)
无　题	王　金	(60)
无　题	黄　绣	(60)
无　题	金献民	(61)
无　题	许　逵	(61)
无　题	邹文盛	(62)
无　题	阎　琮	(62)
无　题	阎　銮	(63)
无　题	夏　时	(63)
无　题	严　泰	(64)
无　题	盛　仪	(65)
无　题	王良臣	(65)
无　题	吴　江	(66)
无　题	牛　鸾	(66)
无　题	萧廷仪	(67)

无　题	张　琛（67）
无　题	秦　伟（68）
观海市	徐　冠（69）
无　题	张　龙（69）
无　题	张　洙（70）
登蓬莱阁	史　纪（70）
无　题	浦　铉（71）
无　题	张　道（71）
无　题	熊　荣（72）
和　韵	张　宏（72）
无　题	边　宁（73）
无　题	许　锐（74）
自田横山下珠玑岩和陈中丞韵一首	顾应祥（74）
袁都闻设宴乘月登太平楼	游　琏（75）
祀海神庙用韵	游　琏（75）
谢郑东溟招饮同舟游珠玑岩	浦　铉（76）
自到牟政理阁予吟啸春日登蓬莱忆潘双溪谏议兼写怀	郑　漳（76）
游漏天二首	郑　漳（77）
登蓬莱阁	郑　淳（78）
无　题	郑　淳（78）
无　题	于　溱（79）
时登阁观市	郗元洪（80）
无　题	潘九龄（80）

五言古诗

宋

| 咏珠玑岩 | 苏　轼（81） |

明

无　题	张克礼（82）
无　题	章寓之（83）
无　题	张　津（84）
无　题	黄　颖（84）

无　题	徐　冠（85）
咏海市	史　纪（86）
无　题	任　伦（87）
大风蓬莱阁观海涛	左思忠（88）

七言古诗

元

| 无　题 | 赵　亨（89） |

明

咏　海	薛　瑄（90）
无　题	张　穆（91）
观东坡海市碑有感	杜　庠（92）
观海市不见	赵　璜（93）
登蓬莱阁三首	胡缵宗（93）
无　题	毕　亨（94）
无　题	王士昭（96）
无　题	秦　金（96）
无　题	潘　珍（97）
咏蓬莱阁	冯　琨（98）
咏海市	冯　琨（99）
次前蓬莱阁韵	陈　鼎（100）
次前海市韵	陈　鼎（101）
夏日同王姚沈顾四子登蓬莱阁观海市席上成六十韵用纪奇兴时盖青天白日云	张　鹏（102）
漳源公按登之三日余适至得陪诸公上蓬莱阁观海市	姚文焱（104）
无　题	沈　松（106）
夏日从漳源诸公登蓬莱阁观海市长句一首	顾中立（107）
游大明湖寄意东海	郑　漳（108）

蓬莱阁诗集后序　　　　　　　　　　　　王　英（110）

七言绝句

宋

无 题①

师 尹

晓气金茎露共浮,日光彻照海山秋。
巨鳌不负仙洲②去,留与幽人③作胜游。

师 尹(生卒年不详),即王师中,河南河阴(今属荥阳)人。宋徽宗时期(1101—1125)任登州知州,参与宋金"海上之盟"相关事宜。

【注释】
①此诗还收录于万历十九年和万历三十一年《蓬莱阁集》中,题目是《咏海》,诗中的"日光照耀海山秋""巨鳌不负仙舟去"与此诗略有差异。《蓬莱阁诗集》将此诗收录于元朝,但王师中于宋徽宗时期知登州,此诗应是宋朝七言绝句。
②仙洲:仙人聚居的水中陆地。
③幽人:指幽居之士。

无 题①

赵 偁

几日征车②役不休,弯环③车马入登州。
相携更上蓬莱阁,正是天涯海尽头。

赵 偁(生卒年不详),曾任京东转运判官、河北转运副使、都官员外郎、朝议大夫、吏部郎中,宋元丰二年(1079)任登州知州。

【注释】

①《蓬莱阁诗集》将此诗收录于元朝,但赵偁于宋元丰二年任登州知州,此诗应是宋朝七言绝句。

②征车:远行人乘的车。

③弯环:指弯曲如环。

明

无 题

年 富

海市惟闻春夏多,秋冬潜伏奈如何。
嗟予亦是登临晚,肯放灵光慰我么?

年 富(1395—1464),本姓严,字大有,号谦斋,安徽怀远人。明永乐年间(1403—1424)进士,历任德平训导、吏科给事中、陕西左参政、河南右布政使、河南左布政使、右副都御史兼大同巡抚,明天顺二年(1458)以左副都御史巡抚山东,官至户部尚书,谥"恭定"。年富在任期间纠正违失,务存大体,为政廉正,不避权贵,号称名臣。

无 题①

陈 璧

闲步蓬莱天上头,此心顿觉与天游。
观风满耳清平乐,谁谓皇仁不海陬②。

陈 璧(生卒年不详),字瑞卿,南直隶扬州府高邮州(今江苏高邮)人,山西太原左卫官籍。明成化八年(1472)进士,历任浙江嘉兴知县、河北武邑知县,明弘治三年(1490)任山东监察御史,转山东按察司副使兵备临清,迁山东按察使、南京太仆寺卿，官至都察院右副都御史。

【注释】

①此诗是作者任山东监察御史期间，来登州巡查海防，公务之余与同僚登阁观海所作。

②海陬：指海隅，海角。亦泛指沿海地带。

次前韵①

陈景隆

蓬莱山在海东头，汉武曾经驻跸②游。
欲觅仙方成底事，至今贻笑③在遐陬④。

陈景隆（1439—?），字如初，号畏庵，福建长乐人。明成化十一年（1475）进士，曾任武康知县、德清知县、广东道监察御史，官至山东按察司佥事。

【注释】

①此诗是作者于明弘治三年（1490）任山东按察司佥事期间，来登州巡查海防，公务之余与同僚登阁观海，次韵山东监察御史陈璧《无题》之作。此诗还收录于万历十九年《蓬莱阁集》中，题目是《次陈侍御韵》，诗中"只今贻笑在遐陬"与此诗略有差异。

②驻跸：指帝王出行，途中停车。

③贻笑：遗留下笑话。

④遐陬：指边远一隅。

次前韵①

赵鹤龄

蓬莱高阁耸云头，光景无边足胜游②。
满目海天襟抱③润，浑浑圣化④及遐陬。

赵鹤龄（1443—1502），字永年，四川泸州人。明成化十一年（1475）进士，曾任刑部郎中，成化二十年（1484）任山东按察司副使兼巡海右道副使，明弘治八年（1495）升山东按察使。

【注释】

①此诗是作者于明弘治三年（1490）任山东按察司副使期间，来登州巡查海防，公务之余与同僚登阁观海，次韵山东监察御史陈璧《无题》之作。

②胜游：快意的游览。

③襟抱：指胸怀，抱负。

④圣化：指天子的教化。

观海四绝

王崇庆

一①

长风②吹断海门③霞，三月登州始见花。
望出白云千万里，还当天外有人家。

二

东南疑是无何乡，樱桃杨柳沧波香。
人世繁华转堪恶，时有孤鹤来翱翔。

三

桃花开尽海城春，只尺登高兴更真。
薄暮酒阑④看宝剑，于今诸国息风尘。

四⑤

秦皇汉武亦雄才，海上求仙竟不来。
千古风流等春梦，碧桃岩下自花开。

王崇庆（1484—1565），字德征，号端溪，直隶开州（今河南濮阳）人。明正德三年（1508）进士，初授常熟县令，升沁州通判，正德十四年（1519）擢升登州府同知，后历任江西按察司佥事、山西按察司副使、河南按察司副使、四川右布政使等职，官至南京礼部尚书。王崇庆举止稳重博雅，为官廉洁清正，著述颇多，堪称忠孝礼贤。著有《开州志》《五经心义》《山海经释义》《元城语录解》《端溪文集》等。

【注释】

①此诗还收录于万历十九年和万历三十一年《蓬莱阁集》中,题目是《观海二绝》。
②长风:大风。
③海门:指渤海海峡。
④酒阑:酒筵将尽。
⑤此诗还收录于万历十九年和万历三十一年《蓬莱阁集》中,题目是《观海二绝》,诗中的"千古风流春梦断"与此诗略有差异。

五言律诗

元

无 题

刘 显

杰构①蓬莱阁,翚飞②踞碧岏③。
檐楹接星斗,基址压波澜。
春霭窥圆峤④,朝曦认弁韩⑤。
何当到银汉,九万附鹏抟。

刘 显(生卒年不详),元至元年间(1264—1294)曾任登州府同知。
【注释】
①杰构:指佳作,形容蓬莱阁建筑之美。
②翚飞:形容蓬莱阁高峻壮丽。
③碧岏:指俊秀的山,这里指代丹崖山。
④圆峤:古代传说中的海上仙山。
⑤弁韩:古国名,亦称"弁辰",与"马韩""辰韩"合称"三韩"。

明

无 题

翁世资

奉敕①巡东鲁②,观风到海邦。
摄衣③登杰阁,抚景启明窗。
日月吞还吐,鱼龙出复降。
曾闻真胜境,一览更无双。

翁世资(1415—1483),字资甫,号冰崖,福建莆田人。明正统七年(1442)进士,历任户部主事、户部郎中、工部右侍郎、衡州知府、江西布政使,明成化五年(1469)以都察院右副都御史巡抚山东,后任都察院左都御史、户部右侍郎、户部左侍郎,官至户部尚书。卒赠太子少傅,谥"襄敏"。著有《冰崖集》。

【注释】

①奉敕:奉皇帝的命令。
②东鲁:原指春秋鲁国,后指鲁地,相当于今山东省。
③摄衣:提起衣襟。

无 题

杨 琅

乘闲登杰阁,神思觉飘扬。
沧海只依旧,浮生空自忙。
乾坤浮日夜,夷夏隔微茫。
乡国知何处,南天一雁翔。

杨 琅(1428—1473),字朝重,福建莆田人。明天顺八年(1464)进士,历任河南道监察御史、江西清军御史、浙江巡按御史，明成化六年（1470）任山东按察司提学佥事。著有《举业经义》。

无 题①

陈 璧

刚才阅武罢，又许眺蓬莱。
海眼通天窍，潮头起地雷。
鱼龙时出没，日月任周回②。
蜃市由来远，而今莫浪猜③。

陈 璧（生卒年不详），字瑞卿，南直隶扬州府高邮州（今江苏高邮）人，山西太原左卫官籍。明成化八年（1472）进士，历任浙江嘉兴知县、河北武邑知县，明弘治三年（1490）任山东监察御史，转山东按察司副使兵备临清，迁山东按察使、南京太仆寺卿，官至都察院右副都御史。

【注释】
①此诗是作者任山东监察御史期间，来登州巡查海防，公务之余与同僚登阁观海所作。
②周回：指回环。形容日月升沉，循环往复。
③浪猜：指胡乱猜测。

无 题

寇 林

梯云登古阁，一望思悠然。
平沙连远屿，碧水阁青天。
愧效希文①乐，难追坡老②贤。
酒阑嘶马去，归路月娟娟。

寇 林（生卒年不详），河北保定唐县人。明弘治三年（1490）任登州府知府。

【注释】

①希文：指范仲淹，字希文，北宋著名文学家、政治家。他在《岳阳楼记》中有"先天下之忧而忧，后天下之乐而乐"的名句。

②坡老：指苏东坡。

登蓬莱阁并观海市

郑 杰

浩荡如天阔，微茫莫尽头。
华夷分界限，舟楫任遨游。
贝阙珠宫窟，鼋鼍鱼鳖秋。
请询三岛①客，海屋②几添筹③。

郑 杰（生卒年不详），山西洪洞人。明成化十四年（1478）进士，曾任大理寺丞、镇江府知府，明弘治十七年（1504）任登州府知府，以能决疑狱闻名。

【注释】

①三岛：指传说中的蓬莱、方丈、瀛洲三座海上仙山。

②海屋：传说中堆存记录沧桑变化筹码的房间。

③添筹：指长寿。

无 题

韩 贯

高阁出尘寰，云飞画栋间。
举目遥观海，凭栏静看山。
上国①频劳梦，青樽强晕颜。
因感乘桴叹，夕阳未许还。

韩 贯（生卒年不详），河北霸州人。明正德八年（1513）任延津知县。韩贯刚毅明达，勤政爱民，不畏奸刁，勇惩腐恶，是延津历史上一位颇有作为的县令。

【注释】
①上国：在某种场合对祖国的爱称、敬称。

无 题

王 栋

飞思凌海市，未睹羡奇哉。
万灶①逡巡见，千门次第开。
吟边还可指，化处极难裁。
赏胜聊闲放，观风到草莱。

王 栋（生卒年不详），四川南充人。明正德三年（1508）进士，正德五年（1510）任濮州知州，明嘉靖年间（1522—1566）任登州卫指挥佥事。

【注释】
①万灶：万家。

无 题

王可与

古壁①簪玄栋②，飞岩曳晓云。
蜃嘘天作象，风簸水呈纹。
浮岛含空赭，幽兰落吹薰。
罢游归枕籍，彷佛梦希文。

王可与（生卒年不详），江西安福人。明正德十四年（1519）任蓬莱教谕。

【注释】
①古壁：指矗立于蓬莱海边的丹崖山。
②玄栋：指的是坐落于丹崖山巅的蓬莱阁。

无 题

孙 侃

才登城阁上，便觉出尘凡。
雪浪从天下，沙鸥自岛还。
长虹端有物，一碧更无滩。
洗耳嫌巢父①，歌阑兴未阑。

孙 侃（生卒年不详），山西平定州（今平定）人。明正德十二年（1517）任登州府同知。

【注释】

①巢父：传说为尧时的隐士，以树为巢，故称为巢父。

无 题

钱 乾

古今称海市，海市登蓬莱。
造化一幻影，贤愚多浪猜。
形形近城郭，物物舒楼台。
有有还无有，乾坤亦异哉？

钱 乾（生卒年不详），浙江四明（今宁波）人。明嘉靖二年（1523）任宁海州学正，后任安徽贵池知县、山东滋阳知县。

无 题①

张衍庆

登岳更观海，烦襟②向此开。
水天同荡漾，岛屿自纡回③。
拂涧碧云落，入眠青鸟④来。

瀛洲⑤何所觅，尘世漫疑猜。

张衍庆（生卒年不详），字仲承，河南卫辉人。明正德六年（1511）进士，曾任翰林院修撰、山东右参政、光禄寺卿、都察院右副都御史、提督操江左副都御史协理院事等职，官至兵部右侍郎兼詹事府府丞。著有《方山集》。

【注释】

①原书作者缺失，参照万历十九年《蓬莱阁集》补全，但《蓬莱阁集》中的题目是《观海》，且诗中"岛屿自纡回""拂渭碧云落"与此诗略有差异。

②烦襟：烦闷的心怀。

③纡回：迂回，缓慢曲折。

④青鸟：神话传说中为西王母取食传信的神鸟。

⑤瀛洲：传说中的海上仙山。

春日游珠玑岩四首

郑　漳

一

蓬阁俯夷嵎，春舟载酒俱。
临深吾敬在，应世此身癯。
箫鼓①中流稳，乾坤一鉴孤。
兹游信殊特，何处觅方壶②。

二

珠玑岩下路，白石净仙踪。
瑶草三千丈，烟花几万重。
气蟠嵩岳秀，声接海门雄。
安得随猿鹤，浮生此息躬。

三③

绝顶乘云雾，长风吹鬓毛。
扪萝④身独健，得句思还豪。
下见扶桑小，平临北斗⑤高。

匏瓜⑥如可摘，吾欲泛天艘。

四

仙人双捧足，羽翼生层空。
何须绿玉杖⑦，趁此扶摇风。
海色丞半壁，天鸡鸣万峰。
归途恍相失，长啸意何穷。

郑　漳（生卒年不详），字世绩，福建闽县（今福州）人。明正德十二年（1517）进士，曾任户部主事、户部员外郎，明嘉靖十三年（1534）任登州府知府，迁两淮盐运使，官至南京刑部侍郎。郑漳任登州府知府期间，为官廉洁公正，宽严有度，离任二十余年登州百姓仍为其立"去思碑"，后祀于登州府名宦祠。

【注释】

①箫鼓：泛指乐奏。
②方壶：传说中的海上仙山。
③此诗还收录于万历十九年和万历三十一年《蓬莱阁集》中，题目是《游珠玑岩》。
④扪萝：攀缘葛藤。
⑤平临北斗：北面与高悬的北斗星齐平。
⑥匏瓜：似葫芦而稍大，成熟后可以做水瓢。比喻有才能的人不为世所用。
⑦绿玉杖：传说中仙人所用的手杖。

七言律诗

宋

咏蓬莱阁①

赵 抃

山巅危构倚蓬莱，水阔风长此快哉。
天地涵容百川入，晨昏浮动两潮来。
皇恩座上游观远，愈觉胸中度量开。
忆我去年曾望海，杭州东向亦楼台。

赵 抃（1008—1084），字阅道，号知非子，浙江衢县（今衢州衢江区）人。宋景祐元年（1034）进士，曾任殿中侍御史、益州路转运使、成都府知府、杭州知州、青州知州等职，官至资政殿大学士。卒赠太子少师，谥"清献"。赵抃是北宋名臣，在朝弹劾不避权势，时称"铁面御史"。著有《赵清献公集》。

【注释】

①此诗是作者任青州知州兼安抚使时所作。青州在北宋属京东东路，青州知州由京东东路安抚使兼任。此诗还收录于万历十九年和万历三十一年《蓬莱阁集》中。

咏蓬莱阁①

许 遵

鼓吹旌旗夹道开，乘闲接客上蓬莱。
良辰共喜黄花节②，清宴③休辞白玉杯。
一望山川连海阔，数声歌笑入云回。
胜游且尽陶陶乐，轩冕荣华住倘来。

许　遵（1008—1088），字仲涂，泗州（今江苏盱眙）人。曾任大理寺详断官、长兴知县、宿州知州，宋治平三年（1066）任登州知州，官至大理寺卿。

【注释】

①此诗还收录于万历十九年和万历三十一年《蓬莱阁集》中，题目是《登蓬莱阁》，诗中最后一句"官家底事催清兴，风雨长吟一写怀"与此诗略有差异。

②黄花节：重阳节的别称。

③清宴：指清淡的宴饮。

无　题①

曾　阜

詹楹飞动屹崔嵬，樽俎②凭高试一开。
栏槛俯临波荡漾，鱼龙惊见影徘徊。
海风频送歌声彻，潮势遥迎望眼来。
此景堪夸天下绝，仙家谩说玉楼台。

曾　阜（生卒年不详），江西南丰人。宋嘉祐二年（1057）进士，曾任湖南转运使，宋元祐五年（1090）以左朝奉大夫知登州知州。

【注释】

①《蓬莱阁诗集》将此诗收录于元朝，有误。曾阜于元祐五年任登州知州，此诗应是宋朝七言律诗。

②樽俎：古代盛酒肉的器皿。樽以盛酒，俎以盛肉，后来常用作宴席的代称。

明

无 题

勇 镇

一

凭高一望海天宽,万顷玻璃日影寒。
蜃结楼台成锦绮,鱼吹涛浪响琅玕。
三山隐见犹张画,两耀升沉似跳丸。
老我追游尘虑洗,瀛洲何必又求观。

二

瀛海茫茫望眼穿,朝宗①万派势连天。
浪花滚雪鱼龙吼,云气浮空日月悬。
竹树参差依远岫,岛夷寥寞隔寒烟。
银河咫尺知非远,昔日乘槎②信有骞。

勇 镇(生卒年不详),江苏宜兴人。明嘉靖年间(1522—1566)任栖霞县学训导。

【注释】

①朝宗:比喻川水流入大海。
②乘槎:神话谓乘木筏上天。

无 题①

吴 谦

蓬莱阁上试游遨②,万里空明眼界饶。
风撼波涛声振地,蜃嘘楼阁势凌霄。

祖龙玉辇今芜没③，徐福仙舟竟寂寥。
往事已贻千古笑，肯将怪诞污清朝。

吴　谦（生卒年不详），字伯成，福建尤溪人。明洪武十年（1377）任山东道监察御史，后任武昌知县。

【注释】

①此诗还收录于万历十九年和万历三十一年《蓬莱阁集》中，题目是《观海市不见》，诗中"祖龙玉辇今芜没"与此诗略有差异。

②游遨：释义为游逛。

③芜没：湮没。

无　题①

洪　彝

好风挟我上蓬莱，骇浪惊涛白作堆。
漠漠烟光迷岛屿，腾腾蜃气结楼台。
琼芝瑶草谁能舍，凤辇鸾舆②去不回。
日暮丹崖成怅望，天边幽鸟一双来。

洪　彝（生卒年不详），云南西畴人。曾任大都督府掌判官、吏部尚书。

【注释】

①此诗还收录于万历十九年《蓬莱阁集》中，题目是《登蓬莱阁》，诗中的"地古山城无橘柚，云深海市有楼台""琼芝瑶草谁能拾""薄莫丹崖有怅望"与此诗略有差异。

②凤辇鸾舆：指寻仙的帝王。

无　题

陈　豫

奉敕东巡①到此州，蓬莱阁上试遨游。
地分南北华夷隔，水自昆仑日夜流。

大将雅情多款曲，圣朝重托敢淹留。
西风一览胸襟阔，愿不扬波亿万秋。

陈　豫（？—1463），字立卿，安徽合肥人。明正统二年（1437）袭平江伯爵，掌管神机营左哨，正统十二年（1447）掌管神机营右哨，正统十四年（1449）进封平江侯，镇守临清。明景泰年间（1450—1456）任南京守备，官至临清镇守。明成化五年（1469）赠黔国公，谥"庄敏"。

【注释】

①奉敕东巡：指明景泰五年（1454），山东发生饥荒，陈豫奉诏到山东安抚受灾军民。

无　题

李　褒

楼阁峥嵘枕海隈，登临殊觉病眸开。
潮头鳌负青山去，沙际龙吹雪浪来。
地轴①四时神造化，娲皇□□□芦灰②。
蓬莱总是荒唐语，望断仙人日几回。

李　褒（1419—？），字济美，江西庐陵（今吉安）人。明景泰五年（1454）进士。

【注释】

①地轴：古代传说中大地的轴，也泛指大地。
②芦灰：芦苇烧成的灰。神话传说中女娲用芦灰治水。

无　题①

石　渠

三岛蓬莱第一峰，登临怅望②思无穷。
乾坤荡荡海远阔，龙虎茫茫岁月空。
便欲飞腾生羽翼，也知吐纳笑愚蒙。

可怜汉武真成拙,徒驾楼舡遍海东。

石　渠(生卒年不详),字翰卿,维扬(今江苏扬州)人。明成化二年(1466)进士,曾任刑部主事、山东按察司佥事,成化二十一年(1485)升山东按察使。

【注释】
①此诗是作者任山东按察司佥事期间到登州所作。
②怅望:失意,伤感地望着天空。

无　题①

刘时敦

重上蓬莱已暮秋,无边光景任遨游。
金盘日出潮初涨,玉树枝摇叶尽流。
天上星辰堪手摘,海中岛屿倚云浮。
酒阑②回首斜阳外,忧国忧民总是愁。

刘时敦(生卒年不详),字用行,四川内江人。明天顺八年(1464)进士,明成化六年(1470)迁山东按察司佥事,官至山东按察使。著有《素庵集》。

【注释】
①此诗是作者任山东按察司佥事期间到蓬莱所作。
②酒阑:酒筵将尽。

无　题

孙　暲

世路红尘滚滚浮,偷闲登眺豁吟眸①。
金乌玉兔②双丸转,碧海青天万古流。
夷夏一家超汉宋,车书八极混虞周。
麻姑只在涳蒙里,欲借云鹏汗漫③游。

孙　暲(约1417—1506),字景暲,浙江海宁人。明天顺初任江西泰和县丞、广西博白知县、广西浔州府知府,明成化十四年(1478)官至山东右参政。

【注释】

①吟眸:指诗人的视野。

②金乌玉兔:指太阳和月亮。

③汗漫:广大,漫无边际。形容漫游之远。

无 题

潘 祯

一

万古黄埃空白发,平生青眼此聊开。
乘桴谁识宣尼①意,倚阁还教老子来。
象外风光真浩荡,空中元气自盘回。
三山②笑指疑浮去,鹏背③青天亦快哉!

二

泰山我欲移来此,却把蓬莱看上头。
四面通明天阁水,一峰中耸月横秋。
此时观海方真境,何物浮沤是九州。
痴老东游还此望,千年孤柱任颓流。

潘 祯(生卒年不详),字应昌,号留鹤,浙江天台人。明成化二年(1466)进士,成化十七年(1481)任山东按察司提学佥事。著有《留鹤亭诗集》。

【注释】

①宣尼:对孔子的尊称。

②三山:指古代传说中的蓬莱、方丈、瀛洲三神山。

③鹏背:比喻高入云端的大山。

无 题

张 盛

崔巍杰阁耸山巅,老我追游学少年。
鲲化为鹏①应浪语,蜃嘘城市不虚传。
扶桑日出光浮海,蓬岛云开水接天。
今古登临多少趣,个中何必问神仙。

张 盛(1426—?),字克谦,江苏宜兴人。明天顺四年(1460)进士,明成化十三年(1477)任山东布政司参政。

【注释】

①鲲化为鹏:"鲲"是古代传说中的大鱼,能化为大鹏鸟而飞越大海。

无 题①

张 玘

一到蓬莱阁上头,海天辽阔骋双眸。
鱼龙变化应难测,岛屿参差恍若浮。
潮退滩头呈怪石,晚晴沙际狎闲鸥。
登临抚景情无限,多是生平为国忧。

张 玘(生卒年不详),江苏吴县(今属苏州)人。明天顺四年(1460)同进士,明成化十三年(1477)任山东按察司副使兼巡海副使,成化二十三年(1487)任山东按察使。

【注释】

①此诗是作者任山东按察司副使兼巡海副使期间到蓬莱所作。

无 题

普 晖

桂落秋风遍宇寰,乘骢抚景学偷闲。
携云我上蓬莱阁,隔水谁来露鹫山。
送目波涵天地外,立身人在斗牛①间。
停杯几顾青萍剑②,一道龙光彻广寒。

普 晖(生卒年不详),山西垣曲人。举人,明成化七年(1471)任山东按察司佥事兼巡海副使。

【注释】
①斗牛:星宿名,指"斗宿"和"牛宿"。
②青萍剑:传说中的名剑。诗文中泛指宝剑。

次张宪副①韵

赵鹤龄

蓬岛曾登最上头,清光无限豁双眸。
循环日月东西转,浩荡乾坤上下浮。
理气元非身外物,功名信是水中沤。
晏然海宇当加备,安敢烦吾圣主忧。

赵鹤龄(1443—1502),字永年,四川泸州人。明成化十一年(1475)进士,曾任刑部郎中,成化二十年(1484)任山东按察司副使兼巡海右道副使,明弘治八年(1495)升山东按察使。

【注释】
①张宪副:指山东按察司副使张玘。此诗是作者于明弘治三年(1490)任山东按察司副使期间,来登州巡查海防,公务之余与同僚登阁观海,次韵张玘《无题》之作。

无题①

沈 中

蓬莱阁上观瀛海②,便是蓬莱阁上仙。
百尺此台收妙景,四围皆水阁苍天。
风翻地底鱼龙吼,云捧空中日月悬。
函欲周游□入极,何当插翮奋高骞。

沈 中(1436—1518),又名沈钟,字仲律,晚号休斋,人称休翁先生,江苏金陵(今南京)人。明天顺四年(1460)进士,历任验封主事、南京礼部主事、山西提学佥事、湖广提学副使,明弘治三年(1490)任山东按察司提学副使。著有《思古斋集》《晋阳稿》《楚游》,合称《休斋集》。

【注释】

①此诗是作者任山东按察司提学副使期间到蓬莱所作。
②瀛海:古代传说中有蓬莱、方丈、瀛洲三神山的东海。

次沈宪副①韵

邵 贤

危梯飞步入苍烟,两腋凌风势欲仙。
绵亘八荒皆在闼,浑涵万象孰非天。
波间岛屿群鸥浴,镜里乾坤一卵悬。
闻道银河应咫尺,乘槎②我欲访张骞。

邵 贤(1446—?),字用之,江苏宜兴人。明成化八年(1472)进士,曾任武库主事、涪州知府,明弘治十年(1497)任山东按察司提学副使。

【注释】

①沈宪副:指的是山东按察司提学副使沈中。
②槎:神话中能往来于海上和天河之间的竹木筏。

次沈宪副①韵

谈 诏

拨云穿阁窥苍海，洗脱尘襟宛若仙。
青不尽头山堕地，白无涯际水涵天。
蜃收远市寒潮过，鳌蹴层涛落日悬。
身载虚舟犹未稳，笑从寥廓傲鹏骞②。

谈 诏（1451—？），字朝宣，上海人。明成化十七年（1481）进士，曾任山东按察司副使。

【注释】
①沈宪副：指的是山东按察司提学副使沈中。
②傲鹏骞：意思是大鹏高飞。比喻奋发向上，仕途得意。

无 题

王 表

路入蓬莱瑞霭中，丹山画阁倚苍穹。
人间寄暑应难到，天上银河拟易通。
海市献奇随散灭，岛夷沾化赖帡幪。
于今日月容光照，员峤方壶①总是空。

王 表（1440—？），河南西平人。明成化十七年（1481）进士，明弘治十二年（1499）任山东按察司副使兼巡海副使。

【注释】
①员峤方壶：仙山名。古代传说中东海上有五座仙山，分别为岱舆、员峤、方壶、瀛洲、蓬莱。

无 题

郑 杰

一

海边高阁号蓬莱，政暇登临亦快哉。
碧浪千层从地涌，画图一幅自天开。
举头红日檐前过，回首白云足下来。
好景无边都在望，宾朋唱和逞奇才。

二

水城城上蓬莱阁，形势嵯峨接斗牛。
昔日传闻惊未见，今朝亲自喜登游。
近观海市波涛上，远望扶桑天际头。
仙客神人皆妄诞，凭栏只是豁双眸。

三

沧溟蜃气甚奇哉，幻出千形万象来。
翠竹岛边成市井，碧波丛里显楼台。
须臾旗帜飘飘动，顷刻城门敞敞开。
今古相传为盛迹①，殷勤观望莫疑猜。

郑 杰（生卒年不详），山西洪洞人。明成化十四年（1478）进士，曾任大理寺丞、镇江府知府，明弘治十七年（1504）任登州府知府，以能决疑狱闻名。

【注释】

①盛迹：胜境。此处指海市蜃楼盛景。

无 题

钰 清

按治齐东①到此州，偶登高阁谩夷犹。
窗涵晓气三山雾，帘卷松涛万派秋。
鹤影带云飞杳杳，水光浮日去悠悠。

何当唤起东坡老，同祷神祠看蜃楼。

钰　清（生卒年不详），会稽（今浙江绍兴）人。曾任山东按察司副使。
【注释】
①齐东：古县名，因位于古齐州（今山东济南）以东而得名。

无　题①

周　绂

蓬莱阁上望沧溟，顿觉平生眼界增。
蜃结楼台形万状，风吹波浪雪千层。
鱼龙腥起春潮急，岛屿云开夜景澄。
方丈神仙渺何许，欲追缩地②愧无能。

周　绂（生卒年不详），山西阳曲人。明成化十四年（1478）进士，曾任南京吏科给事中、南京光禄署丞、山东布政司参议，明正德四年（1509）任山东布政司右参政。
【注释】
①此诗是周绂任山东布政司参议时所作。
②缩地：传说中化远为近的神仙之术。

无　题

马　鸾

一

景属蓬莱隔世烟，谢公①无复访飞仙。
波平浸雾纱笼玉，潮迫喷声雷振天。
日上水浮金塔献，气灵山衬蜃楼悬。
晴空万里无拘路，时任霄鹏一翅骞。

二

风回海上扫晴烟，人在蓬莱画里仙。
气秀蜃楼吐几座，秋深水色辨长天。
鹏惊翅健潮声振，鳌惧珠吞日影悬。
四望飘然孤艇出，悠悠彷佛泛张骞②。

马　鸾（生卒年不详），山西太平（今襄汾）人。明成化二十年（1484）进士，曾任行人、江西道御史，明弘治十二年（1499）任山东按察司佥事。

【注释】

①谢公：即谢安，陈郡阳夏（今河南太康）人，东晋时期政治家、军事家、名士。
②张骞：陕西汉中人，是汉代杰出的外交家、旅行家、探险家，丝绸之路的开拓者。

无　题

陈　玺

一

披云危步上蓬莱，高阁凌空眼界开。
潮涌浪声轰霹雳，云涵蜃气结楼台。
檐前宿霭风收去，山外斜阳昆背回。
醉赏不知天已暝，归来明月满苍苔。

二

名山天下说蓬莱，老我登临望眼开。
迷树映烟浓复淡，可人啼鸟去还来。
田横义垒①今犹在，徐福②楼舡尚未回。
洞锁薜萝③仙去久，空余幽鸟自徘徊。

陈　玺（生卒年不详），山西广阳（今平定）人。明弘治五年（1492）任山东备倭都司都指挥佥事。

【注释】

①义垒：指蓬莱阁西北的田横山。

②徐福：秦朝方士，秦始皇命其出海寻仙药，一去不返。
③薜萝：借指隐者或高士的住所。

无　题

罗　绮

久闻蓬莱在登州，今日乘闲试一游。
地散花香随健步，天开蜃市入吟眸。
波光潋滟风初静，山色滓蒙景自幽。
望断斜阳孤鸟没，楼舡何处觅丹丘①。

罗　绮（生卒年不详），字宪章，河南罗山人。进士，明成化十八年（1482）任易州知州，明弘治十八年（1505）任登州府知府。

【注释】
①丹丘：传说中神仙所居之地。

次沈宪副①韵

喻宗府

乘闲赏入蓬莱胜，满座衣冠总是仙。
万里烟波惊俗眼，半间楼阁隐壶天。
鱼龙出没东西远，乌兔②升沉上下悬。
尊酒重怜今日乐，泛槎空自忆张骞。

喻宗府（1444—？），字孔脩，湖北麻城人。明成化十七年（1481）进士，次年任睢州知州，明弘治十四年（1501）任登州府知府，并于同年开始编刊《蓬莱阁诗集》。

【注释】
①沈宪副：这里指的是山东按察司提学副使沈中。
②乌兔：指日月。

次彭推府①韵

喻宗府

时上蓬莱百尺楼,烟霞万里壮明眸。
海天连色潮还雨,鸥鸟相寻春忽秋。
十载功名惊险阻,一朝诗酒任淹留②。
太平喜际风云会,半点丹心祇自求。

【注释】
①推府:推官的别名。彭推府是指莱州府推官彭缙。
②淹留:隐退,屈居下位。

无 题

王 谦

森森高阁倚云烟,步上蓬莱便是仙。
浪滚数层潮作阵,风掀一派水连天。
蜃吐城垣水中出,景入丹青画里悬。
恣对曲阑吟兴放,飘飘两袂欲高骞①。

王 谦(生卒年不详),山西太平(今襄汾)人。明成化十四年(1478)进士,成化二十年(1484)任兴化知县。

【注释】
①高骞:高举,高飞。

无 题

王 英

海边高阁镇名州,万里波光入望眸。
帘卷扶桑红日近,雨晴孤屿白云收。

潮声时驾长风响，蜃气常随薄雾浮。
不必更寻仙境界，太平盛世即瀛洲①。

王　英（生卒年不详），山西太原左卫（今属太原）人。明成化年间（1465—1487）举人，曾任滕县知县，明弘治十五年（1502）任登州府通判。

【注释】

①瀛洲：传说中的海上三神山之一。

观　海

王　英

纳汉吞江深莫探，几回观望驻征骖①。
潮声激烈三山震，海色空明万象涵。
徐福帆樯云杳杳，田横岛屿草参参。
而今圣主同尧舜，纵有星槎恐未堪。

【注释】

①征骖：驾车远行的马。亦指旅人远行的车。

无　题

胡宗儒

画阁巍峨傍海边，登临一望思悠然。
方知沧海茫无际，始信蓬莱别有天。
一榻清风尘外隔，半钩新月镜中悬。
倚栏莫弄桓伊笛①，惊起骊龙水底眠。

胡宗儒（生卒年不详），陕西扶风人。明弘治十七年（1504）任登州府通判。

【注释】

①桓伊笛：桓伊是东晋时期的音乐家，善于吹笛，有"笛圣"之称。诗中用"桓伊笛"借指优美的笛音。

无 题

张 朴

闻说蓬莱境是仙，凭栏一眺思飘然。
三山隐隐烟迷树，万顷茫茫水接天。
蜃吐楼台依远岛，龙乘云雾起深渊。
人生且享升平乐，何必熊经①学水牛②。

张 朴（生卒年不详），河北磁县人。明弘治十四年（1501）任登州府推官。

【注释】
①熊经：如熊攀树而悬。形容人临危恐惧之状。
②水牛：源自东汉应劭《风俗通义》中"吴牛喘月"的典故。据说吴地江淮一带的水牛见月疑是日，因惧怕酷热而不断喘气。比喻因害怕某一事物以致见到类似的事物就害怕。

无 题①

曲 锐

登临顿觉似升仙，东望沧溟在目前。
万顷茫茫天一色，三山矗矗寿千年。
古今江汉朝宗②地，内外华夷限界连。
尽日交酬忘返旆③，一轮明月镜中悬。

曲 锐（1457—1511），字朝仪，山东莱阳人。明成化十七年（1481）进士，历任大理寺副、四川按察司佥事、四川兵备副使、河南按察司副使、陕西按察使、都察院右佥都御史、南京礼部侍郎、都察院右副都御史等职。

【注释】
①此诗是作者任四川按察司佥事期间到蓬莱所作。
②江汉朝宗：指江河奔流入海。
③返旆：指返归。

无　题①

邓存德

乘闲一上蓬莱阁，海阔天低眼独明。
碧水丹山辉玉树，白云红日映金茎②。
窗含蜃气临霄汉③，风引潮声远郡城。
圆峤方壶在何处，只疑浪说与浮名。

邓存德（1435—？），字新之，江西南康府建昌（今九江永修）人，南京钦天监籍。明成化五年（1469）进士，历任刑部主事、宁海州同知、宁海州知州。

【注释】
①此诗是作者任宁海州知州时到蓬莱阁所作。
②金茎：指承露盘或盘中的露。
③霄汉：云霄和天河，指天际。

无　题

彭　缙

海上丹山山上楼，乘闲登眺豁双眸。
碧波万顷乾坤阔，黄菊满头天地秋。
雪阵排潮雷吼夜，烟霞落景日斜留。
萍踪邂逅皆奇遇，何必神仙泛海求。

彭　缙（生卒年不详），湖北襄阳人。明弘治六年（1493）同进士，弘治七年（1494）任莱州府推官，后任礼部覆祠祭司主事、云南布政司右参政等职。

无　题

宗　泰

蓬莱高阁倚层霄，俯瞰沧溟万里遥。

丹灶①荒凉留古洞，渔舟荡漾逐寒潮。
云横竹岛开仙市，雨过芝田②长药苗。
汉武秦皇当世事，可怜遗恨几时消。

宗　泰（生卒年不详），山东蓬莱人。曾任河南府通判。
【注释】
①丹灶：炼丹用的炉灶。
②芝田：古代中国传说中仙人种灵芝的地方。

无　题

姚　鉴

览胜凭高思豁然，斯文雅会即神仙。
原知海曲①非蓬岛，始信人间有洞天。
夹道好花迎我笑，倚岩奇石仗谁悬。
紫箫明月归鞍稳，何必凌空彩凤骞。

姚　鉴（生卒年不详），登州卫（今山东蓬莱）人。曾任太原知县。
【注释】
①海曲：海隅，海湾。

无　题

王　瓒

百丈苍崖构此楼，登临顿觉豁双眸。
云山迢递千层翠，烟水微茫万顷秋。
尘鞅羁人①谁解脱，年华逝水岂能留。
已知身世俱成幻，高卧②林泉③肯外求。

王　瓒（生卒年不详），山东蓬莱人。明弘治三年（1490）进士，曾任户科给事中。

【注释】

①尘鞅羁人：指被世俗事务束缚的旅客。
②高卧：比喻隐居或隐居不仕的人。
③林泉：指隐居之地。

无 题

徐 璘

览胜闲登百尺楼，无边风景豁吟眸。
窗涵晓气千山雨，帘卷松阴万斛秋。
蜃吐楼台连复断，潮平沙岛去还留。
几回欲访长生诀，争奈仙踪不易求。

徐　璘（生卒年不详），登州卫（今山东蓬莱）人。明成化二十三年（1487）同进士，明弘治年间（1488—1505）任清军监察御史。

无 题

卜 寅

八窗层构扁蓬莱，一段清幽绝点埃。
门掩推将明月去，帘钩放入白云来。
四方洞达襟怀壮，万里空明眼界开。
沧海有神知我意，却教蜃气幻楼台。

卜　寅（生卒年不详），明嘉靖年间（1522—1566）任登州卫指挥。

无 题

李 成

瀛海沧茫无尽头，登临杰阁豁双眸。

云连树色参差见，水色天光上下浮。
蜃结楼台依绝岛，舟随潮汐泛洪流。
升平游乐皇仁溥，愿祝舆图①亿万秋。

李 成（生卒年不详），明嘉靖年间（1522—1566）任登州卫指挥。

【注释】
①舆图：指疆域，疆土。

无 题①

李 钺

乘闲览胜上层楼，风景无边豁远眸。
云敛峰峦如列戟②，潮生岛屿似浮沤③。
休夸内史酬觞咏，还拟希文④共乐忧。
畅饮不知天已暄，数声渔唱起汀洲。

李 钺（生卒年不详），山西太平（今襄汾）人。明弘治九年（1496）进士，弘治十二年（1499）任蓬莱知县，弘治十三年（1500）升登州府同知，官至河南按察司佥事。李钺在蓬莱任职期间，持身廉谨，常在登临蓬莱阁之暇，为百姓疏导分析善恶之事，以警醒众人，被称为"蓬莱第一人"，后祀于登州府名宦祠。

【注释】
①此诗是作者任蓬莱知县时所作。
②列戟：出自《旧唐书·德宗纪下》，意为宫庙、官府及显贵之府第陈戟于门前，以为仪仗。
③浮沤：水面上的浮泡。
④希文：指的是范仲淹，字希文，北宋时期杰出的政治家、文学家。

无 题

张 惟

复阁层楼紫翠中，半空金碧影重重。

窗临碧海奔流壮，栋倚丹崖气象雄。
苏子遗碑①苔剥落，田横古寨②草蒙茸。
我来眺望浑忘返，疑有潜龙在海空。

张　惟（生卒年不详），四川南充人。进士，明弘治十年（1497）任莱阳知县。
【注释】
①遗碑：指蓬莱阁上的苏轼碑刻。
②田横古寨：指蓬莱阁西北的田横山。传说田横曾筑寨于此，因此得名田横寨。

次山东提学沈宪副①韵

姚　鉴

杰阁登临消万虑，天君乐处似升仙。
千年雾锁瀛洲景，万古烟笼海市天。
云绕琼楼天下秀，人登翠阁画中悬。
丈夫励志全忠孝，万里云程瞬息骞。

姚　鉴（生卒年不详），登州卫（今山东蓬莱）人。曾任太原知县。
【注释】
①沈宪副：指的是山东按察司提学副使沈中。

又次东莱彭推府①韵

姚　鉴

一

丹心海岳觅仙楼，一见仙楼动笑眸。
翠阁巍巍侵碧汉，洪涛滚滚注清秋。
鱼龙变化乾坤久，日月升沉天地留。
阆苑②瀛洲难胜此，人间天上更何求。

二

楼高楼下数层楼，楼势轩昂壮我眸。
楼底涛翻龙现角，楼头双过雁惊秋。
楼边妙景千人羡，楼内豪吟万锦留。
楼去斗牛③刚咫尺，楼台清秀世难求。

【注释】

①彭推府：指的是莱州府推官彭缙。
②阆苑：传说中的神仙住处。泛指仙境。
③斗牛：指二十八宿中的"斗宿"和"牛宿"。常用于借指天空。

无 题①

任 忠

一

叠嶂层楼枕海阳，等闲登眺逼穹苍。
眼穷八极②乾坤阔，坐对三山岁月长。
远水孤帆微见影，碧岩幽草细飞香。
乘槎欲觅神仙诀，万古人文日月光。

二

几年踪迹别沧洲，今日重登海上楼。
隔水云山还入望，拍天风浪忽惊秋。
有时龙起为霖雨，何处槎来泛斗牛。
独凭栏干心似洗，飘然尘梦等虚舟③。

任 忠（生卒年不详），字原孝，登州卫（今山东蓬莱）人。明正德六年（1511）进士，曾任工科给事中、江西藩参、浙江左布政使、浙江右布政使，官至陕西巡抚。卒赐祭葬，祀于登州府乡贤祠。

【注释】

①此诗是作者任工科给事中期间在蓬莱所作。
②八极：指极远的地方。

③虚舟：任其漂流的舟楫。

无 题

姜 济

蓬莱高阁倚芳辰①，几度登临气象新。
滚滚碧波天一色，依依青岛②洞中春。
遥观气化千般见，始觉神工无与伦。
咸愿太平闲燕王，殷勤眺望葛天民③。

姜 济（生卒年不详），安徽广德人。明嘉靖元年（1522）任登州府推官。
【注释】
①芳辰：美好的时光。多指春季。
②青岛：草木青翠的岛屿。
③葛天民：即葛天氏，传说中远古帝王之号。

无 题

郭 琏

披云躐磴①入蓬莱，顿觉吟身近上台。
云外峰峦当面起，水边楼阁倚天开。
烟横蜃气空中见，风送潮声座上来。
诗就凭栏发长啸，一声嘹唳起高台。

郭 琏（生卒年不详），河南河内（今沁阳）人。明弘治十年（1497）任蓬莱县丞。
【注释】
①躐磴：指踩踏石级。

无 题

潘 鉴

蓬莱阁上闲登眺，两腋飘飘宛若仙。
朱槛通明光逗月，鲸波①荡漾绿涵天。
高凌碧汉千寻起，势入丹崖一斗悬。
我欲纵情高骋目，凭风鹏背足高骞。

潘 鉴（生卒年不详），松江府华亭（今上海松江）人。举人，明弘治二年（1489）任宁海州学正。

【注释】

①鲸波：形容惊涛骇浪。

次潘佥宪韵①

吴 怡

胜游直上蓬莱阁，使我尘襟顿觉开。
山色直从天外见，潮头应自日边来。
朝宗江汉②常倾注，悬象星河蓦往回。
多少鱼龙竞头角，都归涵育信悠哉。

吴 怡（生卒年不详），江苏山阳（今淮安）人。明成化二十三年（1487）任栖霞县教谕。吴怡学识渊博，为人师表，贤名远扬，祀于栖霞名宦祠。

【注释】

①此诗是次韵山东按察司提学佥事潘祯《无题》所作。
②朝宗江汉：指江河奔流入海。

次潘佥宪韵①

吴 俊

蓬莱高阁临东海,俯瞰飞湍聚复开。
道体②分明归水逝,尘烦那得上心来。
天涵海气常流动,风逐潮声自运回。
信步行行凌绝顶,此中风景信奇哉。

吴 俊(生卒年不详),河南淮阳人。明成化二年(1466)同进士,曾任黄县教谕。

【注释】
①此诗是次韵山东按察司提学佥事潘祯《无题》所作。
②道体:中国古代哲学的重要范畴,这里引申为确定不移的自然规律。

无 题

徐 旻

步入蓬莱顶上头,无边好景入吟眸①。
天包地外应常转,地在天中只自浮。
红日半竿三岛晓,白云一拓四时秋。
何当养得灵丹就,明月清风任我游。

徐 旻(生卒年不详),安徽滁阳人(今滁州)。曾任黄县教谕。

【注释】
①吟眸:指诗人的视野。

无 题①

周廷徵

杰阁巍峨立海头,虚窗凭我试明眸。

淡烟蒙漠乾坤小，白浪悠扬岛屿浮。
鹏翮②欲横云外路，潮声常咽海门秋。
九重③若问东溟事④，沿海诸侯为国忧。

周廷徵（？—约1512），字公贤，湖北麻城人。明弘治二年（1489）举人，曾任临淮县教谕、安福县教谕，明正德三年（1508）任巡盐御史，官至九江兵备副使。

【注释】
①此诗是作者任江西安福县教谕时登蓬莱阁所作。
②鹏翮：大鹏的羽翼。借指大鹏。
③九重：代指皇帝或朝廷。
④东溟事：这里指倭患。

无 题

彭 洪

高阁崔然瞰海陬①，沉沉梁栋枕寒流。
檐楹翠混孤山雨，台榭凉生老木秋。
蜃气微茫烟岛绝，晨光散乱海云收。
登临剩有张骞兴，安得灵槎泛斗牛②。

彭 洪（生卒年不详），河南信阳人。明弘治九年（1496）任蓬莱县教谕。

【注释】
①海陬：指海隅、海角。亦泛指沿海地带。
②登临剩有张骞兴，安得灵槎泛斗牛：化用"张骞泛槎到天河"的典故，比喻到达神仙之境。这里表达了作者孤寂的心情。

无 题

高 赞

飞碧流丹上柱天，挺然孤立却无前。
乾坤着意钟灵秀，蓬海寻仙拥后先。

落落眼空千里外,巍巍身耸五云①巅。
举头手可擎红日,崛起人间亿万年。

高　赞(生卒年不详),江苏江阴人。明弘治三年(1490)任宁海州学正。
【注释】
①五云:五色瑞云,多作吉祥的征兆。

无　题

林孔洁

寰区①名胜最蓬莱,杰阁登临总隽才②。
秦世空令徐市入,汉家曾见羡门回。
一泓碧泻天边下,三岛青分海上来。
千古历游皆盛事,属谁同我壮怀开。

林孔洁(生卒年不详),福建侯官(今属福州)人。明景泰三年(1452)任文登县教谕。
【注释】
①寰区:天下,人世间。
②隽才:亦作"隽材",才智出众的人。

无　题

陈宗大

天风扶我登高阁,独倚雕栏一破颜。
隐隐数峰螺髻①小,汪汪千顷碧波闲。
晦明景象襟怀内,云物风光指顾间。
杳杳百年浑似梦,希文后乐许谁班。

陈宗大(生卒年不详),福建闽县(今福州)人。曾任黄县教谕。

【注释】

①螺髻：盘卷形似螺壳的发髻。

无 题

王 钿

杰阁崔巍枕碧山，由来胜境异尘寰。
东西岛影微茫外，上下天光混沌间。
蜃吐楼台烟缥缈，潮平沙岸水潺湲①。
凭高不尽登临兴，笑看浮云自往还。

王 钿（生卒年不详），山西山阴人。明弘治年间（1488—1505）任登州府训导。

【注释】

①潺湲：水慢慢流动的样子。

无 题

陈 钰

蓬莱闻说异尘寰，杰阁何年立海湾。
风牖①每通天上月，蜃楼时傍水中山。
潮生碧海朝仍暮，云溇②雕栏去复还。
我愧叨从名教末，胜游应喜得跻攀③。

陈 钰（生卒年不详），江苏邳州人。明弘治年间（1488—1505）任登州府训导。

【注释】

①风牖：指窗子。
②溇：分布，散布。
③跻攀：攀登。

无 题

石 溥

巍然楼阁耸云端,俯仰无垠眼界宽。
红日举头春色近,碧波沉影夜光寒。
鱼龙[1]出没归神化,岛屿森罗作壮观。
千古乾坤只依旧,清风明月任盘桓[2]。

石 溥(生卒年不详),安徽滁阳(今滁州)人。明弘治年间(1488—1505)任登州府训导。

【注释】
①鱼龙:泛指鳞介水族。
②盘桓:徘徊,逗留。

无 题

鲍 义

危台杰阁彩云稠,云去台空阁自幽。
万顷曙烟[1]开霁色[2],一泓澄碧泻奔流。
乾坤浩荡恩波远,岛屿微茫蜃气浮。
游览不随人物老,品题应得继前修。

鲍 义(生卒年不详),安徽桐城人。明弘治十三年(1500)任蓬莱县训导。

【注释】
①曙烟:拂晓时的烟霭。
②霁色:晴朗的天色。

无 题

宗 璲

杰阁丹崖最上头，凭栏眺望豁①吟眸。
云横蜃气楼台结，水拍天涯岛屿浮。
洞远烟光迷醉客，雨晴沙暖宿驯鸥②。
登临极目情何许，一点丹心为国忧。

宗 璲（生卒年不详），江苏丹徒人。曾任黄县训导。
【注释】
①豁：开阔，宽敞。
②驯鸥：源见"鸥鹭忘机"，指人无巧诈之心，异类可以亲近。喻指纯真出世之人。

无 题

周 秀

蓬莱高阁倚晴空，海角天涯指顾①中。
一统华夷今独盛，四方形胜此为雄。
岚浮远岛尖微露，潮驾长风势转洪。
岁晚气寒蛟蜃蛰，题诗不必祷龙宫。

周 秀（生卒年不详），山东济南人。明弘治五年（1492）举人。
【注释】
①指顾：一指一瞥之间。形容时间短暂。

无 题

吕 溥

闻说蓬莱岂浪传，登临一眺思飘然。

微茫云水相连处，浑似乾坤未判先。
玉洞蛟龙常作雨，天阶药草不知年。
大观不尽归来晚，回首渔歌隔暮烟。

吕　溥（生卒年不详），浙江嘉兴人。明弘治六年（1493）任莱阳县训导。

无　题

徐三悦

画阁崔巍傍海埂①，翼然形势与天连。
仰看霄汉临头上，俯视沧溟在目前。
岛屿浮青沉复见，蜃楼呈彩断仍联。
寰中胜概②应无比，谁道蓬莱是浪传。

徐三悦（生卒年不详），维扬（今江苏扬州）人。曾任历城县训导。
【注释】
①海埂：指沿海地区。
②胜概：指美景。

无　题

李　让

沧海茫茫蜃气微，偶然成象映斜晖。
楼台壮丽千重绕，村落清幽泉四围。
簇簇城边森树木，飘飘殿阁扬旌旗。
无端幻出乾坤里，千古谁能辩是非。

李　让（生卒年不详），河南南阳人。明正统五年（1440）任山东按察司副使兼登州海防道巡海副使。

蓬莱阁晓霞
古登十景之一

卫 青

五云绕阁曙光浓，低压蓬莱半岛红。
金凤含辉来几上，火龙飞蹈落楹中。
千寻栋宇丹青焕，十二阑干①锦绣重。
自是太平应有象，却令祥瑞见苍穹。

卫 青（1375—1436），字明德，松江府华亭（今上海松江）人，历经建文、永乐、洪熙、宣德、正统五朝，是明代抗倭名将。明建文四年（1402）任都指挥佥事，明永乐十四年（1416）世袭济南卫指挥使，赴登州抗倭，永乐十八年（1420）平定唐赛儿叛乱，升山东都指挥使，在山东地方沿海备倭十六年。明宣德十年（1435）进左军都督府都督佥事，并敕"今卫青可比汉卫青"，世袭宣城伯。明正统元年（1436）去世。次年蓬莱百姓在蓬莱阁建"卫宣城伯祠"，世代祭祀。

【注释】
①十二阑干：形容曲曲折折的栏杆。

登蓬莱阁奉次沈休斋①先生韵②

袁 经

蓬莱真境隔人烟，尘世难逢物外仙。
云散扶桑波浴日③，风掀寥廓浪冲天。
子瞻祷处楼台现④，徐孺归时幕榻县⑤。
独有皂雕⑥寒始急，海天空阔任孤骞。

袁 经（1456—1512），字大伦，号犀潭，湖南宁乡人。明弘治三年（1490）进士，历任陕西西安府推官、河南道监察御史、山东按察司佥事、陕西按察司副使、山东按察使、右佥都御史等职。

【注释】
①沈休斋：即山东按察司提学副使沈中，晚号休斋。

②此诗是作者任山东按察司佥事时登蓬莱阁所作。
③浴日：指太阳初从水面升起。
④子瞻祷处楼台现：子瞻即苏轼。此指苏轼向龙王祈祷得见海市的故事。
⑤徐孺归时幕榻县：出自"徐孺下陈蕃之榻"的典故。
⑥皂雕：一种黑色大型猛禽。

登阁归途明月如画山海奇胜因成二律

李 贡

一

城枕山形俯海洋，嵎夷①宾日是兹乡。
蓬瀛渺渺烟霞远，秦汉迢迢辇路②忙。
闾井③民风犹朴野，鱼盐生意杂耕桑。
倭儿久化吾皇圣，武士如云为大防。

二④

风雨中秋菊月同，东牟忽在朗然⑤中。
想因地胜人难到，故遗云开海为空。
汉使槎来醒可泛，钧天⑥乐作听将终。
玻璃万顷浮诸岛，何处明皇更有宫。

李 贡（1456—1516），字惟正，号舫斋，安徽芜湖人。明成化二十年（1484）进士，曾任户部主事、户部员外郎、刑部员外郎、刑部郎中、山东按察司副使、福建按察使、陕西右布政使、山西左布政使，后以都察院右副都御史巡抚辽东。因事忤刘瑾，被勒令致仕。刘瑾伏诛，李贡复为召用，奉命整饬蓟州等处边备，兼巡抚顺天等府。后升兵部右侍郎，未抵任而去。李贡学问渊博，勤慎精敏，历官所至称治。著有《舫斋集》。

【注释】

①嵎夷：古代指山东东部滨海地区。
②辇路：天子车驾所经的道路。
③闾井：居民聚居之处。
④此诗还收录于万历十九年《蓬莱阁集》中，题目是《登蓬莱阁》，其中"风

雨秋分菊节同""故遣云开海为空""钧天乐奏听将终""何处明皇更月宫"与此诗略有差异。

⑤朗然：形容晴朗的样子。

⑥钧天：传说中天帝住的地方。

观海奉次舫斋李先生①韵

陈　镐

一

太息②何堪此望洋，平生双眼点江乡。
尽收壮观胸襟阔，难辩津③堧指画忙。
万古定曾开混沌，几人真见改沧桑。
细从盈缩④窥玄妙，一任稽天⑤岂易防。

二

海水蓬山四面同，仙人应在有无中。
羲娥⑥吞吐双丸跳，天宇昭回一镜空。
日送鸿冥⑦迷岸畔，神游鳌背辩初终。
凌寒欲向中宵望，北极微茫映紫宫⑧。

陈　镐（？—1511），字宗之，号矩庵，会稽（今浙江绍兴）人。明成化二十三年（1487）进士，曾任礼部主事、南京吏部主事、南京吏部郎中。明弘治十五年（1502）任山东按察司提学副使，后历官江西参政、湖广右布政使、都察院右副都御史。谥"清肃"。著有《阙里志》《振鹭集》《金陵人物志》《矩庵漫稿》。

【注释】

①舫斋李先生：指山东按察司副使李贡，号舫斋。

②太息：长声叹气。

③津：渡水的地方。

④盈缩：伸屈，进退，指潮水涨落。

⑤稽天：至于天际，形容势大。

⑥羲娥：日御羲和与月神嫦娥的并称，借指日月。

⑦鸿冥：高空。

⑧紫宫：星官名，神话中天帝的居室。

无 题

林 昌

造化枢机①妙矣哉，一时光景有无来。
蜃嘘清气遮波镜，云拥苍山变露台。
恍惚旆②帘舒又卷，渺茫阛阓③闭仍开。
昔人应以形相似，偶立虚名莫浪猜。

林 昌（生卒年不详），字休明，登州卫（今山东蓬莱）人。曾任登州府通判，明嘉靖二年（1523）任静宁州知州。

【注释】
①枢机：户枢与弩牙。比喻事物的关键。
②旆：古代旌旗末端形状像燕尾的飘带。泛指旌旗。
③阛阓：街市，街道。借指店铺。

无 题

吴 纲

一上高楼望眼穷，海云飞尽海天空。
群峰点点波心碧，旭景①瞳瞳天际红。
此日登临酬素愿，何年游泛访仙风。
奔流万派朝宗②处，细细看来一线同。

吴 纲（生卒年不详），浙江金台人。曾任登州府通判。
【注释】
①旭景：朝阳。
②朝宗：比喻小水流注入大水。

无 题①

王懋中

雨余风暖扬晴烟②,万顷波光浸碧天。
隐隐楼台开锦绣,依依人物半神仙。
一时幻化原无像,千古奇逢③付有缘。
盛事只今须孰记,观风柱史④笔如椽⑤。

王懋中(1460—1522),原名中立,字心远,江西安福人。明成化二十年(1484)进士,曾任武康县知县、刑部郎中、山东布政司左参政、山东按察使等职,官至右都御史。卒赠太子少保。

【注释】

①此诗还收录于万历十九年和万历三十一年《蓬莱阁集》中,万历三十一年《蓬莱阁集》中的题目是《海市》,两版《蓬莱阁集》中的"雨余风暖扫晴烟""千古奇逢时有缘""盛事只今凭孰纪"与此诗略有差异。

②晴烟:薄雾。

③千古奇逢:指海市蜃楼奇观。

④观风柱史:古官名,此指苏轼。

⑤笔如椽:比喻大手笔或重要的文墨之事。此处是盛赞苏轼的《海市诗》。

无 题

张 澜

东牟春晓海云开,万里波涛豁壮怀。
日暖老龙眠洞壑,雨前妖蜃拥楼台。
波光摇映清宵①月,潮信②奔腾白昼雷。
不须乘槎问弱水③,坐间风景即蓬莱。

张 澜(生卒年不详),河南洛阳人。进士,曾任山东布政司右参政、山西右布政使、江西按察使。

【注释】

①清宵：清静的夜晚。

②潮信：潮水定时涨落。

③弱水：泛指险恶难渡的江湖河海。

无 题

吕 和

一

闻道仙寰在此中，高登杰阁问东风。

世间会有长生药，方外宁无不老翁。

浪说羽翰①飞白日，信知瀛海湛青铜。

秦皇汉武成何济，转眼襀华②海市空。

二

海不扬波蔓市廛，蜃精幻化岂幽玄。

亭台突屹浑无地，人物周遭别有天。

千古图书出河洛③，一番溟渤④又桑田。

效灵谩说丰登兆，累洽重熙⑤亿万年。

三

乾坤物理本无垠，瀛海俄然见世尘。

潋滟光浮阛阓境，氤氲气化贺迁人。

无端幻变吟难就，有像清奇绘未真。

千古伟观谁善状，从今豸史⑥笔如神。

吕 和（1459—1526），字克中，号介斋，浙江四明鄞县（今宁波鄞州区）人。明弘治十二年（1499）进士，曾任临淮知县、山东按察司佥事、陕西按察司副使、四川按察使。

【注释】

①羽翰：翅膀，飞翔。出自南朝宋鲍照《咏双燕》之一："双燕戏云崖，羽翰始差池。"

②襜华：形容花开鲜艳繁盛。
③河洛："河图洛书"的简称。
④溟渤：指溟海和渤海。泛指大海。
⑤累洽重熙：也作"重熙累洽"，指国家累世太平昌盛。
⑥豸史：御史的别称。

无　题

王　金

灵异传闻遍海邦，试从登览破荒唐。
天开伟丽通许岛，地隔寰心自一方。
城市渐随斜日散，楼台又入晓烟苍。
丰登多兆入胥梦①，翘首东溟喜欲狂。

王　金（生卒年不详），河南临颖人。明弘治十五年（1502）进士，明嘉靖年间（1522—1566）曾任登州府检校。

【注释】
①胥梦：指海市蜃楼的幻境。

无　题

黄　绣

五月登楼望海沱，望中风景信如何。
龙宫回接浮天岛，雉堞①斜临浴日波。
神秀自应钥造化，混茫②谁复论江河。
巡行兼得观奇绝，纪述无妨笔似戈。

黄　绣（生卒年不详），字文卿，清江（今江西樟树）人。明弘治三年（1490）进士，曾任兵部主事、兵部员外郎、山东按察司佥事、辽东行太仆寺少卿、四川按察司副使，官至山西布政司右参政。

【注释】
①雉堞：城上排列如齿状的矮墙，也泛指城墙。
②混茫：混沌蒙昧。

无　题

金献民

共说登州海市奇，无因一眺海东涯。
楼台城郭形高下，人物旌旗影动移。
变化固知由蜃气，渺茫谁为破狐疑。
飘然欲作乘槎客，直到蓬莱细细窥。

金献民（1460—1541），字舜举，号蓉溪，四川绵州（今绵阳）人。明成化二十年（1484）进士，历任行人、御史、天津副使、湖广按察司副使、湖广按察使、贵州按察使，明正德七年（1512）任山东按察使，后任都察院右佥都御史、右副都御史、刑部左侍郎、南京刑部尚书、左都御史、刑部尚书、兵部尚书。谥"端简"。

无　题

许　逵

嗟余未共登临兴，起览斯形亦快哉。
造化无心凭海幻，丹青有象自天开。
随轩霖漓①焦枯润，弄物襟怀次第裁。
欲囊②兵戈尘土静，悠然相引上蓬莱。

许　逵（1484—1519），字汝登，河南固始人。明正德三年（1508）进士，初任乐陵知县，因抗击流寇绥靖安良有功，正德六年（1511）升山东都指挥佥事，掌管武定兵备道，正德十二年（1517）升江西按察司副使，名震朝野。正德十四年（1519）卒，追赠左副都御史、礼部尚书，谥"忠节"。

【注释】
①霖漓：淋漓，形容雨声。

②橐:收藏。

无 题

邹文盛

溟渤无垠望有垠,忽疑清浅又飞尘。
须臾幻出台连阁,顷刻生成物与人。
犯斗①张骞元是梦,寻仙徐福更遗真。
燃犀②恐触蛟龙窟,欲笃灵槎问海神。

邹文盛(1458—1536),字时鸣,号黄山,湖北公安人。明弘治六年(1493)进士,历任吏科给事中、保定知府,明正德五年(1510)任山东布政司左参政,后历官福建右布政使、户科都给事中、福建布政使、户部左侍郎、户部右侍郎、南京右都御史,累官至户部尚书。邹文盛于盐政、钱法多有用心,为人廉谨,与孙交、秦金、赵璜咸称长者。卒赠太子少保,谥"庄简"。著有《琐闱奏议》《黄山遗稿》。

【注释】
①犯斗:指登天。
②燃犀:喻能明察事物,洞察奸邪。

无 题①

阎 琮

一

蓬莱巍然枕海东,海山形剩势何雄。
琼楼翠阁浮沉里,贝阙瑶台变化中。
落照映空金灿烂,韶光②入望碧璁珑③。
群仙鹤驾由来远,海晏波恬④亘古同。

二

危楼壁立海东头,亘古蓬莱不计秋。
飞步凌霄胸荡荡,潮声吼地逝悠悠。
天风满眼无边趣,蜃气凝形信不浮。

圣迹存神应过化,豪雄到此即仙流。

阎　琮(1434—?),字廷珍,山东蓬莱人。明成化八年(1472)进士,授大理寺评事,明弘治二年(1489)任江西南昌府知府,官至河南参政。

【注释】

①此诗是作者任南昌府知府期间所作。
②韶光:指美好的时光。
③瓏玲:明亮光洁的样子。
④海晏波恬:形容海面平静没有波澜。

无　题①

阎　銮

仙风携我上蓬莱,一望沧溟眼界开。
万象浸涵②天影阔,几回消长地潮雷。
龟龙出没知幽显③,日月升沉任往回。
亘古如斯名胜境,好收风景入吟怀④。

阎　銮(生卒年不详),山东蓬莱人。阎琮之子,曾任贵州镇远知县。

【注释】

①此诗是作者任镇远知县期间所作。
②浸涵:沉浸涵泳。
③幽显:阴阳,亦指阴间与阳间。
④吟怀:作诗的情怀。

无　题①

夏　时

水碧天明宿雾收,仙家城阙起中流。
惊看海外三千户,赡②有人间十二楼。
潮落鸡声闻隐隐,岛含龙气望悠悠。

西台绣使③劳形载，包括沧溟万顷秋。

夏　时（生卒年不详），字寅正，信都（今河北冀州）人。明弘治六年（1493）进士，曾任监察御史、陕西左布政使、山东提学佥事、山东按察司副使、山东按察使、山东右布政使。

【注释】

①此诗还收录于万历十九年和万历三十一年《蓬莱阁集》中。
②賸：同"剩"。
③西台绣使：西台，御史台的通称，为国家最高监察机关。绣使，也称"绣衣直指"，汉武帝时始置，专管巡视、处理各地政事的官员。西台绣使，即监察御史。

无　题

严　泰

一

汪洋大度纳川流，神秀仙方在上头。
青岛扶天闲日月，丹山拔地老春秋。
鱼龙吞吐迎何客，云鹤徘徊第几洲。
八面太平清到底，苏民甘雨自东周。

二

得到清平三月天，蓬莱左界探龙渊。
云封岛屿收元气，风动波涛接大川。
结蜃楼台空富贵，资生①霖雨遍桑田。
群仙出没知何处，今古流芳万万年。

严　泰（生卒年不详），山西汾州（今汾阳）人。明弘治九年（1496）进士，曾任户部主事，明正德九年（1514）任登州府知府，曾在蓬莱阁西建海市亭。严泰性耿介，为官峻洁廉平。

【注释】

①资生：赖以生长，赖以为生。谓有助于国计民生。

无　题

盛　仪

凭高送目海天空，千古奇观此日同。
城郭依依青岛外，楼台闪闪碧波中。
神工地脉①俄②生化，人愿天机默感通。
顿觉尘襟③清似洗，闲鸥飞逐对轻风。

盛　仪（1476—？），字德章，号蜀岗，江苏江都人。明弘治十八年（1505）进士，曾任礼部主事、监察御史，明嘉靖十二年（1533）任山东按察司副使，后历官湖广提刑按察使、太仆寺卿等。纂修的《嘉靖惟扬志》，是扬州现存最早的一部地方志。

【注释】
①地脉：指地的脉络，地势。
②俄：瞬间，须臾。
③尘襟：世俗的胸襟。

无　题①

王良臣

一

重阳驻节②海天陬，独步蓬莱阁上头。
贯耳涛雷声动北，书空雁字影涵秋③。
乾坤灏气归三岛，山海风光萃一楼。
斜倚危栏频拭目，青云西北是皇州。

二

西风吹袂入遐陬，九日寻芳到水头。
喜见黄花呈晚节，笑看白发照清秋。
停杯故问天边月，携客同登海上楼。
回首家山千里隔，飞云一片系中州。

王良臣（1468—？），字汝邻，河南宛丘（今淮阳）人。明弘治六年（1493）进士，授浙江德清县令，后任南京监察御史，明正德六年（1511）擢山东按察司副使，备兵青、登、莱三郡，巡察海道，正德十年（1515）擢山东按察使。

【注释】

①此诗还收录于万历十九年和万历三十一年《蓬莱阁集》中，题目是《登蓬莱阁写怀》，万历十九年《蓬莱阁集》中"贯耳涛雷声动地"和万历三十一年《蓬莱阁集》中"贯耳涛雷声动地，书空写字影涵秋"与此诗略有差异。

②驻节：古代指高级官员驻在外地执行公务。

③书空雁字影涵秋：化用典故"雁影涵秋"。这里描绘的是重阳日的秋空鸣雁。

无 题

吴 江

胜游随步入蓬莱，凝眺俄惊眼界开。
鱼鸟悠扬孚①化理②，海天空阔重徘徊。
森森万象只常在，役役百年能几来。
即此可寻仙侣伴，是谁犹自说天台③。

吴 江（生卒年不详），字从岷，号与斋，浙江德清人。明弘治年间（1488—1505）任刑部主事，后任刑部员外郎、江西按察司佥事、河南按察司佥事、山东布政司左参议、山西按察司副使、河南右参政。

【注释】

①孚：本义信用，引申指为人所信服。

②化理：指教化治理，事物变化之理。

③天台：指神话仙境。

无 题

牛 鸾

我来观海海初平，鳞介①悠然地不惊。
一气化山石结块，太虚成象水为形。

乾坤到此有老母②,混沌重开人后生。
寄语观澜邹孟子,好将道义浍沧溟。

牛 鸾(1480—1556),字鸣世,号竹坡,河北献县人。明正德三年(1508)进士,曾任巨野知县、益都县令、山东按察司佥事兼青州兵备、山西同知、山西按察司佥事兼山西兵备。牛鸾任官二十多年,平定叛乱,屡建功勋;为官清廉,严以修身,除暴安良,体恤民情,是文武兼备的地方名臣。

【注释】
①鳞介:泛指有鳞和介甲的水生动物。
②老母:中国传统将女性神仙称为老母。

无 题

萧廷仪

蓬莱踪迹古今传,此际登临觉倍妍。
桂闳①远衔云岫②窈,雕甍③近瞰雪涛连。
人遗葩藻④千年在,蜃幻楼台一顾旋。
满座清风成独啸,吾徒何必慕真仙。

萧廷仪(生卒年不详),河南信阳人。明正德年间(1506—1521)任登州府训导。

【注释】
①桂闳:显贵的门第。此指蓬莱阁。
②云岫:云雾缭绕的峰峦。此指丹崖山。
③雕甍:指雕镂文采的殿亭屋脊。
④葩藻:华丽,华美,形容雕梁画栋的蓬莱阁。

无 题

张 琛

见说蓬莱景最奇,兴来今日共扳驰①。
排空波涌千层雪,卷地声雄百万师。

风吹蜃市天如洗，涛滚龙宫浪不时。
世事浑如沧海水，早潮才去晚潮随。

张　琛（生卒年不详），河南光山人。明正德十六年（1521）任蓬莱县训导。

【注释】

①扳驰：扳，通"攀"。扳驰即向往攀登的意思。

无　题

秦　伟

一

振袂①岗头风怒哀，几旧登眺独怜才。
苍流万古一升降，芳迹千年几去来。
蜃匿龙渊波冷落，云归仙洞鹤徘徊。
倚栏空去何须恨，多少民情未抚徕②。

二

洪涛万里拍天流，谁起楼台在上头。
我欲登临难跋涉，人遭迷误③几春秋。
茫茫草白田横寨，漠漠烟冥徐市④洲。
却恨我来空自去，不知何日又东周。

秦　伟（生卒年不详），字世观，号西涧，陕西三原人。明弘治十八年（1505）进士，曾任户部主事、户部员外郎、户部郎中、保定府知府，明正德十一年（1516）任登州府知府，后任山西按察司副使、山西布政司右参政等。著有《西涧诗集》。

【注释】

①振袂：挥动衣袖。
②抚徕：意为安抚招徕。
③迷误：迷惑谬误的意思。
④徐市：即徐福，秦朝方士。

观海市①

徐 冠

一

独立蓬莱百尺楼，乾坤万里落双眸。
瀛洲不见神仙会，海市曾闻徐福游。
碧水镜开飞鸟倦，皇明化洽②远夷柔。
临风三诵邹轲训，快意平生此一筹。

二

登高远望兴悠然，海水生风寒气偏。
若鸟从龙翻碧浪，断云逐雾点青巅。
自疑此外应无地，谁谓人间别有天。
汉武秦皇夸大志，料应到此亦无言。

徐 冠（生卒年不详），字士元，号竹冈，安徽泾县人。明弘治五年（1492）举人，曾任清丰教谕、浮梁训导、都昌知县、监察御史、吉安府知府、广东副使等职。

【注释】

①此诗是作者任监察御史期间登蓬莱阁观海市所作。此诗还收录于万历十九年和万历三十一年《蓬莱阁集》中，题目是《观海二首》，两版《蓬莱阁集》第一首的"碧水镜平飞鸟倦"、第二首的"汉武秦皇姱大志"与此诗略有差异；万历三十一年《蓬莱阁集》的"苍鸟从龙翻碧浪"也与此诗不同。

②化洽：指教化普沾。

无 题

张 龙

凌虚楼阁凭山立，来往闲云护石窗。
蜃结幻形交万万，鹤飞琼岛自双双。
苍茫天地同诗老，浩荡襟怀借酒降。
愧与坡翁①同宦谪，浮名赢得②鬓添霜。

张　龙（生卒年不详），字汝言，上海松江人。明弘治十五年（1502）进士，历任行人、兵科给事中、通政司参议、滦州知州、右通政，明正德十二年（1517）任登州府知府。

【注释】

①坡翁：指苏轼。

②赢得：赢，通"赢"。赢得即落得，剩得。

无　题

张　洙

东南万里水归流，杰阁巍然立海头。
涛驾扶桑常浴日，烟笼古柏耐经秋。
傍观远屿蛟龙窟，俯视平沙雁雀洲。
久不扬波时道泰，斯民何幸际虞周。

张　洙（生卒年不详），河北唐县人。明弘治三年（1490）进士，明正德九年（1514）任登州府同知。

登蓬莱阁

史　纪

蓬莱高阁俯沧洲，薄宦①乘闲幸此游。
风涌波涛苍海立，云横星汉碧天流。
鱼龙出没晨光晓，鸥鸟浮沉玉树②秋。
未识神仙在何处，寂寥空阔雨初收。

史　纪（生卒年不详），陕西华阴人。曾任登州府同知。

【注释】

①薄宦：卑微的官职。此处用为谦辞。

②玉树：神话传说中的仙树。

无 题①

浦 铉

谁移形胜壮蓬莱，尘眼登临几遍开。
吞吐沧溟淹日月，升沉蜃气幻楼台。
浮云半出青天迥，远水双飞白鹭来。
漫兴更凭阑外看，夕阳影里钓舡回。

浦 铉（1482—1542），字汝器，号竹堂，登州卫（今山东蓬莱）人。明正德十二年（1517）进士，曾任山西洪洞知县、湖广道监察御史、陕西按察使。先后上四十余疏，所言皆为军国大计。后上书请求释放河南道监察御史杨爵，因言辞过激被捕下狱，死于狱中。明隆庆元年（1567），诏赠光禄少卿，谥"忠烈"，祀于登州府乡贤祠、忠烈祠。著有《竹堂奏议》《竹堂诗集》。

【注释】

①此诗是作者中进士后在家乡登蓬莱阁所作。此诗还收录于万历十九年和万历三十一年《蓬莱阁集》中，题目是《登蓬莱阁》，其中两版《蓬莱阁集》中第一句"人间无路问蓬莱，大竹山前一径开"和最后一句"夕阳影里钓船回"与此诗不同；万历十九年《蓬莱阁集》中"漫兴更凭栏外看"也与此诗略有差异。

无 题①

张 道

高阁登临瞰碧流，坐中海市换双眸。
楼台突兀波心起，人物依稀水面浮。
幻化虽云由蜃气，奇观只拟是瀛洲。
胜游欲记真惭古，坡老②题诗在上头。

张 道（生卒年不详），甘肃平凉人。明嘉靖元年（1522）任登州府通判，升登州府同知。

【注释】

①此诗是作者任登州府通判时所作。

②坡老：对苏轼的敬称。

无 题①

熊 荣

闲登东北蓬莱阁，忽忆西南金碧关②。
杰栋入云凝紫翠，虚窗映日漾潺湲。
沧溟真小昆明水③，大竹疑高太华山④。
十载骢驰空万里，澄清未就每惭颜。

熊 荣（生卒年不详），字以仁，河南汝南人。明正德十二年（1517）进士，曾任行人、国子学禄、巡按山东监察御史，官至陕西参政。

【注释】

①此诗还收录于万历十九年《蓬莱阁集》中，题目是《登蓬莱阁有感》，其中"杰栋一云凝紫翠，虚囱映日漾潺湲""澄清未就多惭颜"与此诗略有差异。
②金碧关：长城关隘紫荆关的旧称。
③昆明水：即昆明池，位于陕西，初用来练习水战，后为泛舟游玩之地。
④太华山：华山的雅称。

和 韵①

张 宏

海边日出海霞明，淡淡长空一鸟横。
健翼②冲天凡羽③避，孤鸣向日匪人④惊。
风行水面波纹皱，云起山头岛屿清。
二月春雷平地震，愿祈霖雨福苍生。

张 宏（生卒年不详），直隶真定（今河北正定）人。曾任山东左参政，明嘉靖九年（1530）升山东按察使。

【注释】

①此诗还收录于万历十九年《蓬莱阁集》中，题目是《海上用钱可容韵》。

②健翼:指猛禽。
③凡羽:普通的鸟。比喻平庸的人。
④匪人:不是亲近的人。引申为孤独无亲的人。

无 题①

边 宁

一

予生早已忆蓬莱,此日登临散积怀②。
水外烟霞张锦帜,望中岛屿是天台。
山川通气真机括③,今古遗文总浪猜。
我为东巡忙又去,蜃楼应许几时来。

二

曾闻东海有神仙,今上蓬莱已惘然。
古木连云飞殿阁,长风吹浪过山巅。
极知咫尺应无地,可谓苍茫别有天。
辽鹤④不归人又老,潮头明月自年年。

边 宁(?—1532),字汝靖,号东坞,河北任丘人。明弘治十七年(1504)进士,曾任户部司务、礼部精膳司员外郎,明嘉靖七年(1528)任山东按察司佥事,嘉靖九年(1530)任山东布政使。

【注释】
①此诗是作者任山东按察司佥事期间到蓬莱所作。
②积怀:释义为久已有意在心。
③机括:指事物的关键。
④辽鹤:指辽东丁令威得仙化鹤归里的故事。

无题①

许 锐

扪参②探井下蓬莱，坐对沧溟亦快哉。
路入仙乡无鸟雀，云深海市有楼台。
岩岩怪石城头立，汹汹洪涛天际来。
幸遇十年同志在，飞觞顿令笑颜开。

许 锐（生卒年不详），山东蓬莱人。明成化十七年（1481）进士，曾任巡按直隶监察御史、四川按察司副使、山西按察司佥事。

【注释】

①此诗是作者任山西按察司佥事期间回蓬莱所作。
②扪参：意思是抚摸参宿，形容山势极高。

自田横山下珠玑岩和陈中丞韵一首①

顾应祥

芒鞋②飞下珠玑岩，遥望扶桑指顾间。
风啮石头成碎颗，潮回山脚露新斑。
鲸波夹镜环三面，沙岛排空屹两关。
何用楼舡凌不测，分明仙境在人寰。

顾应祥（1483—1565），字惟贤，号箬溪，浙江长兴人。明弘治十八年（1505）进士，曾任江西饶州推官、锦衣卫经历、广东按察佥事兼岭东道、江西副使、山东按察使、山东布政使、都察院右副都御史巡抚云南，官至南京刑部尚书。著有《归田诗选》《惜阴录》《南诏事略》《测圆海镜分类释术》《测圆算术》《弧矢算术》《勾股算术》等。

【注释】

①此诗是作者任山东按察使期间登蓬莱阁所作。此诗还收录于万历十九年和万历三十一年《蓬莱阁集》中，题目是《登蓬莱阁》，其中最后一句"何用楼船凌不测，分明琼馆在凡间"与此诗略有差异。

②芒鞋：用植物的叶或杆编织的草鞋。

袁都阃①设宴乘月登太平楼②

游　琏

城头风色上楼台，台下烟涛次第开。
鳌岛光浮秋月静，海门声咽晚潮来。
湖南老子清宵③兴，汉代嫖姚④宿将才。
凉露满天豪思阔，醉看归骑出蓬莱。

游　琏（1487—1566），字世重，号少石，福建连江人。明正德六年（1511）进士，曾任江西新建知县、南京户部主事、南京户部员外郎，明嘉靖六年（1527）任登州府知府，后升任海南兵备副使、江西布政司参政等职。游琏为官一任，造福一方。他在登州招抚流民，开仓赈灾，治病除疫，修缮学宫，兴文育才，平冤惩贪，御史浦铉赞之与苏轼相媲美。著有《海道经》《蓬莱集》。

【注释】
①都阃：明代都指挥使司和都指挥使的别称。
②此诗还收录于万历十九年和万历三十一年《蓬莱阁集》中，题目是《登太平楼》，诗中的"湖南老子清霄兴""凉雾满天豪思阔"与此诗略有差异。
③清宵：清静的夜晚。
④嫖姚：指汉代大将霍去病，曾为嫖姚校尉。

祀海神庙用韵

游　琏

祀海还登海上台，沧溟万里海门开。
眼中绝岛烟霞古，风外层涛天地来。
领郡岂堪牟子国①，题诗深愧长公才。
萧条村落残禾黍②，何日春光遍草莱③。

【注释】

①牟子国：周朝封国，主要遗迹在今山东烟台。这里借指登州。
②禾黍：禾与黍。泛指黍稷稻麦等粮食作物。
③草莱：指乡野。

谢郑东溟招饮同舟游珠玑岩

浦 铉

一

维舟载酒泛沧溟，风静波平自不惊。
云外峰峦罗画戟，沙边鸥鸟笑浮生。
衣冠联坐俱游宦，泉石惭吾早谢名。
好景幽怀共倾倒，渔歌鼓吹送潮声。

二

相招喜遇郑东溟，春水同舟自不惊。
潮落海门沙岸出，日斜山阁紫霞生。
杯翻酒量相期醉，钓看渔竿岂羡名。
归路舍舟游峻岭，主宾倦倒总无声。

浦 铉（1482—1542），字汝器，号竹堂，登州卫（今山东蓬莱）人。明正德十二年（1517）进士，曾任山西洪洞知县、湖广道监察御史、陕西按察使。曾上书请求释放河南道监察御史杨爵，因言辞过激被捕入狱，死于狱中。明隆庆元年（1567），诏赠光禄少卿，谥"忠烈"，祀于登州府乡贤祠和忠烈祠。著有《竹堂奏议》《竹堂诗集》。

自到牟政理阁予吟啸春日登蓬莱忆潘双溪谏议兼写怀

郑 漳

蓬莱阁上题诗句，大竹山前忆故人。
棋局酒杯真怅望，鼋鼍①波浪共纷沦。

浮生喜适青春兴，应世羞添白发新。
安得扁舟载烟雾，海滨鸥鸟日相亲。

郑　漳（生卒年不详），字世绩，福建闽县（今福州）人。明正德十二年（1517）进士，曾任户部主事、户部员外郎、登州府知府、两淮盐运使、广西参政、河南参政、南京刑部侍郎。

【注释】

①鼋鼍：中国神话传说中指巨鳖和猪婆龙（扬子鳄）。

游漏天二首

郑　漳

一①

挝鼓②鸣金海上城，村童野老此相迎。
背人鸥鸟亭亭立，入眼云山面面情。
禾黍浮阴农事早，圃场匝地麦秋成。
年来拙收真何补，长把丰登答圣明。

二③

梦里逢人说漏天，兴来携友共探玄。
不嫌梅雨山途暝，为有珠泉鸟道悬。
壁立光摇河汉影，风回声压鱼龙眠。
匡庐④瀑布当年兴，把酒高歌忆谪仙⑤。

【注释】

①此诗还收录于万历十九年《蓬莱阁集》中，题目是《游漏天》，诗中第四句"年年拙收真何补"与此诗略有差异。

②挝鼓：意思是击鼓。

③此诗还收录于万历十九年和万历三十一年《蓬莱阁集》中，题目是《游漏天》，诗中第三句"风回声压水龙眠"与此诗略有差异。

④匡庐：指江西庐山。

⑤谪仙：指唐代诗人李白。

登蓬莱阁①

郑 淳

杰阁巍巍枕石城，高飞物外觉孤清。
眼前万里沧溟阔，天际几声鸥鸟鸣。
玄岛有时呈贝阙，扁舟无处觅徐生。
神仙落落输谁遇，留得蓬莱二字名。

郑 淳（生卒年不详），河北任丘人。明嘉靖十三年（1534）任登州府推官，后任顺天府推官、秦府长史。

【注释】

①此诗作者、题目缺失，参照万历十九年和万历三十一年《蓬莱阁集》补全，万历十九年《蓬莱阁集》中"神仙落落输难遇"、万历三十一年《蓬莱阁集》中"神仙落落应难遇"均与此诗略有差异。

无 题①

郑 淳

一②

蓬莱高阁坐逍遥，抚景长吟兴未消。
常棣③歌联情更适，海天望极乐偏饶④。
地通星宿浮寰宇，天作雄图翊圣朝。
徐福安期成底事，九鳌何处负仙桥。

二⑤

舆图⑥曾阅见蓬莱，此日登临遂所怀。
突兀岛从天外落，奔腾波自海门来。
乾坤不尽流千古，潮汐无穷限八垓⑦。
安得乘槎泛仙洞，陶然共醉紫霞杯⑧。

【注释】

①《蓬莱阁诗集》将此诗收录于五言古诗，有误，应为七言律诗。

②此诗还收录于万历十九年和万历三十一年《蓬莱阁集》中，题目是《登蓬莱阁》，诗中"棠棣歌联情更适"与此诗略有差异。

③常棣：也作"棠棣"。后常用以指兄弟。

④偏饶：格外多。

⑤此诗还收录于万历十九年《蓬莱阁集》中，题目是《登蓬莱阁》。

⑥舆图：指地图。

⑦八垓：八方的界限。

⑧紫霞杯：名贵的酒杯。诗中是指名贵的酒杯盛的好酒。

无 题①

于 溱

予调官招远，过府得登蓬莱阁上，感时动中成三首。独讶官同苏长公之谪，其不见海市则异然。予亦未尝祷焉，姑记此以俟将来。

一②

海上烟云午不收，仙踪何处觅瀛州。
几时得遇灵槎③便，直上银河问斗牛。

二④

薄宦年来海上游，每惊雪浪起潮头。
于今识得盈虚数，若比人心是顺流。

三⑤

饮余高兴步蓬莱，诗思撩人信手裁。
沧海静无风浪作，远山晴似画屏开。
古今题咏多佳句，秦汉求仙是妄猜。
还讶隆冬见海市，阳侯应借长公才。

于 溱（生卒年不详），字本清，号东江，河北任丘人。明正德三年（1508）

进士,曾任兵科给事中,正德十三年(1518)任招远知县,后任广南府知府,不就,进阶一级。

【注释】

①《蓬莱阁诗集》将此诗收录于五言古诗,有误,前两首应为七言绝句,第三首为七言律诗。

②此诗还收录于万历十九年和万历三十一年《蓬莱阁集》中,题目是《观海二绝》,诗中"仙踪何处觅瀛洲"与此诗略有差异。

③灵槎:亦作"灵查",指能乘往天河的船筏。

④此诗还收录于万历十九年和万历三十一年《蓬莱阁集》中,题目是《观海二绝》。

⑤此诗还收录于万历十九年和万历三十一年《蓬莱阁集》中,题目是《登蓬莱阁》,诗中"沧海静无风作浪""阳侯应惜长公才"与此诗略有差异。

时登阁观市

郗元洪

胜迹传闻□□□,乾坤留此岂徒然。
钟灵应有蛟龙窟,变态时□□□烟。
楼阁参差生眼底,城垣彷佛出风前。
坐□□□□□远,身世浑疑在洞天。

郗元洪(生卒年不详),字文范,山西平定人。明正德十六年(1521)进士,历任兵部主事、云南道监察御史、河南按察司佥事,明嘉靖八年(1529)任登州府同知,官至陕西布政司参议。

无 题①

潘九龄

蓬莱高阁倚云横,今古诗人几度经。
形胜千年还是昔,神仙四海信虚名。
灵光浸屋斗牛近,白浪排空岛屿平。

肆②我登临豪思发，一杯清兴万山晴。

潘九龄（生卒年不详），宁夏银川人。明正德十一年（1516）举人，明嘉靖八年（1529）任登州府推官，后任户科左给事中、湖广布政司左参议、云南按察使、四川右布政使等职。

【注释】

①此诗还收录于万历十九年和万历三十一年《蓬莱阁集》中，题目是《登蓬莱阁》。

②肆：放纵，任意行事。

五言古诗

宋

咏珠玑岩①
岩在蓬莱阁下

苏　轼

蓬莱海上峰，玉色立不改。
孤根②捍滔天，云骨有破碎。
阳侯③杀廉角④，阴火发光彩。
累累弹丸间，琐细或珠排。
阎浮⑤一区耳，真安果安在。
我携此石归，袖中有东海。
垂慈老人眼，俯仰了大块。
置之盆盎中，俨然对山海。
明年菖蒲根，连络不可解。
倘有蟠桃生，旦暮亦可待。

苏 轼（1037—1101），字子瞻，又字和仲，号东坡居士，四川眉山人。宋嘉祐二年（1057）进士，授凤翔府签书判官。宋元丰二年（1079）因"乌台诗案"遭贬，谪黄州团练副使。元丰八年（1085）十月任登州知州，到任五天后，奉调回京任礼部郎中，后转任龙图阁学士等。卒后追赠太师，谥"文忠"。苏轼曾奏请废除登州榷盐专卖制度，登州百姓感其恩德建"苏公祠"，后祀于登州府名宦祠。苏轼为北宋中期文坛领袖，唐宋八大家之一，在文、诗、词三方面都拥有极高的造诣，是宋代文学最高成就的代表，一生留下《海市诗》等与登州有关诗文21篇。他擅行书、楷书，与黄庭坚、米芾、蔡襄并称"宋四家"。著有《东坡七集》《东坡志林》等。

【注释】

①此诗还收录于万历十九年和万历三十一年《蓬莱阁集》中，题目是《游珠玑岩》，诗中有多处与此诗略有差异。

②孤根：指兀立的丹崖山。

③阳侯：古代传说中的波涛之神。此处指大浪。

④廉角：边角。指与海浪相峙的岩石。

⑤阎浮：佛教经典中的大树名。

明

无 题

张克礼

靓彼古丹崖，壁立俯沧溟。
贤哉昔守土，择此地之灵。
于焉构高阁，昂耸凌天庭。
良宵月先到，盛夏暑不经。
怪松傍鲛室，修篁①拂风棂②。
岛中蜃嘘吸，彷彿楼市形。
凭栏极目望，炳③若辉丹青。
鱼鸟性相适，鸾箫声绝听。

桑田不可变,神仙皆窈冥。
怅望东风里,桃花几落零。

张克礼(生卒年不详),河南西平人。明弘治年间(1488—1505)任登州府教授。

【注释】

①修篁:指修竹,长竹。

②风棂:窗棂。

③炳:清楚、显明的意思。

无 题①

章寓之

奉命巡东土,民和岁且康。
凛霜飘玉节,初日转扶桑。
骢马②行行处,豺狼寂寂乡。
诗文唐李白,风纪汉张纲。
主圣臣多直,波恬海不扬。
潮平生丽景,市现列嘉祥。
拂曙烟初集,凭虚阁半藏。
层楼飞翰羽,万木隐青苍。
指点山依约,跻攀路渺茫。
不闻鸡犬吠,惟有雁鸿翔。
亭影团轻盖,阴云覆短墙。
顷时浮阆苑③,何处觅岛方。
画本临摩诘,吟怀寄草堂。
若非良史笔,此景落荒唐。

章寓之(生卒年不详),字道充,四川嘉定(今乐山)人。明弘治十五年(1502)进士,曾任济南府知府。章寓之为"嘉州七贤"之一。

【注释】

①此诗是作者任济南府知府期间到登州所作。

②骢马：指青白色相杂的马。
③阆苑：指神仙居住的地方。

无 题

张 津

遣累苦无惊，玩海聊自适。
晓云开渤澥①，凉飔②清几席。
苍苍沙门岛，冉冉神仙宅。
风涛争汹涌，鲸鳌赦呋掷③。
楼阁见参差，车马惊舄奕④。
观看迹无倪，事异心还诉。
冥功一何去，变幻讵能核。
坐对蓬莱山，黑水⑤成潮汐。
沧溟渺万里，拟骞⑥垂天翮。

张　津（1464—1518），字广汉，号罗锋，广东博罗人。明成化二十三年（1487）进士，曾任贵州监察御史、广西巡按、泉州府知府、宁波府知府、山东左参政、南京都御史、苏松巡抚、户部右侍郎等。卒赠南京户部尚书。

【注释】
①渤澥：指的是渤海。
②凉飔：意思是凉风。
③鲸鳌赦呋掷：出自成语"鲸呋鳌掷"。形容气势雄伟奇特。
④舄奕：意思是连绵不绝。
⑤黑水：即黑水洋。黄海东部海水较深、水呈蓝色的地带被称为黑水洋。
⑥骞：把鸟放飞。

无 题

黄 颖

登高望溟海，弥漫覆载①间。

目极沧茫外，神凝宇宙宽。
露开鳌殿现，风急蜃楼寒。
月涌冰轮出，涛奔雪阵团。
碧波浮翠巘，白浪卷青峦。
方士求灵药，幽人把钓竿。
孤雁飞寒影，沙鸥泛渚磻。
涨天云雾盛，浴日滚波抟②。
包括乾坤器，含容地脉澜。
坐觉心如洗，蓬莱真境坛。

黄　颖（生卒年不详），福建建宁人。明正德年间（1506—1521）任登州府训导。
【注释】
①覆载：指广阔的天地。
②抟：同"团"。

无　题①

徐　冠

仲春②到太山，五月观沧海。
眼界顿纡余③，胸次真爽垲④。
平生壮游怀，何幸逾一载。
学山病丘陵，学海希川汇。
进进欲盈科⑤，循循肯自怠。
仰高志弥勤，望洋心徒骇。
借问蓬莱仙，海市何时磊。
徘徊坐新亭，迟留若有待。
少焉清风生，山川若变改。
大竹小竹⑥边，渐渐腾光彩。
或平为之坡，或分为之嵬⑦。
仿佛似殿台，依稀如绮彩。
神龙吐精英，天地出傀儡。

谓其果无邪，未见理固⑧乃。
谓其果有邪，吾亦何主宰。
有无形影间，知者当自采。
东坡有诗留，恒山有文在。
走也素浅中，睹此期寡悔⑨。

徐 冠（生卒年不详），字士元，号竹冈，安徽泾县人。明弘治五年（1492）举人，曾任清丰教谕、浮梁训导、都昌知县、监察御史、吉安府知府、广东副使等职。

【注释】

①此诗是作者任监察御史期间登蓬莱阁观海所作。此诗还收录于万历十九年和万历三十一年《蓬莱阁集》中，题目是《观海》，诗中有多处与此诗略有差异。

②仲春：春季中期，指农历二月。

③纡余：从容宽舒的样子。

④爽垲：高爽干燥。

⑤盈科：比喻打下坚实基础。

⑥大竹小竹：指大竹山岛、小竹山岛两个重要海岛。

⑦嵬：形容山高大的样子。

⑧理固：意思是按道理应当这样。

⑨寡悔：意思是少懊悔。

咏海市

史 纪

万水会溟渤，渺然浩无际。
红日照波浪，挂在扶桑枝。
此中有海市，常在春夏期。
楼阁自上下，车马相驱驰。
物象恍惚间，云雾两追随。
状类讵能测，彷佛还离披。
东人号胜境，千载以为奇。
昔有眉山叟，祷于海神祠①。

来日果一见，其出非其时。
既慰眼前望，更留石上诗②。
俯想天壤内，神怪事可疑。
嗟予经术士，佐郡偶来兹。
秉时一瞻眺，传闻不我欺。
谁谓一蜃气，变化有若斯。
在理不可得，归来明月迟。

史　纪（生卒年不详），陕西华阴人。曾任登州府同知。
【注释】
①昔有眉山叟，祷于海神祠：指的是苏轼在蓬莱阁祈祷于海神广德王祠，得见海市的故事。
②石上诗：指现存于蓬莱阁卧碑亭内苏轼的《海市诗》石刻。

无　题

任　伦

登阁倚阑干，遥瞻眼界宽。
云埋三岛暗，川纳万流漫。
穷际浑鳌极，看山只弹丸。
龙蟠知何处，鱼异识应难。
海市真成有，气幻有无间。
宾王夷国众，柔远宠恩颁。
备倭除戎器，遏运免民难。
水咸得正味，富国总生盐。
神祀资坤德，威灵感应严。
楼高真海屋，何日见筹添①。

任　伦（生卒年不详），甘肃徽县人。明嘉靖五年（1526）任登州府推官。
【注释】
①楼高真海屋，何日见筹添：海屋，指传说中的海上仙屋。海屋筹添，指长寿。

大风蓬莱阁观海涛①

左思忠

飓风起北溟②，遥过扶桑隈。
扬波蹴霄汉③，虚空轰震雷。
喷射变阴晦，崩腾撼穹台。
有如巨鳌动，背负三山来。
又如沃焦溢，倒流万里回。
天地色沮丧，岛屿为之摧。
爰居徙东荒，戢翼④避其灾。
八月广陵潮，未敢争奇恢。
气悸伏雕槛，意广倾金罍。
大道何茫茫，琐细徒喧豗。
乃知观于海，众水难为哉。
安得无倪舟，去适无际陔。

左思忠（生卒年不详），字长臣，号石皋，陕西耀州人。明嘉靖二年（1523）进士，嘉靖三年（1524）任莱阳知县，官至吏部员外郎。

【注释】

①此诗还收录于万历十九年和万历三十一年《蓬莱阁集》中，题目是《大风观蓬莱阁》。

②北溟：传说中世界最北端阳光照射不到的大海。

③霄汉：云霄和天河，指天空。

④戢翼：收拢翅膀，不再飞翔。比喻退隐。

七言古诗

元

无 题①

赵 亨

尘埃世路悲寥落,一上蓬莱最高阁。
海天无穷目力穷,暂觉烦襟为轩豁。
虚檐缥缈接云烟,水底蛟鼍②总晏然。
方壶圆峤杳何许,笑欲举手招飞仙。
秦皇汉武何如主,可怜浅识邻儿女。
遗台突兀倚晴州,犹是徘徊望仙处。
岂知方士皆妖妄,徐福未来乐大往。
沙丘风惨辒辌车③,柏梁露冷铜人掌。
千秋有客重登眺,往事悠悠尚堪吊。
可人幽鸟解忘机,唤取樽前谐一笑。
前年水灾今旱雷,使者东行极民瘼。
岂无虾蟹可疗饥,矫诏珠宫驱海若。
夜来万鼓声何壮,应是长风骏巨浪。
客来摇梦不成眠,起看扶桑红日上。

赵 亨(生卒年不详),江苏淮安人。曾任翰林待诏,明永乐年间(1403—1424)任淮安府同知。

【注释】

①此诗是作者任翰林待诏期间到登州所作。此诗还收录于万历三十一年《蓬莱阁集》中,题目是《登蓬莱阁》,其中"一上蓬莱最高阁""遗台突兀倚晴洲""徐

福未来栾大往""使者东行拯民瘼""应是长风骇巨浪""客床摇梦不成眠"与此诗略有差异。

②蛟鼍：指水中凶猛的鳄类动物。

③辒辌车：古代可以卧的车，也用作丧车。

明

咏　海①

薛　瑄

骢马晓辞莱子国②，北上高岗③俯辽碣④。
辽碣万里天风寒，山溪二月凌澌⑤结。
空蒙极目春无边，春涛汹汹摇春烟。
还从绝顶下长坡，高城忽起沧溟前。
沧溟倒浸红楼影，通衢四达尘埃静。
已应持节是明时，况复观风得佳境。
天空海阔霜台高，霜台逸思何飘飘。
巨鳌负山真浪语，大方见笑非虚谣。
乾坤俯仰高歌起，有物无名大莫比。
瀛海茫茫未足夸，真是人间一泓水。

薛　瑄（1389或1392—1464），字德温，号敬轩，山西河津人。明永乐十九年（1421）进士，曾任广东道监察御史，明正统元年（1436）任山东按察司佥事，官至通议大夫、礼部右侍郎兼翰林院学士，谥"文清"。薛瑄是明代著名理学家、教育家和文学家，河东学派创始人，世称"薛河东"。著有《薛文清集》《读书录》。

【注释】

①此诗还收录于万历十九年和万历三十一年《蓬莱阁集》中，诗中"北上高冈俯辽碣""辽阳万里天风寒""春涛汹汹涵春烟"与此诗略有差异。

②莱子国：先秦时期东海地区有名的古国，位于今山东龙口。

③高岗：指丹崖山。
④辽碣：指辽东的群山。
⑤凌澌：流水。

无 题①

张 穆

世间百物海为大，茫茫无涯亦无外。
但见日月互升沉，回视江湖敢襟带。
九河四渎尽朝宗，万派千流皆会同。
浩渺已将尘世隔，周流直与天河通。
更有弱水三万里，谁云航之直一苇。
造化浑疑浑沌初，乾坤尽在空蒙②里。
中有贝阙藏珠宫，珠宫深处多蛟龙。
扬波莫作滔天势，泽物当施济世功。
吾皇建极③仁恩布，四海无虞兆民附。
宣尼④不用乘桴浮，亚圣⑤何劳挟山喻。
三山漂渺接蓬莱，安期⑥浮丘不重来。
徐福真成避秦计，始皇可惜非仙才。
君侯我客不可当，邀我登临到上方。
酒酣凭栏一长啸，此身直与凌风翔。
蓝桥赤城有奇遇，阆苑瀛洲岂无路。
云軿鹤驭来几时，我欲乘之海天去。

张 穆（1417—?），字敬之，江苏昆山人。明正统四年（1439）进士，曾任工部主事、山东按察司副使，官至浙江布政司右参政。著有《勿斋集》。

【注释】
①此诗还收录于万历十九年和万历三十一年《蓬莱阁集》中，题目是《咏海》，诗中有多处与此诗略有差异。
②空蒙：细雨迷茫的样子。
③建极：指帝王即位。

④宣尼：即孔子，汉平帝追谥孔子为褒成宣尼公。
⑤亚圣：特指孟子。
⑥安期：仙人名。

观东坡海市碑有感①

杜 庠

韩愈能开衡山云，东坡祷现登海市。
二贤不但文章师，更有感召亦奇异。
可怜遭遇非其时，海涯岭表官流离。
古来豪杰多如此，宣父②亦欲居九夷。
我从天上蹈东海，目睹东坡旧碑在。
刻文剥落莓苔生，神思维持三百载。
临风三复发浩叹，心神豁爽毛骨寒。
恍然坐我海涛上，异事得与东坡观。
立马城头询父老，海气常时结山岛。
忽现忽灭如有神，始信坡诗不虚道③。
曾闻蜃气吹嘘成，莫言怪异令人惊。
世间万物有常数，物之变化非物情。
何当借我仙山鹤，凌风吹上蓬莱阁。
不图海市生目前，醉拍阑干看潮落。

杜 庠（1427—1486），字公序，长洲（今江苏苏州）人。明景泰五年（1454）进士，曾任攸县知县。杜庠自负才高，因不得志而弃官，自称"西湖醉老"。他每过赤壁就题诗，时人称之"杜赤壁"。著有《楚游江浙歌风集》。

【注释】

①此诗还收录于万历十九年和万历三十一年《蓬莱阁集》中，诗中有多处与此诗略有差异。
②宣父：对孔子的尊称。
③虚道：空泛无用的说教。

观海市不见①

赵 璜

蓬莱之登愜平生，岂以幻景系重轻。
水冷未散蜃嘘吸，风高但见浪峥嵘。
壁间古刻坡翁句，三复自堪恰我情。
此老笔端亦有海，新奇宛若与市争。
一祷率然应如响，河图洛图②安足惊。
仰思古人不可及，敢将非分烦神明。
东土顾承当宁托，神须鉴我一念诚。
顾波只愿作霖雨，岁有秋兮天下清。

赵 璜（约1462—1532），字廷实，号西峰，江西安福人。明弘治三年（1490）进士，曾任工部主事、兵部员外郎、济南府知府、都察院右佥都御史巡抚宣府，后调任山东，官至工部尚书。卒赠太子太保，谥"庄靖"。

【注释】

①此诗是作者任山东巡抚期间所作，还收录于万历十九年《蓬莱阁集》中，诗中"三复自堪怡我情""河图洛书安足惊""沧波只愿作霖雨"与此诗略有差异。

②河图洛图：即河图洛书，是中国古代的两幅神秘图案，分别代表了天上的银河系和地上的洛河。诗中以此借指宇宙天地。

登蓬莱阁三首①

胡缵宗

一

落日初登海上台，蓬莱高阁倚云开。
沙门②宿浪翻晴雪，鼍岛寒潮起暮雷。
蜃市杳茫楼观影，龙宫闪烁金银堆。
秦皇汉武空搔首，不见仙人携鹤来。

二

城南纤月照蓬莱，海口风回夕雾开。
点点晴矶动星斗，冥冥晚市遮楼台。
薇垣③玄鹤联翩至，豸史青骢蹀躞来。
共倚秦桥④望王母，金宫高处踏苍苔。

三

昔闻北海蓬莱阁，今上东州缥缈台。
汉柱暮云浮万岛，秦桥纤月⑤傍三台。
元戎⑥列塞冬风净，刺史垂帘春雨来。
借问瀛洲学仙者，天边贝阙几时开。

胡缵宗（1480—1560），字孝思、世甫，号可泉、鸟鼠山人，秦安（今属甘肃）人。明正德三年（1508）进士，曾任山西右布政使、河南左布政使，明嘉靖十五年（1536）以右副都御史巡抚山东。胡缵宗是明代著名的诗人、书法家，为官爱民礼士，抚绥安辑，廉洁辨治。著有《胡氏诗识》《鸟鼠山人集》《安庆府志》《苏州府志》《秦州志》。

【注释】

①此诗还收录于万历十九年和万历三十一年《蓬莱阁集》中，其中第三首"元戎列塞冬风静""天边巨阙几时开"与此诗略有差异。
②沙门：沙门岛，诗中指长岛。
③薇垣：星官名，即紫微垣。
④秦桥：相传秦始皇东游时所造的石桥。
⑤纤月：月牙，此处指未弦之月。
⑥元戎：主将，元帅。

无 题①

毕 亨

人传海市真奇特，梦忆多年见未得。
文章柱史②笔如椽，模写精神归石刻。
老眼摩看心未已，细读真同见山水。

珠宫贝阙一时开，玉宇琼楼五云起。
海洋入望岛屿繁，竹山面面围黄垣。
山隈③一木挺然出，翠盖凌空势欲骞④。
小竹山形忽如殿，牵牛山作平楼变。
绣户⑤瑶窗迥不关，傍有团亭更堪羡。
北洋山树郁苍苍，依稀城郭山之阳。
平水茫茫渺无际，山林隐隐舒复藏。
须臾幻化百与千，缅怀此理诚幽玄⑥。
岂是秋高浮蜃气，岂是日暖团蛟涎。
无乃天公有深意，故向斯文逞巧技。
古今来往几人过，不见令人增怅企。
乾坤此事自何年，便欲乘槎一问天。
瞬息收藏不知处，海天如旧山依然。
移时转盼兴愈骋，揽衣直上蓬莱顶。
恍惚神游霄汉间，那知身世犹人境。
嗟吁好景不可孤，富贵浮云有若无。
凭谁唤起王摩诘，写作风云庆会图。

毕 亨（1449—1515），字嘉会，山东新城（今桓台）人。明成化十一年（1475）进士，曾任吏部验封司主事、吏部员外郎、吏部郎中、顺天府丞、两淮盐运使、浙江右布政使、陕西左布政使、右副都御史、甘肃巡抚、工部尚书。

【注释】

①此诗还收录于万历十九年《蓬莱阁集》中，题目是《咏海》，其中第四句"玉宇琼楼二云起"与此诗略有差异。

②文章柱史：此指苏轼。

③山隈：山的弯曲处。

④骞：高举，飞起。

⑤绣户：雕绘华美的门户。多指妇女居室。

⑥幽玄：幽深玄妙。

无题①

王士昭

海东赤日生扶桑，碧波万顷摇晴光。
海人惊报海市出，十二玉楼摩晓苍。
金城耀空空宇阔，云窗半起东南角。
彷佛人家住十洲②，鸡声隐隐闻咿喔。
别有孤亭山畔起，青松盘距蛟龙尾。
借问樽③前宦游客，此景人间真有几。
神工变幻顷刻收，山自嵯峨水自流。
尘世荣华亦如此，凭栏一笑海天秋。

王士昭（生卒年不详），字希贤，福建闽县（今福州）人。明弘治九年（1496）进士，弘治十六年（1503）任监察御史，后任山东按察司副使、广西布政司右参政。

【注释】

①此诗还收录于万历十九年和万历三十一年《蓬莱阁集》中，题目是《咏海》。
②十洲：道教称大海中神仙居住的十处名山胜境。亦泛指仙境。
③樽：指古代的盛酒器具。

无题①

秦 金

晴云昼护蓬莱岛②，海上青峰翠螺③小。
烟波万里驾沧溟，蓦地神工炫奇功。
珠宫贝阙宝藏兴，恍惚阛阓④移山城。
八千世界苍龙窟，十二楼台白玉京⑤。
芙蓉秀出孤松岭，亭子分明傍仙境。
气化絪缊⑥不倏无，万象荡摩皆幻影。
高阁筑风此望洋，乾坤吾道心茫茫。
杂俎⑦披奇竟何补，夷坚⑧志怪诚荒唐。
异哉海市何人传，岁寒健笔惊坡仙⑨。

谁知兹祥⑩非偶然，一雨三日占丰年。
海市名今更显显，柱史⑪文章⑫光琬琰⑬。

秦　金（1467—1544），字国声，号凤山，江苏无锡人。明弘治六年（1493）进士，曾任户部主事、河南提学副使，明正德五年（1510）任山东布政使，明嘉靖二年（1523）任南京礼部尚书，后历任兵部尚书、户部尚书、工部尚书，嘉靖十三年（1534）进太子太保，时人称他为"两京五部尚书，九转三朝太保"。卒赠少保，谥"端敏"。著有《凤山奏稿》《抚湘政要》《安楚录》《通惠河志》《凤山诗集》。

【注释】

①此诗还收录于万历三十一年《蓬莱阁集》中，题目是《咏海》，诗中"蓦地神工炫奇巧""气化缊缊有倏无""高阁乘风此望洋""海市之名今更显"与此诗略有差异。

②蓬莱岛：此处借指丹崖山。

③翠螺：即青螺。比喻海市出现之前海上仅有小如青螺的岛屿。

④阛阓：古代称市肆（商店）为阛阓。此处指海市中恍惚间出现的闹市。

⑤十二楼台白玉京：十二楼台是仙人居住的地方。白玉京指白玉筑成的高台。此句用来形容海市出现时的壮丽气势。

⑥缊缊：形容云烟弥漫、气氛浓盛的景象。

⑦杂俎：指唐代段成式创作的《酉阳杂俎》，多记神奇之事。

⑧夷坚：指宋代洪迈创作的著名志怪小说《夷坚志》。

⑨坡仙：指苏轼。

⑩兹祥：祥瑞，指海市的出现。

⑪柱史：古官名，此处美称苏轼。

⑫文章：指苏轼的《海市诗》。

⑬琬琰：美玉，用以形容苏轼的《海市诗》文辞之美。

无　题①

潘　珍

青光荡漾蓬莱阁，万顷波澄风不作。
须臾②蜃气吹嘘间，异事令人惊且愕。

碧涛起伏俱林隈③，翠岛远近俱楼台。
城廓人物世罕比，无乃地接真蓬莱。
神工变化谁能测，千态万状来顷刻。
虽云幻影实奇逢，我欲见之不可得。
昔年祷应喜坡翁，有诗夸异非天穷。
今年祷应喜骢马，有雨沾足知年丰。
古今感召惟人耳，古往今来此海市。
吁嗟真幻焉足论，浮沤世事类如此。

潘 珍（1477—1548），字玉卿，一号朴庵，又号莪峰，晚号碧峰，江西婺源人。明弘治十五年（1502）进士，明正德十一年（1516）任山东按察司佥事兼巡海副使，后任福建按察司副使、山东按察使、湖广左布政使、右副都御史、兵部左侍郎。

【注释】

①此诗是作者任山东按察司佥事兼巡海副使期间登蓬莱阁所作，还收录于万历十九年《蓬莱阁集》中，但自"岛远近俱楼台"之前内容缺失，参照此诗补全。

②须臾：指极短的时间，片刻。

③林隈：意思是林木曲深之处。

咏蓬莱阁①

冯 琨

蓬莱高阁海之泮，天风烟水相微茫②。
偶来登览尽奇胜，不觉白日西飞忙。
剩知此地建此阁，要亦达观③非寻常。
瀛洲方丈俱杳隔，蓬莱想像临兹乡。
顾当海岳效灵异，蜃嘘海市回天章④。
况从莱兵沾圣化，千古文教垂余芳。
乃崇层巅飞画栋，大书臣榜堆金黄。
个中仙子何为者，仁贤寿隽五福强。
地维天柱赖以立，忠臣孝子随鹓行。
此阁此义信尔尔，谁将奇诡沦荒唐。

异哉秦皇与汉武，徐生栾大俱魔狂。
风惨沙丘五祚冷，仙人何在今何亡。
慨思名达恣追赏，长篇短仆驰揄扬。
我姑拊缶⑤付长啸，任嗤腐草争荧光。

冯 琨（生卒年不详），字君美，江苏昆山人。明成化二十二年（1486）举人，曾任永康教谕、蓟州知县、杭州同知，明正德十四年（1519）任登州府知府。冯琨为政期间廉直爱民，后祀于登州府名宦祠。

【注释】

①此诗与万历十九年《蓬莱阁集》中的《咏海》基本相同，但《咏海》缺少"瀛洲方丈俱杳隔，蓬莱想像临兹乡""况从莱兵沾圣化，千古文教垂余芳。乃崇层巅飞画栋，大书臣榜堆金黄""慨思名达恣追赏，长篇短仆驰揄扬"几句。

②微茫：迷漫而模糊。

③达观：心胸开朗，见解通达。

④天章：泛指好文章。

⑤拊缶：击缶。

咏海市

冯 琨

乾坤正气开鸿蒙，变通阖辟神化工。
异哉蜃气何所作，幻此海市天之东。
琼楼玉宇嵯峨起，阛阓漂渺团芙蓉。
隐约冠盖拥驺从，银黄黼绣①拖绅红。
商行贾贩漭杂遝，郁葱瑞采皆文龙。
倏忽变态不可测，皎日一出天穹隆。
我嗟此蜃历世久，玩弄世态争奇工。
章华消歇更花萼，临春结绮夸离宫②。
田横义士壮英烈，子胥忠勇朝声雄。
一时山海改奇胜，眼底流丽成匆匆。
乃知人世亦幻境，兴亡隆替俱沦空。

大都语常不语怪，正气自兴神明通。
磨崖贼此顾何尔，砥砺寄节追坡翁。

【注释】

①黼绣：古代绣有斧形花纹的衣服。
②离宫：借指火红色。

次前蓬莱阁韵①

陈　鼎

吸根六阴呼九阳，洪涛煎沸何茫茫。
金盆②朝暾③夜皓魄④，两丸跳掷鱼龙忙。
南面丹崖数千尺，城于绝顶高寻常。
更因高处着此朝，檐牙⑤撞破云烟乡。
最宜海市巧相南，三家互换真文章。
蓬莱翁水杳何在，空名寄此为谁芳。
偶然登眺亦不俗，那堪周览⑥临昏黄。
寥寥村郭勤烟火，十方只有三分强。
逃亡破屋但四壁，枾榆斤斧无遗行。
早愿薰风自南来，倚阑搔首思虞唐。
休论瀛刘觅仙误，夫何一国皆天狂。
如提此阁投之海，尽便名迹俱消南。
一洗迷蒙自今古，且无民瘼⑦愁清杨。
趁遂闲鸥老山海，羊来何必才严光。

陈　鼎（生卒年不详），字文相、大器，号大竹，山东蓬莱人。明弘治十八年（1505）进士，曾任礼科给事中、河南参议、陕西副使、浙江按察使，官至南京应天府尹。卒赠右都御史、兵部右侍郎，祀于登州府乡贤祠。

【注释】

①此诗是作者任礼科给事中期间登蓬莱阁次韵冯琦《咏蓬莱阁》所作。此诗还收录于万历十九年和万历三十一年《蓬莱阁集》中，题目是《咏海二首》，诗中多

处字句与此诗不同。

②金盆：比喻太阳。

③朝暾：指早晨的阳光。

④皓魄：指明月。

⑤檐牙：檐际翘出如牙的部分。

⑥周览：遍览，巡视。

⑦民瘼：民众的疾苦。

次前海市韵①

陈　鼎

凌虚出市何冥蒙，应与万不同论功。
招博灵蜃解尔耳，云胡独见蓬莱东。
竹山妃子巧妆东，翠屏金镜堆芙蓉。
纪回梳云交宝暗，有侍浴日鲸波红。
恍疑根着龟鳌极，不然底柱楂骊龙。
海若无言风伯死，天丁白日驱丰隆②。
楼居十二隔烟雾，齐州九点攒神功。
三朝宜雨卜已久，卷舒谁者尸幽宫。
求仙童男招不返，征辽残卒心犹雄。
无乃精魂依幻结，不随逝水徒匆匆。
小儿造化只如此，芦灰色石非谈空。
三山遥指亦有意，桃花未到刘郎通。
归来几席有沧海，终当稽首乘桴翁。

【注释】

①此诗是作者登蓬莱阁次韵冯琨《咏海市》所作。此诗还收录于万历十九年和万历三十一年《蓬莱阁集》中，题目是《咏海二首》，诗中多处字句与此诗不同。

②丰隆：古代神话中的雷神。后多用作雷的代称。

夏日同王姚沈顾四子登蓬莱阁观海市席上成六十韵用纪奇兴时盖青天白日云

张　鹏

危楼拱渤海，遐瞩真茫茫。
众派皆委输，百谷信君王。
远浪喷日影，洪涛浮天光。
照岸花分彩，迷沙雁断行。
南极通昆仑，东下连扶桑。
绿如青草湖，潋滟波无疆。
静若拖素练，一带平舒张。
三岛并峙立，巉巢干青苍。
十洲亘兴没，琼瑶何辉煌。
海岳效灵异，幻化神工昌。
明明海市见，水面开屏障。
隐隐诸山侧，高广讵难量。
严翼启①城郭，斜直飘旗枪②。
矗叠耸楼阁，环列排堵墙。
杳杳江上村，寥落居人傍。
森森空中树，参差穿虚堂。
渔父理钓艇，挂席扬帆樯。
游女采莲叶，笑摘芙蓉芳。
蓦尔平地中，突出巉岈③岗。
纷郁岂烟雾，层蜜非云祥。
上为鹍雕④池，下为蛟蜃房。
迟速任巧拙，开阖随卷藏。
朝暾⑤及日暮，姿态咸殊常。
既没复更出，鬼怪潜龙骧。
昏黑始收敛，碧色余筼筜⑥。
凭栏觉眼阔，携袖闻天香。
观者胥骇叹，古今一奇望。

此市不恒有，况得风日良。
因之怀汉武，洞焉思秦皇。
求仙有大道，固非学愚伥。
度瞻今日事，异术诚昭彰。
秦桥与汉柱，假以封疆场。
奈何尘嚣子，不达悬雌黄。
妄辩深肆诋，谓自取灭亡。
长生恍春梦，大器归虚囊。
财力尽耗殚，苍生皆凋创。
丹袂既茫昧，抚膺徒慨伤。
仰观石碣表，寒烟迥⑦飞扬。
俯视之罘草，孤鹤时翱翔。
念昔安期辈，延伫⑧无何乡。
珊瑚饰衿佩，兰桂酿酒浆。
蓬莱到方丈，宛在水中央。
金阙⑨对石室，户墉接阊阎⑩。
蛟螭隐车驾，鼍鼋泛栋梁。
轻举青丘缴⑪，虚飘白霓裳。
饮嚼不死药，万祀视一眶。
所以二达人，乘兴思海邦。
顾子麋仙才，寤寐怀伯阳。
欲餐友魂精，又服延年方。
登高临巨壑，觉侍王乔旁。
胸襟迥颎洞，肩宇踈开扬。
烹鲜酌斗酒，鼓棹歌沧浪。
潮涨万余里，风吹落大荒。
忻同苏子观，愧乏玄虚章。
按诗赠水伯，感海市靓妆。
神游藐姑射，浮世等结蜣。
安能披蓑笠，月明摇巨航。
邃诩不知止，逍遥牛诸洋。

繁华未易脱，此志空彷徨。
寄语观海客，勿谓子言狂。

张　鹏（1502—1545），字鸣南，号漳源，山西沁县人。明嘉靖五年（1526）进士，授河南府推官，曾任甘肃监察御史、山东监察御史，官至大理寺右丞。著有《北还集》《遗文谏草》《东巡集》。

【注释】

①启：这里指打开。
②旗枪：旗杆端，此指旗帜。
③巉岈：形容山势高峻，陡峭险峻。
④鹛雕：像鹤的鸟。
⑤朝暾：意思为初升的太阳。
⑥箆笃：一种生长在水边的大竹子。
⑦迥：遥远、僻远的意思。
⑧延伫：久留的意思。
⑨金阙：仙人居住之所。
⑩阊阖：神话传说中的天门。
⑪青丘缴：源自《淮南子》，指羿在青丘之泽用缴射杀大风的典故。此指弓箭。

漳源公①按登之三日余适至得陪诸公上蓬莱阁观海市

姚文焌

一②

市浮万顷接晴空，城郭分明指顾中。
谩说沧瀛多蜃气，岂知造化有神工。
绣衣③秉钺来天上，白日驱云到海东。
千里及期陪燕集，浮生吾亦庆吾逢。

二④

楼阁重重起海滨，人传不见已多年。
长题旧梦皆虚尔，真迹今逢岂偶然。
始悟人间亦幻界，应知海外有真仙。

临风登眺情无极，跨鹤乘虚欲上天。

三⑤
水榭山亭望不遐，倏看村树半人家。
千方变化随天巧⑥，极目玲珑散日华。
绝岛势连惊燕雀，清波影落动鱼虾。
潮声欲断残霞照，还向中流泛斗槎⑦。

四⑧
海市常年不数来，市呈今日亦奇哉。
烽城霭树连朝起，黄阁朱楼逐浪开。
无祷已酬苏子愿，题诗还愧谪仙才。
大观此会应难再，日落江头醉几回。

姚文焌（1495—？），字在明，号虚谷，福建莆田人。明嘉靖二年（1523）进士，曾任刑部主事、刑部员外郎，嘉靖九年至十四年（1530—1535）任金华府知府，后任山东按察司副使、山东按察使、湖广右布政使、浙江左布政使。

【注释】

①漳源公：指山东监察御史张鹏，字鸣南，号漳源。此诗是嘉靖十五年（1536）五月，张鹏奉旨巡查登州，时任山东按察司副使的姚文焌陪同张鹏登蓬莱阁观海市所作。

②此诗还收录于万历十九年和万历三十一年《蓬莱阁集》中。

③绣衣：指皇帝特派的执法大员。此处借指山东监察御史张鹏。

④此诗还收录于万历十九年《蓬莱阁集》中。

⑤此诗还收录于万历十九年和万历三十一年《蓬莱阁集》中，题目是《上蓬莱阁观海市》，诗中"木榭山亭望不遐"与此诗略有差异。

⑥天巧：不假雕饰，自然工巧。

⑦斗槎：借指仙舟。

⑧此诗还收录于万历十九年《蓬莱阁集》中，其中的"日落红头醉几回"与此诗略有差异。

无 题

沈 松

一①

百年身世此同游,海岳呈灵送远眸。
缥眇旌旗②遥荡漾,空明楼阁半沉浮。
日光恍接岚光③现,云气还疑蜃气流。
安得仙舟渡溟渤,直寻蓬岛问源头。

二④

偶来蓬阁一凭虚,未解瀛洲景物稀。
忽谩氤氲⑤凝竹岛,无端幻化出鼍矶。
两山朝市开图画,一水楼台映翠薇。
天假奇观供散吏⑥,不妨乘兴暮忘归。

沈 松(生卒年不详),字如松,又字南涯,浙江德清人。明正德十二年(1517)进士,任晋江县令,明嘉靖四年(1525)任广东道监察御史,升佥事,后任山东布政司左参议。

【注释】

①此诗还收录于万历十九年和万历三十一年《蓬莱阁集》中,其中"直寻蓬岛问津头"与此诗略有差异。

②旌旗:旗帜的总称。

③岚光:山间雾气经日光照射而发出的光彩。

④此诗还收录于万历十九年和万历三十一年《蓬莱阁集》中,题目是《上蓬莱阁观海市》,其中"忽漫氤氲凝竹岛""一水楼台映翠微"与此诗略有差异。

⑤氤氲:形容烟或云气浓郁。

⑥散吏:闲散的官吏。指有官阶而无职事的官员。

夏日从漳源^①诸公登蓬莱阁观海市长句一首^②

顾中立

昔闻蓬莱之阁辽海东，廿年梦想嗟无从。
迩来行役历海上，始遂登览披心胸。
壮哉此阁真巨观，俯瞰渤澥窥嬴蓬。
八窗空洞吐元气，列栋突兀排天风。
时当五月梅雨收，气清天朗烟雾空。
遥山近屿出水面，望中朵朵青芙蓉。
半洋以东小竹西，恍然佳气连诸峰。
青冥浩荡久不散，幻出海市呈神功。
初如长堤堰陂水，上有青草交蒙茸。
俄为平城起楼观，隐隐户牖开玲珑。
间如小亭傍幽圃，突如巨阁临平嵩。
窕如村墟翳林莽，俨如寝庙垂帘栊^③。
飘如仙人驭鸾鹤，矫如群帝^④骖螭龙。
或如平沙驻万骑，闪烁时见旌旗红。
或如长桥卧苍波，中起下伏形穹窿。
往来缤纷若车马，延袤宛转如垣墉。
千奇万怪不可以尽述，斯理百世无人穷。
相传蛟蜃吐灵气，此说迂诞不可宗。
蜃之为物非匏瓜，图南徙北无留踪。
云何四海尽不市，独向此地施奇工。
吾闻神仙之居在东海，瑶台玉宇云霞中。
琪花珠树遍玄圃^⑤，限以弱水无由通。
又闻龙之窟在海底，前起贝阙中珠宫。
玉函宝册秘水府，时有精气腾苍穹。
仙都灵境不终蕴，无乃变现海市昭。
形容古今见者百一二，我来忽睹真奇逢。
坐中豸史才独赡，援笔立赋如流虹。
云烟滚滚走笔下，直与海市争长雄。

群公嗣此咸有作，琳琅铿戛交词锋。
惟予寡昧歌下里，何异击缶希黄钟。
东行千里两月余，双眉不展忧忡忡。
流离载道忝司牧，况复遍野滋蝗虫。
斯游虽胜敢盘乐，此意群公应所同。
临风把酒不成醉，吁嗟仰愧希文翁。

顾中立（1495—1562），字伯挺，号左山，华亭（今上海松江）人。明嘉靖五年（1526）进士，曾任南京刑部主事、仪制司郎中、山东按察司佥事、广西参议。

【注释】

①漳源：指的是山东监察御史张鹏，字鸣南，号漳源。

②此诗还收录于万历十九年和万历三十一年《蓬莱阁集》中，题目是《夏日登蓬莱阁》，其中"幻出海市呈海功""万怪不可以尽述""奇花珠树遍玄圃""又闻蛟龙之窟在海底，前起贝阙抱珠宫""何异击缶和黄钟"与此诗略有差异。

③栊：窗棂木。

④群帝：道家谓五方之帝。

⑤玄圃：传说在昆仑山顶，中有金台、玉楼，为神仙所居。后泛指仙境。

游大明湖寄意东海①

郑 漳

济南英僚兴不渝，邀我远游大明湖。
彩舟夏日任去住，青天波浪纷腾趋②。
尹公别业③临水隅，五月清秋开玉壶。
竹亭棋局自宾主，急管繁弦④时有无。
酒酣更进凌空虚，荷花十里开琼襦。
鼋鼍吹雨递隐见，鹳鹤避地遥相呼。
不注峰前岛屿孤，百花桥外锦云纡。
岑参奚擅渼陂好，习池未觉风流殊。
我闻齐鲁多胜区，七十二泉争喷珠。

岱宗诸观更盘礴,壮游未遍心烦吁。
于今且揖东牟鞭,蓬阁丹崖安所便。
定作开元李居士,铁龙吹散万峰烟。
又欲挂席拾海月,灵槎荡漾斗牛边。
回忆诸公隔远道,岂无短句寄高贤。
予性雅欲逃自然,万事不受形骸牵。
双旌晚出戒辟道,为有凫鸥汀上眠。

  郑　漳(生卒年不详),字世绩,福建闽县(今福州)人。明正德十二年(1517)进士,曾任户部主事、户部员外郎,明嘉靖十三年(1534)任登州府知府,迁两淮盐运使,官至南京刑部侍郎。郑漳任登州府知府期间,为官廉洁公正,宽严有度,离任二十余年登州百姓仍为其立"去思碑",后祀于登州府名宦祠。

【注释】
①《蓬莱阁诗集》将此诗收录于五言律诗,有误,应为七言古诗。
②腾趋:形容海浪奔腾不息。
③别业:别墅。
④急管繁弦:形容各种乐器同时演奏的热闹情景。

蓬莱阁诗集后序

王 英

  蓬莱阁,东牟胜地,古今游览者皆有题咏,在卧碑败壁间,字将磨灭。麻城喻公,作郡三年,政通人和之暇收录之,正其亥豕①,有事镂刻,仍序其事于简首。余忝同寅②敢厕一言,以殿诸作。夫喜斯陶,愠斯感,人情之常。苟得其正,则形于言。而为诗者,皆情性之正也。

  蓬莱题咏抚景感怀,一喜一愠形于言表,谓非情性之正,可乎?今悉编次使人读之,有以识其性情之正抑,亦足以昭蓬莱之胜。公之用心,盖如是耳。凝秀随四时可骋怀,诚齐东之伟观也。故名公巨卿,骚人墨客,往来登郡者,咸登临眺望,尽风光之赏,纵阔视③之乐。既而,胸荡襟豁,笑歌间发,形诸声诗,刻名模垩。予览之,长篇短什,雅韵铿锵,皆足以状斯阁之胜,揄扬游观,感慨之情。惜手居诸寝久,残剥十之二三,今幸存者,又乌知不久复泯乎?因为收录梓而寿之,不惟使四方之士未登阁者,皆得以览。

  夫胜概因有以见,圣明治世,海宇廓清,狼烟息焰,士君子游歌太平之盛也。阁以不然,词虽工,亦何取之哉?公名宗府,字孔脩,由名进士,秋官正郎,擢今职,宏才硕德,于时有重望云。

时弘治十四年仲春月吉旦
登州府通判太原王英序

  王 英(生卒年不详),山西太原左卫(今属太原)人。明成化年间(1465—1487)举人,曾任滕县知县,明弘治十五年(1502)任登州府通判。

【注释】

①亥豕:"亥"和"豕"的篆文字形相似,容易混淆。后用以指书籍传写或刊印中文字因形近而误。

②同寅:共事的官吏。

③阔视:放眼四看。

蓬莱阁集

（明万历十九年）

知府王云鹭　同知郭文灿　通判刘懋勋　推官谢继科　重梓

目 录

蓬莱阁集叙·················孙　旬（125）

蓬莱阁集卷之一

秦文一首
登琅邪台刻石文·················始　皇（127）

唐文一首
招海贾文·················柳宗元（128）

宋文三首
北海十二石记·················苏　轼（129）
东海广德王庙碑铭·················贾黄中（130）
蓬莱阁记·················朱处约（132）

蓬莱阁集卷之二

明文十四首
蓬莱阁记·················韩　敏（133）
蓬莱阁记·················杨　琅（134）
观海市记·················张　璿（135）
观海市记·················杨　瑀（136）
海市辨·················王崇庆（139）
观海市记·················包　节（140）
观海市记·················张翼翔（141）
观海市记·················张翼翔（142）
拟苏子瞻祷海市文·················潘　滋（143）
重修蓬莱阁记·················宋应昌（144）
修蓬莱阁成创僧舍记·················王云鹭（146）
蓬莱阁多寿亭序·················陈其学（147）
蓬莱多寿亭图后跋·················王云鹭（148）

甜井记·················王云鹭（149）

蓬莱阁集卷之三

晋赋一首
海　赋·················木玄虚（150）

唐赋十二首
海潮赋·················卢　肇（152）
琅邪台观日赋·············无名氏（157）
登天坛山望海日初出赋·········无名氏（158）
海上生明月赋·············无名氏（159）
早秋望海上五色云赋··········张　何（159）
白云点照春海赋············姜公辅（160）
大鹏赋·················李　白（161）
鲲化为鹏赋··············高　迈（162）
北溟有鱼赋··············独孤授（163）
巨鳌冠灵山赋·············杨　涛（164）
钓鳌赋·················张友正（164）
蜃楼赋·················王　起（165）

明赋二首
蓬莱阁赋················潘　滋（166）
观日出赋················申　旟（168）

蓬莱阁集卷之四

五言古诗
隋诗四首
望　海·················炀　帝（170）
季秋观海················炀　帝（170）
奉和望海················虞　茂（171）
奉和望海················杨师道（171）

唐诗八首
春日望海················太　宗（172）

观　海……………………………………………………太　宗（173）

望　海……………………………………………………高　适（174）

感　兴……………………………………………………李　白（175）

海上寄萧五………………………………………………独孤及（175）

岁莫海上作………………………………………………孟浩然（176）

游　仙……………………………………………………王贞白（176）

送薛文学归海东…………………………………………刘眘虚（177）

宋诗二首

观　海……………………………………………………苏　轼（178）

游珠玑岩…………………………………………………苏　轼（179）

明诗九首

大风观蓬莱阁……………………………………………左思忠（180）

见海水……………………………………………………胡缵宗（181）

见海水……………………………………………………潘　滋（181）

观　海……………………………………………………徐　冠（182）

无　题……………………………………………………寇　林（183）

蓬莱阁与郭近庵张晓峰夜话……………………………邹　善（184）

海　日……………………………………………………刘　孝（185）

同刘大参潘宪副登蓬莱阁观海观日出时采访海运………梁梦龙（185）

登蓬莱阁望云门秦望诸山………………………………高　启（186）

蓬莱阁集卷之五

七言古诗

唐诗一首

登天坛夜见海日…………………………………………李　益（187）

宋诗一首

祷海市……………………………………………………苏　轼（188）

明诗三十一首

咏　海……………………………………………………薛　瑄（189）

咏　海……………………………………………………张　穆（190）

观东坡海市碑有感………………………………………杜　庠（191）

观海市不见	赵 璜	（192）
咏　海	毕 亨	（193）
咏　海	王士昭	（194）
无　题	潘 珍	（194）
咏　海	冯 琨	（195）
咏海二首	陈 鼎	（196）
夏日登蓬莱阁	顾中立	（198）
和东坡海市	王应鹏	（199）
和东坡海市	徐 问	（200）
和东坡祷海市	郭宗皋	（201）
和东坡咏海市	潘 滋	（202）
登蓬莱阁不见海市仰怀苏文忠公感通之妙次韵一首	李 贡	（203）
无　题	邹 袭	（204）
蓬莱阁奉和东坡先生	方 豪	（205）
无　题	陈凤梧	（206）
登蓬莱阁	刘思贤	（207）
海市次苏东坡韵	任 伦	（208）
登蓬莱阁观海和苏东坡先生韵	顾应祥	（208）
观海市和坡翁韵	游 琏	（209）
同陆思庵宪伯观海市	邹 善	（210）
九日同陆思庵宪伯登蓬莱阁遂赴秦将军太平楼宴 　　敬步薛文清公咏海韵	邹 善	（211）
海　市	李 汶	（212）
次苏文忠公韵	蹇 达	（213）
晚宿阁中观日苦为云雾所障	毛 在	（214）
次坡翁海市韵	毛 在	（215）
观日楼观日出	王云鹭	（216）
次观日楼观日出韵	王云鹭	（216）
观海市	王云鹭	（217）

蓬莱阁集卷之六

五言绝句
唐诗一首
感怀一绝 ································· 无名氏（219）

明诗五首
咏大竹小竹二绝 ··························· 周 鳌（219）
登蓬莱阁二绝 ····························· 梁 木（220）
登蓬莱阁四绝 ····························· 潘 滋（221）
古意二首 ································· 潘 滋（221）
春日蓬莱阁观日 ··························· 乔应春（222）

蓬莱阁集卷之七

七言绝句
唐诗三首
登楼寄王卿 ······························· 韦应物（224）
送司马先生 ······························· 李 峤（224）
海上忆洛中旧游 ··························· 独孤及（225）

宋诗一首
咏 海 ··································· 王师中（225）

金元诗五首
冷然泉 ··································· 张国卿（226）
日观峰 ··································· 萧 贡（226）
望瀛台春望 ······························· 邢具瞻（227）
登蓬莱阁 ································· 王鹿庵（227）
风烟绝胜亭 ······························· 萧闲老人（228）

明诗三十首
观海二绝 ································· 王崇庆（228）
观海二绝 ································· 于 溱（229）
观海四绝 ································· 杨载鸣（230）
送门人之登州 ····························· 胡 珙（231）
答蓬莱羽客三绝 ··························· 冀 桐（231）

田横山	刘　泾	(232)
春潮带雨	郭　朴	(232)
春潮带雨	张应登	(233)
旭日蒸霞	郭　朴	(233)
旭日蒸霞	张应登	(233)
岛月摇光	郭　朴	(234)
岛月摇光	张应登	(234)
鲛宫幻象	郭　朴	(234)
鲛宫幻象	张应登	(235)
披裘垂钓	郭　朴	(235)
披裘垂钓	张应登	(235)
漱石枕流	郭　朴	(236)
漱石枕流	张应登	(236)
送浪浮槎	郭　朴	(236)
送浪浮槎	张应登	(237)
洪涛濯足	郭　朴	(237)
洪涛濯足	张应登	(237)
次陈侍御韵	陈景隆	(238)
次陈侍御韵	陈景隆	(238)
次黄参伯望海韵	王良臣	(239)
登蓬莱阁望海	黄　绣	(239)
望　海	黄　绣	(239)
登蓬莱阁六首	吴维岳	(240)
和吴峻伯蓬莱阁六绝	王世贞	(241)
寄蓬莱秘药致谢	张应登	(242)

蓬莱阁集卷之八

五言律诗

宋诗一首

望瀛亭	杜子民	(244)

元诗四首

登蓬莱阁	李　愿	(245)

压山楼	李　愿	（245）
宾日楼	李　愿	（246）
宾日楼	于　钦	（246）

明诗二十八首

登蓬莱阁二首	王允修	（247）
五月登蓬莱阁观海市四首	郑　芸	（248）
登蓬莱阁	白　玶	（249）
登城西楼	白　玶	（249）
登蓬莱阁	柳本明	（249）
观海市	李　绅	（250）
观海市	汤绍恩	（250）
海市晚集	王　傅	（251）
和白渠王明府登蓬莱阁	王　言	（252）
春日侵辰予同王槐轩登蓬莱阁观日出寻由山城过珠玑崖望海潮	罗廷绅	（252）
无　题	王光祖	（253）
答蓬莱羽客	冀　桐	（253）
壬子年五月次王念宪一泉公海上宴游	应大桂	（254）
珠岩泛舟	应大桂	（254）
次陈侍御韵	陈景隆	（255）
次陈侍御韵	陈景隆	（255）
登蓬莱阁	梅　川	（256）
游弹子窝	梅　川	（256）
观　海	张衍庆	（257）
登蓬莱阁观海	戚　勋	（257）
游珠玑岩	郑　漳	（258）
登蓬莱阁	王　言	（258）
竹山呈市	王　言	（259）
无　题	吴　定	（259）
无　题	张克家	（260）
还郡望海	谢继科	（260）
陪饮阁上赋赠东莱司理李小庵	谢继科	（261）
陪饮李民部阁上	谢继科	（262）

蓬莱阁集卷之九

七言律诗
宋诗七首

咏蓬莱阁···赵 抃（263）

观　海···苏 轼（264）

游珠玑崖···苏 轼（264）

海上书怀···苏 轼（265）

次韵陈海州乘槎亭·····································苏 轼（265）

登蓬莱阁···许 遵（266）

登蓬莱阁···曾 阜（266）

金元诗二首

海岳楼···王汝玉（267）

登蓬莱阁···黄士表（267）

明诗八十八首

观海市不见···吴 谦（268）

登太平楼···游 琏（268）

同陈龙山宪副登蓬莱阁·····························周 宠（269）

登蓬莱阁···顾应祥（270）

游漏天···郑 漳（271）

登蓬莱阁···白 玶（272）

登蓬莱阁···潘九龄（272）

登蓬莱阁三首··胡缵宗（273）

望　海···王廷相（274）

登太平楼···陈凤梧（274）

游田横山···陈凤梧（275）

登太平楼···柳本明（275）

登蓬莱阁···王 荔（276）

登蓬莱阁···于 溱（276）

登蓬莱阁···郑 淳（277）

登蓬莱阁观海市·······································白世卿（278）

上蓬莱阁观海市·······································姚文焴（278）

登蓬莱阁···傅 镇（279）

上蓬莱阁观海市	沈　松	(280)
正月登蓬莱阁	沈　松	(280)
无　题	郭　玺	(281)
登蓬莱阁	谢仲贤	(281)
登蓬莱阁二首	熊文翰	(282)
登蓬莱阁二首	陈　鼎	(282)
观海市二首	陈　鼎	(283)
登蓬莱阁	浦　铉	(284)
登蓬莱阁	赵秉伦	(285)
蓬莱阁怀旧	李　洞	(285)
登蓬莱阁二首	浦之浩	(286)
五日蓬莱阁宴集	王　言	(287)
将适维杨登阁述怀	陈其学	(287)
登蓬莱阁	吴　昶	(288)
登蓬莱阁	李　成	(289)
登蓬莱阁	石守忠	(289)
将赴召与诸公九日登蓬莱作	栾　檠	(290)
登蓬莱阁次潘文宗韵	谭　纲	(290)
与谢将军饮蓬莱太平楼	吴维岳	(291)
登蓬莱阁二首	赵　绅	(292)
与僚佐望海二首	王世贞	(292)
蓬莱阁望海一首	周国卿	(293)
省白邀蓬莱阁观月	刘　泾	(294)
奉和次山公登蓬莱阁观海	谢　榛	(294)
游仙人洞	乔应春	(295)
珠玑崖	乔应春	(296)
次乔使君韵	陈其学	(296)
观　海	宋守孟	(297)
登蓬莱阁次先君豸史公韵二首	周凤来	(298)
李柱峰宪副寄蓬莱观海诸作用报一章	张应登	(298)
用韵谢张玉车	李　瑱	(299)
登蓬莱阁	洪　彝	(300)

登蓬莱阁	李　贡	（300）
无　题	张继孟	（301）
登蓬莱阁写怀	王良臣	（301）
观海二首	徐　冠	（302）
无　题	夏　时	（303）
海　市	牛　鸾	（303）
无　题	王懋中	（304）
无　题	沈　松	（305）
漳源公按登之三日余适至得陪诸公上蓬莱阁观海市	姚文焻	（305）
海上用钱可容韵	张　宏	（306）
登蓬莱阁有感	熊　荣	（307）
奉和侍御东山	天台山人	（307）
谢郑东溟招饮同舟游珠玑岩	浦　铉	（308）
奉和穀南代巡登蓬莱阁	陈东光	（309）
观　海	雍　焯	（309）
望　海	王光祖	（310）
登蓬莱阁	刘　孝	（310）
鹤峰参知邀宴蓬莱阁	蹇　达	（311）
蓬莱阁夕眺	李　戴	（311）
城上观日	李　戴	（312）
中丞刘泉公有海上之行且登蓬莱阁望三山寄赠	王世懋	（312）
丁亥同王参藩李兵宪登蓬莱阁	毛　在	（313）
登蓬莱阁	邹德泳	（313）
登蓬莱阁二首	王云鹭	（314）
次登蓬莱阁韵	陈其学	（315）
雨台程侯示见河王太公相偕诸僚登蓬莱阁志感诗次韵奉和	张梦鲤	（315）
无　题	孙　旬	（316）
无　题	左之宜	（317）
奉和见河王太尊登蓬莱阁诗二首	程子侃	（317）
蓬莱阁观辽船因忆海运	吴之美	（318）
蓬莱阁观海见市	吴之美	（318）
秋日观海	吴之美	（319）

游仙人洞 ·· 吴之美（319）

过田横寨 ·· 王云鹭（320）

赠刘东莱弘老泛槎珠玑岩前喜而独酌 ············· 谢继科（320）

海上公宴即事 ··· 谢继科（321）

阁上酬王见老宴 ······································ 谢继科（321）

又酬郭敬所宴 ··· 谢继科（321）

蓬莱阁集卷之十

诗 余
金元诗三首
秦楼月二阕 ·· 李　本（323）

秦楼月一阕 ·· 丘处机（324）

秦楼月·咏海市一阕 ································· 马　钰（324）

明诗一首
韵东坡海市诗为秦楼月二首 ························ 潘　滋（325）

蓬莱阁集后跋 ······································· 王云鹭（326）

蓬莱阁集叙①

孙 旬

海上有蓬莱阁，人间胜地也。世咸泥于庄周、徐福之说，见为物外清虚之府，飞仙朗吟之处，非人间所有。而阁之得名者，以其气象之肖，而非真蓬莱也。其阁中之题咏，亦咏其气象之肖，而非真咏蓬莱也。此在遗世之士，每惑志焉，莫不欲直到真处而脱于无何之乡，即身处阁中，犹然驰海外之想焉。余独谓其幻慕渺茫，而近遗实际也。

夫阁去登郡二里许，架千仞之丹岩，临无垠之瀚海，窈窕空明哉。身游其上，则天风飘袖，爽气袭襟，恍惚清泠，若游太虚然。故名卿巨公，鸿儒骚客，往来兹郡者，无弗快其登临，而形诸词章。是故凭虚远眺，则见宇廓，天空豁然，镜皇图之雄盛也。抚景兴怀，则见波澄烽熄，怡然思保泰之石画也。触目疑神，则见日浴星滔，鳌峰蜃市，旷然会大道之真机也。由此以谭，则是阁也，岂直朴樕齐东之胜已哉。天下无蓬莱则已，有蓬莱则兹窈窕空明之处，即蓬瀛之真境也。天下无仙人则已，有仙人则兹挥洒楼阁之章，尽绝粒之仙才也。彼托虚物外驾说海中者，荒唐甚矣。

嗟乎！古仙人不复见矣。幸及见者，阁与篇什耳。顾居诸寝久，残剥日甚，今幸存者又乌知其不复泯乎？中州见河王公治郡之二年，以政优民和之会，既增拓其阁制，仍搜辑其篇什，梓而寿之，传之天下，使天下注想兹阁者，一展阅而尽蓬瀛之胜概；亦使天下得览篇什者，一捧诵而识海宇之廓清；抑亦使天下晓然，知仙圣在人间，而黜荒唐之说于不足信也。公之用心，其在兹欤！集成命余为之叙，因书而识之。

万历岁在辛卯又三月谷旦

赐进士第中宪大夫提督操江兼管巡江南京都察院右佥都御史前大理寺左右少卿顺天府丞陕西道监察御史侍经筵莱阳浒西孙旬谨书

孙 旬（生卒年不详），字若穆，号浒西，山东莱阳人。明万历二年（1574）进士，初授行人，后任陕西道监察御史、顺天府丞、大理寺少卿，官至巡抚操江右佥都御史。著有《皇明疏钞》。

【注释】

①此文还收录于万历三十一年《蓬莱阁集》中。

蓬莱阁集卷之一

秦文一首

登琅邪台刻石文[①]

始　皇

  维二十六年，皇帝作始。端平法度，万物之纪。以明人事，合同父子。圣智仁义，显白道理。东抚东土，以省卒士。事已大毕，乃临于海。皇帝之功，勤劳本事。上农除末，黔首是富。普天之下，抟心揖志。器械一量，同书文字。日月所照，舟舆所载。皆终其命，莫不得意。应时动事，是为皇帝。匡饬异俗，陵水经地。忧恤黔首，朝夕不懈。除疑定法，咸知所辟。方伯分职，诸治经易。举错必当，莫不如画。皇帝之明，临察四方。尊卑贵贱，不逾次行。奸邪不容，皆务贞良。细大尽力，莫敢怠荒。远迩辟隐，专务肃庄。端直敦忠，事业有常。皇帝之德，存定四极。诛乱除害，兴利致福。节事以时，诸产繁殖。黔首安宁，不用兵革。六亲相保，终无寇贼。欢欣奉教，尽知法式。六合之内，皇帝之土。西涉流沙，南尽北户。东有东海，北过大夏。人迹所至，无不臣者。功盖五帝，泽及牛马。莫不受德，各安其宇。
  维秦王兼有天下，立名为皇帝，乃抚东土，至于琅邪。列侯武成侯王离、列侯通武侯王贲、伦侯建成侯赵亥、伦侯昌武侯成、伦侯武信侯冯毋择、丞相隗林、丞相王绾、卿李斯、卿王戊、五大夫赵婴、五大夫杨樛从，与议于海上。曰："古之帝者，地不过千里，诸侯各守其封域，或朝或否，相侵暴乱，残伐不止，犹刻金石，以自为纪。古之五帝三王，知教不同，法度不明，假威鬼神，以欺远方，实不称名，故不久长。其身未殁，诸侯倍叛，法令不行。今皇帝并一海内，以为郡县，天下和平。昭明宗庙，体道行德，尊号大成。群臣相与诵皇帝功德，刻于金石，以为表经。"

  始　皇（前259—前210），嬴姓，赵氏，名政，生于赵国都城邯郸。秦庄襄王之子。13岁继承王位，39岁称皇帝，在位37年。中国历史上著名的政治家、战略家、改革家,首位完成大一统的政治人物,建立首个多民族的中央集权国家。采用三皇之"皇"、五帝之"帝"构成"皇帝"的称号,是古今中外第一个称皇帝的封建王朝君主。

【注释】

①此文还收录于万历三十一年《蓬莱阁集》中。

唐文一首

招海贾文[①]

柳宗元

咨海贾兮,君胡以利易生而卒离其形?大海荡薄兮,颠倒日月。龙鱼倾侧兮,神怪隳突。奔螭出抙兮,翔鹏振舞。天吴九首兮,更笑迭怒。垂诞闪舌兮,辉霍旁午。君不返兮终为虏。

咨海贾兮,君胡乐出幽险而疾平夷?恟骇愁苦而以忘其归。上党易野恬以舒,岐路脉布满九区,出无入有而货俱。君不返兮欲谁须,胶鬲得圣捐盐鱼。范子去相安陶朱,吕氏行贾南面孤。弘羊心计登谋谟,煮盐大冶九卿居。禄秩山委收国租,贤智走诺争下车。逍遥纵傲世所趋,君不返兮为愚。

咨海贾兮,贾尚不可为,而又海是噐。死为险魄兮,生为贪夫。亦独何乐哉?归来宁君躯。

柳宗元(773—819),字子厚,河东解县(今山西运城西南)人。唐贞元九年(793)进士,曾任秘书省校书郎、集贤殿书院正字、蓝田尉、监察御史里行、邵州刺史、永州司马。柳宗元是唐代文学家、哲学家,唐宋八大家之一,世称"柳河东""河东先生",因官终柳州刺史,又称"柳柳州"。柳宗元与韩愈并称"韩柳",与刘禹锡并称"刘柳",与王维、孟浩然、韦应物并称"王孟韦柳"。著有《河东先生集》。

【注释】

①此文还收录于万历三十一年《蓬莱阁集》中。

宋文三首

北海十二石记①

苏 轼

  登州下临大海，目力所及，沙门、鼍矶、牵牛、大竹、小竹凡五岛。惟沙门最近，兀然焦枯。其余皆紫翠巉绝，出波涛中，真神仙所宅也。上生石芝，草木皆奇玮，多不识名者。又多美石，五彩斑斓，或作金色。

  熙宁己酉②岁，李天章③为登守，吴子野④往从之游。时解二卿⑤致政，退居于登，使人入诸岛取石，得十二株，皆秀色灿然。适有舶在岸下，将转海至朝。子野请于解公，尽得十二石以归，置所居岁寒堂下。

  近世好事能致石者多矣，未有取北海而置南海者也。

元祐八年八月十五日记

  苏 轼（1037—1101），字子瞻，又字和仲，号东坡居士，四川眉山人。宋嘉祐二年（1057）进士，授凤翔府签书判官。宋元丰二年（1079）因"乌台诗案"遭贬，谪黄州团练副使。元丰八年（1085）十月任登州知州，到任五天后，奉调回京任礼部郎中，后转任龙图阁学士等。卒后追赠太师，谥"文忠"。苏轼曾奏请废除登州榷盐专卖制度，登州百姓感其恩德建"苏公祠"，后祀于登州府名宦祠。苏轼为北宋中期文坛领袖，唐宋八大家之一，在文、诗、词三方面都拥有极高的造诣，是宋代文学最高成就的代表，一生留下《海市诗》等与登州有关诗文21篇。他擅行书、楷书，与黄庭坚、米芾、蔡襄并称"宋四家"。著有《东坡七集》《东坡志林》等。

【注释】

①此文还收录于万历三十一年《蓬莱阁集》中。

②熙宁己酉：宋熙宁二年（1069）。

③李天章：即李师中，字诚之，楚丘（今山东曹县）人。宋熙宁初任天章阁待制，熙宁二年任登州知州。

④吴子野：即吴复古，字子野，号远游，广东揭阳人，为苏轼知交。

⑤解二卿：即解宾王，字伯京，山东蓬莱人。曾任刑部侍郎。

东海广德王庙碑铭①

贾黄中

惟尧之圣，就如日，望如云，而下民罹洪水之患。惟禹之德，声为律，身为度，而尽力有浚川之劳。垂力无穷，流惠斯大。然而究其本末，论乎委输，苟疏瀹不使于朝宗，渟蓄非由于善下，则尧欲济难，虚罄知人之明；禹无成功，徒施焦思之苦。夫成二圣之丕绩，冠乎古今；解万方之倒悬，免其垫溺。满而不溢，大无不包，则其惟东海广德王乎！

若乃验五行之用，习坎推先；纪四渎之序，东方称首。太昊是都于析木，大帝实馆于扶桑。限蛮夷以分疆，兴云雨而成岁。其广也，尽天之覆，助玄化以无私；其深也，载地如舟，使含生而共济。统元气以资始，擅洪名而不居。涤荡日月之精，推斥阴阳之候。物惟错以称富，润作咸而兴利。龙门导其九曲，吸为安流。鳌峰②耸其八柱③，镇为巨镇。祸淫如响，驱山岂足以加威；福善必诚，航苇皆期于利涉。是故毳冕④之制，异其章以著明；叠水之洁，法其左以定位。信夫太极兼之以生，万物资之以成，九州因之以平，百谷赖之以倾。至若不以污浊分别，见其仁也；不以寒暑增损，全乎义也；卑以为体，合乎礼也；深而无际，包乎智也；潮必以时，著乎信也。如是，则象止可以目观，神莫得而智知。三王之际，已严祀典；万世而下，率修旧章。德若非馨，罔有昭答；祭或如在，必闻感通。惟品汇之盛衰，系时风之隆替，允属昌运，遐光令猷。广天广运圣文神武明道至德仁孝皇帝，覆载群生，照临下土。飞龙正在天之位，丹凤效来仪之资，负斧扆以朝诸侯，登紫坛而款太一。执玉帛者万国，防风无后至之诛；舞干羽于两阶，有苗悛不恭之罪。九流式叙，七德用成。化洽雍熙，美溢图史。然后较步骤之优劣，论礼秩之等夷。声教所通，人神俱举。

东莱之地，海祠在焉，岁月滋深，规模非壮，岂称集灵之所，徒招逼下之讥。盖累朝以来，中夏多故，垣墉虽建，诚异于可圩；牲牢虽设，或乖于掩豆。噫！太平之难遇既如彼，亵渎之成弊又如此。惟大圣以有作，眷皇明而烛幽，经久之图，自我为始。于是大匠颁式，百工献能，暗□昭星，岂烦兼并！不资民力，盖示于丰财；无夺农时，诚彰于悦使。长廊千柱以环布，虚殿中央而崛起。窗牖回合其寒暑，金碧含吐其精荧。衮冕尊南面之仪，羽卫图永远之制。节内外以严关键，宽步武而辟轩庭。固久极物表之环奇，尽人间之壮丽。且黄金为阙，止是虚谈；紫贝开宫，何常目睹！于是祝史举册而致命，彻侯当祭而为献。肃肃庙貌，雍雍礼容，牢醴⑤载陈而有加，光灵拜赐以来格。斯盖答贶于穹昊，属意于黎元，使俗被和平，物消疵疠，于以隆治，道于无穷。若夫信徐氏之言，将游方丈；惑文成之妄，欲访安期。意在虚无，事皆怪诞，校其得失，何止天壤哉？宜乎九译来庭，不睹扬波之兆；三时多利，屡臻大有之年。膺宝历以永昌，率群神而授职。般诗考义，遐播无疆之休；望秩陈仪，长垂不刊之典。昔汾洮二水，《左传》尚纪其始封；泾渭两川，《马史》犹书其命祀。况兹广德王之盛烈，焉可缺如！爰诏下臣，俾文其事。虽逢时备位，固绝乘桴之嗟；而为学其芜，愈增持翰之愧。乃勉为铭曰：

在昔洪水，下民其咨。惟天命尧，当数之奇。惟尧命禹，救时之危。赖二圣之有德，导万流之东驰。纳而无所，功将安施。以圣翊圣，无为而为。幽鉴不昧，聪明可知。既载既奠，以京以抵。运有否泰，时有盛衰。崇其秩望，俟乎雍熙。我后之明，照临寰瀛。我后之德，覆载蛮貊⑥。乃丰礼秩，乃盈严祀。乃荐牲币，乃洁樽彝。宫室羽卫，王者之规。衮冕剑佩，南面之仪。眷彼平野，蔓草如束。既图既划，树以嘉木。养彼旧址，坏彼垣属。既经既营，峙以华屋。玄贶斯答，皇明斯烛。神之来兮，若受万福。庙貌惟赫，享献惟肃。神之来兮，臣荷百禄。疵疠消于八纮，和气浃于群生。披文勒石，超三代之英。

贾黄中（940—996），字娲民，河北南皮人。后周显德二年（955）进士，曾任左拾遗、宣州知州、司封郎中、给事中、参知政事、秘书监。著有《伏睹禁林盛事谨赋一章》《吟贻宣义大师英上人》《送新知永州潘宫赞若冲赴任》《题华林书院》。

【注释】

①此文还收录于万历三十一年《蓬莱阁集》中，文中增加了字义注解。
②鳌峰：江海中的岛屿。因如巨鳌背负山峰，故名。
③八柱：古代神话传说中地有八柱，用以承天。
④毳冕：毳衣和冕。古代天子祭祀四望山川时所用礼服。
⑤牢醴：古代祭祀用的牲品和美酒。
⑥蛮貊：泛指四方落后部族。

蓬莱阁记①

朱处约

世传蓬莱、方丈、瀛洲②在海之中,皆神仙所居,人莫能及其处。其言恍惚诡异,多出于方士之说,难于取信。而登州所居之邑曰蓬莱,岂非秦汉之君东游以追其迹,意神仙果可求也?蓬莱不得见,而空名其邑曰蓬莱,使后传以为惑。

据方士三山之说,大抵草木鸟兽神怪之名,又言仙者宫室伟大,气序和平之状,食其草木,则可以长生不死。长往之士,莫不欲到其境而脱于无何之乡。际海而望,翕然注想物外,不惑其说者有矣。

嘉祐辛丑③,治邦逾年,而岁事不愆,风雨时若,春蓄秋获,五谷登成,民皆安堵。因思海德润泽为大,而神之有祠,卑陋不葺,遂新今庙。即其旧基以构此阁,将为州人游览之所。层崖千仞,重溟万里,浮波涌金,扶桑日出,霁河横银,阴灵生月,烟浮雾横,碧山远列,沙浑潮落,白鹭交舞,鱼浮上下,钓歌互应。仰而望之,身企鹏翔;俯而瞰之,足蹑鳌背。听览之间,恍不知神仙之蓬莱也,乃人世之蓬莱也。上德远被,恩涵如春,恍若致俗于仁寿之域,此治世之蓬莱也。后因名其阁曰蓬莱,盖忘一时之事,意不知神仙之蓬莱也。

朱处约(生卒年不详),字纯臣,真州(今江苏仪征)人。宋景祐四年(1037)进士,曾任南安军上犹知县、殿中丞、承奉郎、太常博士、泸州军州通判、侍御史、吏部司封员外郎。宋嘉祐五年至七年(1060—1062)任登州知州,倡建蓬莱阁。后任祠部郎中,官至兵部侍郎。

【注释】

①此文还收录于万历三十一年《蓬莱阁集》中。

②蓬莱、方丈、瀛洲:古代传说东海中有蓬莱、方丈、瀛洲三神山,山中有不死之药,秦始皇、汉武帝曾东游以追求之。《史记·秦始皇本纪》:"齐人徐市等上书,言海中有三神山,名曰蓬莱、方丈、瀛洲。"相传山形如壶,故又称"三壶山"。

③嘉祐辛丑:嘉祐六年(1061)。

蓬莱阁集卷之二

明文十四首

蓬莱阁记①

韩 敏

蓬莱阁，大都督卫公青②因海神祠而建也。祠旧在沙门岛小岨山，蛟龙之所出没，蜃气之所瀜结，洪涛巨浪之所腾沛。居民艰于航海，弗克以时而祝厘焉。乃视地之可迁者，得近城之崖，出海天人境，空阔中可容百余楹，曰："此可也。"于是具其事，请于朝。遂出己资若干缗，取石于崖浒，斩木于郁林，鸠工卜日，校崖形胜，下其巅半之，益其下而倍之，级而上之，若鳞次然。崇其中作殿宇，旁有廊庑，外有山门。殿之东建三清殿，旁列皆如其制。迤西又有楹栏曲绕，为奉神者居，使传以道言，而复其役。居民以公劳，塑像世祀焉。

总督备倭永康侯徐安，继公之任，建天风海涛亭，翘然后耸，若自天而落者。登眺之暇，燕坐憩息，足以游目骋怀也。亭之东建观音阁，制度加备焉。

今年夏，大都督公主器、平羌将军、宣城伯卫颖③，以予尝宦游其地，属为文以记。予以为，东极之山曰开明，南极之山曰暑门，西极之山曰阊阖，北极之山曰寒门，皆远在四裔；而蓬壶、方丈、瀛洲之三神山，风致殊绝，又在四极山之中，是皆渺茫幻泡，莫之或知。今登公之阁，尘念顿息，身势恍惚，虽海外四极三山之风致，意必不是过也。名曰蓬莱，举目一览，南仆昆仑，东俯三韩，西偃恒阜，北下不周。举凸然碟然于前，而溢溢爽气，袭人襟袂。吾知登斯阁也，得以穷高极远，望氛祲以节劳役，其恋阙思亲之心，油然于此而生矣。姑因其请以复，是为记。

韩 敏（生卒年不详），江苏淮安人。明天顺三年（1459）任登州府知府。

【注释】

①此文还收录于万历三十一年《蓬莱阁集》中，文中增加了字音注解。

②大都督卫公青：指明代抗倭名将卫青，曾在山东抗倭十余年，明宣德十年（1435）敕封左军都督府都督佥事。

③卫颖：卫青次子。袭父职任济南卫指挥使，明正统十四年（1449）升都指挥同知，擢署都督佥事。明天顺元年（1457）因拥明英宗复辟有功获封宣城伯并世袭，随后升为总兵官，挂平羌将军印坐镇甘肃，后历官辽东总兵官，官至后军都督府掌府事。明弘治十一年（1498）去世，获赠宣城侯，谥"壮勇"。

蓬莱阁记①

杨 琅

阁以蓬莱名，纪形胜也。蓬莱，或者以为方外之境，神仙之窟，形胜之区。而阁得名者，气象类之也。若夫东牟之隅，丹崖瞰海，划凸塞凹，相方定址，此阁之创建也。碧瓦鳞次，檐牙翚举，画栋彩槛，青碧夺目，此阁之壮丽也。开窗寓瞩，周览形胜，则鲸波无际，涵乾吸坤，何宽旷也。沙门、鼍矶，诸岛联络，何清绝也。重楼翠阜，海市出没，何神奇也。夷棸獠穴，簇丛可指，何高爽也。若乃阳乌吐彩，而波光荡摇；兔魄腾辉，而清影交映，则阁之朝暮也。暗烟凝而海天浑，岸草香而鱼鸟适，雪涛驾风，岛屿飞白，则阁之四时也。朝夕殊象，四时异景，所以昭阁之形胜一也。时或衣冠萃止，升高望远，游阁之佳宾也。感时触物，珠玑吐喷，赋咏之篇什也。盖海宇廓清，狼烟息焰，士君子歌诵太平之盛也。阁昉于宋，而湮其址，创而新之，自今以始也。后之视今，犹今之视昔，嗣是时葺理之，则是阁与山光水色，同无极也。创之者谁？元戎永康侯徐公安也。成化辛卯②仲秋己丑，则阁之创建年月日也。后三年甲午季春③清明日记。

杨 琅（1428—1473），字朝重，福建莆田人。明天顺八年（1464）进士，曾任河南道监察御史、江西清军御史、浙江巡按御史、山东按察司提学佥事。著有《举业经义》。

【注释】

①此文还收录于万历三十一年《蓬莱阁集》中。

②成化辛卯：明成化七年（1471）。

③甲午季春：明成化十年（1474）三月。

观海市记①

张 璿

登州海市旧矣，居兹地者以见为恒，经兹地者以遇为难，以不得遇为徒游，以故古今人过此留题多长叹去。

正德辛未②冬，余奉命巡兹土，窃有意于海市之遇焉，未必也。今年夏五月念一日入登州，公余，问及海市。告者曰："见当时，若晓起雾集，为见之蒙。"余闻其言，而窃有意于雾集焉，未必也。连日晴明，念八日辛未更绝，无云翳，余偶疾，饮药卧，门关焉。日午，有击门鼓者，再启视之。告者曰："市见良久，报无由，因击鼓报。"余闻而喜之，且怪击鼓不早也，乃呼驺奴促肩舆行北上。

北城门外，吴少参从岷③、盛佥宪德章④已先至。北望海洋岛屿，恍惚市如在。须臾，大竹山围以黄墙，门向阳，山隈一木团松形。迤西为小竹山，山形如殿。又迤西为牵牛岛，岛变平楼，东南窗启不闭。已而，傍起围亭，顶大如斗。又迤西为北洋山，山树蓊郁，若十里余，远望之如城郭。而山之东、岛之西又北，平水中突出，山林未显也。伫立者久之，市幻化不暇计。

左顾蓬莱阁，基山濒海，突兀如画。告者曰："阁高，登阁望市加详，且名公题咏俱在，不登不见。"余闻而喜其助余也。遂下城，出城西，入水城。潮初退，渔童三五捕蟹蛤，不去。自西而北，路渐高。又高，为海庙门，左右累然。入门，怪石四立如人状，庙塑海神，傍有廊，廊多绘事。将入览之，告者曰："市仍在。"遂东出小门，行转北，抠衣上石磴，磴尽为平峦，即丹崖山绝顶处。阁居其上，乃步梯次第登阁。中彩扉开，天光入，佳果列，海鲜烹，鼓吹动，衣冠集。顾海市献现巧如初，眼空怀放，情畅神清，恍如身在云霄之上，不知广寒、清暑、方丈、瀛洲何若也。北望辽海，茫无际涯。东望扶桑日出之乡，如在咫尺。而其西则田横岛，违珠玑岩不远，屹立不阿，令人感慨。又极目而南，齐王信祠重山障蔽，心且不取也，乃坐而饮酒。数行阅阁中题咏，多佳句。阅既，谈论域中奇景，至于不可知处，共无言。少焉，平水山林变为城市楼台，三叠下上分明。倚扉送目，海风凉入怀抱不暇顾。日转申，市仍不散，欲归未舍也。引壶觞再酌酒，欲酣，继以苦茶醒，乃下搜石刻读之，多苔绣未明。

东顾栋宇巍然，为三清殿，入揖三清。又东为观音阁，阁仅一楹，金碧眩目不俗。出倚石阑，视晚潮，凭风势作声，撞岸石，石安不动。再顾海市，惟山岛在，而城郭、楼台、山林、亭树，绝无影像，可怪也。斯时也，断霞明，飞鸟还，樵担渔罩。沿径登岸,若龙王宫、太平楼、仙人洞皆不暇登览,遂归焉。

询日晴市见之由,告者曰:"雨兆也,数日后当雨。"余闻而喜益滋,且验之。明日阴,又明日阴,皆不雨。越三日,辛未夜,雷电交作,雨如倾,然未广也。又越三日,甲戌雨,一日夜乃晴,四野沾濡,稿禾用苏,农夫荷锄,欢声在途。告者曰:"昔子瞻寓此祷而市见,留有诗。今不祷而见,而久而雨,而可无言。"余曰:"不然!子瞻一代文人,隆冬祷应,因为诗,遂为故事,迨今传固宜。若余之来此,当见时日晴,而见者偶然也。自巳至申,移时不散者,偶然也。见而天雨,雨足一方,转枯回生者,偶然也。余以偶然来,市偶然见,亦奚必哉而可言也。"告者曰:"吴、盛二君俱有诗,王宪副汝邻后至,亦补作续,有赓和宜多焉,而可无言。"余不获,已而应之,姑记之,为群玉引。

张　璲(1477—1542),字仲齐,号恒山,河北晋州人。明正德三年(1508)进士,正德六年(1511)任巡按山东御史,后任南京提学使、右佥都御史、都察院提督等职。著有《家藏集》《东巡录》《抚宁录》等。

【注释】

①此文还收录于万历三十一年《蓬莱阁集》中。

②正德辛未:正德六年。

③吴少参从岷:即吴江,字从岷,号与斋,时任山东布政司左参议,官至河南布政司右参政。

④盛佥宪德章:即盛仪,字德章,号蜀岗,江苏江都人。明弘治十八年(1505)进士,曾任监察御史,官至太仆寺卿。著有《嘉靖惟扬志》。

观海市记

杨 瑀

尝谓天下有至神至怪而不可知之事,恒见则以为常,罕见则以为异,是故理势之必然,何足怪哉。

丁亥①孟夏②二十二日,余钦奉上命,始至蓬莱。越二日侵晨,谒文庙毕,与都阃袁公同登蓬莱阁。召守阁之士,问其海市,则曰:"春夏见,秋冬少见;大雾之后天晴见,天阴不见;微风见,无风不见,大风不见。风微急,其见也速而巧;风微缓,其见也迟而拙。"余谓海市有时,难以必见,遂纵观海港,将启行焉。

俄而，从者报曰："山抬头张口，海将市矣，愿少止而观焉。"翘首视之，牵牛岛见一楼台，其前则低，其后则昂。大竹山见一大城，其色则青白，其高则居山三分之二，其规模制度，则雄伟壮丽，殆若王者之都，人世罕见。顾盼之间，且惊且愕，以为天下有此神怪之事！又自以为眩而妄也。凭阑视之，倏然俱已收矣。余以为海市虽美，特暂焉而已，固不知其有所谓久者也。

俄有报者曰："珠玑山更见一城，其色则半青半黄，其形则或高或下。其城上之诸楼，则隐显无常。其城角之大楼，则离合不定。回视牵牛岛二峰，或开而离，或合而连，或小者忽然而大，或尖者突然而平。虽终日变幻，皆舒迟而模糊。"愚又以为海市虽久，特拙焉而已，又不知有所谓极天下之至巧者焉。

俄又有复者曰："半洋山复见一城，其中初起一楼，次起一楼。二楼并峙，相离咫尺。复合为一大楼，中留一门，仍复塞焉。其东则起三圆亭，皆重檐三叠，透彻玲珑。其西则起三假山，皆孤峰特耸，突兀嵯峨。其大楼之东，复起一小楼，渐与大楼相等。其大者则默移于前，小者则潜移于后，殆如王者前宫后寝之制。既而升者沉，起者伏，遂隐而不见。俄而一楼独大，巍然突起于中。三阁微小，森然环列于左。三屋又小，纷然杂处于右。而前后左右，各起数楼。或行或止，或断或连，或淡而似远，或浓而似近，俨如城郭之上，四面八方，各有楼阁之错综。已而显者微，明者晦，复隐而不见。忽一大殿耸起于中，极其尊严，不事奇巧，虽迭出而不殊。三方楼端拱于左，皆楼上有楼，其帘箔窗牖，闪烁难言。三团松植立于右，皆松上有松，其葆盖台基，形容特异。"愚又以为古今之名画，秦汉之离宫，人为虽巧，终不足以拟其天成之妙。袁公作而起曰："斯亦旷时之奇观，愿酌而贺焉。"

未几，三松之顶，三楼之脊，微有云气，初如一线，与大殿之脊相连。俄而小者渐大，狭者渐阔，恍然一巨桥。下视三松二楼，皆变为三大桥。柱中涵数洞，昭晰分明，有如苍龙跨海之势。既而通者塞，开者闭。忽变为一大台，又析而为二，破而为三。其中则变为一大宫，如宗庙之正室，其左右则分二小宫，如明堂之傍个。已而缭以垣墙，笼以树，环以房屋，又合于一，极天下之大家。既而其垣墙则或高或下，其林树则或聚或分，其房屋则或疎或密，杂居散处。又如一大村落，中有数十余家，复又混而为一。或望之如磨，又似杯形；或视之若杯，又如盘制。或脊耸而檐长，犹如大厦之相连；或脊缩而檐短，又如屏风之独立。或方起一楼，未成而复隐；或复起一阁，既显而又微。凝滞多而动荡少，亦如劳者欲佚，作者欲息，动极思静之意。

时则日欲将暮，兴已半阑，观者倦而立者疲。仆虽屡更，皆跛倚而临事。余乃起曰："时已久矣，众皆倦矣。宾主之情，既已尽矣。海市之变，亦已极矣。"命舆将归，袁公复曰："海市之变无穷，观者之兴已尽，继此而万变迭出，亦未可尽知也。"愚又以为海市虽巧，特见于半洋一山而已。如彼耆老所谓诸山联市，遍海呈奇，又余所未见而不知者也。

且论海市似云而不飞扬，似雾而不阴晦，似烟似气，则凝而不散，动而有常。其体则有大小、方员、长短、广狭之殊；其用则有屈伸、往来、起伏、升沉、离合之异；其变化则有久暂、迟速、死活、浓淡、巧拙之等。虽一时同观之人，若心志不专，瞻视不定，或见其左，则遗其右；或睹其后，则失其前。故语之以浓者、久者、死者、迟者、拙而粗者，则人之所见皆同；语之以淡者、暂者、活者、速者、巧而精者，则人之所见各异。诚所谓天开活画，百巧备藏于中。人皆远而望之，各随其所见，而各自以为然。如己有所见，己以为然，而人或以为不然。人有所见，人以为然，而己或以为不然。人己同有所见，人己同以为然，而众人或以为不然。众人皆有所见，众人皆以为然，而未见者又或以为不然。己以为然者，己固信之，而人或疑之。人以为然者，人固信之，而己或疑之。人己同以为然者，人己固同信之，而众人或疑之。众人皆以为然者，众人固皆信之，而未见者又或疑之。

诚乃天下神怪之至，而不可知者也。将谓有主之者耶？杳杳冥冥之中，谁从而为之，余固不得而知也。将谓无主之者耶？奇奇异异之事，何从而有之，余亦不得而知也。不知而不问焉，则终于不知而已矣。将就知者而问之，神怪之事，圣人所不语也，予将孰问欤？近而求诸余身，将问诸余心，余心无言而有知也，将告余曰："昆虫草木，固物也；日月星辰，亦物也。究而极之，其所以为神怪之至，均为造化阴阳之实理，历万古而不易者也。"故因以记之。

杨　瑀（？—1530），上海崇明人。明正德十二年（1517）进士，曾任刑部郎中，官至福建布政司左参议。明嘉靖九年（1530），福州侯官县监狱囚犯狱变，杨瑀遇害。

【注释】

①丁亥：明嘉靖六年（1527）。

②孟夏：初夏，指农历四月。

海市辨

王崇庆

余到官之三日，率诸生谒所谓海神，未观海市兼祷雨，且以七日为期。既又以为神当藏其用也，海市竟不见。越四日，乙卯雨，丙辰复雨，丁巳复雨。因自谓两事之请，神已不拒其一，而复以海市不见为正，且为吾民有年喜也，作《海市辨》。其辞曰：

甚哉！人之好怪也。夫惟人之怪怪，而后怪亦怪人；夫人之怪怪非也，怪之怪人亦非也。知其非而又信之，亦非也。今夫理诚而已矣。诚实有也，实有则非怪矣。吾尝泛观之两间之物，洪者，万古常洪；纤者，万古常纤；高者，万古常高；下者，万古常下；飞者，万古常飞；潜者，万古常潜；动者，万古常动；植者，万古常植。此无他，实有故也。所谓：诚之不可掩也。

今天下怪者多矣，而其可恶莫如人之好自怪也。吾谓海水之大者也，朝之宗也。是亦物之实者也。安有所谓市？此理之必不可信者也。不然，环东南皆海也，均之为海，则均宜有市，而独登州何哉？此理之必不可信者也。人有恒言以为蜃似也，而亦未必然也。夫物固有机藏鬼神巧夺化工者，而实因乎人，因乎人则知海固初未尝有是矣。夫以其未尝有是也，则其为怪固宜。是故其所谓市，云聚之喻也。由今言之形象之彷佛尔也，盖卒然。倏然或有类城室者，其天地之至妙至妙者乎？然其为物也，常见于大、小竹之诸山。意者，海山灵气乎？盖天下莫不皆然，人不察故也。然不能久，则以气之升降故也。夫气升降，阴阳之动静也。而其至妙至妙者，初未尝须臾离也。未尝须臾离，则所谓变化之象，犹夫世也。犹夫人世则是海，亦宥于大化之内者也。夫以其宥于大化之内也，则夫其所谓用者岂能出造化之外哉？

水能一万物之形久矣，虽谓之巧夺化工可也，常又验之。七八月之间，云多变态，俗谓之"巧云"。故或有如人者、如树者、如盖者、如龙者、如鸟之飞、如兽之走者。杜亦以为须臾变苍狗，大率一气为之，而造物则本无心也。海之有市，其诸此类也乎。夫以海之云雾为市也，则亦将以天之巧云为市乎。云一也，而在天，而在海，大率一气为之，而其巧则非造物之有心也。即是以观，亦可以解时惑也。

已且，吾又闻之居人市将见，则每云其既见也，则必雨。是知市又雨之，萌乎而山还通气地天交泰之理得矣。夫以海云之巧者，谓海之市也，则亦将以天之巧云为天之市乎？不待智人而后释然矣。

是故物之无益其有与否不论也，而特怪夫东坡之好怪也。夫物之生长闭藏，物之情也。十月而见市者，海之变也。譬之雷乎，二、八月者，固其起止之候也，而亦有十月雷、十一月雷者，则亦非其正矣。故占者以为闭藏不固，气之泄也，其为天变大矣。自坡之诗一传，而市之名益著，人遂以为坡之祷也，而坡亦居之不疑。所谓怪以传怪，人以市怪海，海亦以市自怪。吾请为天下后世破之，自今日始，则是未尝无益于海。孟子复起，不易吾言矣，虽然吾岂好辩哉。《论语》曰："子不语怪。"吾征诸此而已。

王崇庆（1484—1565），字德征，号端溪，直隶开州（今河南濮阳）人。明正德三年（1508）进士，初授常熟县令，升沁州通判，正德十四年（1519）擢升登州府同知，后历任江西按察司佥事、山西按察司副使、河南按察司副使、四川右布政使等职，官至南京礼部尚书。王崇庆举止稳重博雅，为官廉洁清正，著述颇多，堪称忠孝礼贤。著有《开州志》《五经心义》《山海经释义》《元城语录解》《端溪文集》等。

观海市记①

包 节

粤稽往籍，谓："登州多海市，市如城郭、宫室、车马、旌旗然。"尝慨然庶几遇之，比一再至，未之或见，则疑纪载不经，史氏诬乎哉。乃问其乡之人，亦曰："市有之，市如城郭、宫室、车马、旌旗然，其在春夏之交乎。"即春夏交，未之或见，则疑其乡之人善眩者，沿习诞妄荧惑想像哉。

乃岁丙申②夏五月，晋沁阳侍御张公③以按至。至之再日，会海市见，国以内欢呼狂惊，告于郡邑吏，郡邑吏以告于藩臬诸大夫，诸大夫以告于侍御公。公瞿然曰："怪迂之变，不可考原久矣。"其试观之，维时天地融朗，不瞖溓氛。乃跻层阁，俯澄瀛，顾望诸岛。市且谲变，如史氏所纪载，及其乡之人所称引云。

其始见也，樛流宛延，澶漫迤靡，则有若崇雉缭垣，绵亘夷陆者矣。其变则隆崇岩窔，旷分弘敞，有若树颢天之台，揭豫章之馆，绮寮炯晃，栋宇高骧者矣。又变则为芬丽缤纷之态，旖旎飒缅之状，有若翳芝盖扬霓，旌靡云旗者矣。曾未移时而殊形，诡制不可殚究。维时观者色异，因相与嗟叹，玄灵推极莽眇。或曰蜃气欤，或曰海若赑屃欤，或曰列真之金银台欤，或曰明月夜光腾英吐藻欤，类弗可考原矣。

乃进而质诸侍御公，公曰："若以为有乎哉，无乎哉。泱漭之野程奇逞变，将安归乎。中国名山大川环瑰倬诡者，往往棋置，是又将安归乎。夫融结聚散，无非气也。久忽常幻，无非气也。恶乎有，亦恶乎无。君其问之倏忽，问之鸿蒙。"诸大夫曰："然今而后知海市矣，其识之。"

包 节（1506—1556），字元达，号蒙泉，华亭（今上海松江）人，原籍浙江嘉兴。明嘉靖十一年（1532）进士，曾任东昌府推官、监察御史。著有《湟中稿》《陕西行都司志》《包侍御集》。

【注释】

①此文还收录于万历三十一年《蓬莱阁集》中。
②丙申：嘉靖十五年（1536）。
③晋沁阳侍御张公：指山东监察御史张鹏，字鸣南，号漳源，山西沁县人。嘉靖五年（1526）进士，授河南府推官，曾任甘肃监察御史、山东监察御史。

观海市记

张翼翔

渤海之东，有无底之谷，名曰"归虚"。其山有五，而蓬莱其绝胜者，有台官、金玉、禽兽、纯缟、珠玕、芳树，仙圣遗种，飞相往来，斯海市所繇独擅。予尝想其畸怪，若在天上觇一见，不可得也。

丙申①夏，以推官随牒②东牟，来越月，日趋门吏责以市，久弗遇为深负，然竟莫之应也。夏五月，侍御漳源张公③节按海邦之三日，门者愕传海今日市。郡司喜且惧，谓隐见莫凭。藩臬④、诸大夫业已相闻具出，谇之，既信然，乃告于公，公即促舆往观。

是日也，风晴气和，波恬景寂。于是登阁临崖，凭虚望遐，万顷之外，潋淡潋滟，浮天无岸。历数大竹以及鼉矶，旧境悬幻，倏有多状。说者曰："此在金枢之穴，扶桑之津，昔所闻见者。"始焉，薄栌重轓，雉城云屋，蝴蜾蠼濩，砰磷轧沏，晃若长杨⑤柏梁，窈不可穷。忽焉，轻尘不飞，纤罗不动，而纵横屡易，延袤无定。烟团云黑，天空水碧，又如柽柳胡桐，牡荆刚柏。色相气类，具若有生彷彿乎。蓬茨篦庐之间，渺不可测。夫观其聚也，若或阖之；及其散也，若或辟之。不知何物主乎其间，而有是乎哉。使人适然而遇，遇而久，久而工巧毕呈，不谓之畸遇畸观不可。公倚石赋诗，褒褒千百言，状写造物，掷地有声。诸君子雄战齐美，有光此遇。

公乃命予为记。予曰:"海市不经见,无证说久矣乎,尝谓在疑信有无之间。夫形动不生形而生影,无动不生无而生有。天地人物,聚于气,散于气。要之沧海桑田,古今一聚散也。而凡入于有,出于无者,千万载固此一日。君子曰:'海一也,而市何独于蓬莱?市一也,而见何独于若人得之?'噫!天地至大至妙者也,固不泛然,使人易测,易测则蓬莱。犹夫五山,世之轶林魅宿,当与黎烝⑥遐萌者俪,是使玄微之秘,涉之料浅,而华实所萃,不足以示神功于形外矣,天地恐不若是之粗浅也。"识之。

张翼翔(生卒年不详),安徽凤阳人。明嘉靖七年(1528)进士,曾任浙江金华府推官,嘉靖十五年(1536)任登州府推官,后升给事中。

【注释】

①丙申:嘉靖十五年。
②随牒:意思是据以授官的委任状。
③侍御漳源张公:指的是山东监察御史张鹏,字鸣南,号漳源。
④藩臬:指藩司和臬司,是明清两代布政使和按察使的并称。
⑤长杨:指长杨宫,故址在今陕西周至东南。《三辅黄图》:"长杨宫,在今盩厔县东三十里,本秦旧宫,至汉修饰之以备行幸。宫中有垂杨数亩,因为宫名,门曰射熊观,秦汉游猎之所。"
⑥黎烝:亦作"黎蒸"。黎民,众民。

观海市记

张翼翔

海市之见也有数,南海无海市,西海无海市,东海有海市。春时有海市,冬时无海市,夏时有海市。雾时有海市,雨时无海市,雨前有海市,雨后有海市。

海市之见也有数,海市非怪也,东坡之所见者,亦非怪也。十月阴,虽无阳,阳未尝无,故谓之"小春"。南方十月桃李皆华,非怪也,九月梨花怪也。海市,桃李花之类也。

予以八月至,东坡以十月至,八月海市见,怪也,十月见,非怪也,谓其当见而见者也。东坡十月见,予二月见之。二月见,亦非怪也,二月不见,怪也,谓其当见而不见者也。

柏川长公曰："前十有七年，自青州至，见之矣，今再见。"予始见之，始大竹见，已而小竹见，已而沙门、牵牛、半洋、田横皆见。始未，见诸山之首尖者、秃者、圆者、凹者、断者。已而，断者联之，凹者隆之，圆者平之，秃者华之，尖者方之。其上为城郭，隐隐浮屠，突兀千层。忽变为庙，庙中白盘，甚至旋转不已。前敞抱厦，罘罳①纠结。后为银宫瑶阙，迢递在天，上缭以黄垣，如帝居。人衮衮②往来，衣红紫、青碧，皆非人世。其他为亭为园，为团松龙嵷③，为村舍水驿。户扉阖辟，帘幕烂熳，皆飞动不常。可愕，可骇也！

然予以为大易绁缊，庄生野马，京房群羊、飞鸟，此类儒者多言之，非怪也。或曰惟东海有，他则否者，何也？西川于杜鹃，济于鹳鹆，江南于梅花，闽越于雪，象犀、珠玑、玳瑁于南海。天地之气不屯于此，则屯于彼，夫物则亦有然者。

同游者，兰庵王子。再见如长公、龙泉梁子、南庄郭子、玉山刘子。始见如予、行庵陈子、东庄栾子。数见之者，凡八人。时嘉靖戊申④初过寒食一百五日。

【注释】

①罘罳：指设在屋檐下或窗上以防鸟雀的网。
②衮衮：连续不绝。
③龙嵷：也作"龐嵷"。形容高峻的样子。
④嘉靖戊申：明嘉靖二十七年（1548）。

拟苏子瞻祷海市文①

潘 滋

事不习见，以为怪理，则旷世而相待。立于有物之先，议于六合之外。漙沱②之水，可以合衡山之云，可以开王霸为中兴之佐。韩愈乃命世之才，投之险阻而弗悯，迫之仓卒而不乱。措黔黎③于衽席，诞先登乎彼岸。怀江湖之先忧，示庙堂之深筭④。建洪化⑤之休符⑥，表法象之贞观。

登之瀛岛，海市实奇。春夏则见，秋冬则非，执而不溥。我则大疑，孰闵其光？孰泥其行？帝命是敕，惟广德王蜿蟺瑰诡，发其尽藏而使金桥千尺，瑶阙万里。人皆见于春，我独见于冬，岂人力之夤缘⑦，斯诚意之感通。于是晴霞旭暾，惠风荡曩，玄圃升，赤城垤，焕云机之锦裳，披天章之玉字，不见而见，不茌而茌。孤臣轼敢再拜稽首,以傤明神之嘉赐。

潘　滋(生卒年不详),字汝霖,江西婺源人。明嘉靖七年(1528)举人,嘉靖二十九年(1550)任登州府推官。著有《蓬莱观海亭集》《浮槎稿》。

【注释】

①此文还收录于万历三十一年《蓬莱阁集》中,文中增加了字音注解。
②滹沱:指滹沱河。
③黔黎:指百姓。
④深算:即深图远算。深谋远虑的意思。
⑤洪化:宏大的教化。古时用来歌颂帝王。
⑥休符:吉祥的征兆。
⑦夤缘:攀附上升。比喻拉拢关系,向上巴结。

重修蓬莱阁记①

宋应昌

按史:秦皇东游并海上,登之罘②,以冀与神遇。汉武时,燕齐迂怪之士扼腕言,海上有蓬莱、方丈、瀛洲三神山之属,仙人可致。帝欣然,庶几遇之,即其地以望蓬莱,则蓬莱阁之名,实昉此焉。

说者曰:"兹名也,秦汉之侈心也,胡为乎沿之而以重修烦也?"考郡乘③,宋嘉祐时,守臣朱处约氏实创构之,谓:"上德远被,致俗仁寿,此治世之蓬莱也。"语具贞珉④中。余览而旨之,叹曰:"知言哉!古人一丘一壑,不废登咏,矧是阁首踞丹崖,俯瞰沧溟,千折之槛,三至之阶,恍然出人间世,固域内一奇胜也,乌可无修。"

在昔尧天海涵,寅宾日出,周波不扬,肃慎东来,爽鸠氏之所宅,管敬仲⑤之所官,升降不知凡几,于海王之国仅一瞬也,可以观世。风雨晦冥之潮汐万状,沙门、鼍矶、牵牛、二竹⑥之楼台闪忽,鱼、龙、犀、螭、象罔之出没无常,安期、羡门、紫芝、瑶草⑦之若有若无,凭阑一睇,恫心骇目,斯诧奇吊诡之囿也,可以观变。尔乃观海揽襟,登高作赋,或明风于爰居,或辨物于楛矢,或寓言于《齐谐》,或侈谈于裨海,或赋子虚⑧以见奇,或祷海市以志感,秀色雄乎涛声,逸思巧于蜃气,可以观材。至若东扼岛夷,北控辽左⑨,南通吴会⑩,西翼燕云⑪,艘运之所达,可以济咽喉，备倭之所据，可以崇保障，封豕靡所渔，长鲸罔敢吸，可以观要。抚时察变，度材修要，四者备，天下之大观矣，乌可无修。

语有之，台以察氛祲，节劳佚，微独于目观美也。盖古之仁人君子，遐思逖览，罔不在民。记超然台则起物外之想，登岳阳楼则勤先忧之思，宁独骋盼望流光景为旷已乎。若乃登兹阁者，纪纲之臣，肃其宪令；封疆之臣，宣其慈惠；文学之臣，藻其鏧悦；将帅之臣，振其武略。俾物无疵厉，民无夭札，跻斯世，而蓬莱之庶几仁人君子之用心哉。

无论世无神仙，蓬莱政使有之，以方我大明盛治，摹唐型周，海静风恬，真人天境界，果何若也。抑方丈、瀛洲君子固掩口不欲道耶。然则是阁也，修于治世尤亟矣。余固曰："知言哉，宋臣也。"卑卑秦汉从臾者流，奚置啄焉。

是役也，前抚李公⑫宪檄经始稽费，则公课百余缗，乡官戚总戎⑬输资百余缗，预办材辽左。会巡抚辽东顾公海檄兵道郝，返其值金，输木千金，舾运三年，财靡帑出，力靡民劳，规画宏敞，视旧贯什倍之矣。阁入国朝，一修于永熙间，再修于成化七年，凡兹三修也。阁事竣，适不榖建节之初，郡吏具状，守巡以白，佥谓材美制巨，地胜名远，不可以不纪也，于是乎记。

宋应昌（1536—1606），字思文，号桐冈，浙江杭州人。明嘉靖四十四年（1565）进士，曾任绛州知州、济南知府、福建布政使，进副都御史巡抚山东，官至兵部右侍郎，加右都御史。宋应昌是明朝抗倭名将，明万历二十年（1592）以兵部右侍郎经略朝鲜、蓟辽等处军务，率兵援朝，收复失地，其文韬武略，名重一时。著有《道器图说》《心径茅锄》《窥测陈筌》《经略复国要编》等。

【注释】

①此文还收录于万历三十一年《蓬莱阁集》中。

②之罘：烟台市芝罘区北伸入海中的一个半岛。

③郡乘：载录历史曰"乘"，郡乘即郡志。

④贞珉：石之坚且美者，比喻石碑。此指朱处约《蓬莱阁记》碑，今不存。

⑤管敬仲：即管仲，春秋时齐国宰相。登州原属齐地，故引此。

⑥沙门、鼍矶、牵牛、二竹：岛名，属于庙岛群岛。

⑦安期、羡门、紫芝、瑶草：安期、羡门为古代传说中的仙人；紫芝、瑶草为仙草。

⑧赋子虚：汉司马相如作《子虚赋》。

⑨辽左：指辽东。

⑩吴会：东汉分会稽郡为吴、会稽二郡，合称"吴会"。后虽分郡渐多，仍通称这两郡的故地为吴会。

⑪燕云：指幽州和云州，今河北、山西辖地。

⑫前抚李公：即前任山东巡抚李戴。

⑬戚总戎：即戚继光。

修蓬莱阁成创僧舍记①

王云鹭

余以武库郎②乙酉③出守扬州，"腰缠十万贯，骑鹤上扬州"④，昔人诙谈之。余素无腰缠，而轻骑上扬。及抵郡，即访琼花之墟。于烟月消沉之中，只遗山人张三丰"清致不沾凡雨露，高标犹带古烟霞"之句。读此则愿一见颜色不异琼树枝者，是琼花虽亡而实在也。丙戌⑤拜日长至⑥，有一鹤，羽翮⑦高六尺强，自楚州三百余里，凌风而翔于太守之庭。谕德张元忭，敬洒长篇以章其事，从而和者十数，咸称真扬州鹤也。居三载，部使者已奏绩矣。自视仍无腰缠，或因为不尔尔者，不扬也。

幸而山川之灵亮⑧之恍然，移余于东海蓬莱之境，兹境群仙古楼也。今岁六月至郡城，八月易蓬阁而新之，十二月落成。其材木之美，率以海艘辨于辽阳千里间，关之外三年所也。不余先不余后，材集而工举。若又有相之者，余辱铸山煮海，旧地竟不能理及腰缠。苏子瞻尝游此也，诗曰："无事此静坐，一日似两日。若得七十岁，便是百四十。"余暇中喟然，谓："日长似岁闲，方觉岂但一日、两日而已。"

扬仙郡也，登仙郡也，去仙吏而得仙吏名，无乃不可居。余闻东海上有安期生，食枣如瓜。愿乞其种，效青门五色，甘美无妨也。阁视旧贯，倍加宏敞，益可为往来临眺。余募一僧，有静规者守之。客至，瀹香一篆，苦茗一掬，如来氏数语，虽俗子亦自胸次⑨洒然，又一仙也。因镌年月于所构僧舍，为之记。

王云鹭（生卒年不详），字翀儒，河南夏邑人。明隆庆五年（1571）进士，明万历十七年（1589）任登州府知府。王云鹭好金石文字，曾重刻宋代洪适金石学名著《隶释》，是该书现存最早刻本。

【注释】

①此文还收录于万历三十一年《蓬莱阁集》中,文中增加了字音注解。

②武库郎:官名。隶属兵部武库清吏司,主掌戎器、符勘、尺籍、武学、薪隶之事。

③乙酉:指万历十三年(1585)。

④腰缠十万贯,骑鹤上扬州:出自南朝梁殷芸《小说》,后指随身携带的钱财,亦泛指拥有的财富。

⑤丙戌:指万历十四年(1586)。

⑥日长至:指夏至。

⑦羽翮:翅膀。

⑧灵亮:明媚美秀。

⑨胸次:胸间,亦指胸怀。

蓬莱阁多寿亭序①

陈其学

粤稽古盛王,未有遗年者。我国朝且著之令甲,永锡灵长之脉。逮我圣天子,重敦典以培植元苞,即合六幕而仁寿之也甚殷。乃命我钟文陆公②代之东巡,实钦承之。首按岷海穷陬,揽辔澄清而冲涵恬润且无际。暨登阁,望洋浮天合碧,泠浰酝醖,必有遐旷者以应世瑞云。

按志,牟人颛蒙椎鲁,历今犹有古风。矧斥瘠无营业,惟务农,且俭啬,寡谐际,心目一无他适。此其朴钝寒散,殆与淳气相合,自是多得之。郡守王公素善养老者,即以百八十余人导之入见。霜髯雪发,恍若华表蹁跹,把袂牵裳,肘腋交携,鱼贯而前,咸据掌致诸地。乃一一温燠之,各赉以金帛。亟谕所司其无伤,欢声沸出,殊然气象。於戏!美哉!寿乎矧且多也。即移郡建多寿亭于蓬莱阁,仍绘之像,以昭太平之世。

重谈及余耄,业会题俞旨存问矣。盍乞言以纪之?遂如礼授粲枉沐,问其寿及所以寿。余罔生无以諶。按字纬曰:寿者,受也,谓纪之者天。又曰:守也,谓顺之者人。理数难齐,姑曼云已。余屠植少多病,亟慎以守之,奚翅斋战。洎强而仕,辄投之边徼垂二十年,以病归。一惟心息相依,和天倪以顺天年。延今仅能言视勃窣,可愧以多,幸老民自叙,乃辱命以裁撰耶。

仰惟顺承天施，涵濡旁魄，即衰榆枯梗顿生有泽色。缠绵布濩皥皥难名，而幽鸟鸣春知识云然哉。随率诸畴辈，偕诣多寿亭下，蠲炷宝薰，望阙叩首，同呼以祝之曰：天子万年。

陈其学（1508—1593），字宗孟，号竹庵，别号行庵，山东蓬莱人。明嘉靖二十三年（1544）进士，历任陕甘、延绥总督，转任宣大、山西总督，晋户部右侍郎、兵部左侍郎、右都御史，官至南京刑部尚书。他断案明晰，颇有政声。致仕居乡20年，卒于蓬莱，赠太子少保，谥"恭靖"，祀于登州府乡贤祠、大忠祠。

【注释】

①多寿亭：在蓬莱阁南，明万历十八年（1590）登州府知府王云鹭建，今已不存。此文还收录于万历三十一年《蓬莱阁集》中。

②钟文陆公：即钟化民，字维新，别号文陆，浙江余杭人。万历十八年任巡按山东监察御史。

蓬莱多寿亭图后跋①

王云鹭

余编行乡约保甲法，得遍历城衢及郊关之内。计户不满三千，见垂白而扶杖而匍匐甚众。因询其年，得八十以上及百岁共百八十七名口，而七十者不与焉。先是我按台钟公②，因东省少歉，大疏蠲逋，适巡牟海，又便宜开仓，皆以广布朝廷寿国寿民之政。会郡具乡保二图集上，公曰："仁寿哉兹民，何兹地之多耶？果仁人静而有常之理耶？果地瘠民贫，生不见异物，造化乘除之数耶？果衍气多仁，寒气多寿，地气使然耶？果斯民莫不欲寿，三王生之而不伤，而国家生养休息之恩耶？"除南刑书陈公③钦旨存问，余缙绅则礼于其庐，匹夫匹妇别优以粟帛。一时士民欣然，咸颂我公老安少怀，盛举也。间有识之者曰："自古以来，东海民多寿，误者以为有仙，吾郡真人间世蓬莱也！"

余忝郡长吏，承宪檄建多寿亭于蓬莱阁下，并绘刻一百八十七老形状、姓名于后，以示来者云。

王云鹭（生卒年不详），字翀儒，河南夏邑人。明隆庆五年（1571）进士，明万历十七年（1589）任登州府知府。王云鹭好金石文字，曾重刻宋代洪适金石学名著《隶释》，是该书现存最早刻本。

【注释】

①此文还收录于万历三十一年《蓬莱阁集》中。

②钟公：即钟化民。

③南刑书陈公：即南京刑部尚书陈其学。

甜井记①

王云鹭

蓬莱阁下百余武，小海傍有甘泉焉。秋夏苦霖潦所浸，余甃以石壁，覆以瓦亭，扁曰"甜井"。客有过而问曰："兹泉也，郡胡珍重之若是也？"侍者莫能答，以告余。余曰："处有顺逆，行有易难，区区一掬泉耳，而邻于汪洋无际之巨壑，千流皆卤，万派悉咸，彼独孑然挺然，而天性本来之甜淡无恙。硁硁然小人哉②，敢藐海若，敢抗波臣，往来井井③，难乎哉易乎！"客闻之，喟然曰："滕薛④不可以敌秦楚也，势也；雕刻不可以改面目也，定也。可以为难矣。"知其难，兹固余珍重斯泉之意也。镌之石。

【注释】

①此文还收录于万历三十一年《蓬莱阁集》中。

②硁硁然小人哉：比喻渺小而顽强。

③往来井井：洁净不变的意思。

④滕薛：春秋时的两个小国、弱国，在今山东枣庄境内。

蓬莱阁集卷之三

晋赋一首

海　赋[①]

木玄虚

昔在帝妫，巨唐之世，天纲浡潏，为涠为瘵。洪涛澜汗，万里无际；长波浽涹，迤延八裔。于是乎禹也，乃铲临崖之阜陆，决陂潢而相浚；启龙门之峍崒，垦陵峦而崭凿。群山既略，百川潜渫，泱漭澹泞，腾倾赴势。江河既导，万穴俱流，掎拔五岳，竭涸九州。沥滴渗淫，荟蔚云雾，涓流泆瀼，莫不来注。

于廓灵海，长为委输，其为广也，其为怪也，宜其为大也。尔其为状也，则乃浟湙潋滟，浮天无岸；㴸㶒沆瀁，渺弥湠漫；波如连山，乍合乍散；噏噏百川，洗涤淮汉；襄陵广舄，瀇滉浩汗。

若乃大明𢷏辔于金枢之穴，翔阳逸骇于扶桑之津。彯沙岩石，荡飍岛滨。于是风伯鼓怒，溢浪扬泡。更相触搏，飞沫起涛。状如天轮，胶戾而激转；又似地轴，挺拔而争回。岑岭飞腾而反覆，五岳鼓舞而相磓。湢测沦而滀漯，郁㶁迭而隆颓。盘猛激而成窟，㶇㴶溁而为魁。润泊柏而迤扬，磊匌匊而相豗。惊浪雷奔，骇水迸集。开合解会，瀼瀼湿湿。䓯华踧沑，頮汀漈漼。

若乃霾曀潜销，莫振莫竦。轻尘不飞，纤萝不动。犹尚呀呷，余波独涌。澎濞灂硊，硍磊山耸。披靡尔其枝岐潭瀹，渤荡成汜。乖峦隔夷，回互万里。

若乃偏荒速告，王命急宣。飞骏鼓楫，泛海陵山。于是候劲风，揭百尺，维长绡，挂帆席。望涛远决，冏然鸟逝。鹬如惊凫之失侣，倏如六龙之所掣。一越三千，不终朝而济所届。

若其负秽临深，虚誓愆期，则有海童邀路，马衔当蹊。天吴乍见而仿佛，蜩象暂晓而闪尸。群妖遘迕，眇瞟追夷。决帆摧橦，戕风起恶（去声）。廓如灵变，惚恍幽暮。气似天霄，媛靅云布。䨦昱绝电，百色妖露。呵嗽掩郁，矒眬无度。飞涝相磢，激势相沏。崩云屑雨，浤浤汩汩。跃踔湛濼，沸溃渝溢。濩淠濩渭，荡云沃日。

于是舟人渔子，徂南极东，或屑没于鼋鼍之穴，或挂罥于岑崿之峰。或掣掣泄泄于裸人之国，或泛泛悠悠于黑齿之邦。或乃萍流而浮转，或因归风以自反。徒识观怪之多骇，乃不悟所历之近远。

尔其大量也，则南澰朱崖，北洒天墟，东寅析木，西薄青徐。经途瀴溟，万万有余。吐云霓，含龙鱼，隐鲲鳞，潜灵居。岂徒积太巅之宝贝，与隋侯之明珠。将世之所收者常闻，所未名者若无。且希世之所闻，恶审其名？故可仿像其色，瑗甄其形。

尔其水府之内，极深之庭，则有崇岛巨鳌，岫嵲孤亭。擘洪波，指大清，竭磐石，栖百灵。扬凯风而南逝，广莫至而北征。其垠则有天琛水怪，鲛人之室。瑕石诡晖，鳞甲异质。

若乃云锦散文于沙汭之际，绫罗被光于螺蚌之节。繁采扬华，万色隐鲜。阳冰不冶，阴火潜然。熺炭重燔，吹炯九泉。朱燄绿烟，晾眇蝉蜎。鱼则横海之鲸，突扤孤游。戛岩嵯，偃高涛，茹鳞甲，吞龙舟。噏波则洪连踧蹜，吹涝则百川倒流。或乃蹭蹬穷波，陆死盐田；巨鳞插云，鬐鬣刺天；颅骨成岳，流膏为渊。若乃岩坻之隈，沙石之钦；毛翼产毂，剖卵成禽；凫雏离褷，鹤子淋渗；群飞侣浴，戏广浮深；翔雾连轩，泄泄淫淫；翻动成雷，扰翰为林；更相叫啸，诡色殊音。

若乃三光既清，天地融朗。不泛阳侯，乘峤绝往。观安期于蓬莱，见桥山之帝像。群仙缥眇，餐玉清涯。履阜乡之留舄，被羽翮之襂缅。翔天沼，戏穷溟。甄有形于无欲，永悠悠以长生。且其为器也，包乾之奥，括坤之区。惟神是宅，亦祇是庐。何奇不有，何怪不储？茫茫积流，含形内虚。旷哉坎德，卑以自居。弘往纳来，以宗以都。品物类生，何有何无。

木玄虚（生卒年不详），名木华，字玄虚，广川（今河北景县西南）人。西晋辞赋家，曾为太傅杨骏府主簿。

【注释】

①此文还收录于万历三十一年《蓬莱阁集》中，文中增加了字义注解。

唐赋十二首

海潮赋①

卢　肇

夫潮之生，因乎日也；其盈其虚，系乎月也。古君子所未究之，将为之辞。犹惮夫有所未通者，故先序以尽之。

肇始窥《尧典》，见历象日月以定四时，乃知圣人之心，盖行乎浑天矣。浑天之法著，阴阳之运不差。阴阳之运不差，万物之理皆得。万物之理皆得，其海潮之出入，欲不尽著，将安适乎？近代言潮者，皆验其及时而绝，过朔乃兴，月弦乃小瀛，月望乃大至。以为水为阴类，牵于月而高下随之也。遂为涛志，定其朝夕，以为万古之式，莫之逾也。殊不知月之与海同物也。物之同，能相激乎？《易》曰："天地睽而其事同也，男女睽而其志通也。"夫物之形相睽，而后震动焉，生植焉。譬犹烹饪，置水盈鼎，而不爨之，欲望膳羞之熟，成五味之美，其可得乎？潮亦然也。天之行健，昼夜复焉。日傅于天，天旋入海，而日随之左。日之至也，水其可以附之乎？故因其灼激而退焉。退于彼，盈于此，则潮之往来，不足怪也。其小大之期，则制之于月。大小不常，必有迟有速。故盈亏之势，与月同体。何以然？日月合朔之际，则潮始微绝。以其至阴之物，迩于至阳，是以阳之威不得肆焉，阴之辉不得明焉。阴阳敌，故无进无退，无进无退，乃适平焉。是以月之与潮，皆隐乎晦，此潮生之实验也。其朒其朓，则潮亦随之。乃知日激水而潮生，月离日而潮大。斯不刊之理也。古之人或以日如平地执烛，远则不见。何其谬乎！夫日之入海，其必然之理乎？且自朔之后，月入不尽，昼常见焉，以至于望。自望之后，月出不尽，昼常见焉，以至于晦。见于昼者，未尝有光，必待日入于海，隔以映之。受光多少，随日远近，近则光少，远则光多，至近则甚亏，至远则大满。此理又足证夫日至于海，水退于朝，尤较然也。

肇适得其旨，以潮之理，未始著于经籍间，以类言之，犹乾坤立，则易行乎其中。易行乎其中，则物有象焉。物有象而后有辞，此圣人之教也。肇观乎日月之运，乃识海潮之道，识海潮之道，亦欲推海潮之象，得其象亦欲为之辞。非敢炫于学者，盖欲请示千万祀，知圣代有苦心之士如肇者焉。赋曰：

开圆灵于混沌，包四极以永贞（立天之道）。赩至阳之元精（谓日也），作寒暑与晦明。截穹崇以高步，涉浩漾而下征。回龟鸟于两至（冬至日在南斗，玄武之体，故云龟；夏至日在东井，朱雀之体，故云鸟也），曾不愆乎度程。其出也，天光来而气曙；其入也，海水退而潮生。何古人之守惑，谓滋涛之不测。安有夫虞泉之乡，沃焦之域。栖悲谷以成暝，浴蒙汜而改色。巨鳅隐见以作规，介人呼吸而为式。阳侯玩威于鬼工，伍胥泄怒乎忠力。是以纳人于聋昧，遗羞乎后代。曾未知海潮之生兮自日，而太阴裁其小大也。今将考之以不惑之理，著之于不刊之辞。陈其本则昼夜之运可见其影响，言其征则朔望之后不爽乎毫厘。岂不谓乎有耳目之疾，而燸将判乎神医也。粤若太极，分阴分阳。阳为日，故节之以分至启闭；阴为水，故霏之以雨露雪霜。虽至赜而可见，虽至大而可量。岂谓居其中而不察乎渺漠，亡其外而不考其茫洋者哉！故水者阴之母，日者阳之相。阳不下而昏晓之望不得成，阴不升而云雨之施不得睹。因上下之交泰，识洪涛之所鼓。胡为乎历象取其枝叶而迷其本根也，策其涓滴而丧其泉源也（诸家不言海潮之由也）。于是欲抉其所迷而论之，采其所长而存之。光乎廓乎，汨磅礴乎。差瀴溟之无际，曷鸿蒙而可以尽度乎？乃知夫言潮之初，心游六虚。索蜿蜒乎乾龙，驾镠辂乎坤舆。知六合之外，洪波无所泄（但随二至升降而已）；识四海之内，至精有所储（元气常运，万物自成）。不然，何以使百川赴之而不溢，万古挠之而靡余也。是乃察乎涛之所由主也。

骇乎哉！彼其为广也，视之而荡荡矣；彼其为状也，喝乎其沉沉矣。其增其赢，其难为状矣。当夫巨浸所稽，视无巅倪。汹涌颖洞，穷东极西。浮厚地也体定（谓地浮于水，天在水外也），半圆天而势齐（谓阴阳上下各一半也）。谓无物可以激其至大，故有识而皆迷。及其碧落右转，阳精西入（始作潮也）。抗雄威之独燥，却众柔之繁湿。高浪瀑以旁飞，骇水汹而外集。霏细碎以雾散，屹奔腾以山立。巨泡丘浮而迭起，飞沫电挺以惊急。且其日之为体也，若炽坚金，圆径千里（周髀法曰，日径千里，周三千里）。土石去之，稍迩而必焚；鱼龙就之，虽远而皆糜。何海水之能逼，而不澎濞沸渭以四起。故其所以凌铄，其所以薄激者，莫不魄落焯铄，如爨巨镬。赩兮不可探乎蒁蒁之内，呀焉若天地之有龈腭。其始也，漏光迸射，虹截寓县。拂长庚而尚隐，带余霞而未殄。其渐没豹（虎茵反）兮，若后羿之时，平林载驰，驱貔虎与兕象，慑千熊及万罴。呀偃寒而矍铄，忽划砾而齼（此何反）齳（意其反，齿露不齐之貌）。其少进也，若兆人缤纷，填城溢郭。蹄相蹂躒，毂相摩错。哄阗澶漫，凌强侮弱。倏皇舆之前跸，孰不奔走而挥霍。及其势之将极也，渣兮若牧野之师，昆阳之众。定足不得，骇然来奔。腾千压万，蹴搏沸乱。雄棱后闼，懦势前判。慑仁兵而自僵,倏谷呀而巇断。此者皆海涛遇日之形,闻者可以识其畔岸也。

赋未毕,有知玄先生讽之曰:"斯义也,古人未言,吾将辉乎文墨之场,以贻永久,为天下称扬。"爰有博闻之士,骇潮之义,始盱衡而抵掌,俄顩(虚禁反)龄(虚介反)而愕眙。搴衣下席,蹈足掀臂,将欲致诘,领画天地。久之而乃谓先生曰:"伊潮之源,先贤未言。枚乘循涯而止记其极,木华指近而未考其垠。焉有末学后尘,遽荒唐而敢论。"先生矍然而疑乃因其后,推车捧席执腒(音渠,千雉也。《仪礼》士相见,春夏用腒,秋冬用雉)伺颜。言之少间,请见征之所如。客乃曰:"人所不知而不言,不谓之讷;人所未识而不道,不谓之愚。彼亦何敢擅谈天之美,斡究地之翰。指溢溔之难悟,欲盅听于群儒。今将尽索乎彼潮之至理,何得与日月而相符。且大章所步(大章,禹臣。禹使步量地理者也),东西有极。容成叩玄,阴阳已测(容成,黄帝臣。帝遣造历日)。阳秀受乎江政,玄冥佐乎水德。莫不穷海运,稽日域。及周公之为政也,则土圭致晷(谓量日影,千里而差一寸也),周髀作则(即勾股算法。周人以髀为勾,以股为用,以算乃知日之远近也)。裨竈穷情乎天象(裨竈,郑大夫,善知天文者),子云赞数于幽默(杨雄作太虚,分八十一首七百二十九赞,以定阴阳之数者也)。张衡考动以铸仪(谓地动仪),淳风述时而建式(谓作《乙巳占》,以仪立式,以定星辰也)。彼皆凝神于经纬之间,极思乎圆方之壶。胡不立一辞于滋潮,以明乎系日之根本也?先生苟奇之,胡不思之?先生将宝之,胡不考之(自此以下发十四问)?苟由日升,当若准若绳,何春夏差小(其一问),而秋冬勃兴(其二问)?其逾朔也当少进,何遽激而斗增(其三问。月二日潮便大也)?其过望也当少退,何积日而凭凌(其四问。十八日潮,势何故更大也)?昼何常微(其五问。昼潮皆小也)?夜何常大(其六问。潮比昼势校大,海人知之)?何钱塘汹然以独起,殊百川之进退(其七问)?何仲秋忽尔而自兴,异三时之滂霈(其八问)?日之赫焉,犹火之烈,火至水中,其威乃绝。入洪溟以深渍,何日光而不灭(其九问)?潮之往来,既云因日,日唯一沉,潮何再出(其十问)?万流之多,匪江匪河,发自畎浍,往成天波,终古不极,盍沈四国,何成彼潮,而小大一式(其十一问)?为潮之外,水归何域(十二问)?又云水实浮地,在海之心,日潜其下,而逢彼太阴。且其土厚石重,山峻川深,投块置水,靡有不沉。岂同其芥叶,而泛以蹄涔,縶块圠之至大,何水力之能任(十三问)?吾闻之,天地噫(音隘)气,有吸有呼,昼夜成候,潮乃不逾(其十四问)?岂由日月之所运,作夸诞以相诬者哉!"

先生阅赋之初,深通厥旨。及闻客论,忻然启齿。于是谓客徐坐,善听厥辞:"盖闻南越无颁冰之礼,郑人有市璞之噬。常桎梏于独见,终沉溺于群疑。既别白而不悟，爰提耳而告之。然事有至理，无争无胜。犹权衡之在悬，审锱铢而必应。稽海潮之奥旨，谅余心之足证。当为子穷幽而洞溟，岂止于揆物而称哉！（答第一问）夫日北而燠，阳生于复☳☷（震下坤上，将论日之升降，阴阳之大体，故假《周易》复、姤二卦以明之也）。离南斗而景长（冬至后日渐近北，故昼渐长，一日进一度故也），迩中都而夜促。当是时也，气蒸川源，润归草木。既作云而泄雨，乃襄陵而溢谷。鱼龙发坼于胎卵，鸟兽含滋于孕育。水生之数一，而得土之数六。不测者虽能作于溟渤，苟穷之当无羡于升掬。其散也为万物之腴，其聚也归四海之腹。归则视之而有余，散则察之而不足。春夏当气散之时，故潮差而小也。（答第二问）及其日南而凉，阴生于姤☴☰（巽下乾上，姤）。退东井而延夕（夏至后日渐近南，故夜长），远神州而减昼。当是时也，草木辞荣，风霜入候。水泉闭而上涸，滋液归而下凑。瘁万物以如焊，空大泽而若漏。缩于此者盈于彼，信吾理之非谬。秋冬当气聚之时，故潮差而大也。（答第三问）两曜之形，大小唯敌。既当朔以制威，阳虽盛而难迫。其离若争，其合若击。始交绥而并斗（合朔之次，非无物喻之，故比乎交绥也），终摩垒而先释（月行疾，合朔乃过，故比乎摩垒也）。日沮其雄，水凝其液。既冒威于一朝，信畜怒乎再夕。且潮之所恃者月（趋阴类也），所畏者日（避阳威也）。月违日以渐遥，水畏威而乃溢。亦犹群后纳职，来篚王门。获命以出，望宁而奔。引百寮而尽退，何一迹之敢存。此潮象之所以至二日而斗增也。（答第四问）黄道所遵，退迩已均。肆极阳而不碍，故积水而皆振。自朔而退（哉生魄之后左行，渐远于日也），退为顺式；自望而进（自望之后，在日之右，渐逼于日也），进为干德（稍稍近日，若来干犯之也）。伊坎精之既全，将就晦而见逼。势由望而积壮，故信宿而乃极。此潮之所以后望二日而方盛也。（答第五问并第六问）自晓至昏，潮终复始。阳光一潜，水复迸起。复来中州，逾八万里（周天法，一面出入八万里）。其势涵澹，无物能弭（周天法，一面去日八万一千一百九十九里有奇也）。分昼于戌，作夜于子（子前为早潮，子后为晚潮。一云戌前为早潮，亥后为晚潮）。子之前日下而阴滋，子之后日上而阳随。滋于阴者，故铄之于水而不能甚振；随于阳者，故迫之为潮而莫肯少衰。此潮所以夜大而昼稍微也。（答第七问）尝信彼东游，亦闻其揆。赋之者究物理，尽人谋。水无远而不识，地无大而不搜。观古者立名而可验，何天之造物而难筹。且浙者折也，盖取其潮出海屈折而倒流也。夫其地形也，则右蟠吴而大江覃其腹，左挟越而巨泽灌其喉。独兹水也，夹群山而远入，射一带而中投。夫潮以平来，百川皆就。浙入既深，激而为斗。此一览而可知，又何索于详究。（答第八问）群阴既归，水与天违。当宵分之际（谓八月也），避至烈之辉。因圆光之既对，引大海以群飞（《大玄经》云海中飞群）。

夫秋之中而阴盛，亦犹春之半而阳肥。事苟稽于已著，理必辨于犹微。故涛生于八月之望者，尤岌岌而巍巍也。（答第九问）万物之中，分日之热（谓三才之中各有火也）。叩琢钻研，其火乃烈。吹烟得焰，传薪就爇。附于坚则难销，焚于槁则易绝。所依无定，遇水乃灭。太阳之精，火非其匹。至威无焰，至精有质。入四海而水不敢濡，照八纮而物莫能屈。就之者咸得其光辉，仰之者不知其何物。其体若是，岂比夫寒灰死炭，遇湿而同漂汩哉！（答第十问）方舆之下，阳祖所回，历亥子而右盛，逾丑寅而左来。右激之远兮远为朝，左激之远兮远为夕。既因月而大小成，亦随时而前后隔。此日之所以一沉，而潮之所以两析也。（答第十一问）天地一气也，阴阳一致也。其虚其盈，随日之经。界寒暑之二道，将无差于万龄。故小大可法，而乾坤永宁也。（答第十二问）若夫云者雨者，风者雾者，为雪为霜者，为雹为露者，雷之所鼓者，龙之所赴者，群生之所赋者，万物之所附者，彼皆与日而推移，所以就其衰而成其茂也。然后九围无余，而万流为之长辅。"

谈未竟，客又剿而言曰："若乃寒暑定而风雨均也。吾闻之《洪范》云：'豫常燠，急常寒。狂乃阴雨为沴，僭则阳气来干。'苟日月之躔一定，又何远于王政之大端？"彼有后问，姑纾前言："夫三才者，其德之必同。天以阳为主，地以阴为宗。参二仪之道，在一人之躬。一人行之，三才皆协。德顺时则雨霁均，行逾常则凶荒接。僭慢所以犯阳德也。故曝尪莫之哀。狂急所以犯阴德也，故离毕为之灾。此则为政之所致，非可以常度而剸裁也。"客曰："唯。其余如何？"复从而解之曰："（答第十三问）惟坤与乾，余常究焉。清者浮于上，浊者积于渊。浊以载物为德，清以不极为玄。载物者以积卤负其大（卤，咸水也，所以能浮厚地也），不极者以上规奠其圆（北辰不动，谓之上规也）。故知卤不积则其地不能载，玄不运则其气无以宣。夫如是，山岳虽大，地载之而不知其重；华夷虽广，卤承之而不知其然也。气之轻者，其升乃高。故积云如岳，不驻鸿毛。轻而清也，而物莫能劳。及其干霄势穷，霏然下坠（谓为雨者也）。随坳壑而虚受，任畎浍之疏濬。著则重也，故舟楫可以浮寄。至夫离九天，埋九地，作重阴之胶固，自坚冰以驯致。固可以乘鸿溟以自安，受万有而不忯者也。听兹言，较兹道，定一阳之所宗，何众理之难考。且合昏知暮，而翰音司晨。安有怀五常之美，预率土之滨，苟无谅乎此旨，亦何足齿于吾人。（答第十四问）子以天地之中，元气噫（音亿）哕。为夕为朝，且登且没。泛辞波而甚雄，处童蒙而未发。孰观地㖨乎深泉之涯，孰指天吭乎巨海之窟。既无究于兹源，宁有因其呼吸而腾勃者哉。"

客谢曰："辞既已矣，欲入壶奥，愿申一问，先生幸以所闻教之。尝居海裔，觌潮之势。或久往而方来，或合沓而相济。曷舛互之若斯，今幸指乎所制。先生撰屦旁昒，亦穷其变。吾因讯夫墨客，当大索其所见。彼亦告于余曰：'日往月来，气回天转。其激也大，则体盛而相踈；其作也小，则势接而相践。惟体势之可准，故合沓而有羡。'其何怪焉！"客乃跽躯敛色，交袂而辞。彼圆玄方颐，古惑今疑。叹载籍之不具，恨象数之尚遗。方尽述于闾域，非先生亲得于学者，而孰肯论之。于是乎若卵判雏生，鼓击声随。雷电至而幽蛰起，蛟龙升而云雨滋。形开梦去，醒至酲离。既手之舞之，足之蹈之，乃避席而称诗为贺，庶知玄先生之辞。辞曰：

噫哉古人，迷潮源兮。刊编鏊翰，曾未言兮。罗虚列怪，无藩垣兮。名儒幽讨，理可尊兮。高驾日域，窥天门兮。涛疑一释，永立言兮。若和与扁，祛吾愍兮。昔之论者，何其繁兮。意摩心揣，只为欢兮。阴阳数定，水长存焉。进退与日，游混元兮。一升一降兮寒暑成，下凝浊兮上浮清。随盈任缩兮浮四溟，釜镉蒸爨兮拟厥形。愿扬此辞兮显为经，高夸百氏兮贻亿龄。先生曰：彼能赋之，子能演之。非文锋之破镝，何以解乎群疑。客乃酣然自得，油然而退也。

卢　肇（818—882），字子发，江西宜春人。唐会昌三年（843）状元，曾任秘书省著作郎、仓部员外郎、集贤院直学士、歙州刺史、宣州刺史、池州刺史、吉州刺史。著有《文标集》《届堂龟鉴》《卢子史录》《逸史》《愈风集》《大统赋注》。

【注释】

①此文还收录于万历三十一年《蓬莱阁集》中，但多处注解与此文不同。

琅邪台观日赋①并序

无名氏②

秦筑东门于海岸，曰琅邪台，高可望也，而东之人悉以宵分之后观于海底者，壮其观而为赋云：

秦门之东，天地一空。直见晓日，生于海中。赤光浮浪，如沸如铄。惊涛连山，前挹后却。圆规上下，隐见寥廓。焜煌下垂，若吞崖壑。当其扶桑汹涌于云光，阳德出丽于乾刚。汗漫榻纳，将吞六甲。中融青冥，遥浸大明。羲和首驭，夸父上征。彼秦伊何？崇此为门。委绝人力，其谁敢论！失万邦者，虽设门而必圮；表东海者，谅无门而亦存。步秦亭而在此，伤魏阙而何言。千载之后，石梁斯在。时无鬼工，岂越沧海？念无道而肆志，将不忘而何待。我国家逾溟渤而布声教，穷地理而立郊坰。略秦王于帝典，参汉武于天经。顾荒台而寂寞，取殷鉴于生灵。尔其秋景趋忽，晴光焕发；蜃气干云，蚌胎候月。长波沃荡，超百谷以深沉；候鹤徘徊，想三山而灭没。齐鲁群邑，霜天沉寥。陵虚无而倒景，临沆瀣而乘潮。日向蒙汜，云横丽谯。追鲁连之达节，行将蹈海；仰田横之行义，若在云霄。骊龙之窟，群玉之府。想望绵邈，依稀处所。有海客之无心，托扶摇之轻举。

【注释】

①此文还收录于万历三十一年《蓬莱阁集》中。

②原文作者无名氏，据《钦定古今图书集成·山川典》记载，此文作者为唐代熊曜，江西南昌人。玄宗开元间任临清尉，干练有才，曾义释被诬系之囚。他与岑参为诗友。

登天坛山望海日初出赋①

无名氏②

配乎地者惟山，丽乎天者惟日。登岩峣之峻极，见瞳昽之初出。廓灵海百川之宗，孕金乌千里之质。泛圆光于沆瀁，焕鲜耀而滟溢。虽腾耀于碧浪之中，讵侔色于红萍之实。观夫烈霾曀，赫炎精。擘洪波，歆太清。冯夷骇跃，罔象奔惊。照灼兮骊珠潜吐，曨朗兮龙烛忽生。愕群象于金镜，惊天鸡于玉京。巨浸半涵，犹韬普天之美；人寰尚暝，孰识未融之明。懿其千仞可跻，肆日斯在。危岫陵乎碧落，日域辽乎沧海。既登陟以遐观，知蒙汜之洛彩。晨光乍分，夜色未改。升黄道而将始，临下土而有待。昼明夕晦，徒观其躔次之常；出有入无，孰测夫阴阳不宰。气澄雾卷，月落星残。流晖电曜，散慧虹攒。将焕烂以下烛，亦浩森而上攒。挂扶桑而杲杲，升阳谷而团团。敷九华而艳奕，粲三山之峰峦。且几升天，无忧于见谍；已能烜物，宁患乎其寒。顺寅宾而不忒，烁溟涨之无端。乘变化而复往，得沐浴乎波澜。于是游太极，辞残夜。羲和敬道，运行有舍。得天能久，克彰乎贞明；委照无私，不间于夷夏。尝倾藿之久视，冀余光之一借。

【注释】

①此文还收录于万历三十一年《蓬莱阁集》中，文中增加了字义注解。

②原文作者无名氏，据《全唐文》记载，此文作者是纥干俞。

海上生明月赋①

无名氏②

观乎皎皎新月，含虚惊阙。伺海蛤以齐生，候阶蓂以俱发。既与物而盈偃，亦随风而兴歇。故其清光未满，斜轮半空。依稀破镜，仿佛悬弓。离毕坠南，绕晕生风。散微华于粉壁，集轻照于兰丛。尔其为状也，皎皎的的，镜丹霄而灼烁；鲜鲜绵绵，点清汉而婵娟。逢轻云而暂蔽，杂华星而共妍。写近城之羁句，鉴珠箔之娇弦。思闺女之披幌，弄舟人于叩舷。若乃断山风入，中天气清。云散彻景，霞开晚晴。望颓阳之西落，见微月之孤生。出烟郊而漫漫，映江浦之亭亭。凝碧台以光净，度清楼以色明。虽予情之斯得，仲宣揽而不盈。俄而凉夜未几，低轮半倾。坠斜光于森木，落余照于严城。临玉墀而不见，望亭阁而杳冥。余亦何为者？感在空庭。

【注释】

①此文还收录于万历三十一年《蓬莱阁集》中，但自"故其清光未满"之后内容缺失，参照此文补全。

②原文作者无名氏，据《文苑英华》记载，此文作者是王泠然，字仲清，山西太原人。唐开元五年（717）进士，历任太子校书郎、右威卫兵曹参军。他工诗善文，时人称之。

早秋望海上五色云赋①
以余霞散成绮为韵

张 何

夫幽栖多暇，乐道闲居。座文章之苑囿，放情思以畋汉。咏大冲之招隐，讽相如之子虚。靓兰凋而蕙歇，伤夏卷而秋舒。升重轩以徙倚，目平海而踟蹰。见五云之间出，绕三山而忽诸。映乌晶之曚朗，涵蜃气之纾余。光泛泛而逾净，影离离而不疎。懿夫！腾腾碧海瑞皇家，金柯玉叶兼杂花。文璀粲，光纷华。况夫！罗帏锦帏绕香车，双虹宛转紫翠霞。及夫倏而聚，忽而散，霓裳羽旆相凌乱。倚长空，浮回岸，宛琼楼金阙横天半，美人濯锦春江畔。既而丛彩可望，奇状难名。群象纠纷，疑绮罗之绣出；五色明媚，若丹青之画成。影沉波而海晏，气幂岫而山晴。嗤砀岭之光浅，耻汾川之色轻。比瑞图之旧箓，应乐府之新声。似帝乡之迢递，冀有司而见行。悠悠帝图三千里，不托光容谁炫美。希君顾盻当及时，无使霏微散成绮。

张 何（生卒年不详），唐代诗人。

【注释】

①此文还收录于万历三十一年《蓬莱阁集》中，自"皇家，金柯玉叶兼杂花"之前内容缺失，参照此文补全。

白云点照春海赋①
以鲜碧空镜春海为韵

姜公辅

白云溶溶，摇曳乎春之海中。纷纷层汉，皎洁长空。细影参差，匝微明于日域；轻文磷乱，分烟晃于仙宫。始而乾门辟，阳光积。乃缥缈以从龙，遂轻盈而拂日石。出穹峦以高骞，跨横海而远接。故海映云而自春，云照海而生白。或杲杲以积素，或沉沉以凝碧。圆虚乍启，均瑞色而周流；蜃气初收，与清光而激射。云信无心而舒卷，海宁有志于朝夕。彼则澄源纪地，此乃泛迹流天。影触浪以时动，形随风而屡迁。入洪波而并曜，对绿水以相鲜。时惟孤屿水朗，长汀云净。辨宫阙于三山，总妍华于一镜。临琼树而昭晰，覆瑶台而紫映。鸟颉颃以追飞，鱼从容而涵泳。莫不各适其适，咸性乎性。登夫爽垲，望兹云海。云则连锦霞以离披，海则蓄玫瑰之彩色。道莫尚于洁白，岁何芳于首春？惟春也，嘉夫藻丽；惟白也，赏以清真。可临流于是日，纵观美于斯辰。彼美之子，顾曰无尘。扬桂楫，棹青蘋，心遥遥于极浦，望远远乎通津，云兮片玉之人。

姜公辅（730—805），字德文，号继规，爱州日南（今越南清化）人。唐大历十四年（779）进士，历任校书郎、左拾遗、翰林学士、京兆尹户曹参军、谏议大夫、同中书门下平章事、太子右庶子、泉州别驾、吉州刺史，追赠礼部尚书。姜公辅是"南安四贤"之一。著有《对直言极谏策》。

【注释】

①此文还收录于万历三十一年《蓬莱阁集》中，文中增加了字义注解。

大鹏赋①并序

李 白

余昔于江陵见天台司马子微，谓余有仙风道骨，可与神游八极之表，因著《大鹏遇希有鸟赋》以自广。此赋已传于世，往往人间见之。悔其少作，未穷宏达之旨，中年弃之。及读《晋书》，睹阮宣子《大鹏赞》，鄙心陋之。遂更记忆，多将旧本不同。今复存于集，岂敢传诸作者？庶可示之子弟而已。其辞曰：

南华老仙，发天机于漆园，吐峥嵘之高论，开浩荡之奇言。征至怪于《齐谐》，谈北溟之巨鱼。吾不知几千里，其名曰鲲。化为大鹏，质凝胚浑。脱修鬐于海岛，张广翅于天门。刷渤澥之春流，晞扶桑之朝暾。赫奕乎宇宙，凭凌乎昆仑。一鼓一舞，烟朦沙昏。五岳为之震荡，百川为之崩奔。

尔乃蹶厚地，摩太清。亘层霄，突重溟。激三千以崛起，扶九万而迅征。背嶪太山之崔嵬，翼举垂云之纵横。左回右旋，倏阴急明。历汗漫以大矫，排阊阖之峥嵘。簸鸿蒙，扇雷霆。斗转而天动，山摇而海倾。怒无所搏，雄无所争。固可想象其势，仿佛其形。

若乃足萦虹霓，目耀日月。连轩沓拖，挥霍翕忽。喷气则六合生云，洒毛则千里飞雪。邈彼北荒，将穷南隅。递逸翮以傍鼓，击奔飙而长驱。烛龙炫光以照影，列缺施鞭而启涂。块视三山，杯观五湖。其动也神应，其行也道俱。任公见之而罢钓，有穷不敢以弯弧。莫不投竿失镞，仰之长吁。

尔其雄姿壮观，映背河汉。上摩苍苍，下覆漫漫。盘古开天而直视，羲和倚日以傍叹。缤纷乎八荒之间，隐映乎四海之半。横大明而掩昼，若混茫之未判。忽腾覆以回旋，则霞廓而雾散。

然后六月一息，至于海湄。欻翳景以横楂②，逆高天而下垂。憩乎泱漭之野，入乎汪湟之池。猛势所射，余风所吹。溟涨沸渭，岩岳纷披。天吴为之怵③栗，海若为之躨跜。巨鳌冠山而却走，长鲸腾海而下驰。缩壳挫鬣，莫之敢窥。吾亦不测其神怪而若此，盖乃造化之所为。

岂比夫蓬莱之黄鹄，夸金衣与菊裳？耻苍梧之玄凤，耀彩质与锦章。既服御于灵仙，亦驯扰于池隍。精卫殷勤于衔木，鶢鶋悲愁乎荐觞。天鸡警曙于蟠桃，踆乌④炳耀于太阳。不旷荡而纵适，何拘挛而守常？未若兹鹏之逍遥，无厌类而比方。不矜大而暴猛，每顺时而行藏。参玄根以比寿，饮元气以为浆。戏旸谷而徘徊，凭炎洲而抑扬。

俄而希有见而谓之曰：伟哉鹏乎，若此之乐也。吾左翼掩乎东极，右翼蔽乎西荒。跨蹑地络，周旋天纲。以恍惚为巢，以虚无为场。我呼尔游，尔呼我翔。于是大鹏许之，欣然相随。此二禽已登于寥廓，而尺鷃之辈空见笑于藩篱。

李 白（701—762），字太白，号青莲居士，自称祖籍陇西成纪（今甘肃秦安）。曾任翰林供奉，游历全国。开元二十四年（736）至天宝十四载（755）迁居山东，遍游齐鲁胜地，留下诗文近180篇。李白是唐代伟大的浪漫主义诗人，被后人誉为"诗仙"，与杜甫并称"李杜"。著有《李太白集》。

【注释】

①此文还收录于万历三十一年《蓬莱阁集》中，文中增加了字义注解。

②楮：柱子下的木础或石础。

③怵：忧心的意思。

④踆乌：传说中太阳里的三足乌。

鲲化为鹏赋①

高 迈

北溟有鱼，其名曰鲲，横海底，隘龙门，眼瞚瞚而明月不没，口呀呀而修航欲吞。一朝乘阴阳之运，遇造化之主，脱我鬐鬣，生我翅羽。背山横而压海嵯峨，足山立而偃波揭竖。张皇闻见，卓荦今古。过鲁门者累伯，曾莫敢睹；来条友者成群，又何足数？既负此特达之状心，亦有取也。若乃张垂天，激洪涟，海若簸其后，阳侯腾其前。汹如也，皓如也，蛟螭为之惧怖，洲岛为之崩骞。如欲上未上之间，邈矣三千。接海运，扶风便，飞廉倏而走，羊角忽而转。栩如也，蓬如也，云溟为之光掩，山岳为之色变。如欲高未高之间，腾夫九万。足踏元气，背摩太清，指天地以遥集，按高衢而迅征。时与运并，道与时行，遗夭阏之类，于逍遥之情。如此，自一日，亘千岁，阴数兴，阳数废，乃下夫南溟之裔。呜呼！谁无借便之事？九万三千，故非常情之所希冀；谁无回翔之图？一翥六月，故非常情之所觊觎。由此言之，则凤凰上击，诚未得其锱铢；鸿鹄一举，适可动其卢胡。况鹡鹩之辈，尺鷃之徒，易安易给，其足其居。须臾之间，腾掷无数；鼪鼯之内，翩翩有余。伊小大之相纪，亮在人而亦尔。陵云词赋，满腹经史，婆娑独得，肮脏自是。不大遇，不大起。谓斯言之无征，试假借乎风水，看一动一息，凡历夫几千万里。

高　迈（生卒年不详），渤海（今河北沧州一带）人。唐中宗时文学家，工辞赋。著有《高迈赋》，已佚。

【注释】

①此文还收录于万历三十一年《蓬莱阁集》中，文中增加了字义注解。

北溟有鱼赋①
以击水三千抟风九万为韵

独孤授

次天地之量者，海为之大；首鳞介之雄者，鲲靡有敌。禀形徒怪其恢诡，造物孰振乎朕迹？慌北溟之安流，考南华之遗籍。好奇焉得以心骇，乘理可同乎目击。且鱼之状，有逾七日之尾；而海之深，盖积八纮之水。静则高浪为之中辍，动则连水为之四起。鲜鳞俯首而骏奔，玄冥捉足而却视。其有适也，越孟诸之夕宿；其自纵也，岂盐田之陆死。况风涛息日，空水相涵。横巨鳞而海分为二，鲅双目而日为之三。渚沲迤延，载回载旋。吓鳃则飞沫成雨，击尾乃跳波荡天。任公之术靡措，龙伯之力徒然。生无以伤，庸识其长久；大不可度，莫知其几千。固非海若之所侯属，天鸡之所干犯。不吞龙舟以作暴，岂贪牛饵而自残？遵坎德以独适，随混元而变观。本为鳞而敦知终始，化为鸟而何足控抟。一气潜融，飞沈以通。刺水之鬐拂日，重云之翼从风。曜灵韬映以骤晦，溟涨谽谺而半空。方鼓怒于濊漾，欻腾凌于鸿朦。观其羽之化也将飞，风之积也未厚。六翮之力相切，万流之波却走。恐天衢之不容，顾水府其何有？嗟鹜鸟之累百，异亢龙之上九。彼鼋鼍之穴处而渔钓或困，彼鸿鹄之云飞而网罗绝远。曷若纵溟渤而抟扶摇？其势固以相万。

独孤授（生卒年不详），唐大历十四年（799）进士，曾任秘书省校书郎。

【注释】

①此文还收录于万历三十一年《蓬莱阁集》中，文中增加了字义注解。

巨鳌冠灵山赋[①]

杨 涛

海环四方，东为之沧，有巨鳌兮，其大无极，载仙山兮，其力难量。是山也，根无附丽；彼鳌也，势则腾骧。积浪沦涟，拖其身而欸以动荡；攒风回旋，加于首而随以低昂。岂不以禀兹魁大，举其峻极，当一动一息之际，见翻海回山之力。延颈而群山腾青，耸身而半天映黑。征物象之无比，见神用之罕测。匪横天极地之质，邈尔形标；冠蓬莱方丈之尊，轻如首饰。然则神岳之高兮莫知，大鳌之壮兮若兹。视鲲鹏如纤芥，比嵩华于毫厘。欹崟之容，初结根于无地；突兀之状，终冠首于此时。举其大，吞舟不足称也；谕其小，戴胜有以似之。观其转峰峦，偃波浪，万派沸渭，特立放旷。荷至重而匪重，见大壮之用壮。风水可运，巍巍而近。摩天根丘山可胜，崷崒而高标海上。蓬壶之灵，神仙之扃，独观岩亭，横绝沧溟，莫究其广大之形。溪谷陵阜，崭嵓纷乱，仰戴于首，无可无不可，乃与夫天地相久者哉！

兹岭磅礴，随流混沦。耸切云之高，且知其抗首；鼓翻波之势，想见其侧身。顺时而或踊或跃，推理而乃圣乃神。比愚公之移有异，想龙伯之钓无因。兹可谓气冠渺弥，力均造化。则鳌之戴山也，以地载之力相亚。

杨 涛（？—897），字执珪，弘农（今河南灵宝）人。曾任安东大都护府户曹参军兼平卢军司马、太子家令充节度判官。

【注释】

①此文还收录于万历三十一年《蓬莱阁集》中，文中增加了字义注解。

钓鳌赋[①]

张友正

东海有三山，山有六巨鳌。鳌则偃寨以戴山，下横乎大壑；山则穹崇以厌海，迥出乎洪涛。哂鲸鲵兮琐细，视嵩华兮秋毫，此则鳌之所以为大，山之所以为高。乃有龙伯之国，巨人攸处，谓天生之神物，可以克乎鼎俎。壮图方启，高足云举。曾移十步之余，已奄五山之所。以是载揭长竿，载纶巨缁。俯沧溟其流如带，垂芳饵有肉如坻。既投之以潜下，果食之而不疑。其肉未入于口，而钓已贯于颐。争心既愤，勇气相持。崩腾渤澥，磅礴崵夷。蹴天柱，裂地维。地虽广兮振矣，天虽高兮殆而。欲出不出，腾跃非一。万川倒流，八气旁溢。血吞琼田之草，波陷鲛人之室。轻共工之触山，小夸父之逐日。岂长蛇趋阆风之足数，大鹏徙天池而可匹。尔其骇百神，奔万族，波巨荡而失水，海若进而登陆。以鳌之灵，凭帝之福。谓优游以无穷，何瞬息而连六。犹将灼其骨，岂惟离其肉。于以泊之，几竭东海之水；于以燔之，足尽南山之木。群仙于焉以垫溺，二山由是而沦覆。且山之峨然，若与天连，鳌以首载之，里数不知其几千。彼大人兮，并之于背，负之而旋。斯其为大也，胡可得而言？待其人，人有所不能；恃于力，力有所不全。若使以阴阳为网，以道德为筌，以信质为机于其上，以仁义为饵于其前，则所为获物者，其于鳌也大焉。

张友正（生平不详），唐末人。

【注释】

①此文还收录于万历三十一年《蓬莱阁集》中。

蜃楼赋①

王　起

伊浩汗之鹏壑②，有岩峣之蜃楼。不因材而结构，自以气而飞浮。闳然无朕，赫矣难俦。出彼波涛，必丽天以成象；化为轩槛，宁假日以销忧。是以掩鳌山于别岛，漏蛟室于悬流。若乃雾歇烟销，云归月朗。千里目极，八纮心赏。为错之类咸伏，阳侯之波无响。于是吐氤氲③，腾泱漭。隐隐迥出，亭亭直上。乍明乍灭，舒涛瀚而新鲜；若合若离，结丽谯而博敞。虽舟子未来，斯国工是仰。莫不惊天地之赫灵，睹井干而成象。赫奕奕而有光，纷郁郁而难详。影临贝阙，彩曳虹梁。比绳墨之曲直，如规矩之圆方。岳岳之仙，乍窥于天表；盈盈之女，具愧于路傍。八窗未工，百尺非峻。伴祥烟于巨浸，杂佳气于重润。仰层构之如翚，必巨川之化蜃。大壮冥立，全模洞开。吐嗽而侔华宇，呼吸而象瑰材。翔鸥拂而不散，贺燕往而复来。依稀碧落，想像瑶台。旁辉日域，下莹珠胎。比落星之流点缀，疑明月之照徘徊。则知霞驳云蔚，有壮丽之贵；栋折榱崩，无压覆之畏。既变态于倏忽，亦凭虚而仿佛。岂比夫鼎居分水，艳艳④以腾文；剑在丰城，雄雄而增气。方今圣功不宰，海物咸在。固知吐为楼阁，以全其躯。岂争彼鱼盐，弗加于海。

王　起（760—847），字举之，山西太原人。唐贞元十四年（798）进士，曾任校书郎、蓝田县尉、兵部尚书、尚书左仆射、山南西道节度使、同平章事。谥"文懿"。王起博洽经史，富于文学，有"当世仲尼"之称。著有文集120卷、《五纬图》、《写宣》。

【注释】

①此文还收录于万历三十一年《蓬莱阁集》中。

②鹏壑：指大海。

③氤氲：烟云弥漫的样子。

④艳艳：赤色光耀的样子。

明赋二首

蓬莱阁赋①

潘 滋

厥惟登州，在昔牟子。星分虚危，地接瀚海。出日之方，产药之窊。泉有温汤，城曰不夜。于是宁州开烟霞之洞，文邑筑望仙之台，庶几遇子乔②于缑氏③，接玉女于天台者也。于是楚之客而至齐者，言于齐伯曰："小人以吏事聘于诸侯，无所辱命，则必观蓬莱而归矣。"齐伯曰："诺。"谷旦，惟差僚佐胥会。霜戟明，鸾车哰，建霓旌，飘羽盖。步自刀渔之寨，经于沙门之宫。重岭巍岿以岪仡，连冈开闾以窿崧。磈逶迤以层升，周寥寀而径至。览檀峦之秘偈，觇苍巘之绘事。薛藟钩颉以倩俐，罅魊睒瞙以眷漩。像蜩闪闪以奇宵，鳄螭菌蹒而骈颠。于是鸣籁吹，华钟撞，肃龙妃，祠海王。尔乃置酒于晃爌之室，息燕于迢递之轩。斟琼浆之濯潏，蔬石华之蜷蜒。为坻为溷，或履或舡，三醮三酬，既沃既沾。于是停杯候潮，酾酒临浪，极目空阔，舒襟沆瀁。气泊漂以不风，天清冷而无云。夫何冯夷④挥霍，阳侯⑤喷渍。淫淫泄泄，悬濑襄汉；澎澎潹潹，流沫迸岸。汩硇旷以倾腾，囷崛屻而相陉。纷盘孟以激雪，訇赴势以奔雷。潤潴漯以回飚，渭沺峭而飞涝。恍蛇惊而鸟攫，欻龙踔而虎跑。斯可以为杰矣，则又有杰者。

于是西望诸山，大竹小竹，弥雾渺烟，峭壁无路，绝壑连天；大洋半洋，案衍宣蔓，千巢百罩，穷之无端。其上则翡翠孔鸾，鸲鹆雎鸠；其下则白虎赤狐，驳马骊牛；其华则雁红枸杞，薏苡虋芜；其树则楂黎橡栗，朱桐白榆；其土则丹青雌黄，锡碧金银；其石则赤玉玄厉，玫瑰琳珉。斯可以为宏矣，则又有宏者。

于是重城言言以中峙，大海汤汤以四还。似芙蓉之出水，类明珠之走盘。既星罗于八州，亦棋置于六卫。貔貅备倭之如林，冠带鸣学而如缀。朱门烨于长衢，黄茀绵于广陌。驱羊织罽之乡，负盐黑齿之国。斯可以为奇矣，则又有奇者。尔乃凌丹崖而直上，抗蓬莱之所基。虹修梁以夭矫，猊穿柱之蹳跞。鱼鳞切迭于重桷，虾须戍削于绮疏。莽雾晻翳于藻井，朝阳炫射于金拜铺。于是抃神鳌以扬鬐，运大鹏而奋翮。青天荡荡，引舌可舐；匏瓜历历，举手可摘。启罘罳而流眺，叫阊阖以披胸。窥泰山之日观，招九疑之祝融。何大畜之天衢，信冯虚而御风。抚八埏于我闳，眇四渎于盂盎。虽身处江海之远，而心存魏阙之上。于是划然长啸，草木振恐；单衣无温，毛骨尽竦。尔乃揖客而下，洗盏更酌。杂坐岩槛，踦屨盘髆。握取石子，射覆纵谑。既而碧云垂于员峤⑥，明月出乎西山。发商歌而互答，放白鹤以高骞。

于是潘子顾谓客曰："今日之游乐乎？"客曰："乐则乐矣，然而有所闻者未之见也，有所慕者未之遇也。"潘子曰："何谓有所闻者未之见也，有所慕者未之遇也？"客曰："昔蓬莱之仙，有安期生⑦之出阜乡，麻姑⑧之降蔡经。此而无之，是虚名也；有而不见，是虚行也。二者无一焉而可？"潘子曰："异乎吾所闻。徐生⑨侯生⑩入海求仙者，是方士之瞀也；文成⑪死，栾大⑫诛，明天下之无仙人者，是汉武之觉也。今吾与子之登斯阁也，有所见有所遇矣。太公之兴于营丘，尚其功也；鲁仲连之辞封爵，高其志也；韩信之军于潍水，屈其谋也；田横之入海岛，服其义也；孟子述先王之游观，止邪心也；仲尼欲乘桴浮海，示有为也。今圣人在上，百臣成能，天无烈风，海波不兴，岁丰人足，讼简刑清。于是致白雉于越裳，来肃慎之楛矢。内外向风，遐迩一体。然后作为雅颂，陈之清庙，告厥成功，书之竹帛，以垂无穷。此则蓬莱之实也。若夫流连之乐，神仙之事，何足多乎？"客怃然避席曰："吾乃今得闻先生之风，愿敬受教无他。"

潘 滋（生卒年不详），字汝霖，江西婺源人。明嘉靖七年（1528）举人，嘉靖二十九年（1550）任登州府推官。著有《蓬莱观海亭集》《浮槎稿》。

【注释】

①此文还收录于万历三十一年《蓬莱阁集》中，文中多处与此不同。

②子乔：周灵王太子，名晋，字子乔。

③缑氏：山名，指代缑氏山，在今河南偃师。

④冯夷：古代神话中的黄河水神。

⑤阳侯：古代传说中的波涛之神。

⑥员峤：海外五仙山之一。

⑦安期生：一名安期，人称千岁翁、安丘先生，传说中的仙人。

⑧麻姑：又称寿仙娘娘、虚寂冲应真人，道教神话中的女神。

⑨徐生：即徐福，字君房，琅邪人，秦时著名方士。

⑩侯生：秦时韩国人，著名方士，与徐福、卢生齐名。

⑪文成：即李少翁，西汉齐人，著名方士。

⑫栾大：西汉人，著名方士。

观日出赋

申 旟

仰止兹山兮，梦想平生。岁维壬子兮，余有西行。道经齐鲁兮，瞻望峥嵘。飘然神往兮，恍焉心倾。爰驱车而就之兮，指翠微以徂征。于时景薄孟冬，序犹秒秋。红树吟风，寒禽啁啾。雁尽天空，雨霁烟浮。

尔乃振步于红门之麓兮，攀青磴之逶迤。历幽壑之窈窕兮，怨层峦之蔽亏。忘登顿之萦纡兮，恣选胜而探奇。漱水帘之飞泉兮，弄白鹤之涟漪。窥龙吻之嵑崕兮，摩莲峰之葳蕤。既扪萝以度险兮，亦策杖而支疲。抚秦松之霜姿兮，吊汉畤之荒圮。悲御帐之虚无兮，俯明堂之芜基。溯往迹以僵伫兮，心感慨而犹夷。仰睇奎娄，引手可掇。回望白云，四山如雪。不堪赠持，聊以怡悦。兴风发兮，神转王跻危级兮，迅巍上出滥埃兮，似遗世览浩渺兮旷怀畅。

尔乃蹑天门之崔嵬兮，陟霞宫之岩峣。礼蓬玄之洞天兮，觐绛节之仙朝。剑佩俨其班列兮，虎豹躩跜而怒骁。帝室赫奕以威神兮，天妃嬉睐而逍遥。巃嵷峣崒，朱阁玲珑以岳立兮，霪霏勿罔，闷寝黳翳而霴寥。栖陛揭薜以虹指兮，钟鼓铿鍧而随飔。云旗飒沓以缤纷兮，祥云翕习而迎邀。见旌幢之恍惚兮，闻仿佛之钧韶。划灵光之变幻兮，倏电烻以雾消。中偲偲其春悸兮，怵屏息而魂摇。郁神烟之容里兮，浓香馥郁以浮潮。觉冷然而心醒兮，迓轻举之飘飖。乘瑞霭之氤氲兮，驭长风之沉飂。叱列缺以启途兮，建蜿蜷而扬嫖。左青雕以翳盖兮，右素威以承弭。缅长离之前导兮，敕玄冥以从轺。肃丰隆使毋哗兮，属箕伯以无骄。扰应龙以骖衡兮，鞭文螭而谐镳。森百神以部列兮，夔魖噤而无嚣。吾乃仗倚天之长剑兮，飞万仞之星芒。思挥戈于八极兮，窃愿学乎鲁阳。翊日毂以中天兮，挽沧溟而洗光。翻鲸波以濯足兮，载晞发于扶桑。

吾欲觌海日之奇观兮，验灵经之尝读。遍三峰以翱翔兮，留日观而上宿。魂中夜而屡惊兮，恐宵兴之不夙。闻鸡鸣而衣裳兮，又虞夫繁云之碍目。起视星河之耿耿兮，愉璇霄之霁肃。泬㵳靖而无纤埃兮，玉绳粲而腾煜。乃冥心兮澄神，穆諴想兮寅宾。迟东方兮未明，晰微茫兮海滨。渐赤霞兮万里，映沧波兮粼粼。朱光腾烁兮一跃，惊见大山兮半轮。谓曦驾兮已升，乃鲛宫兮尚沦。圆辉外见兮，如隔琉璃之景。曜德中涵兮，若居元化之娠。沖瀜沉瀊兮，映初照以明灭。灂溔颎洞兮，浮玄旻而无垠。忽乾坤之低昂兮，荡漾摇空。互水天以吐吞兮，曈昽欲晨。光呵嗽以掩忽兮，嘘吸潮汐。波浮漓而潎潎兮，簸荡化钧。沃焦沸汩兮饯日车，阳候炽威兮辞坎居。离水际兮登太虚，将出潜兮毕未舒。洧上盈而下缩兮，似欲去而踌躇。俄缩极而规涌兮，晴辉扬而阴气除。冯夷回驭兮，海冥冥而就沉。六龙飞辔兮，云鳞鳞而铄金。暧靅收兮旸谷罢，袯晴旭射兮，霞彩高临。炘炎景之照灼兮，二仪开而融。朗扬燎烛之光耀兮，五色绚而弥深。濩濩磷乱，日曈曨而不能视兮，爌爌爎阆，视睅瞳而不能任。溢光华于六合兮昭物像，散阳和于万品兮惬群心。畅流览于辽阔兮，疏烦郁于心胸。俯九垓之茫茫兮，见万有之茸茸。远而嵩华恒霍秀如攀石兮，近而龟凫沂羽函如蚁封。带水辨百川之潮淙兮，町畦俯千仞之崇墉。醯鸡螟蠓纷纭以往来兮，乃群生之兴亡相代而利害相攻。

信乎！登太山而小天下兮，倚天拔地而为五岳之宗也。叹劳生之堪哀兮，吾何为乎淹留。望故乡之谙蔼兮，心灼烁其离忧。怀亲舍而惨云飞兮，气歔欷而涕流。情眷然而思归耕兮，慕曾氏之前修。反初服以敕吾身兮，获中心之所求。警夙夜而惕厉兮，庶以寡此生之愆尤。系曰：

无闷之先遘鸿蒙，六区之外邈难穷。海岳高深天地中，阴阳变化陶冲融。晦明寒暑递始终，阳精丽天赩太空。斡旋元气行西东，远游何必追荒躅。俯仰堪舆适所欲，人生几何俟河清，焉用倒景凌蓬瀛。愿得归田娱我情，静观无始契无名。周天一息千万程，不出户庭游八纮。

申 旒（生卒年不详），字仪卿，河北魏县人。明嘉靖二十三年（1544）进士，曾任莱州府推官、工部主事、吏部郎中。

蓬莱阁集卷之四

五言古诗

隋诗四首

望 海①

烨 帝

碧海虽欣瞩，金台空有闻。
远水翻如岸，遥山倒似云。
断涛还共合，连浪或时分。
驯鸥旧可狎，卉木足为群。
方知小姑射，谁复语临汾。

炀 帝（569—618），即隋炀帝杨广，本名杨英，陕西华阴人。隋朝第二位皇帝，在位14年间，修造大运河、营建东都洛阳、攻灭吐谷浑、征讨琉球、三征高句丽，引发农民起义，天下大乱，导致隋朝崩溃覆亡。隋炀帝有很高的文学造诣，有辑本《隋炀帝集》。

【注释】
①此诗还收录于万历三十一年《蓬莱阁集》中。

季秋观海①

炀 帝

孟轲叙游圣，枚乘说愈疾。

遂听乃前闻，临深验兹日。
浮天迥无岸，含灵固非一。
委输百谷归，朝宗万川溢。
分城碧雾晴，连洲彩云密。
欣同夫子观，深愧玄虚笔。

【注释】
①此诗还收录于万历三十一年《蓬莱阁集》中。

奉和望海①

虞 茂

清跸临溟涨，巨海望滔滔。
十洲云雾远，三山波浪高。
长澜疑浴日，连岛类奔涛。
神游貌姑射，睿藻冠风骚。
徒然虽观海，何以效涓毫。

虞 茂（？—618），原名虞世基，字茂世，浙江余姚人。曾任建安王法曹参军事、祠部殿中二曹郎、太子中舍人、尚书左丞、内史侍郎。其博学高才，尤善草隶。著有《茂世集》，编纂隋朝《区宇图志》1200卷，是较早的全国性区域志。

【注释】
①此诗还收录于万历三十一年《蓬莱阁集》中。

奉和望海①

杨师道

春山②临渤海，征旅辍晨装。
回瞰卢龙塞③，斜瞻肃慎④乡。
洪波回地轴，孤屿映云光。
落日惊涛上，浮天骇浪长。

仙台隐螭驾，水府泛鼍梁。
碣石朝烟灭，之罘忽腾翔。
北巡非汉后，东幸异秦皇。
搴旗羽林客，援距少年场。
电击驱辽水，鹏飞出震方。
将举青丘缴，安访白霓裳。

杨师道（？—647），字景猷，陕西华阴人，隋朝宗室。入唐后拜侍中，迁中书令，后任吏部尚书、检校中书令、工部尚书、太常卿。卒赠吏部尚书、并州都督，谥号"懿"。杨师道善草隶，工诗，著有《杨师道集》。

【注释】
①此诗还收录于万历三十一年《蓬莱阁集》中。
②春山：意思是春日。
③卢龙塞：意为山色苍黑、其状连绵如龙行，依山势之险要而人为设限的山口处。比喻渤海一带的地理位置险要。
④肃慎：古民族名。古代居于我国东北地区。亦泛指远方之国。

唐诗八首

春日望海[①]

太　宗

披襟眺沧海，凭轼玩春芳。
积流横地纪，疏派引天潢。
仙气凝三岭，和风扇八荒。
拂潮云布色，穿浪日舒光。
照岸花分彩，迷云雁断行。
怀卑运深广，持满守灵长。
有形非易测，无源讵可量。

洪涛经变野，翠岛屡成桑。
之罘思汉帝，碣石想秦皇。
霓裳非本意，端拱是图王。

太　宗（599—649），即唐太宗李世民，陇西成纪（今甘肃秦安）人。唐朝第二位皇帝，以文治天下，虚心纳谏，厉行节约，劝课农桑，使百姓休养生息，国泰民安，开创中国历史上著名的"贞观之治"。

【注释】

①此诗还收录于万历三十一年《蓬莱阁集》中。

观　海①

太　宗②

北登渤海岛，回首秦东门③。
谁尸造物功，凿此天池源。
颒洞④吞百谷⑤，周流无四垠⑥。
廓然混茫际，望见天地根。
白日自中吐，扶桑如可扪。
迢遥蓬莱峰，想像金台⑦存。
秦地昔经此，登临异飞翻。
扬旌百神会，望日群山奔。
徐福竟何成，羡门⑧徒空言。
唯见石桥⑨足，千年潮水痕。

【注释】

①此诗还收录于万历三十一年《蓬莱阁集》中。

②原诗作者标注有误，经查，此诗作者应为独孤及，字至之，河南洛阳人。唐朝大臣、散文家。

③秦东门：据《史记·秦始皇本纪》，公元前212年，秦始皇曾在东海上朐界中立石，以此为秦王朝东大门之标志，遗址在今连云港孔望山。

④颒洞：比喻水势汹涌。

⑤百谷：指众谷之水。
⑥四垠：指四境、天下。
⑦金台：指金砌的台，比喻神话传说中神仙居处。
⑧羡门：古代传说中的仙人，秦始皇至碣石曾派人寻求。
⑨石桥：指秦始皇鞭石成桥之典。

望 海①

高 适

圣代务平典，轺轩推上才。
迢遥溟海际，旷望沧波开。
四牡未遑息，三山安在哉。
巨鳌不可钓，高浪何崔嵬。
湛湛朝北谷，茫茫连九垓。
挹流纳广大，观异曾迟回。
日出见鱼目，月圆如蚌胎。
迹非想像到，心似精灵猜。
远色带孤屿，虚声涵殷雷。
风行越裳贡，水遏天吴灾。
揽辔隼将击，忘机鸥复来。
缘情韵骚雅，独立遗尘埃。
吏道竟殊用，翰林乃忝陪。
长鸣谢知己，所愧非龙媒。

高 适（约700—765），字达夫，渤海郡（今河北景县）人。唐朝大臣，曾任刑部侍郎、散骑常侍，封渤海县侯，世称"高常侍"。卒赠礼部尚书，谥号"忠"。高适是唐朝著名边塞诗人，与岑参并称"高岑"，与岑参、王昌龄、王之涣合称"边塞四诗人"。著有《高常侍集》。

【注释】

①此诗还收录于万历三十一年《蓬莱阁集》中。

感 兴①

李 白

十五游神仙，仙游未曾歇。
吹笙吟松风，泛席窥海月。
西山玉童子，使我炼金骨。
欲逐黄鹤飞，相呼向蓬阙。

李 白（701—762），字太白，号青莲居士，自称祖籍陇西成纪（今甘肃秦安）。曾任翰林供奉，游历全国。唐开元二十四年（736）至天宝十四载（755）迁居山东，遍游齐鲁胜地，留下诗文近180篇。李白是唐代伟大的浪漫主义诗人，被后人誉为"诗仙"，与杜甫并称"李杜"。著有《李太白集》。

【注释】

①此诗还收录于万历三十一年《蓬莱阁集》中。

海上寄萧五①

独孤及

朔风②剪塞草，寒露日夜结。
行行③届瀛堧④，归思生暮节。
驿楼见万里，延首⑤望辽碣。
远海入大荒，平芜际穷发。
旧国在梦想，故人且胡越。
契阔阻风期，荏苒成雨别。
海西望京口，两地各天末。
索居动经秋，载笑知曷月。
日穷南望尽，唯见飞鸟灭。
音尘未易得，何以慰饥渴。

独孤及（725—777），字至之，河南洛阳人。唐天宝十三载（754）进士，曾任华阴县尉、左拾遗、太常博士、礼部员外郎、濠州刺史、舒州刺史、检校司封郎中、常州刺史,谥号"宪"。独孤及是古文运动的先驱者,著有《毗陵集》。

【注释】
①此诗还收录于万历三十一年《蓬莱阁集》中。
②朔风:指北风。
③行行:不停地前行。
④瀛堧:指海岸。
⑤延首:伸长头颈,形容急切盼望的样子。

岁莫海上作①

孟浩然

仲尼既已没,予亦浮于海。
昏见斗柄回,方知岁星改。
虚舟任所适,垂钓非有待。
为问乘槎人,沧洲复何在。

孟浩然(689—740),字浩然,号孟山人,湖北襄阳人。孟浩然是唐代著名的山水田园派诗人,世称"孟襄阳""孟山人",与王维并称"王孟"。著有《孟浩然集》。

【注释】
①此诗还收录于万历三十一年《蓬莱阁集》中。

游 仙①

王贞白

我家三岛上,洞户枕波涛。
醉背云屏卧,谁知海日高。
露香红玉树,风绽碧蟠桃。
悔与神仙别,思归梦钓鳌。

王贞白(875—958),字有道,号灵溪,信州永丰(今江西上饶)人。唐末五代十国著名诗人,一生作诗颇丰,名句"一寸光阴一寸金"至今广为流传。著有《灵溪集》。

【注释】

①此诗还收录于万历三十一年《蓬莱阁集》中。

送薛文学归海东①

刘眘虚

日处归且远,送君东悠悠。
沧溟千万里,日夜一孤舟。
旷望②绝国③所,微茫④天际愁。
有时近仙境,不定若梦游。
或见青色古,孤山百里秋。
前心方杳眇⑤,此路劳夷犹。
离别惜吾道,风波敬皇休。
春浮花气远,思逐海水流。
日暮骊歌后,永怀空沧洲。

刘眘虚（约714—约767），亦作慎虚,字全乙,亦字挺卿,号易轩,洪州新吴（今江西奉新）人。他是盛唐著名诗人,精通经史,诗多幽峭之趣。后人曾将他与贺知章、包融、张旭称为"吴中四友"。

【注释】

①此诗还收录于万历三十一年《蓬莱阁集》中。
②旷望：极目眺望,远望。
③绝国：极其辽远之邦国。
④微茫：迷漫而模糊。
⑤杳眇：指悠远、渺茫的样子。

宋诗二首

观　海[1]

苏　轼

东方如碧环，西北卷蓬莱。
云光与天色，直到三山回。
我行适仲冬，薄云收浮埃。
黄昏风絮定，半夜扶桑开。
参差泰华顶，出没云涛堆。
安期与羡门，乘龙安在哉。
茂陵秋风客，劝尔麾一杯。
帝乡不可期，楚寨招归来。

苏　轼（1037—1101），字子瞻，又字和仲，号东坡居士，四川眉山人。宋嘉祐二年（1057）进士，授凤翔府签书判官。宋元丰二年（1079）因"乌台诗案"遭贬，谪黄州团练副使。元丰八年（1085）十月任登州知州，到任五天后，奉调回京任礼部郎中，后转任龙图阁学士等。卒后追赠太师，谥"文忠"。苏轼曾奏请废除登州榷盐专卖制度，登州百姓感其恩德建"苏公祠"，后祀于登州府名宦祠。苏轼为北宋中期文坛领袖，唐宋八大家之一，在文、诗、词三方面都拥有极高的造诣，是宋代文学最高成就的代表，一生留下《海市诗》等与登州有关诗文21篇。他擅行书、楷书，与黄庭坚、米芾、蔡襄并称"宋四家"。著有《东坡七集》《东坡志林》等。

【注释】

[1]此诗还收录于万历三十一年《蓬莱阁集》中。

游珠玑岩①

苏　轼

蓬莱海上峰，玉立②色不改。
孤根③捍滔天，云骨有破碎。
阳侯④杀廉角⑤，阴火发光彩。
累累弹丸间，琐细成珠琲。
阎浮⑥一沤耳，真妄果安在。
我持此石归，袖中有东海。
垂慈老人眼，俯仰了大块。
置之盆盎中，日与山海对。
明年菖蒲根，联络不可解。
倘有蟠桃生，旦暮犹可待。

【注释】

①此诗还收录于弘治十四年《蓬莱阁诗集》和万历三十一年《蓬莱阁集》中，《蓬莱阁诗集》中的题目是《咏珠玑岩》，诗中有多处与此诗略有差异。

②玉立：坚定地挺立着。

③孤根：指兀立的丹崖山。

④阳侯：古代传说中的波涛之神。此处指大浪。

⑤廉角：边角。指与海浪相峙的岩石。

⑥阎浮：佛教经典中的大树名。

明诗九首

大风观蓬莱阁①

左思忠

飓风起北溟②,遥过扶桑隈。
扬波蹴霄汉③,虚车轰震雷。
喷射变阴晦,崩腾撼穹台。
有如巨鳌动,背负三山来。
又如沃焦溢,倒流万里回。
天地色沮丧,岛屿为之摧。
爰居徙东荒,戢翼④避其灾。
八月广陵潮,未敢争奇恢。
气悸伏雕槛,意广倾金罍。
大道何茫茫,琐细徒喧豗。
乃知观于海,众水难为哉。
安得无倪舟,去适无际垓。

左思忠(生卒年不详),字长臣,号石皋,陕西耀州人。明嘉靖二年(1523)进士,嘉靖三年(1524)任莱阳知县,官至吏部员外郎。

【注释】

①此诗还收录于弘治十四年《蓬莱阁诗集》和万历三十一年《蓬莱阁集》中,《蓬莱阁诗集》中的题目是《大风蓬莱阁观海涛》。

②北溟:传说中世界最北端阳光照射不到的大海。

③霄汉:云霄和天河,指天空。

④戢翼:收拢翅膀,不再飞翔。比喻退隐。

见海水

胡缵宗

天晴见海水，海水青似天。
天阴见海水，海水黑如渊。
风时见海水，海水喷如雪。
雨时见海水，海水明似月。
朝朝纳百川，洋洋何处泄。
借云有尾闾，天地岂亏缺。
我欲乘槎去，直至支机边。
一问饮牛人，变化何其然。

胡缵宗（1480—1560），字孝思、世甫，号可泉、鸟鼠山人，秦安（今属甘肃）人。明正德三年（1508）进士，曾任山西右布政使、河南左布政使，明嘉靖十五年（1536）以右副都御史巡抚山东。胡缵宗是明代著名的诗人、书法家，为官爱民礼士，抚绥安辑，廉洁辨治。著有《鸟鼠山人集》《安庆府志》《苏州府志》《秦州志》。

见海水

潘滋

天晴见海水，海水黄金镕。
天阴见海水，海水黑墨汁。
风时见海水，雪山立千丈。
雨时见海水，去天无一尺。
巨蜃果何物，气吐金银台。
巨鳌果何物，首戴三山来。
欲乘博望槎，去访支机石。
欲然天犀尖，下照骊龙窟。
见说三神山，中有道者室。
玉经与玄偈，至今无人识。

亦学曼倩子，手摘蟠桃实。
弱水隔千重，欲去不可得。

潘　滋（生卒年不详），字汝霖，江西婺源人。明嘉靖七年（1528）举人，嘉靖二十九年（1550）任登州府推官。著有《蓬莱观海亭集》《浮槎稿》。

观　海①

徐　冠

仲春②登泰山，五月观沧海。
眼界顿纡余③，胸次真爽垲④。
平生壮游怀，何幸遂一载。
学山病丘陵，学海希川汇。
进进欲盈科⑤，循循肯自怠。
仰高志弥勤，望洋心徒佁。
借问蓬莱仙，海市何时垒。
徘徊坐新亭，迟留若有待。
少焉清风生，山川若变改。
大竹小竹⑥边，渐渐腾光彩。
或曳如长城，或突如高垒。
或平之为坡，或分之为巍。
仿佛似殿台，依稀如绮彩。
神龙萃精英，天地出傀儡。
谓其果无耶，未见理固⑦乃。
谓其果有耶，吾亦何主宰。
有无形影间，知者当自采。
东坡有诗留，恒山有文在。
走也素浅中，睹此期寡悔⑧。

徐　冠（生卒年不详），字士元，号竹冈，安徽泾县人。明弘治五年（1492）举人，曾任清丰教谕、浮梁训导、都昌知县、监察御史、吉安知府、广东副使等职。

徐冠在山东任内曾上疏清减易州夫役，革内臣冗员，政绩卓著。

【注释】

①此诗是作者任监察御史期间登蓬莱阁观海所作。此诗还收录于弘治十四年《蓬莱阁诗集》和万历三十一年《蓬莱阁集》中，《蓬莱阁诗集》中的题目是《无题》，诗中有多处与此诗不同；万历三十一年《蓬莱阁集》中"谓其果无邪""谓其果有邪"与此诗略有差异。

②仲春：春季中期，指农历二月。

③纡余：从容宽舒的样子。

④爽垲：高爽干燥。

⑤盈科：比喻打下坚实基础。

⑥大竹小竹：即大竹山岛和小竹山岛，为竹山岛的重要组成部分，分布在长山岛的东面，是两个较小的海岛。

⑦理固：意思是按道理应当这样。

⑧寡悔：意思是少懊悔。

无　题①

寇　林

瞻彼蓬莱阁，仙凡势不同。
下临沧海岸，上接广寒宫。
日从海里出，月落华山峰。
瑞气笼三岛，霞彩断复虹。
巨鲸翻远浪，潮响似鸣钟。
举手扪参斗，云汉界西东。
一尘飞不到，万事总成空。
道人功行满，蜕蝉去无踪。
空留殿与阁，终日白云封。
美哉山共水，堪写画图中。

寇　林（生卒年不详），河北保定唐县人。明弘治三年（1490）任登州府知府。

【注释】

①此诗还收录于万历三十一年《蓬莱阁集》中。

蓬莱阁与郭近庵张晓峰夜话①

邹 善

暮招蓬莱侣,同上蓬莱岑②。
凭虚极眇默③,望望杳且沉。
精卫敛波澜,群岛露岖嵚④。
境绝晤更奇,愉悦故难任。
林宗信有道,倾盖谈素心。
时鼓阳春曲,流征和海音。
景阳怀昭旷⑤,把酒快登临。
话往逾三纪,能不怆离襟⑥。
人生瀛海内,悲喜垮晴阴。
况复暌合踪,落落辰与参。
高人融道器,浑沦⑦超古今。
资此谢生虑,对坐息深深。
观妙室通廰,全生石蕴琛。
齐契在今夕,缅焉发微吟。

邹 善(1521—1600),字继甫,号颖泉,江西安福人。明嘉靖三十五年(1556)进士,曾任刑部员外郎,嘉靖四十三年(1564)擢升山东提学佥事,嘉靖四十五年(1566)为提学副使,后任湖广参政、广东右布政使、太常寺卿。

【注释】

①此诗还收录于万历三十一年《蓬莱阁集》中。
②岑:指崖岸。
③眇默:形容悠远、空寂。
④岖嵚:形容山势险峻。
⑤昭旷:开朗豁达。
⑥离襟:借指离人的思绪或离别的情怀。

⑦浑沦:古代传说中的太阳神。

海 日①

刘 孝

石亭宾旭处,地尽水茫茫。
云起天边彩,珠瑶海底光。
郁华②不射目,罗耀欲生凉。
泛泛六螭驾,遥遥三距芒。
欲黄先自赤,似磬复成方。
空传夸父杖,那得到扶桑。

刘 孝(生卒年不详),字子仁,号邃渠,相台(今河南安阳)人。明隆庆二年(1568)进士,曾任南乐知县、曲沃知县、礼部主事、吏部主事、山东左参政、山东按察使、陕西按察使、河南按察使、山西右布政使等职。著有《邃渠集》。

【注释】
①此诗还收录于万历三十一年《蓬莱阁集》中。
②郁华:古代传说中的太阳神。

同刘大参潘宪副登蓬莱阁观海观日出时采访海运①

梁梦龙

古今观海处,杰阁表蓬莱。
抹直渔联棹②,沙门柏映台③。
水连霄汉去,日看扶桑来。
渤澥④上游在,舳舻⑤真便哉。
神京元只尺,淮口未迂回。
延瞩偕高侣,豁然心目开。

梁梦龙(1527—1602),字乾吉,号鸣泉,真定(今河北正定)人,明代政治家、军事家。明嘉靖三十二年(1553)进士,曾任顺天府丞、河南副使、河南右布政使,明隆庆四年(1570)以右佥都御史巡抚山东。明神宗初为户部右侍郎、兵部左侍郎、右都御史,总督蓟、辽、保定军务,加兵部尚书。卒赐少保,谥"贞敏"。梁梦龙为官清正,人称"梁阁老"。著有《史要编》《海运新考》。

【注释】

①此诗还收录于万历三十一年《蓬莱阁集》中。

②原诗注:在阁东里许。

③原诗注:阁上望沙门岛甚近,内有元监察行台。

④渤澥:即渤海。

⑤舳舻:泛指首尾相接的船。

登蓬莱阁望云门秦望诸山①

高 启

旅思②旷然释,置身苍林杪。
群山为谁来,历历散清晓。
奇姿脱雾雨,奋首争欲矫。
气通海烟长,色带州郭小。
曲疑藏啼猿,横恐截归鸟。
流晖③互荡激,下有湖壑绕。
佳处未遍经,一览心颇了。
秦皇遗迹泯,晋士流风杳。
愿探金匮篇,振袂翔尘表。

高 启(1336—1374),字季迪,号槎轩、青丘子,长洲(今江苏苏州)人。曾任翰林院国史编修。高启才华高逸,学问渊博,能文精诗,与刘基、宋濂并称"明初诗文三大家",与杨基、张羽、徐贲被誉为"吴中四杰",是元末明初著名诗人、文学家。参与编修《元史》,著有《高太史大全集》《凫藻集》。

【注释】

①此诗还收录于万历三十一年《蓬莱阁集》中。

②旅思:羁旅的愁思。

③流晖:形容光彩闪烁。

蓬莱阁集卷之五

七言古诗

唐诗一首

登天坛夜见海日①

李 益

朝游碧峰三十六，夜向天坛月边宿。
仙人携我搴玉英，坛上夜半东方明。
仙钟撞撞迎海日，海中离离三山出。
霞梯赤城遥可分，霓旌绛节倚彤云。
八鸾五凤纷在御，王母欲上朝元君。
群仙指此为我说，几见尘飞沧海竭。
竦身别我期丹宫，空山处处遗清风。
九州下视杳未旦，一半浮生皆梦中。
始知武皇求不死，去逐瀛洲羡门子。

李 益（746—829），字君虞，河南郑州人，祖籍甘肃凉州。唐大历四年（769）进士，初授郑县尉，久不得升迁，弃官在燕赵一带漫游。唐建中四年（783）登书判拔萃科，曾任幽州营田副使、检校吏部员外郎、检校考功郎中、御史中丞、右散骑常侍等职，官至礼部尚书。李益诗与李贺齐名，尤擅长七绝边塞诗。著有《李益集》。

【注释】

①此诗还收录于万历三十一年《蓬莱阁集》中。

宋诗一首

祷海市①

苏 轼

东方云海空复空，群仙出没空明中。
荡摇浮世生万象，岂有贝阙藏珠宫？
心知所见皆幻影，敢以耳目烦神工。
岁寒水冷天地闭，为我起蛰鞭鱼龙。
重楼翠阜出霜晓，异事惊倒百岁翁。
人间所得容力取，世外无物谁为雄。
率然有请不我拒，信我人厄非天穷。
洛阳太守南迁归，喜见石廪堆祝融②。
自然正直动山鬼，不知造化哀龙钟。
信眉一笑岂易得，神之报汝亦已丰。
斜阳万里孤鸟没，但见碧海磨青铜。
新诗绮语亦安用，相与变灭随东风。

苏 轼（1037—1101），字子瞻，又字和仲，号东坡居士，四川眉山人。宋嘉祐二年（1057）进士，授凤翔府签书判官。宋元丰二年（1079）因"乌台诗案"遭贬，谪黄州团练副使。元丰八年（1085）十月任登州知州，到任五天后，奉调回京任礼部郎中，后转任龙图阁学士等。卒后追赠太师，谥"文忠"。苏轼曾奏请废除登州榷盐专卖制度，登州百姓感其恩德建"苏公祠"，后祀于登州府名宦祠。苏轼为北宋中期文坛领袖，唐宋八大家之一，在文、诗、词三方面都拥有极高的造诣，是宋代文学最高成就的代表，一生留下《海市诗》等与登州有关诗文 21 篇。他擅行书、楷书，与黄庭坚、米芾、蔡襄并称"宋四家"。著有《东坡七集》《东坡志林》等。

【注释】

①此诗是苏轼于元丰八年十月二十九日在登州所作。元丰八年，谪居黄州六年

的苏轼被朝廷重新起用任登州知州,到任五天后,又接旨回京任礼部郎中。临行前,他祈祷于海神龙王庙得见海市,遂作此诗。此诗自"信眉一笑岂易得"之后内容缺失,参照万历三十一年《蓬莱阁集》补全。

②洛阳太守南迁归,喜见石廪堆祝融:洛阳太守,诗中有误,其实是潮阳太守,指韩愈。石廪、祝融,均为衡山五峰之一。此句是指韩愈路过衡山时,恰逢秋雨连绵,韩愈向山神祈祷,希望能一睹衡山的风采,果然天气转晴,得遂所愿。

明诗三十一首

咏 海①

薛 瑄

骢马②晓辞莱子国③,北上高冈④俯辽碣⑤。
辽阳万里天风寒,山溪二月凌澌⑥结。
空蒙极目春无边,春涛汹汹涵春烟。
还从绝顶下长坡,高城忽起沧溟前。
沧溟倒浸红楼影,通衢四达尘埃静。
已应持节是明时,况复观风得佳境。
天空海阔霜台高,霜台逸思何飘飘。
巨鳌负山真浪语,大方见笑非虚谣。
乾坤俯仰高歌起,有物无名大莫比。
瀛海茫茫未足夸,真是人间一泓水。

薛 瑄(1389或1392—1464),字德温,号敬轩,山西河津人。明永乐十九年(1421)进士,曾任广东道监察御史,明正统元年(1436)任山东按察司佥事,官至通议大夫、礼部右侍郎兼翰林院学士,谥"文清"。薛瑄是明代著名理学家、教育家和文学家,河东学派创始人,世称"薛河东"。著有《薛文清集》《读书录》。

【注释】

①此诗还收录于弘治十四年《蓬莱阁诗集》和万历三十一年《蓬莱阁集》中,

《蓬莱阁诗集》中"北上高岗俯辽碣""辽碣万里天风寒""春涛汹汹摇春烟"与此诗略有差异。此诗自"春涛汹汹涵春烟"之前内容缺失，参照万历三十一年《蓬莱阁集》补全。

②骢马：青白色相杂的马。

③莱子国：春秋时的小国名，位于今山东龙口。

④高冈：指丹崖山。

⑤辽碣：指辽东的群山。

⑥凌澌：流水。

咏 海①

张 穆

世间百物海为大，茫茫无涯亦无外。
但见日月互升沉，回视江湖敢襟带。
九河四渎尽朝宗，万派千流皆会同。
浩渺已将尘世隔，周流直与天河通。
更有弱流三万里，谁云航之直一苇。
造化浑疑混沌初，乾坤尽在空蒙②里。
中有贝阙藏珠宫，珠宫深处多蛟龙。
扬波莫作滔天势，泽物当施济世功。
吾皇建极③仁恩布，四海无虞兆民附。
宣尼④不用乘桴浮，亚圣⑤何劳挟山喻。
三山漂渺接蓬莱，安期⑥浮丘不重来。
徐福真成避秦计，始皇可惜非仙才。
君侯爱客不可当，邀我登临到上方。
酒酣凭栏一长啸，此身真与凌风翔。
蓝桥赤城有奇遇，阆苑瀛洲岂无路。
云軿鹤驭来几时，我欲乘之上天去。

张 穆（1417—?），字敬之，江苏昆山人。明正统四年（1439）进士，曾任工部主事，明天顺元年（1457）擢山东按察司副使，官至浙江布政司右参政。著有《勿斋集》。

【注释】

①此诗还收录于弘治十四年《蓬莱阁诗集》和万历三十一年《蓬莱阁集》中,《蓬莱阁诗集》中的题目是《无题》,诗中"更有弱水三万里""造化浑疑浑沌初""君侯我客不可当""此身直与凌风翔""我欲乘之海天去"与此诗略有不同;万历三十一年《蓬莱阁集》中"万流千流皆会同""造化浑凝混沌初"与此诗略有差异。

②空蒙:细雨迷茫的样子。

③建极:指帝王即位。

④宣尼:汉平帝元始元年追谥孔子为褒成宣尼公,后称孔子为宣尼。

⑤亚圣:特指孟子。

⑥安期:仙人名。传说他曾从河上丈人习黄帝、老子之说,卖药东海边。秦始皇遣使入海求之,未至蓬莱山,遇风波而返。

观东坡海市碑有感①

杜庠

韩愈能开衡山云,东坡祷现登州市。
二贤不但文章师,更有感召亦奇异。
可怜遭遇非其时,海涯岭表官流离。
古来豪杰多如此,宣父②亦欲居九夷。
我从天上到东海,目睹东坡旧碑在。
刻文剥落莓苔生,神思维持三百载。
临风三复发浩叹,心神豁爽毛骨寒。
恍然坐我海涛上,异事得与东坡观。
立马城头询父老,海市常时结山岛。
忽现忽灭如有神,始信坡诗不虚道③。
曾闻蜃气吹嘘成,莫言怪异令人惊。
世间万物有常数,物之变化非物情。
何当借我三山鹤,凌风吹上蓬莱阁。
不徒海市生目前,醉拍栏干看潮落。

杜庠（1427—1486），字公序，长洲（今江苏苏州）人。明景泰五年（1454）进士，曾任攸县知县。杜庠自负才高，因不得志而弃官，自称"西湖醉老"。他每过赤壁就题诗，时人称之"杜赤壁"。著有《楚游江浙歌风集》。

【注释】

①此诗还收录于弘治十四年《蓬莱阁诗集》和万历三十一年《蓬莱阁集》中，《蓬莱阁诗集》中有多处与此诗略有差异。

②宣父：对孔子的尊称。

③虚道：空泛无用的说教。

观海市不见①

赵 璜

蓬莱之登惬平生，岂以幻景系重轻。
水冷未散蜃嘘吸，风高但见浪峥嵘。
壁间古刻坡翁句，三复自堪怡我情。
此老笔端亦有海，新奇宛若与市争。
一祷率然应如响，河图洛书②安足惊。
仰思古人不可及，敢将非分烦神明。
东土顾承当宁托，神须鉴我一念诚。
沧波只愿作霖雨，岁有秋分天下清。

赵 璜（约1462—1532），字廷实，号西峰，江西安福人。明弘治三年（1490）进士，曾任工部主事、兵部员外郎、济南府知府，政绩大著。明正德初擢顺天府丞，以不附刘瑾，被逮除名。后复官，迁右佥都御史巡抚宣府、山东，官至工部尚书。卒赠太子太保，谥"庄靖"。

【注释】

①此诗是作者任山东巡抚期间所作，还收录于弘治十四年《蓬莱阁诗集》中，诗中"三复自堪恰我情""河图洛图安足惊""顾波只愿作霖雨"与此诗略有差异。

②河图洛书：是中国古代的两幅神秘图案，分别代表了天上的银河系和地上的洛河。诗中以此借指宇宙天地。

咏 海①

毕 亨

人传海市真奇特，梦忆多年见未得。
文章柱史②笔如椽，模写精神归石刻。
老眼摩看心未已，细读真同见山水。
珠宫贝阙一时开，玉宇琼楼二云起。
海洋入望岛屿繁，竹山面面围黄垣。
山隈③一木挺然出，翠盖凌空势欲骞④。
小竹山形忽如殿，牵牛山作平楼变。
绣户⑤瑶窗迥不关，傍有团亭更堪羡。
北洋山树郁苍苍，依稀城郭山之阳。
平水茫茫渺无际，山林隐隐舒复藏。
须臾幻化百与千，缅怀此理诚幽玄⑥。
岂是秋高浮蜃气，岂是日暖团蛟涎。
无乃天公有深意，故向斯文逞巧技。
古今来往几人过，不见令人增怅企。
乾坤此事自何年，便欲乘槎一问天。
瞬息收藏不知处，海天如旧山依然。
移时转盼兴愈驰，揽衣直上蓬莱顶。
恍惚神游霄汉间，那知身世犹人境。
嗟吁好景不可孤，富贵浮云有若无。
凭谁唤起王摩诘，写作风云庆会图。

毕 亨（1449—1515），字嘉会，山东新城（今桓台）人。明成化十一年（1475）进士，曾任吏部验封司主事、吏部员外郎、吏部郎中、顺天府丞、两淮盐运使、浙江右布政使、陕西左布政使、右副都御史、甘肃巡抚、工部尚书。

【注释】

①此诗还收录于弘治十四年《蓬莱阁诗集》中，题目是《无题》，诗中"玉宇琼楼五云起"与此诗略有差异。

②文章柱史：指苏轼。

③山隈：山的弯曲处。
④骞：高举，飞起。
⑤绣户：雕绘华美的门户。多指妇女居室。
⑥幽玄：幽深玄妙。

咏 海①

王士昭

海东赤日生扶桑，碧波万顷摇晴光。
海人惊报海市出，十二玉楼②摩晓苍。
金城耀空空宇阔，云窗半起东南角。
彷佛人家住十洲，鸡声隐隐闻咿喔。
别有孤亭山畔起，青松盘距蛟龙尾。
借问樽前宦游客③，此景人间真有几。
神工变幻顷刻收，山自嵯峨水自流。
尘世荣华亦如此，凭栏一笑海天秋。

王士昭（生卒年不详），字希贤，福建闽县（今福州）人。明弘治九年（1496）进士，弘治十六年（1503）任监察御史，后任山东按察司副使、广西布政司右参政。

【注释】

①此诗诗文部分缺失，参照弘治十四年《蓬莱阁诗集》和万历三十一年《蓬莱阁集》补全，《蓬莱阁诗集》中的题目是《无题》。
②十二玉楼：古代传说中的神仙居所。泛指仙境。
③宦游客：通常指外派远离京城或家乡的官员。此处是诗人自称。

无 题①

潘 珍

青光荡漾蓬莱阁，万顷波澄风不作。
须臾蜃气吹嘘间，异事令人惊且愕。
碧涛起伏俱林隈②，翠岛远近俱楼台。

城廓人物世罕比，无乃地接真蓬莱。
神工变化谁能测，千态万状来顷刻。
虽云幻影实奇逢，我欲见之不可得。
昔年祷应喜坡翁，有诗夸异非天穷。
今年祷应喜骢马，有雨沾足知年丰。
古今感召惟人耳，古往今来此海市。
吁嗟真幻焉足论，浮沤世事类如此。

潘 珍（1477—1548），字玉卿，一号朴庵，又号莪峰，晚号碧峰，江西婺源人。明弘治十五年（1502）进士，明正德十一年（1516）任山东按察司佥事兼巡海副使，后任福建按察司副使、山东按察使、湖广左布政使、右副都御史、兵部左侍郎。

【注释】

①此诗自"岛远近俱楼台"之前内容缺失，参照弘治十四年《蓬莱阁诗集》补全。
②林隈：林木曲深之处。

咏 海[①]

冯 琨

蓬莱高阁海之阳，天风烟水相微茫[②]。
偶来登览尽奇胜，不觉白日西飞忙。
赟知此地建此阁，要亦达观[③]非寻常。
顾当海岳效灵异，蜃嘘海市回天章[④]。
个中仙子何为者，仁贤寿隽五福强。
地维天柱赖以立，忠臣孝子随鹓行。
此阁此义信尔尔，谁将奇诡沦荒唐。
异哉秦皇与汉武，徐生栾大皆魔狂。
风惨沙丘五柞冷，仙人何在今何亡。
我姑捫缶[⑤]付长啸，任嗤腐草争萤光。

冯 琨（生卒年不详），字君美，江苏昆山人。明成化二十二年（1486）举人，曾任永康教谕、蓟州知县、杭州同知，明正德十四年（1519）任登州府知府。冯琨为政期间廉直爱民,后祀于登州府名宦祠。

【注释】

①此诗还收录于弘治十四年《蓬莱阁诗集》中,题目是《咏蓬莱阁》。此诗内容与《咏蓬莱阁》相比,略有删减,缺少"瀛洲方丈俱杳隔,蓬莱想像临兹乡""况从莱兵沾圣化,千古文教垂余芳。乃崇层巅飞画栋,大书臣榜堆金黄""慨思名达恣追赏,长篇短仆驰揄扬"几句。

②微茫:迷漫而模糊。

③达观:心胸开朗,见解通达。

④天章:泛指好文章。

⑤拊缶:击缶。

咏海二首

陈 鼎

一①

根吸六阴呼九阳,洪涛煎沸何茫茫。
金盆②朝暾③夜皓魄④,两丸跳掷鱼龙忙。
南面丹崖数千尺,城于绝顶高寻常。
更因高处着此阁,檐牙⑤撞破云烟乡。
最宜海市巧相向,三家互换真文章。
蓬莱弱水杳何在,空名寄此为谁芳。
偶然登眺亦不俗,那堪周览⑥临昏黄。
寥寥村郭动烟火,十分只有三分强。
逃亡破屋但四壁,桑榆斤斧无遗行。
早愿薰风自南来,倚栏搔首思虞唐。
休论嬴刘觅仙误,夫何一国皆如狂。
欲提此阁投之海,尽使名迹俱消亡。
一洗迷蒙自今古,且无民瘼⑦愁清扬。
趁遂闲鸥老山海,羊裘何必终岩光。

二⑧

凌虚出市何冥蒙,应与万物同论功。

相传灵蠭解尔尔,云胡独见蓬莱东。
竹山妃子巧妆束,翠屏金镜堆芙蓉。
几回梳云蛟室暗,有时浴日鲸波红。
恍疑根着带鳌极,不然底柱楷骊龙。
海若无言风伯死,六丁白日驱丰隆⑨。
楼居十二隔云雾,齐州九点攒神工。
三朝宜雨卜已久,卷舒谁者尸幽宫。
求仙男童招不返,征辽残卒心犹雄。
无乃精魂依幻劫,不随游水徒匆匆。
小儿造化只如此,芦灰色石非谈空。
三山遥指亦有意,桃花未许刘郎通。
归来几席有沧海,终当稽首乘桴翁。

陈 鼎(生卒年不详),字文相、大器,号大竹,山东蓬莱人。明弘治十八年(1505)进士,曾任礼科给事中、河南参议、陕西副使、浙江按察使,官至南京应天府尹。卒赠右都御史、兵部右侍郎,祀于登州府乡贤祠。陈氏宗族在蓬莱是明朝科举世家。

【注释】

①此诗自"三家互换真文章。蓬莱"之后内容缺失,参照万历三十一年《蓬莱阁集》补全。弘治十四年《蓬莱阁诗集》也有收录,题目是《次前蓬莱阁韵》,是作者任礼科给事中期间登蓬莱阁次韵冯琨《咏蓬莱阁》所作,诗中多处字句与此诗不同。

②金盆:比喻太阳。

③朝暾:早晨的阳光。

④皓魄:指明月。

⑤檐牙:檐际翘出如牙的部分。

⑥周览:遍览,巡视。

⑦民瘼:民众的疾苦。

⑧此诗缺失,参照万历三十一年《蓬莱阁集》补全。弘治十四年《蓬莱阁诗集》也有收录,题目是《次前海市韵》,多处字句与此诗不同。

⑨丰隆:古代神话中的雷神,后多用作雷的代称。

夏日登蓬莱阁①

顾中立

昔闻蓬莱之阁辽海东，廿年梦想嗟无从。
迩来行役历海上，始遂登览披心胸。
壮哉此阁真巨观，俯瞰渤澥窥嬴蓬。
八窗空洞吐元气，列栋突兀排天风。
时当五月梅雨收，气清天朗烟雾空。
遥山近屿出水面，望中朵朵青芙蓉。
半洋以东小竹西，恍然佳气连诸峰。
青冥浩荡久不散，幻出海市呈海功。
初如长堤堰陂水，上有青草交蒙茸。
俄为平城起楼观，隐隐户牖开玲珑。
间如小亭傍幽圃，突如巨阁临平嵩。
宛如村墟翳林莽，俨如寝庙垂帘栊②。
飘如仙人驭鸾鹤，矫如群帝③骖螭龙。
或如平沙驻万骑，闪烁时见旌旗红。
或如长桥卧苍波，中起下伏形穹窿。
往来缤纷若车马，延袤宛转如垣墉。
万怪不可以尽述，斯理百世无人穷。
相传蛟蜃吐灵气，此说迂诞④不可宗。
蜃之为物非匏瓜⑤，图南徙北无留踪。
云何四海尽不市，独向此地施奇工。
吾闻神仙之居在东海，瑶台玉宇云霞中。
奇花珠树遍玄圃⑥，限以弱水无由通。
又闻蛟龙之窟在海底，前起贝阙抱珠宫。
玉函宝册秘水府，时有精气腾苍穹。
仙都灵境不终蕴，无乃变现海市昭。
形容古今见者百一二，我来忽睹真奇逢。
坐中豸史才独赡，援笔立赋如流虹。
云烟滚滚走笔下，直与海市争长雄。

群公嗣此咸有作，琳琅铿戛交词锋。
惟予寡昧歌下里，何异击缶和黄钟。
东行千里两月余，双眉不展忧忡忡。
流离载道忝司牧，况复遍野滋蝗虫。
斯游虽胜敢盘乐，此意群公应所同。
临风把酒不成醉，吁嗟仰愧希文翁。

顾中立（1495—1562），字伯挺，号左山，华亭（今上海松江）人。明嘉靖五年（1526）进士，曾任南京刑部主事、仪制司郎中、山东按察司佥事、广西参议。

【注释】

①此诗是嘉靖十五年（1536）五月，山东监察御史张鹏奉旨到登州府巡查，时任山东按察司佥事的顾中立陪同张鹏登蓬莱阁观海市所作。此诗自"行役历海上"之前内容缺失，参照万历三十一年《蓬莱阁集》补全。弘治十四年《蓬莱阁诗集》也有收录，题目是《夏日从漳源诸公登蓬莱阁观海市长句一首》，诗中的"幻出海市呈神功""千奇万怪不可以尽述""琪花珠树遍玄圃""又闻龙之窟在海底，前起贝阙中珠宫""何异击缶希黄钟"与此诗略有差异。

②栊：窗棂木。

③群帝：道家谓五方之帝。

④迂诞：意思是迂阔荒诞，不合事理。

⑤匏瓜：古文中常指葫芦。此处用来借喻海市的虚无缥缈，无踪可寻。

⑥玄圃：传说在昆仑山顶，中有金台、玉楼，为神仙所居。后泛指仙境。

和东坡海市

王应鹏

登州海阁凌虚空，登者如在青云中。
人言此阁乃蓬莱，对岸还有灵鼍[①]宫。
天涵地负发精异，始知造化多奇工。
平生黄鹄[②]有高志，睹此便欲探真龙。
我来观风亦五日，海市不应输坡翁。
岂是精诚或不足，无乃玉节[③]声先雄。

固知理在六合④外，虽有贤圣难其穷。
登州别驾作辩言，读之使我心神融。
昌期五百谅有数，不知此气谁能钟。
大竹小竹吐晴曜，景象又比来时丰。
翔云迅鸟不可攀，时有倒影摇青铜。
赤城⑤十二窥在眼，安得羽臂随长风。

王应鹏（生卒年不详），字天宇，号定斋，鄞县（今浙江宁波鄞州区）人。明正德三年（1508）进士，历任嘉定知县、山东按察使、右副都御史。著有《定斋先生诗集》《定斋王先生文略》。

【注释】
①灵鼍：即鼍龙。
②黄鹄：比喻高才贤士。
③玉节：指持节赴任的官员。
④六合：指上下和四方。泛指天地或宇宙。
⑤赤城：传说中的仙境。

和东坡海市①

徐　问

缊纷香雾接摇空，元气混沌冲冥中。
悬崖石壁置台观，凌虚下瞰冯夷宫②。
竹山参差海市起，鬼斧运出天然工。
旌旗城郭俨相向，灵气郁积嘘蛟龙。
须臾市隐海色定，谁与志者苏长公。
清诗高起云阁榜，水为吞吐山为雄。
风流文采今安在，空有胜事传无穷。
东牟太守每自苦，偶来见文心冲融。
寒潮涌日下孤岛，回声聒乱③晨昏钟。
村晴遥见沙路豁，农夫往往歌年丰。
人生所至贵适意，奚必叹老悲青铜。

翩然④一笑下山去，不觉两腋生天风。

徐　问（1480—1550），字用中，号养斋，武进（今属江苏常州）人。明弘治十五年（1502）进士，历任广平推官、刑部主事，明正德十四年（1520）任登州府知府，后任临江府知府、长芦盐运使、广东左布政使，明嘉靖十一年（1532）以右副都御史巡抚贵州，迁兵部右侍郎，官至南京户部尚书。谥"庄裕"。徐问任登州府知府期间整顿治学，清除盗弊，治行卓著，后祀于登州府名宦祠。著有《读书札记》《小山堂外纪》《山堂萃稿》《养斋二集》《养斋三集》。

【注释】

①此诗自"竹山参差海市起，鬼"之后内容缺失，参照《四库提要著录丛书·集部》中的徐问《登蓬莱阁和坡公海市韵》补全，第一句"地维汩没东南空，元气混接苍冥中"与此诗略有差异。

②冯夷宫：传说中的水府，水神宫殿。

③聒乱：指声音震耳。

④翩然：大笑的样子。

和东坡祷海市①

郭宗皋

乱云堆雨缀春空，琅邪山色有无中。
欲从韩众②学辟谷，山头谁为结行宫。
仙人赤手补天漏，力士以足画鬼工。
千寻绝涧饮渴虎，九天飞瀑游毒龙。
殿中亦有曼倩子，方士不惑李少翁③。
神骏一顾空万马，干将④中夜鸣其雄。
旷浪⑤观物入有涯，汗漫相与期无穷。
稳坐鹤背瞰九州，诗芽旋茁春机融。
对食误惊承明诏，梦回忽听景阳钟⑥。
霓旌⑦翠羃尧观华，金桥贝阙文在丰。
比德自佩水苍玉，勒功将铸首山铜。
羡君大鹏抟天翮，敢不端拜承天风。

郭宗皋（1499—1588），字君弼，山东福山人。明嘉靖八年（1529）进士，曾任右佥都御史，进兵部右侍郎，总督宣府、大同、山西军务，官至南京兵部尚书。卒赠太子太保，谥"康介"。

【注释】

①此诗还收录于万历三十一年《蓬莱阁集》中。

②韩众：古代传说中的仙人。

③李少翁：汉武帝时方士，曾以方术致已卒王夫人之魂魄于武帝前，被拜为文武将军。

④干将：古剑名。相传春秋吴国有干将、莫邪夫妇善铸剑，他们为阖闾铸阴阳剑，阳曰"干将"，阴曰"莫邪"。

⑤旷浪：形容放纵，不受拘束。

⑥景阳钟：指文武百官听到钟声开始上早朝。

⑦霓旌：缀有五色羽毛的旗帜，为古代帝王仪仗之一。

和东坡咏海市①

潘 滋

君才如天马行空，手提沧海双袖中。
清晓酌酒王母池，黄昏栖宿蕊珠宫②。
临池洗墨水为黑，至今墨竹夺天工。
忽然险语③动明主，谁知老桧非虬龙。
自以疎节恣诙谐，正论不诡伊川翁④。
志挟飞仙抱明月，岂与人世争长雄。
岭表归来又东海，故吾道在未为穷。
忌材何代无黄祖⑤，错认前身是孔融。
日出照见扶桑树，霜后自鸣丰山钟。
愿以圣德颂庆历，敢谓司马归元丰。
行藏聊复纡黄纸，勋业何必看青铜。
海市之祷余事尔，宫市一谏尤高风。

潘 滋（生卒年不详），字汝霖，江西婺源人。明嘉靖七年（1528）举人，嘉靖二十九年（1550）任登州府推官。著有《蓬莱观海亭集》《浮槎稿》。

【注释】

①此诗还收录于万历三十一年《蓬莱阁集》中。

②蕊珠宫：道教经典中所说的仙宫。

③险语：耸人听闻的话。

④伊川翁：指宋理学家邵雍，字尧夫，自号安乐先生、伊川翁等。

⑤黄祖：东汉末年历史人物。

登蓬莱阁不见海市仰怀苏文忠公感通之妙次韵一首

李 贡

霜清木落万山空，传车①又到东牟中。
东牟负山下临海，人境咫尺凭夷宫。
自昔相传蜃为蠃，精气所发天难工。
楼阁明开万余里，驾驭如挟千飞龙。
见当阳盛寒则否，五日太守勤坡翁。
默祷此心固恳切，盛名神亦知英雄。
当时一出良不偶②，父老惊异传无穷。
至今长歌勒碗硙③，苔藓不蚀光昭融。
我今登阁起复止，已任城市催昏钟。
庶几一见偿此愿，仰学笔法书元丰。
神应笑我不知量，尔虽坐守磨秋铜。
不如拂衣且归去，重来尚可乘春风。

李 贡（1456—1516），字惟正，号舫斋，安徽芜湖人。明成化二十年（1484）进士，授户部主事，历任户部员外郎、刑部员外郎、山东按察司副使、福建按察使、陕西右布政使、山西左布政使等，后以都察院右副都御史巡抚辽东，官至兵部右侍郎。著有《舫斋集》。

【注释】

①传车：古代驿站的专用车辆。

②不偶：不合。

③碗琰:碑石之美称。

无 题①

邹 袭

天有五行水为先,地有四渎②海为大。
奠彼扶桑日出东,混茫荡漾瀛洲下。
匪独③齐鲁称形胜,洪纤④清浊归包纳。
孔子道大与此同,间往观之倍增价。
自古及今千万年,不泄不竭亦不罅。
深愧吾生只望洋,寂寥影响甘蟠蛰。
何尝恭逢豸独来,善持风纪敦风化。
以昼继夜有底忙,囊封草奏无少暇。
乃所学则孔子徒,会逢其适夫谁假。
蓬莱阁上一凭栏,薰风皎日当初夏。
胸次虚灵动海神,忽然海市开图画。
人马交驰浮又沉,楼台突起明还灭。
元气氤氲⑤变态多,徘徊瞻眺惊且诧。
抚景挥毫恣品题,字字句句追骚雅⑥。
从此波平尘不扬,鳄鱼远避过三舍。
所惜还朝已及期,虽欲借之不可借。
回首应思东土危,正如重载方税驾。
前席惟祈进一言,金门早放金鸡赦。
薄赋轻徭罢用兵,永令黎庶安耕稼。
更进一言在用贤,中流砥柱扶宗社⑦。

邹 袭(生卒年不详),字继芳,江西吉安永新人,山东济南卫军籍。明成化二年(1466)进士,曾任兵部武选司郎中、兵部郎中。

【注释】

①此诗还收录于万历三十一年《蓬莱阁集》中,诗中"间往观之培增价"与此诗略有差异。

②四渎：长江、黄河、淮河、济水的合称。

③匪独：不单是，不只是。

④洪纤：大小，巨细。

⑤氤氲：烟云弥漫的样子。

⑥骚雅：《离骚》与《诗经》中《大雅》《小雅》的并称。借指由《诗经》和《离骚》所奠定的古诗优秀风格和传统。

⑦宗社：宗庙和社稷。泛指国家。

蓬莱阁奉和东坡先生

方 豪

缠身簿领何时空，偷闲小出烟波中。
丹崖画阁睨碧海，此即所谓蓬莱宫①。
东方到此地绝脉，造化极巧天无工。
烟光雾气欻屯散，群岛出没如游龙。
借使海外复有人，宁不谓我为仙翁。
平生旷落厌蜷局②，凭阑转觉神情雄。
乾坤名胜苦无尽，恨我目力容易穷。
匆匆一见亦云足，何必驰背入冲融。
东坡一祝见海市，岂知此老英灵钟。
我非若人祝何用，而况乐事忌太丰。
归来呼笔拟先唱，无乃金玉之废铜。
登州太守无累石，徒令剥落生雨风。

方 豪（1482—1530），字思道，号棠陵，浙江开化人。明正德三年（1508）进士，曾任昆山知县、沙河知县、刑部主事、湖广提刑按察司佥事、福建提刑按察司副使。著有《棠陵集》《断碑集》《昆山集》《养余录》《见树窗集》《洞庭烟雨编》《蓉溪书屋集》。

【注释】

①蓬莱宫：指仙人所居之宫。

②蜷局：屈曲不伸的样子。此处指委曲求全。

无题①

陈凤梧

乾坤元气浮虚空，千流万派吞吐中。
丹崖屹立若砥柱，上有飞构②神仙宫。
世传海市甚奇绝，不容人力还天工。
我持节钺③抚东脉，救旱方欲驱蛟龙。
忽报云瑞蜃气现，奔走童稚喧老翁。
试登层城看幻影，两山夹峙何其雄。
依稀山顶分复合，顷刻变化谁能穷。
黄光隐隐牵牛岛④，羲驭⑤卓午⑥方昭融。
海波激石声镗答，凭栏静听如洪钟。
共言雨兆庶在此，但愿齐鲁歌年丰。
秦皇纷然觅方士，汉武何事营梁铜。
坡诗读罢清兴发，洪涛万里乘长风。

东海之胜，予想慕久矣，兹以拊循全齐。五月九日在黄县，十日至登州，两日夜连梦若见海市。然十一日巳刻，果报海市现，速登蓬莱阁观之。移时乃散，时陪观者刘大参思贤、黄宪副昭道暨杨都阃鼎也。人言海市现则雨，迨十四日果雨至暮。予喜遭遇之甚奇，而朕兆之先见也。辄用东坡《海市》韵赋诗一章，以记其胜云。

陈凤梧（1475—1541），字文鸣，号静斋，江西泰和人。明弘治九年（1496）进士，曾任刑部主事、湖广提学佥事、河南按察使，明正德十六年（1521）任右副都御史巡抚山东，官至右都御史。著有《毛诗集解》《篆文六经》。

【注释】

①此诗还收录于万历三十一年《蓬莱阁集》中，题目是《和东坡先生》，诗中"我持节钺抚东服"与此诗略有差异。

②飞构：高耸的屋宇。

③节钺：符节及斧钺，为古代出兵征讨时，天子授给大将以示威信的信物。诗中用来比喻作者想象自己拥有至高无上的权力。

④牵牛岛：蓬莱阁以北海域的一个岛。

⑤羲驭：太阳的代称。羲和为日驭，故名。
⑥卓午：指正午。

登蓬莱阁①

刘思贤

穿云直上蓬莱阁，醉拍阑干悲寥廓②。
凌波仙子几时来，孤岛微茫青天落。
弱水西连昧谷③东，乾坤纳纳荡摩中。
长蛟巨虺声不吼，四时云雨护龙宫。
日出沧波烟树晓，目穷尘世坐中了。
半洋笑指翠螺浮，杨子回思衣带小。
澄清薄太虚，气概豁天表。
云如车兮风如马，不见仙之人飘然而下。
芝草琅玕丹崖前，万景森然妙难画。
登临我愧百年迟，海市传闻信且疑。
随看变灭东风里，再拜坡翁千古词。
尼父④于怪不轻语，夷坚志之竟何补。
吁嗟东海神，冥冥正气吐。
不愿幻影成海市，但愿腾泻商家之霖雨。
流遍天涯苏下土，神圣功高清海宇。
九夷八蛮年年梯，航朝明王□□□。
秦皇汉武徒寂寞，何须更借扬州鹤⑤。

刘思贤（生卒年不详），字用宾，号七峰，湖北石首人。明弘治九年（1496）进士，曾任户部郎中、重庆府知府、工部侍郎。

【注释】
①此诗还收录于万历三十一年《蓬莱阁集》中。
②寥廓：高远空旷。
③昧谷：古代传说中西方日入之处。
④尼父：对孔子的尊称。孔子字仲尼，故称。

⑤扬州鹤：《渊鉴类函》引南朝梁殷芸《小说》："有客相从，各言所志，或愿为扬州刺史，或愿多资财，或愿骑鹤上升。其一人曰，腰缠十万贯，骑鹤上扬州，欲兼三者。"后以"扬州鹤"指代理想中十全十美的事物，或者不可实现的空想、奢求。

海市次苏东坡韵

任 伦

青山突下撑青空，双双排峙沧溟中。
顷更云气楼层起，其中人疑有龙宫。
蚌韫珠晖遥映物，隐显影见幻天工。
旋看旋羡心应喜，知原何处问仙翁。
楼台雉堞①连城绕，旌旗舒卷裛凤龙。
市廛②人物浑成象，难将真儒别雌雄。
峨山放光石迎日，惟斯可怪理难穷。
求求一观亦罕遇，我当其时属祝融。
大山小山没还见，猗猗苍翠多龙钟。
寻仙欲度山上麓，忽闻鸡犬认新丰。
桑田有变亦常事，容颜何必畏青铜。
乘时得遂游观乐，归来长啸挹清风。

任 伦（生卒年不详），甘肃徽县人。明嘉靖五年（1526）任登州府推官。

【注释】
①雉堞：城上排列如齿状的矮墙，也泛指城墙。
②市廛：店铺集中之处。

登蓬莱阁观海和苏东坡先生韵

顾应祥

平生两眼颇亦空，长恨失脚尘埃中。
偶从东牟眺东海，飞步直上嵎夷宫。

大地元来自有际，谁云独缺由共工。
青螺隐见列岛屿，白浪出没多蚪龙。
秦皇老去汉武死，何处更觅安期翁。
曾闻此中有幻市，每与真境相争雄。
我来后时却不见，龙王伎俩无乃穷。
蓬莱阁上一俯槛，接天元气何浑融。
挥毫欲和坡老句，笔阵①愧乏王与钟。
但将此景与心会，嗟我何得亦已丰。
尘襟万斛顿消尽，恍如大冶②融顽铜。
便须一跃登彼岸，趁此九万扶摇风。

顾应祥（1483—1565），字惟贤，号箬溪，浙江长兴人。明弘治十八年（1505）进士，曾任江西饶州推官、锦衣卫经历、广东按察佥事兼岭东道、江西副使，明嘉靖七年（1528）任山东按察使，官至南京刑部尚书。顾应祥是王阳明的弟子，思想家、数学家。著有《测圆海镜分类释术》《弧矢算术》《授时历撮要》《传习录疑》《龙溪致知议略》《惜阴录》《南诏事略》《归田诗选》等。

【注释】

①笔阵：谓诗文谋篇布局擘画如军阵。

②大冶：古称技术精湛的铸造金属器的工匠。

观海市和坡翁韵①

游　琏

波涛万顷摇晴空，祥光掣影珊瑚中。
中涵万象不可测，五山②浮海流仙宫。
妖虫吹气生倏忽，往来变幻谁为工。
非烟非雾起千尺，希奇盛事传苏翁。
我未适与佳胜会，遥见海若腾苍龙。
层峰削立车牛岛，大竹小竹环争雄。
分明图画列城郭，卑高聚散无终穷。
楼台隐隐彩虹跨，浮金耀璧波融融。

尘怀抖擞豪兴发,便欲谒海吞千钟。
人生得乐自我有,何必俯首思元丰③。
醉来皓月驾瑶海,蟾蜍抱影流青铜。
安得一带航无极,密迩太乙批璀风。

游 琏(1487—1566),字世重,号少石,福建连江人。明正德六年(1511)进士,曾任江西新建知县、南京户部主事、南京户部员外郎,明嘉靖六年(1527)出任登州府知府,后升任海南兵备副使、江西布政司参政等职。游琏为官一任,造福一方。他在登州招抚流民,开仓赈灾,治病除疫,修缮学官,兴文育才,平冤惩贪,御史浦铉赞之与苏轼相媲美。著有《海道经》《蓬莱集》。

【注释】

①此诗还收录于万历三十一年《蓬莱阁集》中,诗中"我来适与佳胜会""蜜迩太乙批璀风"与此诗略有差异。

②五山:古代传说中东海上的五座仙山,分别为岱舆、员峤、方壶、瀛洲、蓬莱。

③元丰:代指宋元丰八年(1085)苏轼在丹崖山上祷海神见海市一事。

同陆思庵宪伯观海市①

邹 善

卢敖②惯作天外游,昂霄③高举睨八州④。
褐来振衣从若士,剧饮⑤将军海上楼。
天吴⑥戢浪静不发,瀛壖⑦群茇趁轻鸥。
长天一色连积水,中有三岛即瀛洲。
酒阑忽报海中市,隐隐烟岚⑧见复收。
已怪小竹层台耸,更惊大竹长城浮。
造物吊诡不可状,牵牛员峤成方丘。
浮世如幻又如影,古来万事皆悠悠。
祝融空矜堆石廪,东牟谩诧鞭苍虬。
倏然避地东海滨,倏然剖玉临淄侯。
人生龙蠖⑨亦如此,朝菀夕枯等浮沤。
倏然矢决聊城策,倏然蒉解平原仇。

人生行止千万端，今齐明赵东逝流。
倏然孤白献强秦，倏然鼪鼯⑩啼荒陬。
石火光同蜃气迅，请君试问雍门周。
我抱贞常不幻者，对此亦尔成淹留。
极目大壑总归虚，掀髯一笑海天秋。

邹　善（1521—1600），字继甫，号颖泉，江西安福人。明嘉靖三十五年（1556）进士，曾任刑部员外郎，嘉靖四十三年（1564）擢升山东提学佥事，嘉靖四十五年（1566）为提学副使，后任湖广参政、广东右布政使、太常寺卿。

【注释】

① 此诗还收录于万历三十一年《蓬莱阁集》中。
② 卢敖：字雍照，秦代博士，齐国（一说燕国）方士。
③ 昂霄：高入霄汉。形容出人头地或才能杰出。
④ 八州：大半个中国，后也指全国。
⑤ 剧饮：痛饮，豪饮。
⑥ 天吴：水神名。
⑦ 瀛堧：指海岸。
⑧ 烟岚：海中蒸腾起来的雾气。
⑨ 龙蠖：指屈伸。
⑩ 鼪鼯：指鼪鼠与鼯鼠。比喻志趣相投的亲密朋友。

九日同陆思庵宪伯登蓬莱阁遂赴秦将军太平楼宴敬步薛文清公咏海韵①

邹　善

重阳弭节②牟子国，同上飞阁望辽碣。
望中③雾霭弥弥平，鼍矶牛岛相连结。
须臾长风来天边，吹衣落帽净浮烟。
飞鸿历历鱼可数，直将诸岛送筵前。
手持菊蕊映波影，俯槛玩之心神静。
坐久已无车马喧，宁知萍迹寄人境。

更上层城望转高，冷然御风何飘飘。
欢饮将军茱萸酒④，何须搔首发孤谣。
遥呼安期振袂起，游乘六气迅莫比。
时从东海泛北溟，谛观无朕对弱水。

【注释】

①此诗还收录于万历三十一年《蓬莱阁集》中。
②弭节：驾驭车子。
③望中：视野之中。
④茱萸酒：旧时在重阳节置茱萸、菊花于酒，希望饮后可以辟邪。

海　市①

李　汶

案牍无事阶帘清，偶闻扄署剥啄②声。
仓猝遣吏走相讯，为报渤澥呈神工。
览胜危步蓬莱阁，瑰奇万象交闪烁。
吻开欲吞海岳潮，尾曳群山势盘薄③。
层闉④画堞连城际，宫宇参差穷点缀。
不闻车马声和鸣，疏绮远扉时启闭。
起若虹桥引千尺，动若雁阵惊露滴。
长松短桧碧森森，洞府暂移诸仙籍。
大小陆离难象拟，纷合变化须臾耳。
乍见海市喜且愕，谁信世事皆如此。
侧微曾作平阳奴⑤，一朝拥麾轰帝都。
饭牛鼓角夜悲壮，倏忽霖澍枯槁苏。
封侯不偶将军何，长沙少年空蹉跎。
锦帐铣谷翻尘土，披裘带索发浩歌。
大鹏横霄斥鹦笑，嫫母⑥青娥⑦争绰约⑧。
彭殇寿短相颉颃，塞翁得失速庆吊。
帘幕粪溷咤落苍，羊肠康庄天之涯。

萷缕⁹三弹珠履间，多少生翼委泥沙。

云雾蒸变千万里，逆旅光阴一弹指。

回首世界海市收，瞬息大梦春风里。

噫嘻哉！人见海市喜且愕，不知世事皆如此。

李　汶（1535—1609），字宗齐，号次溪，河北任丘人。明嘉靖四十一年（1562）进士，曾任工部主事、都水司郎中，明隆庆五年（1571）任山东按察司副使，明万历八年（1580）任山东按察使，后历任陕西右布政使、都察院右佥都御史巡抚陕西、兵部右侍郎，官至兵部尚书。著有《督陕奏议》《南游三纪》《出塞诗》。

【注释】
①此诗还收录于万历三十一年《蓬莱阁集》中。
②剥啄：形容轻轻敲门的声音。
③盘薄：形容磅礴、广大的样子。
④层闉：高耸的瓮城城门。亦泛指城门。
⑤平阳奴：指西汉名将卫青，其母曾是平阳公主家奴。
⑥嫫母：传说中黄帝之妻，貌极丑。后为丑女代称。
⑦青娥：指美丽的年青女子。
⑧绰约：形容女子体态柔美的样子。
⑨萷缕：用草绳缠剑柄。

次苏文忠公韵①

蹇　达

沧波不尽吞晴空，三山十洲微茫中。

公余使君能载酒，携我来俯天吴宫。

鼍矶牛岛当孤城，二竹竞秀诚天工。

居然观海难为水，奔涛骇浪疑蛟龙。

喜无蜃气碍远景，请祷却讶眉山翁。

日射沧溟万象开，水光天色自争雄。

一天幻影同浮世，阮籍②何用悲途穷。

词坛健笔得孙绰③，北海清尊逢孔融④。

况此大观不易得，登临我辈殊情钟。
已看甘雨遍东方，东人是处歌年丰。
浊醪暂尔对沧海，红颜忽漫老青铜。
异时双剑酬恩后，还拟乘桴一御风。

蹇　达（1542—1608），字汝上，更字汝循，号理庵，巴县（今重庆巴南）人。明嘉靖四十一年（1562）进士，曾任颍上县令、河南祥符知县、礼部主事、礼部员外郎、安庆府同知、平阳府知府、山东提学佥事、湖广按察使、蓟辽总督等职，官至兵部尚书。卒赐祭葬，赠少保。蹇达是明代抗倭名将，他所指挥的宁夏戡乱之役、抗倭援朝之役、播州平叛之役是研究明史的重要部分。著有《凤山草堂集》。

【注释】
①此诗是次韵苏轼的《海市诗》所作，还收录于万历三十一年《蓬莱阁集》中。
②阮藉：即阮籍，三国时期魏国诗人，"正始之音"的代表，"竹林七贤"之一。
③孙绰：东晋文学家、书法家，玄言诗派代表人物。
④孔融：东汉文学家，"建安七子"之一。

晚宿阁中观日苦为云雾所障①

毛　在

蓬莱一榻最高峰，夜静涛声入梦中。
五更起来望海日，彤云②密布天之东。
银浪翻飞数百尺，阴风黯惨③如洪蒙。
残月疎星水荡漾，苍茫隐现于芙蓉。
十二玉楼杳无际，那有积金为天墉。
彷彿遥看自色泽，明珠藏在昆仑宫。
羡彼坡老谪仙子，神人应祷鞭蛰龙。
即今望日日未见，敢徼蜃市烦神工。

毛　在（生卒年不详），字君明，江苏太仓人。明万历二年（1574）进士，授建昌府推官，擢云南道监察御史，出按贵州、山东、河南，升大理寺右丞。著有《先进遗风增补》《四疏稿》。

【注释】

①此诗还收录于万历三十一年《蓬莱阁集》中,诗中"彤云蜜布天之东"与此诗略有差异。

②彤云:指下雪前密布的阴云。

③黯惨:昏暗惨淡。

次坡翁海市韵

毛 在

巨浸洪涛荡碧空,三山砥柱当其中。
元戎①载酒邀登眺,并立缥缈之层宫。
尘襟对此一披豁,丹青彩笔难为工。
微云薄雾气惨淡,忽然水底腾蛟龙。
变幻楼台又城郭,长桥横跨罗仙翁②。
缅忆苏公到五日,隆冬能致真英雄。
我来见此足自慰,那复较量通与穷。
投壶对局共倾倒,高歌一曲神融融。
两叨簿领③蹑芳躅④,惭无寸补糜千钟。
报国几回身欲奋,忧民惟愿岁常丰。
牢落年来迫晚暮,讵堪白发生青铜。
最是平生爱清旷,飘飘便合凌长风。

【注释】

①元戎:指主将。

②罗仙翁:即罗辨,字居子,自号辨仙子,罗州城石龙岗(今广东化州)人,世称罗仙翁。道教学者、著名炼丹家、医药学家。他种橘红于宝山和石龙岗上,并巡于罗江上下为民治病,他是罗州橘红种植和利用的始祖。罗辨继承并改造了早期道教的神仙理论,精晓医学和药物学,主张道士兼修医术。

③簿领:主簿的别称,指主官属下掌管文书的佐吏。

④芳躅:指前贤的踪迹。

观日楼①观日出②

王云鹭

天鸡四鼓鸣乌乌，炎官③火伞奔天吴。
浩劫灰沉势尽燃，鳌足掣断翻轻舻。
手扪扶桑欲大叫，旸谷恍已摇窗窔。
孰云天径十六万，洪蒙一点通灵窍。
须臾露滴收繁宿，吴门匹马入驰骤。
槛外寒涛风拂髻，堞边别岛云浮豆。
隙中白驹常如此，鲁阳④怒戈亦曷止。
九鸟妖随羿矢飞，夸父依然空渴死。
万古晦明聊舒卷，青天白日贵无靦。
肝胆秦越奈尔何，莫道长安有近远。

王云鹭（生卒年不详），字翀儒，河南夏邑人。明隆庆五年（1571）进士，明万历十七年（1589）任登州府知府。王云鹭好金石文字，曾重刻宋代洪适金石学名著《隶释》，是该书现存最早刻本。

【注释】
①观日楼：也称望日楼、宾日楼，在蓬莱阁东，观日出之处。
②此诗还收录于万历三十一年《蓬莱阁集》中。
③炎官：神话中的火神。
④鲁阳：指鲁阳公。楚之县公，传说为挥戈使太阳返回的英雄。

次观日楼观日出韵①

王云鹭

咸池②为浴扶桑乌，苍茫羲御③趣天吴。
华盖左旋杳何朕，牵山笮断随辐舻。
鼍更④递向鸡阍叫，春潮细写珠岩窔。
倏忽徘徊中央宫，万象进出浑沌窍。
烛龙⑤衔火辟罗宿，赤波奔涌金轮骤。

铁砚浮烟赋未成，日林早散灵光豆。
渔矶闲人乐有此，双旌焕彩胡来止。
登楼对日扫天章，阳春唤醒田螺死。
餐尽朝霞红半卷，洒之石上桃花靦。
瑞裛槐堂⑥湿紫泥⑦，五云深处沧洲远。

【注释】

①此诗还收录于万历三十一年《蓬莱阁集》中。
②咸池：神话中谓日浴之处。
③羲御：太阳的代称。羲和为日驭，故名。
④鼍更：指更鼓声。因鼍夜鸣与更鼓相应，故名。
⑤烛龙：古代神话中的神名，传说其张目（亦有谓其驾日、衔烛或珠）能照耀天下。
⑥槐堂：泛指高官之宅第。
⑦紫泥：古人以泥封信，泥上盖印。皇帝诏书用紫泥，后指代诏书。

观海市①

王云鹭

从来蓬海说海市，物色相传得之耳。
我至移时冀一观，白日吏报海云驶。
小竹大竹与牵牛，三山相连如山徙。
迤逦一带围城郭，森成林鸟凤旖旎。
兀然室宇开窗牖，玲珑宛转旌幢起。
初时乍有还乍无，伫看辽邈仍伊迩。
忆昔苏公祷即见，就中明有鬼物使。
太守粗官②目既真，当年耳语今如彼。
悠悠共诧莫名状，烟清飀细犹多似。
市后定有雨脚横，市分久暂雨可指。
五月云汉几无麦，老农候市深色喜。
人言蜃气结楼台，海角各岛宁无雉。

六合之外置勿论，市乎市乎竟何理。

默思造物坐叹息，人生幻影而已矣。

【注释】

①此诗还收录于万历三十一年《蓬莱阁集》中，诗中"海角多岛宁无雉"与此诗略有差异。

②粗官：指武官。

蓬莱阁集卷之六

五言绝句

唐诗一首

感怀一绝①

无名氏②

海门连洞庭,一去三千里。
十载一归来,辛苦潇湘水。

【注释】
①此诗还收录于万历三十一年《蓬莱阁集》中。
②此诗作者无名氏,经查,该诗出自唐代郑还古《博异志·许汉阳》。原诗为"海门连洞庭,每去三千里。十载一归来,辛苦潇湘水"。

明诗五首

咏大竹小竹二绝①

周 鳌

一

大竹与小竹②,谁家好弟兄。

高名千古重，夷齐圣之清。

二

首阳青不断，潇潇海上山。
归周还叩马，风雨对潺湲。

周　鳌（生卒年不详），字允良，江苏武进人。明嘉靖二十八年（1549）任登州府知府。

【注释】

①此诗还收录于万历三十一年《蓬莱阁集》中，诗中"谁家好兄弟"与此诗略有差异。

②大竹与小竹：即大竹山岛和小竹山岛，为竹山岛的重要组成部分，分布在长山岛的东面，是两个较小的海岛。

登蓬莱阁二绝①

梁　木

一

纷署依山起，青城向水开。
云盘龙凤舞，日闪金银台。

二

放艇牵牛岛，看钓上鼍矶。
点笔星飞砚，引杯②云满衣。

梁　木（1509—?），字仁夫，陕西三原人。明嘉靖二十年（1541）进士，嘉靖二十六年（1547）任登州府同知。

【注释】

①此诗还收录于万历三十一年《蓬莱阁集》中，诗中"粉署依山起"与此诗略有差异。

②引杯：举杯，指喝酒。

登蓬莱阁四绝①

潘 滋

一

来登羲仲宅，朝日列仙官。
尚有尧时草，欲取屈轶看。

二

日照扶桑树，天门去不遥。
步履金鳌背，何劳问石桥。

三

洲边拾落翠，竹里结行厨。
无病餐枸杞，有客脍龙须。

四

跳雨鸟逾白，流霞树借红。
诗成珠满把，题就锦为丛。

潘 滋（生卒年不详），字汝霖，江西婺源人。明嘉靖七年（1528）举人，嘉靖二十九年（1550）任登州府推官。著有《蓬莱观海亭集》《浮槎稿》。

【注释】
①此诗还收录于万历三十一年《蓬莱阁集》中。

古意二首①

潘 滋

一

海底有明月，冷冷抱夜光。
空照浊水泥，不得近君床。

二

庭前三五树，夜夜有鸟啼。

唤起海中鸟，背出金轮飞。

【注释】
①此诗还收录于万历三十一年《蓬莱阁集》中。

春日蓬莱阁观日①

乔应春

一

五云②披欲捧，九地③转如驰。
半出沧波外，人间东白时。

二

远岛浮苍霭，危楼俯巨涛。
眼前难道景，绝代有人豪。

三

酬唱谁宾主，乾坤自古今。
凭栏一长啸，浩渺隔尘心。

四

年来嗟岐路，此日坐渔矶。
莫遣桃花笑，海天朋旧稀。

五

竹岛余龙窟，桑田遍海陬④。
车书今混一，辽左属皇州。

六

茆屋数家晓，山桃满树红。
指顾扶桑外，灵源此地通。

七

轩盖凌晨发，城陴接海回。

市寰惊露冕，应是峤壶来。

乔应春（1536—？），字仁卿，河南安阳人。明嘉靖四十一年（1562）进士，曾任辽东行太仆寺少卿兼山东按察司佥事，明万历三年（1575）任登州府知府。撰有《七里泉》《新建护国报恩千佛寺宝像碑记》。

【注释】

①此诗还收录于万历三十一年《蓬莱阁集》中。

②五云：指五色瑞云，多作吉祥的征兆。

③九地：指太阳。

④海陬：海隅，海角。亦泛指沿海地带。

蓬莱阁集卷之七

七言绝句

唐诗三首

登楼寄王卿①

韦应物

踏阁攀林恨不同，楚云沧海思无穷。
数家砧杵秋山下，一郡荆榛寒雨中。

韦应物（约737—791），字义博，京兆万年（今陕西西安）人。唐代官员、诗人，因出任过江州刺史、检校左司郎中、苏州刺史，世称"韦江州""韦左司""韦苏州"。韦应物是唐代著名山水田园派诗人，后人每以王孟韦柳并称。其诗风恬淡高远，以善于写景和描写隐逸生活著称。著有《韦江州集》《韦苏州集》《韦苏州诗集》。

【注释】
①此诗还收录于万历三十一年《蓬莱阁集》中。

送司马先生①

李 峤

蓬阁桃源两处分②，人间海上不相闻。
一朝琴里悲黄鹤③，何日山头望白云。

李　峤（约645—约714），字巨山，河北赞皇人。唐代诗人，对唐代律诗和歌行的发展有一定作用和影响。李峤以文辞著称，与苏味道并称"苏李"，与苏味道、杜审言、崔融合称"文章四友"，晚年更被尊为"文章宿老"。著有《杂咏》《评诗格》。

【注释】

①此诗还收录于万历三十一年《蓬莱阁集》中。

②蓬阁桃源两处分：蓬阁借指仙境，桃源借指世俗。此句是仙境和凡尘相分隔的意思。

③黄鹤：出自唐代崔颢《黄鹤楼》"昔人已乘黄鹤去，此地空余黄鹤楼。黄鹤一去不复返，白云千载空悠悠"。后以"黄鹤"比喻一去不返的事物。

海上忆洛中旧游[①]

独孤及

凉风台上三峰月，不夜城边万里沙。
离别莫言关塞远，梦魂长在子陵家。

独孤及（725—777），字至之，河南洛阳人。唐天宝十三载（754）进士，历任华阴县尉、左拾遗、太常博士、礼部员外郎、濠州刺史、舒州刺史、检校司封郎中、常州刺史，谥号"宪"。独孤及是古文运动的先驱者，著有《毗陵集》。

【注释】

①此诗还收录于万历三十一年《蓬莱阁集》中。

宋诗一首

咏　海[①]

王师中

晓气金茎露共浮，日光照耀海山秋。

巨鳌不负仙舟去,留与幽人②作胜游。

王师中(生卒年不详),河南河阴(今属荥阳)人。宋徽宗时期(1101—1125)任登州知州,参与宋金"海上之盟"相关事宜。

【注释】

①此诗还收录于弘治十四年《蓬莱阁诗集》和万历三十一年《蓬莱阁集》中,《蓬莱阁诗集》中的题目是《无题》,诗中的"日光彻照海山秋""巨鳌不负仙洲去"与此诗略有差异。

②幽人:指幽居之士。

金元诗五首

冷然泉①

张国卿

万派潮东日夜添,随波上下尽如盐。
谁知一掬冷然水,不混长流独自甜。

张国卿(生平不详),元代人。

【注释】

①冷然泉:位于登州城北丹崖山阴,距海数十步,水味甘洌,因名"冷然",今已不存。此诗还收录于万历三十一年《蓬莱阁集》中。

日观峰①

萧 贡

半夜东风揽邓林,三山银阙杳沉沉。
洪波万里兼天涌,一点金乌出海心。

萧　贡（1158—1223），字真卿，陕西咸阳人。金大定二十二年（1182）进士，补尚书省令史，累迁右司郎中，历国子监祭酒兼太常少卿，官至户部尚书。萧贡是金代中后期著名文人，文采风流，照映一时。与陈大任刊修《辽史》，著有《史记注》《萧氏公论》《五声姓谱》。

【注释】

①此诗还收录于万历三十一年《蓬莱阁集》中。

望瀛台春望①

邢具瞻

晴云如困柳如痴，丹杏开残碧草齐。
一派望瀛台下水，暖风迟日浴凫鹥。

邢具瞻（？—1147），字岩夫，辽西人。金太宗天会二年（1124）进士，官至翰林待制。

【注释】

①此诗还收录于万历三十一年《蓬莱阁集》中。

登蓬莱阁①

王鹿庵

三山云海旧曾来，黄竹白榆手自栽。
今日红尘海西岸，蓬莱阁上望蓬莱。

王鹿庵（1202—1293），即王磐，字文炳，号鹿庵，广平永年（今属河北）人。金正大四年（1227）进士，曾任宋荆湖制置司议事官，在元朝官至翰林学士。王鹿庵为官不承顺权贵，有"古直"之称。

【注释】

①此诗还收录于万历三十一年《蓬莱阁集》中。

风烟绝胜亭①

萧闲老人

一轩空洞纳云海，万象森然圆镜中。
云梦何妨吞八九，酒浇不下阮公胸。

萧闲老人（1107—1159），即蔡松年，字伯坚，号萧闲老人，真定（今河北正定）人。完颜宗弼攻宋时，他兼总军中六部事，累官至右丞相，封郇国公、卫国公，加封吴国公，谥"文简"。蔡松年是金代文学家，文词清丽，尤工乐府，与吴激齐名，时称"吴蔡体"。著有《明秀集》。

【注释】

①风烟绝胜亭：在蓬莱县署后。金大定间，县尉安霖建，今废。此诗还收录于万历三十一年《蓬莱阁集》中。

明诗三十首

观海二绝①

王崇庆

一

长风②吹断海门③霞，三月登州始见花。
望出白云千万里，还当天外有人家。

二

秦皇汉武亦雄才，海上求仙竟不来。
千古风流春梦断，碧桃岩下自花开。

王崇庆（1484—1565），字德征，号端溪，直隶开州（今河南濮阳）人。明正德三年（1508）进士，初授常熟县令，升沁州通判，正德十四年（1519）擢升登州府同知,后历任江西按察司佥事、山西按察司副使、河南按察司副使、四川右布政使等职,官至南京礼部尚书。王崇庆举止稳重博雅,为官廉洁清正,著述颇多,堪称忠孝礼贤。著有《开州志》《五经心义》《山海经释义》《元城语录解》《端溪文集》等。

【注释】

①此诗还收录于弘治十四年《蓬莱阁诗集》和万历三十一年《蓬莱阁集》中,《蓬莱阁诗集》中的题目是《观海四绝》,诗中第四首的"千古风流等春梦"与此诗略有差异。

②长风:大风。

③海门:指渤海海峡。

观海二绝①

于 溱

一

海上烟云午不收,仙踪何处觅瀛洲。
几时得遇灵槎②便,直上银河问斗牛。

二

薄宦③年来海上游,每惊雪浪起潮头。
于今识得盈虚数,若比人心是顺流。

于 溱(生卒年不详),字本清,号东江,河北任丘人。明正德三年(1508)进士,曾任兵科给事中,正德十三年(1518)任招远知县,后升广南府知府,不就,进阶一级。

【注释】

①此诗还收录于弘治十四年《蓬莱阁诗集》和万历三十一年《蓬莱阁集》中,《蓬莱阁诗集》中的题目是《无题》,诗中"仙踪何处觅瀛州"与此诗略有差异。

②灵槎:亦作"灵查",指能乘往天河的船筏。

③薄宦:卑微的官职。此处用为谦辞。

观海四绝①

杨载鸣

一②

直从南海观东海,翻忆今游是旧游。
身愧韩公③淹五岭,心怜苏老④胜全牟。

二

秦皇碑碣⑤虚无里,武帝楼台烟霭中。
徐福不来王母去,蓬莱高阁自春风。

三

长山高山⑥指顾前,大竹小竹苍翠连。
巨鲸春破千层浪,灵蜃晴嘘万里烟。

四

飘零莫复叹天涯,四海登临此地奇。
彩笔几人霄汉上,至今犹说长公诗⑦。

杨载鸣(1514—1565),字虚卿,江西泰和人。明嘉靖十七年(1538)进士,曾任潮州府推官、登州府推官、吏部主事、惠州府推官,官至通政使。著有《大拙堂集》。

【注释】

①此诗还收录于万历三十一年《蓬莱阁集》中,第一首"心怜苏老胜全牟"与此诗略有差异。
②原书注:余先任潮州。
③韩公:指的是韩愈。
④苏老:指的是苏轼。
⑤秦皇碑碣:指秦始皇东巡时留下的刻石。
⑥长山高山:岛屿名,指的是长山岛和高山岛,属于庙岛群岛。
⑦长公诗:指苏轼在蓬莱阁所作的《海市诗》。

送门人之登州①

胡 珙

博学曾传鸿宝书②,蓬莱西去近灵须。
且将公事阁中了,知子仙才信有余。

胡 珙(1411—?),字文璧,江苏沭阳人。曾授文林郎,明成化二年(1466)任河南夏邑知县。

【注释】
①此诗还收录于万历三十一年《蓬莱阁集》中。
②鸿宝书:道教修仙炼丹之书。

答蓬莱羽客三绝①

冀 桐

一

访入蓬莱东又东,呼童着履问山公。
斗牛②道路还多远,携尔乘槎海上行。

二

多少浮名总是闲,倦时沉醉醒登山。
谩敲棋子寻迟着,满径椒花放白鹇③。

三

闻有桃源去问津,烟霞洞④里悟玄真。
夜来醉带麻姑酒,别惹天香一样新。

冀 桐(生卒年不详),河北永年人。举人,明嘉靖三十二年(1553)任登州府同知,后升长史。

【注释】
①此诗还收录于万历三十一年《蓬莱阁集》中。
②斗牛:二十八宿中的"斗宿"和"牛宿"。泛指天空中的星群。

③白鹇：鸟名，又称"银雉"。
④烟霞洞：昆嵛山西北隅烟霞山的一处天然山洞，相传王重阳曾在此悟道。

田横山①

刘　泾

相从五百尽同心，千载犹怜义气深。
谁道汉高②能大度，潜身海岛也追寻。

刘　泾（1510—1567），字叔清，号次山，怀庆卫（今河南沁阳）人。明嘉靖二十六年（1547）进士，曾任翰林院庶吉士、贵州道监察御史、凤翔府知府、登州府知府、山西按察司副使。刘泾在登州府任职期间公正严明，锄强扶弱，善决疑狱。遇到饥年，多方赈贷，救助饥民。因功绩卓著，祀于登州府名宦祠。著有《理学四先生言行录》《晋阳集》。

【注释】

①田横山：位于蓬莱阁西侧。传说韩信破齐，田横败走，曾与五百壮士在此山筑寨，故名田横山。此诗还收录于万历三十一年《蓬莱阁集》中。
②汉高：即汉高祖刘邦。

春潮带雨①

郭　朴

曾闻高隐爱沧洲，谁识溟荒汗漫游。
春晓观潮兼听雨，风涛雪浪拍天浮。

郭　朴（1511—1593），字质夫，世称东野先生，河南安阳人。明嘉靖十四年（1535）进士，历任庶吉士、礼部右侍郎、吏部尚书，嘉靖四十五年（1566）任武英殿大学士。卒赠太傅，谥"文简"。郭朴与李春芳、严讷、袁炜合称"青词宰相"。著有《文简公集》。

【注释】

①此诗前注：海天八景题齐使君图寄李使君览。此诗还收录于万历三十一年《蓬

莱阁集》中。

春潮带雨[1]

张应登

鲵鱼穴底海潮生，蹙浪摧波杂雨声。
碣石坐来闲盼望，白鸥飞到欲为盟。

张应登（生卒年不详），字玉车，四川内江人。明万历十一年（1583）进士，曾任河南彰德府推官、吏部主事、山东副宪。张应登为官秉公执法，狱无冤滞。撰有《游滏水鼓山记》。

【注释】
①此诗还收录于万历三十一年《蓬莱阁集》中。

旭日蒸霞[1]

郭　朴

阳乌扬彩挂扶桑，海气升腾散锦章。
何事披衣乘曙色，餐霞新授异人方。

【注释】
①此诗还收录于万历三十一年《蓬莱阁集》中。

旭日蒸霞[1]

张应登

逸骇[2]翔旸欲海弥，丹霞锦色倚天披。
赤身顶出云霄上，杲杲朱光照四陲。

【注释】
①此诗还收录于万历三十一年《蓬莱阁集》中。

②逸骇：形容迅速升起。

岛月摇光[1]

郭　朴

冰轮东上岛烟清，天际无云海水平。
荡漾流光涵素影，幽人对此独怡情。

【注释】
①此诗还收录于万历三十一年《蓬莱阁集》中。

岛月摇光[1]

张应登

别岛嵚环皓月团，光澄玳瑁水漫漫。
风来浪动银河转，倚杖低头看广寒。

【注释】
①此诗还收录于万历三十一年《蓬莱阁集》中。

鲛宫幻象[1]

郭　朴

霁景[2]蓬溟烟雾开，恍如城市见楼台。
睇思灵境多奇幻，疑有仙人共往来。

【注释】
①此诗还收录于万历三十一年《蓬莱阁集》中。
②霁景：雨后晴明的景色。

鲛宫幻象①

张应登

金贝楼台蜃结成，三山境界亦分明。
仙人飞度如平地，怜我招呼市上行。

【注释】
①此诗还收录于万历三十一年《蓬莱阁集》中。

披裘垂钓①

郭 朴

小艇纶竿钓碧波，羊裘混迹伴渔蓑。
海天日月宽如许，闲向西风倚棹欹。

【注释】
①此诗还收录于万历三十一年《蓬莱阁集》中，诗中"闲向西风倚棹歌"与此诗略有差异。

披裘垂钓①

张应登

若个渔翁不为鱼，一竿一艇向归墟。
丝钩钓着沃焦②石，鼓泄③携来障草庐。

【注释】
①此诗还收录于万历三十一年《蓬莱阁集》中。
②沃焦：古代传说中东海南部的大石山。
③鼓泄：指船只。

橐石枕流①

郭　朴

翠屏环抱石床平，枕畔冷冷漱玉声。
睡起翛然神骨爽，蛟龙雷雨不须惊。

【注释】
①此诗还收录于万历三十一年《蓬莱阁集》中。

橐石枕流①

张应登

蛇盘镜里几多年，洗耳扶桑黑水边。
一去一来骑鹤倦，徘徊橐石枕流眠。

【注释】
①此诗还收录于万历三十一年《蓬莱阁集》中。

送浪浮槎①

郭　朴

八月闲乘上汉槎，海天风景浩无涯。
漫寻牛渚支机石，拟看三山琪树花。

【注释】
①此诗还收录于万历三十一年《蓬莱阁集》中。

送浪浮槎①

张应登

道人不是爱烟波,欲泛灵槎织女河。
逆浪虬龙勤护送,朅来如骑复如梭。

【注释】
①此诗还收录于万历三十一年《蓬莱阁集》中。

洪涛濯足①

郭 朴

石蹬高跻独振衣,滩流濯足晚方归。
数声渔笛烟波起,村火茅茨半掩扉。

【注释】
①此诗还收录于万历三十一年《蓬莱阁集》中。

洪涛濯足①

张应登

波涛喷起拂云流,踞石褰衣濯自悠。
不识巨鳅长万里,偶然伸足踏穿头。

【注释】
①此诗还收录于万历三十一年《蓬莱阁集》中。

次陈侍御韵①

陈景隆

蓬莱山在海东头，汉武曾经驻跸②游。
欲觅仙方成底事，只今贻笑③在遐陬④。

陈景隆（1439—？），字如初，号畏庵，福建长乐人。明成化十一年（1475）进士，曾任武康知县、德清知县、广东道监察御史，官至山东按察司佥事。

【注释】

①此诗是作者于明弘治三年（1490）任山东按察司佥事期间，来登州巡查海防，公务之余与同僚登阁观海，次韵山东监察御史陈璧《无题》之作。此诗还收录于弘治十四年《蓬莱阁诗集》中，题目是《次前韵》，诗中"至今贻笑在遐陬"与此诗略有差异。

②驻跸：指帝王出行，途中停车。

③贻笑：遗留下笑话。

④遐陬：指边远一隅。

次陈侍御韵①

陈景隆

蓬瀛登处在云头，光景无边足胜游。
满目海天襟抱阔，升平圣化及遐陬。

【注释】

①此诗是作者于明弘治三年（1490）任山东按察司佥事期间，来登州巡查海防，公务之余与同僚登阁观海，次韵山东监察御史陈璧《无题》之作。此诗还收录于万历三十一年《蓬莱阁集》中。

次黄参伯望海韵
正德壬申①闰五月既望

王良臣

竹炉②沦茗旋敲冰，涤尽枯肠旧郁蒸。
欲扣仙阊随鹤驭，自怜凡骨可能胜。

王良臣（1468—？），字汝邻，河南宛丘（今淮阳）人。明弘治六年（1493）进士，授浙江德清县令，后任南京监察御史，明正德六年（1511）擢山东按察司副使，备兵青、登、莱三郡，巡察海道，正德十年（1515）擢山东按察使。

【注释】
①正德壬申：正德七年（1512）。
②竹炉：一种外壳为竹编、内安小钵用以盛炭火取暖的用具。

登蓬莱阁望海

黄 绣

汩没泥途不自羞，西风征骑又东牟。
微躯却喜非凡骨，曾到蓬莱最上头。

黄 绣（生卒年不详），字文卿，清江（今江西樟树）人。明弘治三年（1490）进士，曾任兵部主事、兵部员外郎、山东按察司佥事、辽东行太仆寺少卿、四川按察司副使，官至山西布政司右参政。

望 海①

黄 绣

一碧如凝万顷冰，尽收元气付薰蒸。
飘然欲驾天风去，玉宇寒多恐未胜。

【注释】

①此诗还收录于万历三十一年《蓬莱阁集》中。

登蓬莱阁六首①

吴维岳

一

蓬莱阁上起鸾笙,碣石云红②峤气清。
海水冥冥春又绿,至今无处问徐生。

二

群山映带曙霞开,千尺巉岩水上台③。
仙驭有无春色里,长空云尽鸟飞回。

三

万里晴波蜃雾消,迎仙犹识汉皇桥。
琼楼半倚空明上,日晚微风落洞箫。

四

鞭石乘槎④迹未分,众山杯外送斜曛。
漫将海水论深浅,历尽沧桑是白云。

五

微茫气色闪金银,岛屿桃花细浪春。
酒洽⑤正临遗枣地⑥,月明疑见弄珠人⑦。

六

南中烽燧⑧近如何,江海鱼盐⑨愿息戈。
干羽七旬应格远,鲸鲵⑩休破越裳⑪波。

吴维岳(1514—1569),字峻伯,号霁寰,孝丰(今浙江安吉)人。明嘉靖十七年(1538)进士,曾任江阴县令、刑部主事、兵部郎中,嘉靖三十六年(1557)任山东按察司副使,后历官山东学政、湖广参议、河南按察使,官至右佥都御史。吴维岳擅长书法,精通文学,尤卓于诗,为"嘉靖广五子"之一。著有《天目山斋岁编》《奏议》《海岱集》。

【注释】

①此诗还收录于万历三十一年《蓬莱阁集》中，第五首中"月门疑见弄珠人"与此诗略有差异。

②碣石云红：碣石，指丹崖山。云红，指丹崖山周围一片红光。

③水上台：指丹崖山与蓬莱阁。

④鞭石乘槎：指秦皇汉武求仙的故事。

⑤酒洽：喝酒喝得愉快。

⑥遗枣地：传说仙人安期生食巨枣如瓜。此处说蓬莱阁是遗枣地，意在认定蓬莱为仙境。

⑦弄珠人：即鲛人。

⑧南中烽燧：南方的烽火，指战争。

⑨江海鱼盐：借指黎民百姓。

⑩鲸鲵：大鱼，常常比喻战争。

⑪越裳：泛指南方。

和吴峻伯①蓬莱阁六绝②

王世贞

一

坐看红日应天鸡，曙色中原一瞬齐。
雄观古来谁得似，昆仑高挂大荒西。

二

虚无紫气隐蓬莱，水落青天忽对开。
已借鳌簪为岛屿，还从蜃口出楼台。

三

绛节秋逢鸾鹤群，安期③遣信欲相闻。
袖中亦有千年枣④，不羡瀛洲⑤五色云。

四

早晚苍龙自在眠，春波织就蔚参天。

风雪忽卷秦桥⑥去，日月还依禹碣悬。

五

万乘秋风屈布衣，沧桑今古定谁非。
田横五百应如在，徐市⑦三千竟不归。

六

君泛仙槎拟问津，我从东海学波臣。
隋珠却坠双明月，鲸岛寒光夜夜新。

王世贞（1526—1590），字元美，号凤洲，又号弇州山人，江苏太仓人。明嘉靖二十六年（1547）进士，曾任大理寺左寺、刑部员外郎、刑部郎中，嘉靖三十五年（1556）任山东按察司副使，后历官浙江右参政、山西按察使、湖广按察使、广西右布政使、右副都御史、应天府尹、南京兵部右侍郎，累官至南京刑部尚书。王世贞是著名文学家、史学家，明代"后七子"领袖之一，与李攀龙、宗臣等结成复古文学流派。著有《弇州山人四部稿》《弇山堂别集》。

【注释】

①吴峻伯：即吴维岳。
②此诗还收录于万历三十一年《蓬莱阁集》中。
③安期：即安期生，仙人名。
④千年枣：传说海上神山所有的五种仙草仙药之一。
⑤瀛洲：传说中的仙山。
⑥秦桥：相传秦始皇东游时所造的石桥。
⑦徐市：即徐福，字君房，秦代方士。

寄蓬莱秘药致谢①

张应登

海上神仙药不传，劳君寄我一茎玄。
却嗤秦帝无缘分，错恨徐生断去船。

张应登（生卒年不详），字玉车，四川内江人。明万历十一年（1583）进士，曾任河南彰德府推官、吏部主事、山东副宪。张应登为官秉公执法，狱无冤滞。撰有《游滏水鼓山记》。

【注释】

①此诗还收录于万历三十一年《蓬莱阁集》中。

蓬莱阁集卷之八

五言律诗

宋诗一首

望瀛亭①

杜子民

一

拥传来观海，危亭一拂衣。
云晴千怪出，浸大百川归。
日月遭吞吐，乾坤入范围。
群鸥不须避，禅寂久忘机。

二

北望沧溟大，茫茫天地间。
回环知万里，缥缈认三山。
汉使何年到，星槎度岁还。
蟠桃应已熟，方朔在人寰。

杜子民（生卒年不详），宋元丰元年（1078）任详断官，宋元符三年（1100）任朝散郎，宋崇宁元年（1102）任常州通判。

【注释】

①此诗还收录于万历三十一年《蓬莱阁集》中。

元诗四首

登蓬莱阁①

李 愿

纵目②有佳趣，须登四景楼③。
轮蹄喧市井，桑谷暗郊丘。
翠盖云生里，沧溟天尽头。
阑干知几曲，倚槛恣清愁。

李 愿（生平不详），元代人。
【注释】
①此诗还收录于万历三十一年《蓬莱阁集》中。
②纵目：放眼远望。
③四景楼：在登州蓬莱县北，今圮。

压山楼①

李 愿

城角楼孤迥，高高势压山。
曲阑邻鸟道，危砌俯人寰。
岚气檐楹底，云光户牖间。
洒然清景好，登览自忘还。

【注释】
①压山楼：在登州府胭脂岗上，今废。此诗还收录于万历三十一年《蓬莱阁集》中。

宾日楼①

李 愿

壮观海边洲，峨峨宾日楼。
东方钦历象，南亩事锄耰。
雨腻桑阴暗，风和麦晕秋。
仓箱致盈实，人绝馁寒愁。

【注释】
①宾日楼：在登州府治后，取寅宾出日之义，今已不存。

宾日楼①

于 钦

旸谷②朝迎日，丹霞射海楼。
云随华表鹤，风送日南舟。
孤岛烟中树，平沙雁外秋。
凭阑一登眺，不尽古今愁。

于 钦（1283—1333），字思容，山东益都（今青州）人。曾任国子监助教、山东廉访司照磨、益都路总管，官至中书省兵部侍郎。于钦是元代方志编纂家、历史地理学家、文学家。著有《齐乘》。

【注释】
①此诗还收录于万历三十一年《蓬莱阁集》中。
②旸谷：古代指日出之处。

明诗二十八首

登蓬莱阁二首

王允修

一

极目望青瑶①,军声息夜潮。
化工非有待,人意若相招。
楼阁逡巡②起,牛蛇顷刻销。
如来正法眼,千古入参寥③。

二④

观海平生志,登临豁醉眸。
古今成过客,天地一轻舟。
无计苏民困,何人与国谋。
苍茫烟水上,疑是岳阳楼。

王允修(1500—?),河北容城人。明嘉靖二年(1523)进士,嘉靖二十年(1541)任登州府知府。

【注释】

①青瑶:喻碧峰。
②逡巡:顷刻。
③参寥:《庄子》中虚拟的人名,寓意虚空高远。
④此诗还收录于万历三十一年《蓬莱阁集》中,题目是《登蓬莱阁》。

五月登蓬莱阁观海市四首

郑 芸

一①

晓曙登蓬阁，朝阳喜正逢。
锦云延万丈，宿雾敛千峰。
水远看仙穴，潮平听蛰龙。
红尘何处着，萍梗②愧无踪。

二③

晓晴疑海辟，岛近讶仙逢。
欲渡无兰楫，重来恋竹峰。
澄清惭李范④，献纳愧夔龙⑤。
漫唱皇华赋，行行无定踪。

三

神市非常见，大观喜再逢。
层栖自钦岛，双塔起牛峰。
万壑皆飞锡，千渊尽跃龙。
空蒙来细雨，咫尺隐仙踪。

四

万里忆南国，三生幸有逢。
日红非近渚，云白自遐峰。
乡思随归鸟，宦情懒钓龙。
漫谈桑海变，孟浪半生踪。

郑 芸（生卒年不详），字士馨，福建莆田人。明嘉靖十四年（1535）进士，曾任松阳知县、上虞知县，迁监察御史，出按山东。

【注释】
①此诗还收录于万历三十一年《蓬莱阁集》中，题目是《五月登蓬莱阁四首》。
②萍梗：比喻行踪如浮萍断梗一样漂泊不定。
③此诗还收录于万历三十一年《蓬莱阁集》中，题目是《五月登蓬莱阁四首》。

④李范：本名李隆范，陇西成纪（今甘肃秦安）人。唐朝宗室大臣，唐睿宗李旦第四子。

⑤夔龙：相传为舜的二臣名，夔为乐官，龙为谏官。后用以喻指辅弼良臣。

登蓬莱阁①

白 玶

飞阁临无地，跻攀四望开。
沧溟天外合，岛屿日边回。
冰解游鱼上，风和候雁来。
灵明神女祠，绝代长公才。

白 玶（生卒年不详），河北南宫人。明嘉靖十二年（1533）任开封府知府。

【注释】

①此诗还收录于万历三十一年《蓬莱阁集》中。

登城西楼

白 玶

楼上风威冷，城头海气寒。
村墟多寥落，民物半凋残。
涛浪排空立，鱼龙不敢安。
乘桴亦何意，感恻发长叹。

登蓬莱阁①

柳本明

飞阁危楼上，登临天际头。
碧云围岛屿，怪市隐城楼。
潮响蛟龙动，波光日月浮。

茫茫几万里，何处觅沧洲。

柳本明（1486—?），字诚甫，河南光山人。明嘉靖八年（1529）进士，嘉靖十六年（1537）任莱州府知府，官至陕西按察司副使。

【注释】

①此诗还收录于万历三十一年《蓬莱阁集》中。

观海市[①]

李 绅

风散神仙市，望穷尺五天。
海山终爱宝，岛屿故舒烟。
驱石人无有，乘槎水断连。
欲归任得句，铁笛隔云传。

李 绅（生卒年不详），河南祥符人。进士，曾任行人，明嘉靖二十三年（1544）任登州府知府，官至太仆寺少卿。

【注释】

①此诗还收录于万历三十一年《蓬莱阁集》中。

观海市

汤绍恩

一[①]

地迥非嚣景，亭虚敞洞天。
轻鸥翻白浪，薄筏泛苍烟。
长赋怜王粲[②]，高飞忆仲连[③]。
悬知风雅作，水共海山传。

二[④]

重城飞汉节，五月敞华筵。

烟树无还有，云冈断复连。
潮回天际雁，阁隐浪中仙。
乐处相逢少，何妨酒数传。

三

天下真形胜，凭虚且唱酬。
岛连诸夏外，潮接晓云头。
日月双城荡，乾坤一阁浮。
仙槎渺何处，极目望牵牛。

汤绍恩（生卒年不详），字汝承，号笃斋，四川安岳人。明嘉靖五年（1526）进士，曾任户部郎中、德安府知府、绍兴府知府、山东右布政使。汤绍恩是明代著名的水利专家。

【注释】

①此诗还收录于万历三十一年《蓬莱阁集》中，诗中"永共海山传"与此诗略有差异。
②王粲：东汉末年文学家，"建安七子"之一。
③仲连：战国时齐人鲁仲连，喜为人排难解纷，高蹈不仕。
④此诗还收录于万历三十一年《蓬莱阁集》中。

海市晚集①

王　傅

可爱水中屋，堪观花外楼。
云移金粟树，人在玉壶秋。
壮志洗兵马，豪心问斗牛。
我吟凤吹曲，谁与截琳璆。

王　傅（生卒年不详），河南洛阳人。明嘉靖二年（1523）进士，嘉靖二十年（1541）任莱州府知府，嘉靖二十八年（1549）任山东按察司巡海副使。

【注释】

①此诗还收录于万历三十一年《蓬莱阁集》中。

和白渠王明府登蓬莱阁[1]

王 言

何处觅芳瑶,天风起朔潮。
楼台疑蜃市,烟树恍村招。
仙霭浑无定,灵氛杳未消。
汉槎如可问,千载慰空寥。

王 言(1513—1572),字代言,号一泉,登州卫(今山东蓬莱)人。明嘉靖二十年(1541)进士,曾任翰林院庶吉士、江西道监察御史、河南按察司佥事、奉政大夫。王言居官清正,为民请命,弹劾污吏,后因不愿与严嵩等奸臣同流合污,辞官归里,崇祀登州府忠孝祠、乡贤祠,被誉为蓬莱一代名宦。著有《一泉集》《家训》,修《登州府志》。

【注释】

①此诗还收录于万历三十一年《蓬莱阁集》中。

春日侵辰[1]予同王槐轩登蓬莱阁观日出寻由山城过珠玑崖望海潮[2]

罗廷绅

晓日升东海,红霞映水明。
弄珠消客况,绕阁伴仙行。
蜃气漫山岛,龙涛喷羽旌。
太和[3]法象[4]里,随处是蓬瀛。

罗廷绅(1522—?),字公书,陕西淳化人。明嘉靖三十二年(1553)进士,曾任主事官、保宁府知府。著有《小山志》。

【注释】

①侵辰:即侵晨,黎明。
②此诗还收录于万历三十一年《蓬莱阁集》中。
③太和:天地间冲和之气。

④法象：对自然界一切事物现象的总称。

无　题①

王光祖

春日度春城，春光照眼明。
岚烟依在转，鸟语逐人行。
喜气临车盖，嘉云拂旆旌②。
关门相顾讶，仙侣在蓬瀛。

王光祖（1528—？），河北魏县人，祖籍山西黎城。明嘉靖二十三年（1544）进士，曾任监察御史、汝宁府知府，嘉靖三十五年（1556）任登州府知府。

【注释】

①此诗还收录于万历三十一年《蓬莱阁集》中，诗中"岚烟依石转"与此诗略有差异。

②旆旌：泛指旗帜。

答蓬莱羽客①

冀　桐

一从来海上，几度欲寻真。
煮石分邻火，藏砂赠主人。
槎遥牛斗月，花杂野城春。
还向终南去，白云洞口新。

冀　桐（生卒年不详），河北永年人。举人，明嘉靖三十二年（1553）任登州府同知，后升长史。

【注释】

①此诗还收录于万历三十一年《蓬莱阁集》中，诗中"槎遥斗牛月"与此诗略有差异。

壬子年①五月次王佥宪一泉公②海上宴游③

应大桂

佳辰当角黍④，帅府厂华筵。
迟日明花卉，新声促管弦。
寂寥惭簿领，文藻羡家传。
为问嫖姚⑤节，何时奏凯旋。

应大桂（生卒年不详），字邦才，号立齐，浙江仙居人。明嘉靖五年（1526）进士，曾任汉阳府知府、黄州府知府、登州府知府，官至湖广副使。

【注释】
①壬子年：嘉靖三十一年（1552）。
②王佥宪一泉公：指的是河南按察司佥事王言，字代言，号一泉。
③此诗还收录于万历三十一年《蓬莱阁集》中。
④角黍：即粽子。以箬叶或芦苇叶等裹米蒸煮使熟，状如三角，古用黏黍，故称。
⑤嫖姚：指霍去病，曾任嫖姚校尉。

珠岩泛舟①

应大桂

旷绝②东牟地，层城与海通。
仙山罗列并，变态杳冥③中。
暂借烟霞④力，缘知造化工。
苍生应有待，未许狎渔翁。

【注释】
①此诗还收录于万历三十一年《蓬莱阁集》中。
②旷绝：僻远。
③杳冥：极高或极远以致看不清的地方。
④烟霞：烟雾和云霞。

次陈侍御韵①

陈景隆

东巡牟子国,览胜上蓬莱。
巨浸浴朝日,惊涛鸣夜雷。
姑仙迎不遇,坡老候空回。
过眼皆虚幻,毋劳着意猜。

陈景隆(1439—?),字如初,号畏庵,福建长乐人。明成化十一年(1475)进士,曾任武康知县、德清知县、广东道监察御史,官至山东按察司佥事。著有《畏庵集》。

【注释】

①此诗是作者于明弘治三年(1490)任山东按察司佥事期间,来登州巡查海防,公务之余与同僚登阁观海,次韵山东监察御史陈璧《无题》之作。

次陈侍御韵①

陈景隆

饬兵东渤上,乘暇望蓬莱。
海宴②夷通贡③,时清浪息雷。
兔乌随吐纳,云汉④共昭回。
道体分明见,神功不可猜。

予有事于登州,乘兴太平、蓬莱二楼阁,又自海口泛舟至弹子窝⑤,突见烟波万顷,竹岛诸峰尽来献状。其弹子温润而圆,形如珠玉、玛瑙之类,真天下之奇观也。愧予愿学李杜而未入其门,模写形容难状其妙,偶成口号二律以纪胜游云。

【注释】

①此诗是作者于明弘治三年(1490)任山东按察司佥事期间,来登州巡查海防,公务之余与同僚登阁观海,次韵山东监察御史陈璧《无题》之作。此诗还收录于万历三十一年《蓬莱阁集》中,缺少诗后的短述,诗中"海晏夷通贡"与此诗略有差异。

②海宴：大海风平浪静，比喻天下太平。
③通贡：进贡。
④云汉：云霄，高空。
⑤弹子窝：在蓬莱阁田横山下，水中有小石状如珠玑，或如弹丸，圆润可爱，俗称"弹子窝"。

登蓬莱阁

梅　川

飞阁危台①上，登临天际头。
碧云围岛屿，怪市②隐城楼。
潮响蛟龙动，波光日月浮。
茫茫几万里，何处觅瀛洲。

梅　川（生平不详），明代人。
【注释】
①危台：高台。
②怪市：指海市蜃楼。

游弹子窝

梅　川

海口登舟去，摇摇到弹窝。
岸穷天际远，波阔舆图多。
苍润①形无点，参差势不磨。
要知造化巧，煮炼②竟如何。

【注释】
①苍润：苍劲润泽。
②煮炼：煮熬提炼。

观 海①

张衍庆

登岳更观海,烦襟②向此开。
水天同荡漾,岛屿自纡回③。
拂渭碧云落,入眠青鸟④来。
瀛洲何所觅,尘世漫疑猜。

张衍庆(生卒年不详),字仲承,河南卫辉人。明正德六年(1511)进士,曾任翰林院修撰、山东右参政、光禄寺卿、都察院右副都御史、提督操江左副都御史协理院事等职,官至兵部右侍郎兼詹事府府丞。著有《方山集》。

【注释】

①此诗还收录于弘治十四年《蓬莱阁诗集》中,作者缺失,诗中"岛屿自纡回""拂涧碧云落"与此诗略有差异。
②烦襟:烦闷的心怀。
③纡回:迂回,缓慢曲折。
④青鸟:神话传说中西王母的使者。

登蓬莱阁观海①

戚 勋

杰阁凭虚眺,超然宦况②闲。
高情云外鸟,佳趣坐中山。
川水看斯道,天风破醉颜。
春樽潇洒兴,彷佛出区寰③。

戚 勋(生卒年不详),河北定州人。明正德九年(1514)武科进士,正德十五年(1520)任定州卫指挥使,明嘉靖六年(1527)任山东备倭都司署都指挥佥事。

【注释】

①此诗还收录于万历三十一年《蓬莱阁集》中,题目是《蓬莱阁观海》。
②宦况:做官的状况、心境。

③区寰：境域，天下。

游珠玑岩①

郑 漳

绝顶乘云雾，长风吹鬓毛。
扪萝②身独健，得句思还豪。
下见扶桑小，平临北斗③高。
匏瓜如可摘，吾欲泛天艘。

郑 漳（生卒年不详），字世绩，福建闽县（今福州）人。明正德十二年（1517）进士，曾任户部主事、户部员外郎，明嘉靖十三年（1534）任登州府知府，迁两淮盐运使，官至南京刑部侍郎。郑漳任登州府知府期间，为官廉洁公正，宽严有度，离任二十余年登州百姓仍为其立"去思碑"，后祀于登州府名宦祠。

【注释】

①此诗还收录于弘治十四年《蓬莱阁诗集》和万历三十一年《蓬莱阁集》中，《蓬莱阁诗集》中的题目是《春日游珠玑岩四首》。
②扪萝：攀缘葛藤。
③平临北斗：意思是北面与高悬的北斗星齐平。

登蓬莱阁①

王 言

宦寄历三秋，春归嗣壮游。
山遥云树杳，阁迥洞天幽。
抚景知时变，倾尊对客酬。
东南民久困，吾志切先忧。

王 言（1513—1572），字代言，号一泉，登州卫（今山东蓬莱）人。明嘉靖二十年（1541）进士，曾任翰林院庶吉士、江西道监察御史、河南按察司佥事、奉政大夫。王言居官清正，为民请命，弹劾污吏，后因不愿与严嵩等奸臣同流合污，辞官归里，崇祀登州府忠孝祠、乡贤祠，被誉为蓬莱一代名宦。著有《一泉集》《家训》，修《登州府志》。

【注释】
①此诗还收录于万历三十一年《蓬莱阁集》中。

竹山呈市①

王　言

蓬岛三山近，瑶池②四望通。
烟云出没处，楼榭③有无中。
蜃气传非讹，灵图④画未工。
雄文当杰阁，千载让苏翁。

【注释】
①此诗还收录于万历三十一年《蓬莱阁集》中。
②瑶池：中国古代神话中西王母居住的地方。
③楼榭：高台之上的房屋。
④灵图：指河图。

无　题①

吴　定

岁晚风为阵，鱼龙冻已坚。
冰明忽上月，雪拥不分天。
驱石②闻遗柱，乘槎是几年。
沧溟浑不改，古今总茫然。

吴　定（1550—1609），字止庵，河南安阳人。明万历二年（1574）进士，曾任山东巡按御史，官至大理寺卿。

【注释】
①此诗还收录于万历三十一年《蓬莱阁集》中，诗中"今古总茫然"与此诗略

有差异。

②驱石：指神助秦始皇驱石造桥的典故。

无 题①

张克家

一

旷哉兹一眺，海色满天涯。
目击玄虚赋，神摇博望槎。
游龙通异域，飞鹤出仙家。
坐赏不能去，寒城落照斜。

二

衔杯蓬莱暮，暮景若相留。
皎月衡海上，轻云过岛浮。
猜疑谭海市，想像见瀛洲。
欲与安期遇，茫茫何处求。

张克家（1537—？），字有光，安徽宣城人。明嘉靖四十四年（1565）进士，曾任户部主事，明万历十年（1582）任山东按察司佥事兼巡海副使，后任贵州右参议、云南副使等职。

【注释】

①此诗是万历十一年（1583）腊月，作者陪同山东按察司佥事蹇达登蓬莱阁所作。此诗还收录于万历三十一年《蓬莱阁集》中。

还郡望海①

谢继科

难将河伯眼，激水限三千。
绛气浮无地，华胥别有天。
波平延海若，吏隐接神仙。

自有真人息，宁论鞭石年。

谢继科（生卒年不详），字哲甫，江西金溪人。明万历十七年（1589）进士，万历十八年（1590）任登州府推官，后任刑部郎中、琼州府知府。万历四十三年（1615）在琼州金粟泉上东坡书院旧址建书院，集名流与诸生朝夕讲习。

【注释】

①此诗还收录于万历三十一年《蓬莱阁集》中，诗中"难将河泊眼"与此诗略有差异。

陪饮阁上赋赠东莱司理①李小庵②

谢继科

一

乘轺③来上客，把袂此孤亭。
海逼延尊绿，云光带眼青。
真吾聊复得，拙宦④敢言醒。
为契九秋干，同临万里溟。

二

天吴⑤扬蜃峤，珠客隐龙宫。
风自无边穴，云生诸岛中。
阴开朝鲜外，右拍扶桑东。
便可乘槎上，宁须博望通。

【注释】

①东莱司理：东莱，指莱州府。司理，推官的别称。
②此诗还收录于万历三十一年《蓬莱阁集》中。
③乘轺：一匹马驾驶的轻便小车。
④拙宦：指不善为官，仕途不顺。多用以自谦。
⑤天吴：中国古代神话中的水神。

陪饮李民部阁上①

谢继科

一

鸿轩②催鼓瑟，蚁酝促飞觞③。
海色当筵敞，秋风散阁凉。
披襟④乘羽跷，送目略扶桑。
百尺冲堪折，犹言咏太康。

二

青山俯百雉⑤，紫气隐长虹。
渤澥⑥三韩外，方壶别岛中。
弦歌从月上，鼙鼓在天东。
饮博⑦宁妨醉，云梯欲御风。

【注释】

①此诗第二首最后"梯欲御风"四字缺失，参照万历三十一年《蓬莱阁集》补全。
②鸿轩：指鸿雁高飞。比喻举止不凡。
③飞觞：指传杯行酒令。
④披襟：敞开衣襟。多喻心怀舒畅。
⑤百雉：借指城墙。
⑥渤澥：渤海。
⑦饮博：指饮酒博戏。

蓬莱阁集卷之九

七言律诗

宋诗七首

咏蓬莱阁①

赵 抃

山巅危构倚蓬莱,水阔风长此快哉。
天地涵容百川入,晨昏浮动两潮来。
皇恩座上游观远,愈觉胸中度量开。
忆我去年曾望海,杭州东向亦楼台。

赵 抃(1008—1084),字阅道,号知非子,浙江衢县(今衢州衢江区)人。宋景祐元年(1034)进士,曾任殿中侍御史、益州路转运使、成都府知府、杭州知州、青州知州等职,官至资政殿大学士。卒赠太子少师,谥"清献"。赵抃是北宋名臣,在朝弹劾不避权势,时称"铁面御史"。著有《赵清献公集》。

【注释】

①此诗是作者任青州知州兼安抚使时所作。青州在北宋属京东东路,青州知州由京东东路安抚使兼任。此诗还收录于弘治十四年《蓬莱阁诗集》和万历三十一年《蓬莱阁集》中。

观 海①

苏 轼

忆观沧海过东莱,日照三山迤逦开。
玉观飞楼凌雾起,仙幢宝盖拂天来。
不闻宫漏催晨箭,但觉檐阴转古槐。
供奉清班非老处,会稽何日乞方回。

苏 轼(1037—1101),字子瞻,又字和仲,号东坡居士,四川眉山人。宋嘉祐二年(1057)进士,授凤翔府签书判官。宋元丰二年(1079)因"乌台诗案"遭贬,谪黄州团练副使。元丰八年(1085)十月任登州知州,到任五天后,奉调回京任礼部郎中,后转任龙图阁学士等。卒后追赠太师,谥"文忠"。苏轼曾奏请废除登州榷盐专卖制度,登州百姓感其恩德建"苏公祠",后祀于登州府名宦祠。苏轼为北宋中期文坛领袖,唐宋八大家之一,在文、诗、词三方面都拥有极高的造诣,是宋代文学最高成就的代表,一生留下《海市诗》等与登州有关诗文21篇。他擅行书、楷书,与黄庭坚、米芾、蔡襄并称"宋四家"。著有《东坡七集》《东坡志林》等。

【注释】

①此诗还收录于万历三十一年《蓬莱阁集》中,诗中"供奉清斑非老处"与此诗略有差异。

游珠玑崖①

苏 轼

海隅荒怪有谁珍,流落珊瑚泣季伦。
法供坐令微物重,色难归致孝心纯。
只疑薏苡来交趾,未信玭珠②出泗滨③。
愿子聚为江夏枕,不劳折扇④自宁亲⑤。

【注释】

①此诗还收录于万历三十一年《蓬莱阁集》中。
②玭珠:指珍珠。此处形容珠玑崖的白石圆润如芡实、似珍珠。

③泗滨：地名，此地多出砭石。
④折扇：指挥扇。
⑤宁亲：使父母安宁。

海上书怀①

苏 轼

郁郁苍梧海上山，蓬莱万丈有无间。
旧闻草木皆仙药，欲弃妻孥守市阛。
雅志未成空自叹，故人相对若为颜。
酒醒却忆儿童事，长恨双凫去莫攀。

【注释】

①此诗还收录于万历三十一年《蓬莱阁集》中，诗中"长恨双岛去莫攀"与此诗略有差异。

次韵陈海州乘槎亭①

苏 轼

人事无涯生有涯，逝将归钓汉江槎。
乘桴我欲从安石，遁世谁能识子嗟。
日上红波浮翠巘，潮来白浪卷青莎。
清谈美景双奇绝，不觉归鞍带月华。

【注释】

①此诗还收录于万历三十一年《蓬莱阁集》中。

登蓬莱阁[①]

许 遵

鼓吹旌旗夹道开,乘闲接客上蓬莱。
良辰共喜黄花节[②],清宴[③]休辞白玉杯。
一望山川连海阔,数声歌笑入云回。
官家底事催清兴,风雨长吟一写怀。

许 遵(1008—1088),字仲涂,泗州(今江苏盱眙)人。曾任大理寺详断官、长兴知县、宿州知州,宋治平三年(1066)任登州知州,官至大理寺卿。

【注释】

①此诗还收录于弘治十四年《蓬莱阁诗集》和万历三十一年《蓬莱阁集》中,《蓬莱阁诗集》中的题目是《咏蓬莱阁》,最后一句"胜游且尽陶陶乐,轩冕荣华住倘来"与此诗略有差异。

②黄花节:重阳节的别称。

③清宴:指清淡的宴饮。

登蓬莱阁[①]

曾 阜

檐楹[②]飞动屹崔嵬,樽俎[③]凭高试一开。
栏槛势凌波荡漾,鱼龙惊触影徘徊。
歌喉响入天边去,衙喏[④]声从地底来。
此景真疑天下绝,仙家休炫玉楼台。

曾 阜(生卒年不详),江西南丰人。宋嘉祐二年(1057)进士,曾任湖南转运使,宋元祐五年(1090)以左朝奉大夫知登州知州。

【注释】

①《蓬莱阁集》将此诗收录于元朝,有误。曾阜于元祐五年任登州知州,此诗应是宋朝七言律诗。

②檐楹:屋檐下厅堂前部的梁柱。

③樽俎：古代盛酒食的器具，后常用作宴席的代称。
④衙喏：衙参时兵卒的唱喏。

金元诗二首

海岳楼①

王汝玉

十二朱栏倚半空，元龙高卧定谁雄。
檐楹翠湿蓬山雨，枕簟凉生弱水风。
物色横陈诗卷里，云涛飞动酒杯中。
谪仙会有骑鲸便，八极神游路可通。

王汝玉（1349—1415），本名璲，字汝玉，号青城山人，长洲（今江苏苏州）人，祖籍四川遂宁。明洪武二十三年（1390）举人，洪武末任郡学教授，后任应天训导、翰林五经博士，官至春坊赞善。谥"文靖"。曾预修《永乐大典》，著有《青城山人集》。

【注释】
①此诗还收录于万历三十一年《蓬莱阁集》中。

登蓬莱阁①

黄士表

飒飒西风动绮罗，美人连骑②奏笙歌。
万枝黄菊携当槛，双引红旌稳上坡。
莫笑使君秋鬓白，须从嘉客醉颜酡③。
登临此会诚难得，雅俗嬉游一倍多。

黄士表（生卒年不详），金大定十九年（1179）进士。

【注释】

①此诗还收录于万历三十一年《蓬莱阁集》中。

②连骑：多形容乘马侍从之盛。

③醉颜酡：醉后脸泛红晕。

明诗八十八首

观海市不见①

吴　谦

蓬莱阁上试游遨②，万里空明眼界饶。
风撼波涛声振地，蜃嘘楼阁势凌霄。
祖龙玉辇今芜没③，徐福仙舟竟寂寥。
往事已贻千古笑，肯将怪诞污清朝。

吴　谦（生卒年不详），字伯成，福建尤溪人。明洪武十年（1377）任山东道监察御史，后任武昌知县。

【注释】

①此诗还收录于弘治十四年《蓬莱阁诗集》和万历三十一年《蓬莱阁集》中，《蓬莱阁诗集》中的题目是《无题》，诗中"祖龙王辇今芜没"与此诗略有差异。

②游遨：释义为游逛。

③芜没：湮灭。

登太平楼①

游　琏

城头风色②上楼台，台下烟涛次第开。
鳌岛光浮秋月静，海门声咽晚潮来。

湖南老子清霄③兴，汉代嫖姚宿将才。
凉雾满天豪思阔，醉看归骑出蓬莱。

游 琏（1487—1566），字世重，号少石，福建连江人。明正德六年（1511）进士，曾任江西新建知县、南京户部主事、南京户部员外郎，明嘉靖六年（1527）任登州府知府，后升任海南兵备副使、江西布政司参政等职。游琏为官一任，造福一方。他在登州招抚流民，开仓赈灾，治病除疫，修缮学宫，兴文育才，平冤惩贪，御史浦铉赞之与苏轼相媲美。著有《海道经》《蓬莱集》。

【注释】

①太平楼：在蓬莱水城备倭总镇府后，据登州府推官潘滋记载，学道王宇署名"涌月楼"。此诗还收录于弘治十四年《蓬莱阁诗集》和万历三十一年《蓬莱阁集》中，《蓬莱阁诗集》中的题目是《袁都阃设宴乘月登太平楼》，诗中的"湖南老子清宵兴""凉露满天豪思阔"与此诗略有差异。

②风色：风光，景色。

③清霄：清静的夜晚。

同陈龙山宪副登蓬莱阁

周 宠

一①

牟山杰阁是蓬莱，此日登临亦快哉。
屹屹奇峰天设险，渹渹巨浪地轰雷。
田横义岛垂芳誉，苏老诗章②骋妙才。
只为蜃楼空两度，笋舆将发又徘徊。

二

东巡偶尔到登州，十日蓬莱两度游。
空阔海天添逸兴，微蒙烟雾动乡愁。
峰峦砥柱中流见，鸥鸟随波水面浮。
相对龙山谈世态，飘然疑是泛虚舟。

周　宠（1490—1546），字君锡，号东山，浙江临海人。明嘉靖五年（1526）进士，授仪真知县，后任江西道监察御史，嘉靖十一年（1532）任山东监察御史。

【注释】

①此诗还收录于万历三十一年《蓬莱阁集》中。

②苏老诗章：指苏轼的《海市诗》。

登蓬莱阁①

顾应祥

芒鞋②飞下珠玑岩，遥望扶桑指顾间，
风啮石头成碎颗，潮回山脚露新斑。
鲸波夹镜环三面，沙岛排空屹两关。
何用楼船凌不测③，分明琼馆在凡间。

顾应祥（1483—1565），字惟贤，号箬溪，浙江长兴人。明弘治十八年（1505）进士，曾任江西饶州推官、锦衣卫经历、广东按察佥事兼岭东道、江西副使、山东按察使、都察院右副都御史巡抚云南，官至南京刑部尚书。著有《测圆海镜分类释术》《弧矢算术》《授时历撮要》《传习录疑》《龙溪致知议略》《惜阴录》《南诏事略》《归田诗选》等。

【注释】

①此诗是作者任山东按察使期间登蓬莱阁所作。此诗还收录于弘治十四年《蓬莱阁诗集》和万历三十一年《蓬莱阁集》中，《蓬莱阁诗集》中的题目是《自田横山下珠玑岩和陈中丞韵一首》，诗中最后一句"何用楼舡凌不测，分明仙境在人寰"与此诗略有差异。

②芒鞋：用植物的叶或杆编织的草鞋。

③何用楼船凌不测：暗讽当年秦皇汉武东巡求仙药的典故。

游漏天

郑 漳

一①

挝鼓②鸣金海上城，村童野老此相迎。
背人鸥鸟亭亭立，入眼云山面面情。
禾黍浮阴农事早，圃场匝地麦秋成。
年年拙收真何补，长把丰登答圣明。

二③

梦里逢人说漏天，兴来携友共探玄。
不嫌梅雨山途暝，为有珠泉鸟道悬。
壁立光摇河汉影，风回声压水龙眠。
匡庐④瀑布当年兴，把酒高歌忆谪仙⑤。

郑 漳（生卒年不详），字世绩，福建闽县（今福州）人。明正德十二年（1517）进士，曾任户部主事、户部员外郎，明嘉靖十三年（1534）任登州府知府，迁两淮盐运使，官至南京刑部侍郎。郑漳在登州府任职期间，为官廉洁公正，宽严有度，离任二十余年登州百姓仍为其立"去思碑"，后祀于登州府名宦祠。

【注释】

①此诗还收录于弘治十四年《蓬莱阁诗集》中，题目是《游漏天二首》，诗中"年来拙收真何补"与此诗略有差异。

②挝鼓：意思是击鼓。

③此诗还收录于弘治十四年《蓬莱阁诗集》和万历三十一年《蓬莱阁集》中，《蓬莱阁诗集》中的题目是《游漏天二首》，诗中"风回声压鱼龙眠"与此诗略有差异。

④匡庐：指江西庐山。

⑤谪仙：指唐代诗人李白。

登蓬莱阁

白　玶

上上蓬莱阁上头,倚栏长啸海山秋。
风高水阔飞涛壮,木落天空水气浮。
自古红颜多薄命,谁令青眼慰穷愁。
试看鹰隼摩霄汉,百鸟樊笼耻下鞲①。

白　玶（生卒年不详）,河北南宫人。明嘉靖十二年（1533）任开封府知府。

【注释】
①鞲:古代射箭时戴的皮制臂套。

登蓬莱阁①

潘九龄

蓬莱高阁倚云横,今古诗人几度经。
形胜千年还是昔,神仙四海信虚名。
灵光浸屋斗牛近,白浪排空岛屿平。
肆②我登临豪思发,一杯清兴万山晴。

潘九龄（生卒年不详）,宁夏银川人。明正德十一年（1516）举人,明嘉靖八年（1529）任登州府推官,后任户科左给事中、湖广布政司左参议、云南按察使、四川右布政使等职。

【注释】
①此诗还收录于弘治十四年《蓬莱阁诗集》和万历三十一年《蓬莱阁集》中,《蓬莱阁诗集》中的题目是《无题》。
②肆:放纵,任意行事。

登蓬莱阁三首①

胡缵宗

一

落日初登海上台,蓬莱高阁倚云开。
沙门②宿浪翻晴雪,鼍岛寒潮起暮雷。
蜃市杳茫楼观影,龙宫闪烁金银堆。
秦皇汉武空搔首,不见仙人携鹤来。

二

城南纤月照蓬莱,海口风回夕雾开。
点点晴矶动星斗,冥冥晚市遮楼台。
薇垣③玄鹤联翩至,豸史青骢蹀躞来。
共倚秦桥④望王母,金宫高处踏苍苔。

三

昔闻北海蓬莱阁,今上东州缥缈台。
汉柱暮云浮万岛,秦桥纤月⑤傍三台。
元戎⑥列塞冬风静,刺史垂帘春雨来。
借问瀛洲学仙者,天边巨阙几时开。

胡缵宗(1480—1560),字孝思、世甫,号可泉、鸟鼠山人,秦安(今属甘肃)人。明正德三年(1508)进士,曾任山西右布政使、河南左布政使,明嘉靖十五年(1536)以右副都御史巡抚山东。胡缵宗是明代著名的诗人、书法家,为官爱民礼士,抚绥安辑,廉洁辨治。著有《胡氏诗识》《鸟鼠山人集》《安庆府志》《苏州府志》《秦州志》。

【注释】

①此诗还收录于弘治十四年《蓬莱阁诗集》和万历三十一年《蓬莱阁集》中,《蓬莱阁诗集》中第三首"元戎列塞冬风净""天边贝阙几时开"与此诗略有差异。
②沙门:沙门岛,诗中指的是长岛。
③薇垣:即紫微垣,星官名,三垣之一。
④秦桥:相传秦始皇东游时所造的石桥。

⑤纤月:月牙,此处指的是未弦之月。
⑥元戎:主将,元帅。

望 海

王廷相

少海①南回千嶂②青,青丘东去十洲③环。
未妨日驭柢天柱④,直恐鳌峰⑤触帝关⑥。
孤槎无客更犯斗⑦,三岛有仙常驻颜。
久矣沧溟遥结梦,兹游真共水云间。

王廷相(1474—1544),字子衡,号浚川,河南仪封(今属兰考)人。明弘治十五年(1502)进士,明嘉靖三年(1524)任山东布政使,后以右副都御史巡抚四川,官至兵部尚书。王廷相是明代哲学家、文学家,"明代前七子"之一。著有《浚川驳稿集》《浚川公移集》《内台集》《雅述》《慎言》。

【注释】

①少海:也称幼海,指渤海。
②千嶂:很多像屏障一样的山峰。
③十洲:传说中神仙居住的十处名山胜境。亦泛指仙境。
④天柱:古代神话中支天的柱子。
⑤鳌峰:指江海中的岛屿,因如巨鳌背负山峰而得名。
⑥帝关:天帝、天子的官门。
⑦犯斗:指登天。

登太平楼①

陈凤梧

重城之外更重城②,坐镇沧溟拱帝京。
晓日③潮平新海口,晚风角起旧军营④。
水边万堞连蓬岛,云外层楼表太平。
自是圣人在中国,倭舟无警海波清。

陈凤梧（1475—1541），字文鸣，号静斋，江西泰和人。明弘治九年（1496）进士，曾任刑部主事、湖广提学佥事、河南按察使，明正德十六年（1521）任右副都御史巡抚山东，官至右都御史。著有《毛诗集解》《篆文六经》。

【注释】

①此诗还收录于万历三十一年《蓬莱阁集》中，诗中"鲸鲵无警海波清"与此诗略有差异。

②重城：第一个"重城"指登州府城，第二个"重城"指蓬莱水城。

③晓日：朝阳，引申为清晨。

④旧军营：指刀鱼寨。

游田横山

陈凤梧

苍山迢递①白云间，高出丹崖迥不凡。
西北天空浮海水，东南地尽送风帆。
层台上倚田横寨，峭壁下临珠子岩。
欲构孤亭撑绝顶，烟霞深处可能攀。

【注释】

①迢递：遥远的样子。

登太平楼①

柳本明

太平高阁接瀛洲，乘兴登临尽日②留。
潮漫沙堤秋草绿，浪涵山岛碧云浮。
蓬莱海上疑真假，城市空中信有不。
睡罢追思千载事，枉数车驾漫东游。

柳本明（1486—？），字诚甫，河南光山人。明嘉靖八年（1529）进士，嘉靖十六年（1537）任莱州府知府，官至陕西按察司副使。

【注释】

①此诗还收录于万历三十一年《蓬莱阁集》中。
②尽日：整天，终日。

登蓬莱阁

王 荔

高阁登临发兴奇，放歌雄饮共襟期①。
江河龙取②添君酒，山海天教③助我诗。
鲛洞水涵紫石室，蜃楼风卷翠云旗。
百年多少奇观日，莫向官居④叹九夷。

王 荔（生卒年不详），字子岩，号青屏，河北高阳人。明嘉靖元年（1522）举人，官至青州府推官。他为官清正廉明，曾理登州府刑狱。著有《正音掯言》。

【注释】

①襟期：襟怀，志趣。
②龙取：指龙取水。民间传说龙取江河里的水而成雨。
③天教：上天示意，以为教诲。
④官居：官吏的住宅。此处代指官吏。

登蓬莱阁①

于 溱

饮余高兴步蓬莱，诗思撩人信手裁。
沧海静无风作浪，远山晴似画屏开。
古今题咏多佳句，秦汉求仙是妄猜。
还讶隆冬见海市，阳侯②应惜长公才。

于 溱（生卒年不详），字本清，号东江，河北任丘人。明正德三年（1508）进士，曾任兵科给事中，正德十三年（1518）任招远知县，后升广南府知府，不就，进阶一级。

【注释】

①此诗还收录于弘治十四年《蓬莱阁诗集》和万历三十一年《蓬莱阁集》中,《蓬莱阁诗集》中的题目是《无题》,诗中"沧海静无风浪作""阳侯应借长公才"与此诗略有差异。

②阳侯:古代传说中的波涛之神。

登蓬莱阁

郑 淳

一①

蓬莱高阁坐逍遥,抚景长吟兴未消。
棠棣②歌联情更适,海天望极乐偏饶③。
地通星宿浮寰宇,天作雄图翊圣朝。
徐福安期成底事,九鳌何处负仙桥。

二④

舆图曾阅见蓬莱,此日登临遂所怀。
突兀岛从天外落,奔腾波自海门来。
乾坤不尽流千古,潮汐无穷限八垓⑤。
安得乘槎泛仙洞,陶然共醉紫霞杯⑥。

三⑦

杰阁巍巍枕石城,高飞物外觉孤清。
眼前万里沧溟阔,天际几声鸥鸟鸣。
玄岛有时呈贝阙,扁舟无处觅徐生。
神仙落落输难遇,留得蓬莱二字名。

郑 淳(生卒年不详),河北任丘人。明嘉靖十三年(1534)任登州府推官,后任顺天府推官、秦府长史。

【注释】

①此诗还收录于弘治十四年《蓬莱阁诗集》和万历三十一年《蓬莱阁集》中,《蓬莱阁诗集》中的题目是《无题》,诗中"常棣歌联情更适"与此诗略有差异。

②棠棣：亦作"常棣"。后常用以指兄弟。

③偏饶：格外多。

④此诗还收录于明弘治十四年《蓬莱阁诗集》中，题目是《无题》。

⑤八垓：八方的界限。

⑥紫霞杯：名贵的酒杯。诗中是指名贵的酒杯盛的好酒。

⑦此诗还收录于弘治十四年《蓬莱阁诗集》中，但作者、题目缺失，参照此诗补全，诗中"神仙落落输谁遇"与此诗略有不同；同时还收录于万历三十一年《蓬莱阁集》中，诗中最后一句"神仙落落应难遇"也与此诗略有差异。

登蓬莱阁观海市

白世卿

传闻兹事岁云久，此日鸣榔①发棹歌②。
岂有仙人天上降，恍疑楼阁海中罗。
参差不断三山岛，浩渺无涯万顷波。
柱史③如君最高兴，阳春一曲奈予何。

白世卿（生卒年不详），字汝衡，甘肃秦州人。明嘉靖八年（1529）进士，曾任丹徒县知县、芮城县知县，官至山东按察司佥事。

【注释】

①鸣榔：即"鸣桹"。在船上唱歌时，敲船舷作节拍。

②棹歌：船夫行船时所唱的歌。

③柱史：指御史、侍郎等朝官。

上蓬莱阁观海市①

姚文焰

木榭山亭望不遐，倏看村树半人家。
千方变化随天巧②，极目玲珑散日华。
绝岛势连惊燕雀，清波影落动鱼虾。
潮声欲断残霞照，还向中流泛斗槎③。

姚文焰（1495—？），字在明，号虚谷，福建莆田人。明嘉靖二年（1523）进士，曾任刑部主事、刑部员外郎，嘉靖九年至十四年（1530—1535）任金华府知府，后任山东按察司副使、山东按察使、湖广右布政使、浙江左布政使。

【注释】

①此诗是嘉靖十五年（1536）五月，山东监察御史张鹏奉旨到登州巡查，时任山东按察司副使的姚文焰陪同张鹏登蓬莱阁观海市所作。此诗还收录于弘治十四年《蓬莱阁诗集》和万历三十一年《蓬莱阁集》中，《蓬莱阁诗集》中的题目是《漳源公按登之三日余适至得陪诸公上蓬莱阁观海市》，诗中"水榭山亭望不遐"与此诗略有差异。

②天巧：不假雕饰，自然工巧。

③斗槎：借指仙舟。

登蓬莱阁

傅　镇

蓬莱高阁倚江干①，登眺临秋暑气残。
云里舟回潮正长，眼中市集雾先团。
玄旗翠树虚相映，贝阙珠桥迥不安。
自是海灵来献异，得酬心赏②恣凭栏。

傅　镇（生卒年不详），字国鼎，福建同安人。明嘉靖十一年（1532）进士，曾任行人、南京御史、广东道御史、云南按察使、广西参政、浙江右布政使、湖广左布政使。

【注释】

①江干：江边，江岸。

②心赏：心情舒畅。

上蓬莱阁观海市①

沈 松

偶来蓬阁一凭虚，未解瀛洲景物稀。
忽漫氤氲②凝竹岛，无端幻化出鼍矶。
两山朝市开图画，一水楼台映翠微。
天假奇观供散吏③，不妨乘兴暮忘归。

沈 松（生卒年不详），字如松，又字南涯，浙江德清人。明正德十二年（1517）进士，曾任晋江县令、山东布政司左参议。

【注释】

①此诗还收录于弘治十四年《蓬莱阁诗集》和万历三十一年《蓬莱阁集》中，《蓬莱阁诗集》中的题目是《无题》，诗中"忽谩氤氲凝竹岛""一水楼台映翠薇"与此诗略有差异。

②氤氲：形容烟或云气浓郁。

③散吏：闲散的官吏，指有官阶而无职事的官员。

正月登蓬莱阁

沈 松

东皇①物色②来正月，北客风尘忆往年。
一道潮回晴见雪，千峰鹤起暝飞烟。
龙宫献寿流霞③裹，仙使传书玉舄④悬。
指点琼枝占岁稔⑤，前溪新种叶田田。

【注释】

①东皇：一般指东皇太一，中国神话中的天神。

②物色：按一定标准去访求。

③流霞：泛指美酒。

④玉舄：指玉制的柱础石。

⑤岁稔：年成丰熟。

无 题①

郭 玺

海上何年有此亭，我来真得瞰方瀛。
洞中仙酒蛟龙酿，云里玉箫鸾凤鸣。
日近始知城不夜，风回惟喜雪初晴。
白鸥作伴闲眠②久，赢得人夸吏隐名。

郭 玺（生卒年不详），河北肥乡人。明嘉靖二十六年（1547）任登州府通判，后升登州府同知。

【注释】
①此诗还收录于万历三十一年《蓬莱阁集》中，题目是《登蓬莱阁》。
②闲眠：借用白居易《闲眠》一诗，表达对恬淡平和生活的向往。

登蓬莱阁①

谢仲贤

家住海州常见海，乘槎又到海东头。
白云袭得单衣湿，玉树②攀来细叶稠。
谢朓看山因载屐，仲宣怀土③欲登楼。
一行物色堪吟赏，鹜带残霞向槛收。

谢仲贤（生卒年不详），江苏海州人。明嘉靖二十八年（1549）任登州府通判。

【注释】
①此诗还收录于万历三十一年《蓬莱阁集》中。
②玉树：神话传说中的仙树。
③怀土：身在异乡思念故土。

登蓬莱阁二首①

熊文翰

一

冯虚直上蓬莱阁,两腋风清夏更幽。
仙境不教尘土到,诗怀②应为海山留。
音书命处来青鸟,身世幡然愧白鸥。
西望故园云际眇,令人却忆仲宣楼③。

二

大竹山长小竹高,牵牛隐隐望还遥。
渔郎去棹不嫌远,诗客凭阑偏觉劳。
怪蜃几回含雨色,征鸿千里见秋毫。
何当觅取珊瑚树,稳阁纶竿学钓鳌。

熊文翰(生卒年不详),明嘉靖二十二年(1543)任蓬莱教谕。他工诗画,有魏晋之风。

【注释】
①此诗还收录于万历三十一年《蓬莱阁集》中。
②诗怀:作诗怀念。
③仲宣楼:湖北当阳城楼,因汉王粲(字仲宣)于此楼作《登楼赋》而得名。后借指诗人登临抒怀之处。

登蓬莱阁二首①

陈 鼎

一

倚楼沧海看安流②,背指扶桑出日头。
神禹应龙知此历,汉皇瑶草笑经秋③。
雷轰晴昼观来复,水落闲矶认远洲。
试问个中垂钓者,曾无有意到成周④。

二

赢得清平问海陬⑤，蓬莱高枕碧云头。
映阶芝木荣还老，隔槛风烟夏欲秋。
有信潮音⑥如速客，无言山色自归楼。
登临几度空怀范，谁解先忧记此州。

陈 鼎（生卒年不详），字文相、大器，号大竹，山东蓬莱人。明弘治十八年（1505）进士，曾任礼科给事中、河南参议、陕西副使、浙江按察使，官至南京应天府尹。卒赠右都御史、兵部右侍郎，祀于登州府乡贤祠。陈氏宗族在蓬莱是明朝科举世家。

【注释】
①此诗还收录于万历三十一年《蓬莱阁集》中。
②安流：舒缓平稳地流动。
③经秋：经年。
④成周：古地名，西周王朝的京师。借指周公辅成王的兴盛时代。
⑤海陬：海隅，海角。亦泛指沿海地带。
⑥潮音：潮水的声音。

观海市二首①

陈 鼎

一

年来无梦到登瀛，山海聊从玩此生。
地殷天声②龙似吹，市乘岚气③蜃初明。
非关霖雨④占吞吐，应是神工答治平⑤。
犹记坡仙当日祷，岁寒特特为开晴。

二

茫茫何处问中边⑥，撑柱三山不问年。
非雾非烟随物化，宜晴宜雨信人传。
须臾亲见水成陆，恍惚遥惊地压天。
莫把此机殊眼看，花花叶叶满前川。

【注释】

①此诗还收录于万历三十一年《蓬莱阁集》中。
②天声：天上的声响，比喻盛大的声威。
③岚气：山中雾气。
④霖雨：连绵大雨，比喻恩泽甘霖。
⑤治平：政治清明，社会安定。
⑥中边：内外，表里。

登蓬莱阁①

浦　铉

人间无路问蓬莱，大竹山前一径开。
吞吐沧溟淹日月，升沉蜃气幻楼台。
浮云半出青天迥，远水双飞白鹭来。
漫兴更凭栏外看，夕阳影里钓船回。

浦　铉（1482—1542），字汝器，号竹堂，登州卫（今山东蓬莱）人。明正德十二年（1517）进士，曾任山西洪洞知县、湖广道监察御史、陕西按察使，先后上四十余疏，所言皆为军国大计。后河南道监察御史杨爵因言触怒朝廷，被捕下狱，浦铉冒死上书请求释放杨爵，言辞过激，被捕下狱，死于狱中。明隆庆元年（1567），诏赠光禄少卿，谥"忠烈"，祀于登州府乡贤祠、忠烈祠。著有《竹堂奏议》《竹堂诗集》。

【注释】

①此诗还收录于弘治十四年《蓬莱阁诗集》和万历三十一年《蓬莱阁集》中，《蓬莱阁诗集》中的题目是《无题》，诗中第一句"谁移形胜壮蓬莱，尘眼登临几遍开"和最后一句"漫兴更凭阑外看，夕阳影里钓舡回"与此诗不同；万历三十一年《蓬莱阁集》中"漫兴更凭阑外看"也与此诗略有差异。

登蓬莱阁①

赵秉伦

城阁重重映晓霞，海天空处有谁家。
升天错讶旌阳宅②，泛海难寻博望槎③。
云满旌旗拂玉树，烟轻屏障锁琼花。
石鲸水底自鳞甲，却忆当年辇路④赊。

赵秉伦（生卒年不详），字宗道，山东蓬莱人。明弘治十二年（1499）进士，曾任西安府咸宁知县、云南道监察御史。卒祀登州府乡贤祠。

【注释】
①此诗还收录于万历三十一年《蓬莱阁集》中。
②旌阳宅：相传为晋许逊炼丹成仙处。亦借指修炼成仙之所。
③博望槎：指博望侯张骞乘槎至天宫事。诗中代指通往天宫的工具。
④辇路：天子车驾所经的道路。

蓬莱阁怀旧①

李 洞

重来还上海边楼，依旧风光足纵眸。
满槛跳珠②疑是雨，一帘寒影不禁秋。
幽怀③漫向尊前壮，霜鬓从教④镜里流。
却忆学仙⑤人不见，谁家吹笛⑥隔汀洲。

李 洞（生卒年不详），字伯远，山东莱阳人。明嘉靖二十年（1541）进士，曾任工部虞衡司主事、都水司员外郎，官至郎中。

【注释】
①此诗还收录于万历三十一年《蓬莱阁集》中。
②跳珠：溅起来的水珠或雨点。
③幽怀：隐藏在内心的情感。
④从教：听任，任凭。

⑤学仙：学习道家的长生不老之术。

⑥吹笛：出自魏晋向秀《思旧赋》，含伤逝怀旧之意。

登蓬莱阁二首①

浦之浩

一

蓬莱飞阁倚层崖，鸟道凌空入望赊②。

靖海无波思帝泽，观风有客赋皇华③。

曲江锡燕④袍初绿，萱树承恩影未斜。

醉舞归来看明月，白苎门巷是仙家。

二

东牟小隐近瀛洲，乘兴何妨日日游。

天上匏瓜应可摘，人间月府有谁修。

仙人何处玉箫发，王母不来青鸟愁。

无数断碑荒藓合，且将磨洗问前修。

浦之浩（生卒年不详），字子化，号北郭，登州卫（今山东蓬莱）人。明嘉靖二十年（1541）进士，任中书舍人，嘉靖二十四年（1545）任浙江道监察御史，后任陕西监察御史、河南监察御史、四川道监察御史、江西南昌府知府、江西按察司副使。祀于登州府乡贤祠、忠烈祠。

【注释】

①此诗还收录于万历三十一年《蓬莱阁集》中，第二首诗中"仙人何处玉箫发"与此诗略有差异。

②赊：意为长或远。

③皇华：《毛诗序》云："《皇皇者华》，君遣使臣也。送之以礼乐，言远而有光华也。"后以"皇华"赞颂奉命出使或出使者。

④锡燕：意为赐宴。

五日蓬莱阁宴集①

时再命苏松过家②

王 言

芳晨寻约泛花游,郡府筵开阁上头。
双影筛摇山雨霁,数声歌动海云秋。
潮回珠树光吞月,斗傍灵槎景入楼。
为问沧浪濯缨者,无如此处赋清流。

王 言(1513—1572),字代言,号一泉,登州卫(今山东蓬莱)人。明嘉靖二十年(1541)进士,曾任翰林院庶吉士、江西道监察御史、河南按察司佥事、奉政大夫。王言居官清正,为民请命,弹劾污吏,后因不愿与严嵩等奸臣同流合污,辞官归里,崇祀登州府忠孝祠、乡贤祠,被誉为蓬莱一代名宦。著有《一泉集》《家训》,修《登州府志》。

【注释】

①此诗还收录于万历三十一年《蓬莱阁集》中。
②过家:指还乡。

将适维杨登阁述怀①

陈其学

一

一行骢马②下江乡,聊向天吴问大方。
璇宅路漫依蜃市,石桥虹断落鼋梁③。
即怜团碛鳌波④素,未许漕帆泛海苍。
处处炊烟冷村树,吉云遮莫度林芳。

二

蓬莱个是有楼居,楼外征尘上锦袽。
碧熨玉壶天水际,紫涵金穴岛云踈。
浮槎何处觅渚次,挂席日边餐霞初。

满壁赋情半苔藓，令人长忆木玄虚⑤。

陈其学（1508—1593），字宗孟，号竹庵，别号行庵，山东蓬莱人。明嘉靖二十三年（1544）进士，曾任陕甘、延绥总督，转任宣大、山西总督，晋户部右侍郎、兵部左侍郎、右都御史，官至南京刑部尚书。他断案明晰，颇有政声。致仕居乡20年，卒于蓬莱，赠太子少保，谥"恭靖"，祀于登州府乡贤祠、大忠祠。

【注释】

①此诗还收录于万历三十一年《蓬莱阁集》中。
②骢马：毛色青白相杂的马。
③鼋梁：借指帝王的行驾。
④鳌波：指巨浪。
⑤木玄虚：即木华，字玄虚，西晋辞赋家，今存《海赋》篇。

登蓬莱阁①

吴　昶

漠漠烟波春不开，海天何处觅楼台。
题诗古壁蛟龙跂，吹笛空山风叶催。
野鸟衔来金字诰②，仙人亲授紫霞杯。
苏耽③佐郡④留丹井，千古令人想逸才⑤。

吴　昶（1515—？），字伯明，号晋庵，山东蓬莱人。明嘉靖二十三年（1544）进士，授河南推官，擢福建道监察御史。卒祀登州府忠孝祠、乡贤祠。著有《石洞主人稿》。

【注释】

①此诗还收录于万历三十一年《蓬莱阁集》中。
②金字诰：朝廷的诰命。
③苏耽：传说中的仙人，又称"苏仙公"。
④佐郡：指协理州郡政务。暗喻仙人佑护蓬莱。
⑤逸才：出众的人才。

登蓬莱阁

李 成

瀛海①茫茫天尽头，昔人曾筑望仙楼②。
云连树色参差见，风卷旗光上下浮。
人趁鱼留依绝岛，舟随星宿渡洪流。
才名今代惭飞虎，端为吾皇借一筹。

李 成（生卒年不详），曾任登州卫指挥使。
【注释】
①瀛海：浩瀚的大海。此处指丹崖山山北大海。
②望仙楼：传说汉武帝望仙处，位于登州城内。

登蓬莱阁

石守忠

仗剑登陴①意独雄，清光②遥在斗牛③中。
鱼翻巨浪与天白，花发寒潮带屿红。
灵药芳洲应可拾，玉楼④弱水⑤此相逢。
乘槎万里归来后，葱岭⑥如今未许同。

石守忠（生卒年不详），曾任成山卫指挥佥事，明嘉靖二十八年（1549）任山东备倭都司署都指挥佥事。
【注释】
①登陴：登上城上女墙。引申为守城。
②清光：皎洁明亮的月光。
③斗牛：二十八宿中的"斗宿"和"牛宿"。此处借指天空。
④玉楼：传说中天帝或仙人的居所。
⑤弱水：泛指遥远险恶或者汪洋浩荡的江水河流。
⑥葱岭：古山脉名。传说以山多青葱而得名，是古时中国西部界山。

将赴召与诸公九日登蓬莱作

栾 燊

诏书真到百蛮开,栾武深惭宿将才。
边报燕云方警急,军声秋雨正夫①台。
蓬莱阁上逢佳节,萸菊香中数举杯。
沧海有灵知我意,功成背水画云台②。

栾 燊(生卒年不详),字景光。明正德年间(1506—1521)任登州卫指挥使,明嘉靖十六年(1537)以山东都司都指挥佥事充五军营右掖坐营官,嘉靖二十一年(1542)升守备沙河城署都督佥事。

【注释】
①正夫:正卒,常备的徒卒。
②云台:高耸入云的台阁。

登蓬莱阁次潘文宗①韵②

谭 纲

一

倚阑四顾浑无地③,只有青天在上头。
海市忽看迷水陆,桑田若变失春秋。
游神直欲追千古,回首空惭守一州。
共说中华天子圣,来朝万国诉安流④。

二

极目不分天与水,只疑浑沌未曾开。
星河有象高同下,潮汐无端往复来。
海阔偶从今日上,元神直向太初⑤回。
等闲悟却吾心性,囊括乾坤亦大哉。

谭 纲(1438—1507),又作谈纲,字宪章,号勿轩,常州府无锡(今属江苏)

人，官籍。明成化五年（1469）进士，曾任南京刑部主事、广信府知府，明弘治元年（1488）任莱州府知府，官至兵部右侍郎兼右佥都御史。

【注释】

①潘文宗：指潘祯，成化十七年（1481）任山东按察司提学佥事。文宗，对提学的尊称。

②此诗还收录于万历三十一年《蓬莱阁集》中。

③无地：形容位置高渺或范围广袤。

④安流：比喻顺利的境况。

⑤太初：道家指天道、自然的本源。

与谢将军饮蓬莱太平楼①

吴维岳

春冷嵎夷②蜃气吞，十洲③仿佛散朝暾。
天垂碣石虹霓没，山压沧溟殿阁尊。
波静可通重译使，城孤还识望仙门。
自闻浅水扬尘话，笑为将军罄酒樽。

吴维岳（1514—1569），字峻伯，号霁寰，孝丰（今浙江安吉）人。明嘉靖十七年（1538）进士，曾任江阴县令、刑部主事、兵部郎中，嘉靖三十六年（1557）任山东按察司副使，后历官山东学政、湖广参议、河南按察使，官至右佥都御史。吴维岳擅长书法，精通文学，尤卓于诗，为"嘉靖广五子"之一。著有《天目山斋岁编》《奏议》《海岱集》。

【注释】

①此诗还收录于万历三十一年《蓬莱阁集》中。

②嵎夷：指今胶东半岛东部地区。

③十洲：海中神仙居住的十处名山胜境。

登蓬莱阁二首

赵 绅

一①

海上春风瑶草香，蓬莱高阁俯洪洋。
十洲境秘烟霞②阔，三岛峰深岁月长。
灵异有时窥蜃市，渊源何日变田桑。
来游此处真疎豁③，万里浮天入渺茫。

二

春日驱车傍海涯，溪花岸草若为期。
汀洲近阁苔还绿，尊酒临流客去迟。
鲛室参差凌岛屿，鲸波远近映旌旗。
尘心为洗忘机事④，寄语浮鸥莫更疑。

赵 绅（生卒年不详），武清（今属天津）人。曾任文林郎、山西道监察御史、山东按察司副使。

【注释】

①此诗还收录于万历三十一年《蓬莱阁集》中。
②烟霞：烟雾和云霞，也指山水胜景。
③疎豁：开阔，敞亮。
④机事：机巧之事。

与僚佐望海二首①

王世贞

一

携君跃马最高峰，海色苍然尽汉封。
落日层波明玳瑁②，青天孤屿削芙蓉。
洲边大核仙人种，浦外灵槎使者逢。
起看白云出夭矫，不知何事但从龙。

二

悬梯阁道倚蓬莱，地尽天空鸿雁回。
日似海珠人捧出，山疑秦帝石驱来。
千秋未假徐生药，六月长留袁绍杯③。
为语异时陵陆④改，始知尘世有仙才。

王世贞（1526—1590），字元美，号凤洲，又号弇州山人，江苏太仓人。明嘉靖二十六年（1547）进士，曾任大理寺左寺、刑部员外郎、刑部郎中，嘉靖三十五年（1556）升山东按察司副使，后历官浙江右参政、山西按察使、湖广按察使、广西右布政使、右副都御史、应天府尹、南京兵部右侍郎，累官至南京刑部尚书。王世贞是著名文学家、史学家，为明代"后七子"领袖之一，与李攀龙、宗臣等结成复古文学流派。著有《弇州山人四部稿》《弇山堂别集》。

【注释】

①此诗还收录于万历三十一年《蓬莱阁集》中。
②玳瑁：一种属于海龟科的海洋动物。
③袁绍杯：化用东汉末袁绍于冀州宴请学者郑玄的典故。诗中指宴请宾客。
④陵陆：山陵与平地。

蓬莱阁望海一首①

周国卿

小阁嶙峋倚碧空，凭高东眺晚烟蒙。
飞来岛屿鳌峰②合，望处楼台蜃气通。
沙浦③月明潮欲上，仙桥人远鹤难逢。
凌然万里浑无际，我欲抠衣④一御风⑤。

周国卿（生卒年不详），大兴（今属北京）人。明嘉靖二十九年（1550）进士，曾任山东按察司佥事、延安府知府、陕西按察司副使、江西右参政。

【注释】

①此诗还收录于万历三十一年《蓬莱阁集》中。
②鳌峰：指江海中的岛屿。

③沙浦：沙洲或沙滩边。
④抠衣：见尊长时提起衣服的前襟，以示恭敬。
⑤御风：乘风飞行。

省白邀蓬莱阁观月①

刘 泾

乘凉燕集②画楼巅，指点蓬瀛绕座前。
才见西天霞彩散，即看东海月轮悬。
咸池③濯耀蟾宫润，广殿通明鲛室连。
最爱沧溟千万里，波光直射到身边。

刘 泾（1510—1567），字叔清，号次山，怀庆卫（今河南沁阳）人。明嘉靖二十六年（1547）进士，曾任翰林院庶吉士、贵州道监察御史、凤翔府知府、登州府知府、山西按察司副使等职。刘泾在登州府任职期间，公正严明，锄强扶弱，善决疑狱。遇到饥年，多方赈贷，救助饥民。因功绩卓著，祀于登州府名宦祠。著有《理学四先生言行录》《晋阳集》。

【注释】
①此诗还收录于万历三十一年《蓬莱阁集》中。
②燕集：宴饮聚会。
③咸池：神话中的日浴之处。

奉和次山公登蓬莱阁观海①

谢 榛

五马②行春③青草长，蓬莱高阁暂挥觞④。
天风引兴随飘忽，海色催诗入混茫。
鲛室分明归远化，鲸波清彻见余霜。
汉家柱史能为郡，渔父歌谣月满舫。

谢　榛（1495—1575），字茂秦，号四溟山人、脱屣山人，山东临清人。明代布衣诗人，其诗以律句、绝句见长，功力深厚，句响字稳。他与李攀龙、王世贞等结诗社，为明代"后七子"之一。著有《四溟山人全集》《四溟诗话》。

【注释】

①此诗还收录于万历三十一年《蓬莱阁集》中。
②五马：太守的代称。
③行春：官吏春日出巡。泛指游春。
④挥觞：举酒杯。

游仙人洞①

洞在阁下，窅然中虚，胜境也

乔应春

一

招携②不分探幽栖③，才下重关地界暌。
千丈巉岩④藏虎豹，半空风浪浴鲸鲵。
安期久去云犹在，坡老曾逢句定题。
咫尺三年今一见，青牛西出⑤望空迷。

二

弱水三千缩地何，方壶⑥此日恍曾过。
才依洞口烟霞迥，回眺城头霄汉摩。
地胜忽疑风在御，坐深不记斧遗柯⑦。
斜阳徙倚⑧四山紫，欸乃沧浪起棹歌。

乔应春（1536—？），字仁卿，河南安阳人。明嘉靖四十一年（1562）进士，曾任辽东行太仆寺少卿兼山东按察司佥事，明万历三年（1575）任登州府知府。撰有《七里泉》《新建护国报恩千佛寺宝像碑记》。

【注释】

①此诗还收录于万历三十一年《蓬莱阁集》中。
②招携：招邀偕行。
③幽栖：幽僻的栖止之处。

④巉岩：高而险的山岩。形容险峻陡峭、山石高耸的样子。
⑤青牛西出：出自老子骑青牛西出函谷关的典故。
⑥方壶：传说中的神山名，亦称"方丈"。
⑦斧遗柯：出自王质烂柯的神话传说。喻指世事巨变。
⑧徙倚：徘徊，流连不去。

珠玑崖
去洞百步许悬崖下

乔应春

一径盘旋入翠微①，冈峦回抱此渔矶②。
烟生合浦争璀灿，光接奎躔共蕤葳。
鸿雁风高窥欲下，骊龙③潮涌退犹辉。
而今尧舜当阳日，象郡珠崖事总稀。

【注释】
①翠微：泛指青翠的山。
②渔矶：可供垂钓的水边岩石。
③骊龙：传说中的一种黑龙。

次乔使君①韵②

陈其学

一

年来归病思如何，矶畔闲鸥日日过。
海若③逐灵输眺望，洞冥底事费编摩④。
拟餐沆瀣⑤迎尊曙，玩拾珠玑倚袖多。
安得偕从杯度者，携天时对白云歌。

二

碧落⑥悬楼海燕栖，寰中往事几相睽。

好看烟市虚疑蜃，谩话虹桥旧跨鲵。

盟席久违佳处梦，望洋敢续大方题。

翻然疑睇重幽讨，潮拍斜曛⑦洞口迷。

陈其学（1508—1593），字宗孟，号竹庵，别号行庵，山东蓬莱人。明嘉靖二十三年（1544）进士，曾任陕甘、延绥总督，转任宣大、山西总督，晋户部右侍郎、兵部左侍郎、右都御史，官至南京刑部尚书。他断案明晰，颇有政声。致仕居乡20年，卒于蓬莱，赠太子少保，谥"恭靖"，祀于登州府乡贤祠、大忠祠。

【注释】

①乔使君：指的是登州府知府乔应春。

②此诗是次韵乔应春《游仙人洞》所作，还收录于万历三十一年《蓬莱阁集》中，诗中"翻然凝睇重幽讨"与此诗略有差异。

③海若：传说中的海神名。

④编摩：编辑纂集。

⑤沆瀣：夜间的水汽，露水。

⑥碧落：道家认为东方最高的天有碧霞遍布，故称为"碧落"。后用以指天空。

⑦斜曛：落日的余晖。

观 海①

宋守孟

朝来风浪是如何，日拥红云海底过。

百尺楼台连地轴②，千年潮汐共云摩。

乍惊鹏鸟飞抟远，讵信鱼龙出没多。

翊戴③圣人波久息，敢将吏散伴渔歌。

宋守孟（生卒年不详），山西长治人。明万历五年（1577）任登州府通判，万历十一年（1583）任陕西邠州知州。

【注释】

①此诗还收录于万历三十一年《蓬莱阁集》中。

②地轴：古代传说中大地的轴，亦泛指大地。

③翊戴：指辅佐拥戴。

登蓬莱阁次先君豸史公韵二首

周凤来

一①

堪舆②镇北耸蓬莱，高阁凭虚亦胜哉。
海底光腾初拥日，波心浪击乍惊雷。
永思宁忍观先迹，属和虽成愧匪才。
惆怅白云空伫望，何心抚景更徘徊。

二

古称仙岛属名州，指点凭谁挈我游。
欲济大川须有具，未登道岸③只深愁。
时名④附凤翀霄起，世事如鸥逐水浮。
浩渺苍波凝望里，遥遥何处一扁舟。

周凤来（生卒年不详），字迁瑞，浙江临海人。明嘉靖四十三年（1564）举人，明万历十三年（1585）任登州府通判，后任云南新化州知州。

【注释】
①此诗是作者次韵山东监察御史周宠《同陈龙山宪副登蓬莱阁》所作，还收录于万历三十一年《蓬莱阁集》中。
②堪舆：指蓬莱的地理形势。
③道岸：彻悟的境界。
④时名：当时的声名或声望。

李柱峰宪副寄蓬莱观海诸作用报一章①

张应登

风流仙客到蓬莱，日日吟从海上回。
帝遣洪涛临翰墨，蜃因巨匠②起楼台。

鼍几旗鼓谁为敌，牛渚壶觞③独自开。
却忆巴人④萧瑟久，迢迢鹤背好音来。

张应登（生卒年不详），字玉车，四川内江人。明万历十一年（1583）进士，曾任河南彰德府推官、吏部主事、山东宪副。张应登为官秉公执法，狱无冤滞。撰有《游滏水鼓山记》。

【注释】

①此诗还收录于万历三十一年《蓬莱阁集》中，诗中"鼍矶旗鼓谁为敌"与此诗略有差异。

②巨匠：指苏轼。

③壶觞：酒器。

④巴人：民间俗曲名。

用韵谢张玉车①

李 瑱

简书六月入东莱，耳畔潮声定几回。
阁上银钩②蜗作字，市中金阙③蜃为台。
无诗莫画三山渺，有兴还将百斗开。
博望何时能就我，灵槎④同泛斗牛来。

李 瑱（生卒年不详），字聪甫，解州（今属山西运城）人。明隆庆二年（1568）进士，隆庆六年（1572）任临朐知县，明万历九年（1581）任彰德府知府，万历十四年（1586）任山东按察司副使，后任陕西参政。

【注释】

①张玉车：即山东宪副张应登，字玉车。此诗是次韵张应登《李柱峰宪副寄蓬莱观海诸作用报一章》所作，还收录于万历三十一年《蓬莱阁集》中。

②银钩：比喻书法刚劲有力。

③金阙：仙人或天帝所居的宫阙。

④灵槎：指能乘往天河的船筏。

登蓬莱阁[①]

洪武四年

洪 彝

好风[②]挟我上蓬莱,骇浪惊涛白作堆。
地古山城无橘柚,云深海市有楼台。
琼芝瑶草谁能拾,凤辇鸾舆去不回。
薄莫[③]丹崖有怅望,天边幽鸟一双来。

洪 彝(生卒年不详),云南西畴人。曾任大都督府掌判官、吏部尚书。

【注释】

①此诗还收录于弘治十四年《蓬莱阁诗集》中,题目是《无题》,诗中的"漠漠烟光迷岛屿,腾腾蜃气结楼台""琼芝瑶草谁能舍""日暮丹崖成怅望"与此诗略有差异。

②好风:令人满意、使人喜欢的风。

③薄莫:傍晚。

登蓬莱阁[①]

李 贡

风雨秋分菊节同,东牟忽在朗然[②]中。
想因地胜人难到,故遣云开海为空。
汉使槎来醒可泛,钧天[③]乐奏听将终。
玻璃万顷浮诸岛,何处明皇更月宫。

李 贡(1456—1516),字惟正,号舫斋,安徽芜湖人。明成化二十年(1484)进士,曾任户部主事、户部员外郎、刑部员外郎、刑部郎中、山东按察司副使、福建按察使、陕西右布政使、山西左布政使,后以都察院右副都御史巡抚辽东。因事忤刘瑾,被勒令致仕。刘瑾伏诛,李贡复为召用,奉命整饬蓟州等处边备,兼巡抚顺天等府。后升兵部右侍郎,未抵任而去。李贡学问渊博,勤慎精敏,历官所至称治。著有《舫斋集》。

【注释】

①此诗还收录于弘治十四年《蓬莱阁诗集》中,题目是《登阁归途明月如画山海奇胜因成二律》,诗中的"风雨中秋菊月同""故遗云开海为空""钧天乐作听将终""何处明皇更有宫"与此诗略有差异。

②朗然:形容晴朗的样子。

③钧天:传说中天帝住的地方。

无 题①

张继孟

四明招宝曾登眺,屈指流光②十六年。
万古沧溟浑不改,半生白发转堪怜。
微茫云树浮蓬岛,缥渺烟霞接水天。
笑我薇藩忙里客,何缘此地又逢仙。

张继孟(?—1644),字伯功,陕西扶风人。明万历四十七年(1619)进士,曾任潍县知县、南京御史、山东道监察御史、广西知府、浙江盐运使、川西道副使。

【注释】

①此诗还收录于万历三十一年《蓬莱阁集》中,题目是《登蓬莱阁》。

②流光:光阴,岁月。

登蓬莱阁写怀①
正德辛未②秋九日

王良臣

一

重阳驻节③海天陬,独步蓬莱阁上头。
贯耳涛雷声动地,书空雁字影涵秋④。
乾坤灏气归三岛,山海风光萃一楼。
斜倚危栏频拭目,青云西北是皇州。

二

西风吹袂入遐陬⑤，九日寻芳到水头。
喜见黄花呈晚节，笑看白发照清秋。
停杯故问天边月，携客同登海上楼。
回首家山千里隔，飞云一片系中州。

王良臣（1468—？），字汝邻，河南宛丘（今淮阳）人。明弘治六年（1493）进士，授浙江德清县令，后任南京监察御史，明正德六年（1511）擢山东按察司副使，备兵青、登、莱三郡，巡察海道，正德十年（1515）擢山东按察使。

【注释】

①此诗还收录于弘治十四年《蓬莱阁诗集》和万历三十一年《蓬莱阁集》中，《蓬莱阁诗集》中的题目是《无题》，诗中的"贯耳涛雷声动北"与此诗略有差异；万历三十一年《蓬莱阁集》中"书空写字影涵秋"也与此诗不同。
②正德辛未：正德六年。
③驻节：古代指高级官员驻在外地执行公务。
④书空雁字影涵秋：化用典故"雁影涵秋"。这里描绘的是重阳日的秋空鸣雁。
⑤遐陬：边远一隅。

观海二首①

徐 冠

一

独立蓬莱百尺楼，乾坤万里落双眸。
瀛洲不见神仙会，海市曾闻徐福游。
碧水镜平飞鸟倦，皇明化洽②远夷柔。
临风三诵邹轲训，快意平生此一筹。

二

登高远望兴悠然，海水生风寒气偏。
若鸟从龙翻碧浪，断云逐雾点青巅。
自疑此外应无地，谁谓人间别有天。
汉武秦皇姱大志，料应到此亦无言。

徐　冠（生卒年不详），字士元，号竹冈，安徽泾县人。明弘治五年（1492）举人，曾任清丰教谕、浮梁训导、都昌知县、监察御史、吉安知府、广东副使等职。

【注释】

①此诗是作者任监察御史期间登蓬莱阁观海所作。此诗还收录于弘治十四年《蓬莱阁诗集》和万历三十一年《蓬莱阁集》中，《蓬莱阁诗集》中的题目是《观海市》，诗中第一首的"碧水镜开飞鸟倦"、第二首的"汉武秦皇夸大志"与此诗略有差异；万历三十一年《蓬莱阁集》的"苍鸟从龙翻碧浪"也与此诗不同。

②化洽：指教化普沾。

无　题①

夏　时

水碧天明宿雾收，仙家城阙起中流。
惊看海外三千户，賸②有人间十二楼。
潮落鸡声闻隐隐，岛含龙气望悠悠。
西台绣使③劳形载，包括沧溟万顷秋。

夏　时（生卒年不详），字寅正，信都（今河北冀州）人。明弘治六年（1493）进士，曾任监察御史、陕西左布政使、山东提学佥事、山东按察司副使、山东按察使、山东右布政使。

【注释】

①此诗还收录于弘治十四年《蓬莱阁诗集》和万历三十一年《蓬莱阁集》中。

②賸：同"剩"。

③西台绣使：西台，御史台的通称，为国家最高监察机构。绣使，汉武帝时始设的专管巡视、处理各地政事的官员。西台绣使，即监察御史。

海　市

牛　鸾

浪卷龙鳅吐素涎，崩云①屑雨水花颠。
盘盘有象分潮汐，莽莽无言孕地天。

万户市廛烟曙②暝，三山楼阁画图传。
恍然幻色迷真识③，烂语空冥出没仙。

牛鸾（1480—1556），字鸣世，号竹坡，河北献县人。明正德三年（1508）进士，曾任巨野知县、益都县令、山东按察司佥事兼青州兵备、山西同知、山西按察司佥事兼山西兵备等。牛鸾任官二十多年，任军中要职，平定叛乱，屡建功勋；为官清廉，严以修身，除暴安良，体恤民情，是文武兼备的地方名臣。

【注释】

①崩云：碎裂的云彩。多形容波涛飞洒的样子。
②烟曙：朦胧的晨色。
③真识：真知灼见。

无　题①

王懋中

雨余风暖扫晴烟②，万顷波光浸碧天。
隐隐楼台开锦绣，依依人物半神仙。
一时幻化原无像，千古奇逢时有缘。
盛事只今凭孰纪，观风柱史③笔如椽。

王懋中（1460—1522），原名中立，字心远，江西安福人。明成化二十年（1484）进士，曾任武康县知县、刑部郎中、山东布政司左参政、山东按察使等职，官至右都御史。卒赠太子少保。

【注释】

①此诗还收录于弘治十四年《蓬莱阁诗集》和万历三十一年《蓬莱阁集》中，《蓬莱阁诗集》中的"雨余风暖扬晴烟""千古奇逢付有缘""盛事只今须孰记"与此诗略有差异；万历三十一年《蓬莱阁集》中的题目是《海市》。
②晴烟：薄雾。
③观风柱史：古官名，此处指苏东坡。

无 题①

沈 松

百年身世此同游,海岳呈灵送远眸。
缥眇旌旗遥荡漾,空明楼阁半沉浮。
日光恍接岚光②现,云气还疑蜃气流。
安得仙舟渡溟渤,直寻蓬岛问津头。

沈 松(生卒年不详),字如松,又字南涯,浙江德清人。明正德十二年(1517)进士,任晋江县令,明嘉靖四年(1525)任广东道监察御史,升佥事,后任山东布政司左参议。

【注释】

①此诗还收录于弘治十四年《蓬莱阁诗集》和万历三十一年《蓬莱阁集》中,《蓬莱阁诗集》中最后一句"直寻蓬岛问源头"与此诗略有差异。

②岚光:山间雾气经日光照射而发出的光彩。

漳源公①按登之三日余适至得陪诸公上蓬莱阁观海市

姚文焲

一②

市浮万顷接晴空,城郭分明指顾中。
谩说沧瀛多蜃气,岂知造化有神工。
绣衣③秉钺来天上,白日驱云到海东。
千里及期陪燕集,浮生吾亦庆吾逢。

二④

楼阁重重起海壖,人传不见已多年。
长题旧梦皆虚尔,真迹今逢岂偶然。
始悟人间亦幻界,应知海外有真仙。
临风登眺情无极,跨鹤乘虚欲上天。

三⑤
海市常年不数来，市呈今日亦奇哉。
烽城霭树连朝起，黄阁朱楼逐浪开。
无祷已酬苏子愿，题诗还愧谪仙才。
大观此会应难再，日落红头醉几回。

姚文焻（1495—？），字在明，号虚谷，福建莆田人。明嘉靖二年（1523）进士，曾任刑部主事、刑部员外郎，嘉靖九年至十四年（1530—1535）任金华府知府，后任山东按察司副使、山东按察使、湖广右布政使、浙江左布政使。

【注释】

①漳源公：指山东监察御史张鹏，字鸣南，号漳源。
②此诗还收录于弘治十四年《蓬莱阁诗集》和万历三十一年《蓬莱阁集》中。
③绣衣：指皇帝特派的执法大员。此处借指山东监察御史张鹏。
④此诗还收录于弘治十四年《蓬莱阁诗集》中。
⑤此诗还收录于弘治十四年《蓬莱阁诗集》中，诗中"日落江头醉几回"与此诗略有差异。

海上用钱可容韵①

张　宏

海边日出海霞明，淡淡长空一鸟横。
健翼②冲天凡羽③避，孤鸣向日匪人④惊。
风行水面波纹皱，云起山头岛屿清。
二月春雷平地震，愿祈霖雨福苍生。

张　宏（生卒年不详），直隶真定（今河北正定）人。曾任山东左参政，明嘉靖九年（1530）升山东按察使。

【注释】

①此诗还收录于弘治十四年《蓬莱阁诗集》中，题目是《和韵》。
②健翼：指猛禽。
③凡羽：普通的鸟。比喻平庸的人。

④匪人：不是亲近的人，引申为孤独无亲的人。

登蓬莱阁有感①

熊 荣

闲登东北蓬莱阁，忽忆西南金碧关②。
杰栋一云凝紫翠，虚囱映日漾潺湲③。
沧溟真小昆明水，大竹疑高太华山④。
十载骢驰空万里，澄清未就多惭颜。

熊 荣（生卒年不详），字以仁，河南汝南人。明正德十二年（1517）进士，曾任行人、国子学禄、巡按山东监察御史，官至陕西参政。

【注释】

①此诗还收录于弘治十四年《蓬莱阁诗集》中，题目是《无题》，诗中的"杰栋入云凝紫翠，虚窗映日漾潺湲""澄清未就每惭颜"与此诗略有差异。
②金碧关：长城关隘紫荆关的旧称。
③潺湲：水慢慢流动。
④太华山：华山的雅称。

奉和侍御东山①

天台山人

一

地维②东尽见蓬莱，崒崔③连空亦壮哉。
海气时蒙巫峡雨，潮声忽殷禹门④雷。
钓鳌剩有任公兴，落雁还思谢朓⑤才。
云尽天空瞪目处，不须方丈自徘徊。

二

小大东头此海州，萍踪会合亦仙游。
吐吞灏气添孤兴，上下重光散百愁。

龙虎谩传斯世远，乾坤真觉此生浮。
凭虚纵目臨溟渤，频驾长风万斛舟。

天台山人（生平不详），明代人。

【注释】

①东山：指山东监察御史周宠，字君锡，号东山，明嘉靖十一年（1532）任山东监察御史。此诗是作者奉和周宠《同陈龙山宪副登蓬莱阁》所作。
②地维：古人以为天圆地方，天有九柱支持，地的四角有大绳维系，称"地维"。
③崒嵂：山高峻的样子。
④禹门：指龙门。
⑤谢朓：字玄晖，陈郡阳夏（今河南太康）人。南朝齐诗人，善辞赋和散文。

谢郑东溟招饮同舟游珠玑岩①

浦 鋐

一叶扁舟驾北溟，风波不入客心惊。
云间竹岛中流立，海外渔矶傍水生。
归隐独便同逸乐，济川君可有才名。
漫随尘世浮沉里，托酒高歌欸乃声。

浦 鋐（1482—1542），字汝器，号竹堂，登州卫（今山东蓬莱）人。明正德十二年（1517）进士，曾任山西洪洞知县、湖广道监察御史、陕西按察使。曾上书请求释放河南道监察御史杨爵，因言辞过激被捕下狱，死于狱中。明隆庆元年（1567），诏赠光禄少卿，谥"忠烈"，祀于登州府乡贤祠、忠烈祠。著有《竹堂奏议》《竹堂诗集》。

【注释】

①此诗还收录于万历三十一年《蓬莱阁集》中。

奉和穀南代巡①登蓬莱阁

陈东光

望海楼高耸十寻,追游此日始登临。
金银城阙传蓬阆②,蛟蜃云霞变古今。
鳌背风来波淼淼,扶桑日上影阴阴。
探奇直欲乘槎去,拟向仙宫摩桂林。

陈东光(生卒年不详),字叔晦,号平冈,钧州(今河南禹州)人。明嘉靖十四年(1535)进士,初任翰林院检讨,后任江西瑞州府知府、山东参政、云南按察使,官至四川右布政使。

【注释】
①代巡:京官巡察地方。
②蓬阆:传说中的神仙住处。泛指仙境。

观 海

雍 焯

自有鸿荒如许年,汪洋浩渺浸长天。
烟云变幻蓬壶远,岛屿参罗弱水连。
万派奔腾无尽处,二仪①出没亘周旋。
何事仙人留浪语,却云此水变桑田。

雍 焯(生卒年不详),字阎仲,甘肃临洮人。明嘉靖十六年(1537)举人,曾任山西武乡教谕、山西交城县令、山西河津县令、贵州道监察御史。著有《中州使余集》《麓原文集》《内台奏稿》《雍氏世谱》《孝子传》《洮阳八景诗》。

【注释】
①二仪:指日月。

望 海①

王光祖

日升紫气流沧海,潮起青沤②上碧滩。
岛屿参差猜远近,乾坤今古说狭宽。
依稀隐见扶桑影,浩荡沉浮弱水湍。
独有瑶池飞不到,几回昂首望云端。

王光祖(1528—?),河北魏县人,祖籍山西黎城。明嘉靖二十三年(1544)进士,曾任监察御史、汝宁府知府,嘉靖三十五年(1556)任登州府知府。

【注释】

①此诗还收录于万历三十一年《蓬莱阁集》中。
②青沤:碧水中的水泡。

登蓬莱阁

刘 孝

凭高夕望水云隈,浩漭烟波势若催。
我欲孤槎觅灵岛,天教群屿护仙台。
琼田作赋增盐事,尾闾登楼访运材。
谁道归墟九万里,沓潮应有好音来。

刘 孝(生卒年不详),字子仁,号邃渠,相台(今河南安阳)人。明隆庆二年(1568)进士,曾任南乐知县、曲沃知县、礼部主事、吏部主事、山东左参政、山东按察使、陕西按察使、河南按察使、山西右布政使等职。著有《邃渠集》。

鹤峰参知邀宴蓬莱阁[1]

蹇 达

一

阁俯沧溟接混茫,相将词客兴飞扬。
波涛今古吞元气,岛屿西东挂夕阳。
玄圃几人求大药,孤根何处托扶桑。
万流转识朝宗意,并倚危栏望帝乡[2]。

二

洞里探奇暮景催,胜游不惜更登台。
中天月傍双城起,虚阁风从万里来。
海上珠光疑隐见,斗边剑气自徘徊。
殊方况复逢佳节,笑指沧洲作酒杯。

蹇 达(1542—1608),字汝上,更字汝循,号理庵,巴县(今重庆巴南)人。明嘉靖四十一年(1562)进士,曾任颍上县令、河南祥符知县、礼部主事、礼部员外郎、安庆府同知、平阳府知府、山东提学佥事、湖广按察使等职,官至兵部尚书。卒赐祭葬,赠少保。蹇达是明代抗倭名将,他所指挥的宁夏戡乱之役、抗倭援朝之役、播州平叛之役是研究明史的重要部分。著有《凤山草堂集》。

【注释】

①此诗还收录于万历三十一年《蓬莱阁集》中。
②帝乡:指京城。

蓬莱阁夕眺[1]

李 戴

百尺危楼万仞巅,开窗四顾俨登仙。
东西日月悬双镜,上下星河共一天。
城外云梯疑跨海,席间风景似乘船。
更怜小洞无尘到,把酒谭心尽入玄。

李 戴（1537—1607），字仁夫，号对泉，河南延津人。明隆庆二年（1568）进士，曾任兴化知县、陕西右参政、右副都御史、刑部侍郎、吏部尚书。卒赠少保，赐忠肃公。明万历十七年（1589）倡捐改建蓬莱阁。

【注释】

①此诗是万历十五年（1587）作者任右副都御史巡抚山东期间登蓬莱阁所作，还收录于万历三十一年《蓬莱阁集》中。

城上观日①

李 戴

蓬莱高阁共跻攀，恍惚仙丹现远山。
万斛明珠浮水面，千层霞彩透天关。
浴从溟渤②呈全体，行到昆仑识大还。
一盏鸿蒙酒便醉，那知身世在尘寰。

【注释】

①此诗是万历十五年（1587）作者任右副都御史巡抚山东期间登蓬莱阁观日出所作，还收录于万历三十一年《蓬莱阁集》中。

②溟渤：泛指大海。

中丞①刘泉公有海上之行且登蓬莱阁望三山寄赠②

王世懋

遥闻高阁俯蓬壶，薄问三山定有无。
云暖蜃楼朝结市，月寒鲛室夜沉珠。
惊湍槛外星河覆，异域樽前岛屿孤。
若遇安期须乞枣③，莫教秦帝石空驱④。

王世懋（1536—1588），字敬美，号麟州，江苏太仓人。明嘉靖三十八年（1559）进士，始任南京礼部主事，进员外郎，后任礼部祠祭司，尚宝司丞，江西参议，陕西、江西、浙江、福建提学副使，官至南京太常少卿。他是明代文学家王世贞之弟，著有《学圃杂疏》《艺圃撷余》《闽部疏》《饶南九三郡舆地图说》《王奉常集》等。

【注释】

①中丞：巡抚的别称

②此诗还收录于万历三十一年《蓬莱阁集》中。

③若遇安期须乞枣：指安期生食巨枣的神话故事。

④莫教秦帝石空驱：指神助秦始皇驱石造桥的典故。

丁亥①同王参藩②李兵宪③登蓬莱阁④

毛　在

二月春分海气清，一尊相对坐蓬瀛。
天开图画真佳丽，人集衣冠总俊英。
太白才名高北斗，右军声价重连城。
独惭使客非仙吏，藉手仁贤答圣明。

毛　在（生卒年不详），字君明，江苏太仓人。明万历二年（1574）进士，授建昌府推官，擢云南道监察御史，出按贵州、山东、河南，升大理寺右丞。著有《先进遗风增补》《四疏稿》。

【注释】

①丁亥：万历十五年（1587）。

②王参藩：指王世懋。

③李兵宪：指李戴。

④此诗还收录于万历三十一年《蓬莱阁集》中。

登蓬莱阁①

邹德泳

蓬莱爽气正秋初，万叠瑶光接素裾。
鸟没望中随地尽，蜃生空处觉天余。
城临岛浪翻云浸，亭俯岩花带雪纾。
大国名游谁与绩，思王②应好赋居诸。

邹德泳（生卒年不详），字汝圣，号泸水，江西安福人。明万历十四年（1586）进士，万历十七年（1589）任行人，历官云南御史、太常少卿、太常正卿。

【注释】

①此诗是作者于万历十七年任行人时登蓬莱阁所作，还收录于万历三十一年《蓬莱阁集》中，诗中"大国名游谁与续"与此诗略有差异。

②思王：即三国魏曹植。

登蓬莱阁二首①

王云鹭

一

琼树昔曾留素鹤，孤槎今复泛蓬莱。
台光极目碧云合，蜃气凌风近堞开。
涸鲋②从来羞润泽，衔沙③何处见涓埃。
安期有枣予堪啖，潦倒不将腐鼠回。

二

三山从昔仙灵地，勾漏分符岂漫游。
一缄云烟连海岱，半生踪迹付沙鸥。
樽前树色还移雨，堞外砧声又绕秋。
不必河州天尽处，淄尘岐路各悠悠。

王云鹭（生卒年不详），字翀儒，河南夏邑人。明隆庆五年（1571）进士，明万历十七年（1589）任登州府知府。王云鹭好金石文字，曾重刻宋代洪适金石学名著《隶释》，是该书现存最早刻本。

【注释】

①此诗还收录于万历三十一年《蓬莱阁集》中。

②涸鲋："涸辙之鲋"的略语，典出《庄子·外物》。本义指干涸的车辙里的鲫鱼，后比喻处于困境中待援的人。

③衔沙：即衔沙填海。出自《山海经》精卫填海的故事。

次登蓬莱阁韵①

陈其学

因霄骑鹤下扬州,揽胜蓬瀛也壮游。
泽国连山浮幻蜃,晴沙几处点闲鸥。
潮声天外随云落,海影涛翻拍岸秋。
莫更倚楼话清浅,秦桥汉柱两悠悠。

陈其学(1508—1593),字宗孟,号竹庵,别号行庵,山东蓬莱人。明嘉靖二十三年(1544)进士,曾任陕甘、延绥总督,转任宣大、山西总督,晋户部右侍郎、兵部左侍郎、右都御史,官至南京刑部尚书。他断案明晰,颇有政声。致仕居乡20年,卒于蓬莱,赠太子少保,谥"恭靖",祀于登州府乡贤祠、大忠祠。

【注释】

①此诗是明万历十九年(1591)八十四岁的陈其学次韵登州府知府王云鹭《登蓬莱阁二首》所作,还收录于万历三十一年《蓬莱阁集》中。

雨台程侯示见河王太公相偕诸僚
登蓬莱阁志感诗次韵奉和

张梦鲤

一

闻道高人探胜概①,从来仙郡属蓬莱。
苏公石刻②千年在,王母珠宫万里开。
浩荡未须称润泽,洪蒙无用叹尘埃。
烟波极目情何限,天际浮云自往回。

二③

江乡自昔多清况,海国于今更壮游。
无事应知当跨鹤,忘机始信可狎鸥。
浴凫解意樽前奥,雁过忽传塞上秋。
彷佛凌风三岛近,乾坤身世总悠悠。

张梦鲤（1533—1597），字汝化，号龙池，山东莱阳人。明嘉靖三十五年（1556）进士，曾任户部主事、职方员外郎、开封府知府、陕西按察司副使、江西按察使、山西右布政使、河北巡抚、副都御史、大理寺卿。卒赠祭葬，祀于山西、河南名宦祠。著有《交绣阁诗草》《交绣阁文集》。

【注释】

①胜概：指非常好的风景或环境。

②苏公石刻：指苏轼的《海市诗》刻石。

③此诗还收录于万历三十一年《蓬莱阁集》中。

无 题

孙 旬

一①

一路福星临渤海，三山佳气郁蓬莱。
东坡亮节当年卓，北海清樽此日开。
槛外波涛飞雨露，云间楼阁绝尘埃。
灵胥②已为君家市，试看征车取道回。

二

海国从来多胜概，达人自昔喜仙游。
了知尘梦同蕉鹿，不遣机心到水鸥。
地接蓬莱身近汉，毫挥珠玉气凌秋。
芳声已播沧溟远，浴日滔星景更悠。

孙 旬（生卒年不详），字若穆，号浒西，山东莱阳人。明万历二年（1574）进士，初授行人，后任陕西道监察御史、顺天府丞、大理寺少卿，官至巡抚操江右佥都御史。著有《皇明疏钞》。

【注释】

①此诗还收录于万历三十一年《蓬莱阁集》中。

②灵胥：借指波浪、浪涛。

无 题

左之宜

一

愧我一鸣离柏府，羡君千骑上蓬莱。
金银宫阙三山近，图画楼台万里开。
涛涌玉龙争吐沫，天空野马自无埃。
森奇画戟归来晚，绝胜襄阳倒载回。

二①

广陵共羡观涛赋，此日沧溟更壮游。
异政剩闻能下凤，机心已尽不惊鸥。
歌传白雪千年调，月印寒潮万顷秋。
伫见款川征入相，漫依台斗望悠悠。

左之宜（1548—1630），字用善，号海楼，山东莱阳人。明万历八年（1580）进士，曾任镇江府推官、南京户部主事、南京兵部员外郎、云南道监察御史。左之宜为官刚正不阿，直声著名于朝。

【注释】

①此诗还收录于万历三十一年《蓬莱阁集》中。

奉和见河王太尊登蓬莱阁诗二首①

程子侃

一

仙棹本浮银汉里，偶因风引向蓬莱。
秦皇碣石依然在，王母蟠桃尚未开。
日荡海珠光有焰，风磨水镜净无埃。
圣朝不重神仙事，彩益应随斗柄回。

二

葱葱佳气郁蜃楼,为有高人览胜游。
八国吏民瞻瑞凤,三山岛屿聚浮鸥。
石栏笔点天边思,桐叶诗题海上秋。
槛外长公留白雪,阳春继响韵偏悠。

程子侃(生卒年不详),字仲言,安徽休宁人。举人,明万历十四年(1586)任莱阳知县,官至澄江府知府。

【注释】

①此诗还收录于万历三十一年《蓬莱阁集》中,诗中"彩鹢应随斗柄回"与此诗略有差异。

蓬莱阁观辽船因忆海运①

吴之美

间上蓬莱续旧游,波涛极目尽安流。
澄清志欲随时效,绥抚人今为国筹。
绵亘客航来辽左,延袤运艘达神州。
苍黎际此升平世,愿祝皇家亿万秋。

吴之美(生卒年不详),山东蓬莱人。明隆庆五年(1571)进士,曾任礼科给事中、河南卫辉府知府。他是登州吴氏一族的杰出人物,祀于登州府忠孝祠、乡贤祠。

【注释】

①此诗还收录于万历三十一年《蓬莱阁集》中,题目是《蓬莱阁观辽船因忆海》。

蓬莱阁观海见市

吴之美

枕泉不习烦嚣①地,乐水常思知者情。
一碧沧溟活泼泼,似虚藏纳湛盈盈。

经眸浪迹谁翻覆，过耳涛声自转更。
世事笑看皆幻影，山头蜃结最分明。

【注释】

①烦嚣：喧扰，嘈杂。

秋日观海

吴之美

画图谁与供吟兴，秋水长天碧送眸。
万里渺茫鲸影静，一舟欸乃①鸟声幽。
楼台远接霞边日，岛屿回看云外鸥。
帝德于今歌截海，鲁儒到此肯乘桴。

【注释】

①欸乃：开船的摇橹声。

游仙人洞①

吴之美

昔人昔日何处去，此地此时争羡游。
水滴潺潺晴亦雨，石垣曲曲昼还幽。
秦皇谬意长生计，徐福空劳巨楫求。
试问安期今在否，斜阳惟照一田丘。

【注释】

①此诗还收录于万历三十一年《蓬莱阁集》中。

过田横寨①

王云鹭

零乱莓苔扫石镌,便从海若问桑田。
蛇亡②事事皆天授,鹿失人人尽比肩。
莫诧眼前空五百,可怜门下更三千。
无穷尘世休相诘,三后于今亦枉然。

王云鹭(生卒年不详),字翀儒,河南夏邑人。明隆庆五年(1571)进士,明万历十七年(1589)任登州府知府。王云鹭好金石文字,曾重刻宋代洪适金石学名著《隶释》,是该书现存最早刻本。

【注释】

①此诗还收录于万历三十一年《蓬莱阁集》中。
②蛇亡:指刘邦兴于蛇、亡于"蟒"的故事。

赠刘东莱弘老泛槎珠玑岩前喜而独酌①

谢继科

解带风轻万里情,使君披豁憩神瀛。
云晴岛外供鳌戏,天逼亭孤引鹤鸣。
醉泛鸥波成啸傲,坐招仙侣问虚盈。
流传东海蟠桃事②,强入天台结旧盟。

谢继科(生卒年不详),字哲甫,江西金溪人。明万历十七年(1589)进士,万历十八年(1590)任登州府推官,后任刑部郎中、琼州府知府。万历四十三年(1615)在琼州金粟泉上东坡书院旧址建书院,集名流与诸生朝夕讲习。

【注释】

①此诗还收录于万历三十一年《蓬莱阁集》中。
②蟠桃事:指神话中三月初三王母娘娘设蟠桃会宴请众仙。

海上公宴即事①

谢继科

天摇空碧断飞沈,酾酒方壶出世心。
风起潮头千鼓叠,云停岛腹一峰阴。
扶桑东压鼋鼍②窟,碣石横开虎豹林③。
渡海楼船悲往事,升平那不寄长吟。

【注释】
①此诗还收录于万历三十一年《蓬莱阁集》中。
②鼋鼍:中国神话传说中指巨鳖和猪婆龙(扬子鳄)。
③虎豹林:形容怪石。

阁上酬王见老宴①

谢继科

闻道玄虚作赋才,招邀况复临高台。
开尊云岛三山至,倚槛天风万里回。
雾卷空明浮绝域,月凉清啸坐蓬莱。
仙踪合预王乔宴,笑领芙蓉露几杯。

【注释】
①此诗还收录于万历三十一年《蓬莱阁集》中。

又酬郭敬所宴①

谢继科

谁向楼头吹玉笙,因君欲赋升天行。
醉衔②鹦鹉杯间碧,倦倚蛟龙海上城。
霞彩低空笼暮岛,风潮卷石入秋声。

林宗自合神仙侣，为报安期吏隐情。

【注释】

①此诗还收录于万历三十一年《蓬莱阁集》中，诗中"谁向楼台吹玉笙"与此诗略有差异。

②衔：意为用嘴含。

蓬莱阁集卷之十

诗　余

金元诗三首

秦楼月二阕

李　本

一

天东北，堪舆际与沧溟极。
沧溟极，巉岩①元气，太初形迹。
飘萧素发秋风急，蓬莱阁上无人识。
无人识，一声长啸，海波凝碧。

二

重阳节，蓬莱阁上登临绝。
登临绝，云涛雪浪，菊花红叶。
夕阳半坠金樽歇，登州太守心如铁。
心如铁，踏歌归去，画桥明月。

李　本（生卒年不详），字伯宗，元代抚州临川（今属江西）人。
【注释】
①巉岩：高而险的山岩。形容险峻陡峭、山石高耸的样子。

秦楼月一阕

丘处机

蓬莱阙,漫漫巨海深难越。
深难越,洪波激吹,怒涛翻雪。
玉霄东畔曾闻说,虚无一境天然别。
天然别,鳌山不动,蜃楼长结。

丘处机(1148—1227),字通密,道号长春子,山东栖霞人。他是金代道士,道教全真道"北七真"之一,道教龙门派祖师,因远赴西域劝说成吉思汗止杀爱民而闻名世界。元世祖至元六年(1269)追赠其为"长春演道主教真人",元武宗至大三年(1310)加封"长春全德神化明应真君",后世称为"长春真人"。著有《大丹直指》《磻溪集》《摄生消息论》《鸣道集》。

秦楼月·咏海市一阕

马 钰

云烟漠,红光紫雾成楼阁。
成楼阁,鸾飞凤舞,往来琼廓。
神仙队仗迎丹药,虚无造化龙生恶。
龙生恶,蓬莱二岛,横铺碧落。

马 钰(1123—1183),原名从义,字宜甫,入道后更名钰,字玄宝,号丹阳子,世称马丹阳,山东宁海(今烟台牟平)人。他弱冠能诗,擅针灸。金天会年间(1123—1137)进士,任宁海州摄六曹事。金大定七年(1167),与妻孙不二拜王重阳为师。元世祖至元六年(1269)赠封为"丹阳抱一无为真人",世称"丹阳真人"。马钰是道教支派全真道二代掌教,与王重阳另外六位弟子合称"北七真"。他继承王重阳性命双修理论,以静净无为统道,创立全真遇仙派。著有《洞玄金玉集》《神光璨》。

明诗一首

韵东坡海市诗为秦楼月二首

潘 滋

一

东风信,空中鞭起鱼龙影。

鱼龙影,珠宫贝阙,岁寒水冷。

南归喜见祝融禀①,心知宇宙谁为正。

谁为正,信眉一笑,率然有请。

二

新丰晓,群仙出没人惊倒。

人惊倒,重楼翠阜,见皆幻杳。

有心山鬼取相报,南归太守②信眉笑。

信眉笑,斜阳万里,磨空一鸟。

潘 滋(生卒年不详),字汝霖,江西婺源人。明嘉靖七年(1528)举人,嘉靖二十九年(1550)任登州府推官。著有《蓬莱观海亭集》《浮槎稿》。

【注释】

①祝融禀:即祝融、石禀,均为衡山五峰之一。

②南归太守:指韩愈。

蓬莱阁集后跋①

王云鹭

郡旧有《蓬莱阁观海亭集》，日就残缺，且近作俱未收入。会庚寅岁，阁复成，规制比往尤备，奚啻名胜，表东海哉。夫蓬莱之名，神仙之说也。士大夫往来临眺兹境，其抚景兴怀，感时摅愫，见之于吟咏篇什。言虽人人殊，大端多谈述神仙有无事。必为有仙者，以仙风道骨世自别，有一种松乔其人也；必为无者，又深驳方士满谰诬天，秦汉所求是也。余不知所谓仙第，今畏途者，若视浮名为倘来，内泯机心，外泯机事，随分可以朝市，可以山林，得则为民生造福，失则尚保其故步，此真神仙中人也。先正论释教曰："天堂无则已，有则君子登。"则知神仙无则已，有则君子登无疑矣。凡际清暇，壮游名胜如蓬莱仙阁者，亦宿缘也。其姓氏诗文于是复收之，梓旧集与新增共为卷若干，直题曰《蓬莱阁集》云。

万历十九年辛卯闰三月
知登州府事夏邑王云鹭书

王云鹭（生卒年不详），字翀儒，河南夏邑人。明隆庆五年（1571）进士，明万历十七年（1589）任登州府知府。王云鹭好金石文字，曾重刻宋代洪适金石学名著《隶释》，是该书现存最早刻本。

【注释】

①此文还收录于万历三十一年《蓬莱阁集》中。

蓬莱阁集

（明万历三十一年）

知府程试 同知张以翔 通判袁九功 推官冀述 校阅 知县马行健 汇梓

教授马元吉 教谕杜学书 训导罗衮 董振业 傅好古 刘原登 订证

目 录

蓬莱阁集叙···孙　旬（339）
拟蓬莱阁集序··程　试（341）

蓬莱阁集卷之一

秦文一首

登琅邪台刻石文···始　皇（343）

唐文一首

招海贾文··柳宗元（344）

宋文三首

北海十二石记···苏　轼（345）
东海广德王庙碑铭······································贾黄中（346）
蓬莱阁记··朱处约（348）

蓬莱阁集卷之二

明文十首

蓬莱阁记··韩　敏（349）
蓬莱阁记··杨　琅（350）
观海市记··张　璿（351）
观海市记··包　节（352）
拟苏子瞻祷海市文······································潘　滋（353）
重修蓬莱阁记···宋应昌（354）
修蓬莱阁成创僧舍记··································王云鹭（356）
蓬莱阁多寿亭序··陈其学（357）
蓬莱多寿亭图后跋·····································王云鹭（358）
甜井记···王云鹭（359）

蓬莱阁集卷之三

晋赋一首

海　赋···木玄虚（360）

唐赋十二首

海潮赋···卢　肇（362）

琅邪台观日赋···无名氏（368）

登天坛山望海日初出赋·······································无名氏（368）

海上生明月赋···无名氏（369）

早秋望海上五色云赋···张　何（370）

白云点照春海赋···姜公辅（370）

大鹏赋···李　白（371）

鲲化为鹏赋···高　迈（372）

北溟有鱼赋···独孤授（373）

巨鳌冠灵山赋···杨　涛（374）

钓鳌赋···张友正（375）

蜃楼赋···王　起（375）

明赋一首

蓬莱阁赋···潘　滋（376）

蓬莱阁集卷之四

五言古诗
隋诗四首

望　海···炀　帝（379）

季秋观海···炀　帝（379）

奉和望海···虞　茂（380）

奉和望海···杨师道（380）

唐诗八首

春日望海···太　宗（381）

观　海···太　宗（382）

望　海···高　适（383）

感　兴···李　白（384）

海上寄萧五···独孤及（384）

岁莫海上作	孟浩然（385）
游　仙	王贞白（385）
送薛文学归海东	刘眘虚（386）

宋诗二首
| 观　海 | 苏　轼（387） |
| 游珠玑岩 | 苏　轼（388） |

明诗七首
大风观蓬莱阁	左思忠（388）
观　海	徐　冠（389）
无　题	寇　林（391）
蓬莱阁与郭近庵张晓峰夜话	邹　善（391）
海　日	刘　孝（392）
同刘大参潘宪副登蓬莱阁观海观日出时采访海运	梁梦龙（393）
登蓬莱阁望云门秦望诸山	高　启（393）

蓬莱阁集卷之五

七言古诗

唐诗一首
| 登天坛夜见海日 | 李　益（395） |

宋诗一首
| 祷海市 | 苏　轼（396） |

元诗一首
| 登蓬莱阁 | 赵　亨（397） |

明诗二十二首
咏　海	薛　瑄（398）
咏　海	张　穆（399）
观东坡海市碑有感	杜　庠（400）
咏　海	王士昭（401）
咏　海	秦　金（401）
咏海二首	陈　鼎（403）
夏日登蓬莱阁	顾中立（404）
和东坡祷海市	郭宗皋（406）

和东坡咏海市……………………………………潘　滋（407）
无　题…………………………………………………邹　袭（408）
和东坡先生……………………………………………陈凤梧（409）
登蓬莱阁………………………………………………刘思贤（410）
观海市和坡翁韵………………………………………游　琏（411）
同陆思庵宪伯观海市…………………………………邹　善（412）
九日同陆思庵宪伯登蓬莱阁遂赴秦将军太平楼宴
　　敬步薛文清公咏海韵……………………………邹　善（413）
海　市…………………………………………………李　汶（414）
次苏文忠公韵…………………………………………蹇　达（415）
晚宿阁中观日苦为云雾所障…………………………毛　在（416）
观日楼观日出…………………………………………王云鹭（417）
次观日楼观日出韵……………………………………王云鹭（417）
观海市…………………………………………………王云鹭（418）
蓬莱阁望海……………………………………………黄应台（419）

蓬莱阁集卷之六

五言绝句
唐诗一首
感怀一绝………………………………………………无名氏（421）

明诗五首
咏大竹小竹二绝………………………………………周　鳌（422）
登蓬莱阁二绝…………………………………………梁　木（422）
登蓬莱阁四绝…………………………………………潘　滋（423）
古意二首………………………………………………潘　滋（424）
春日蓬莱阁观日………………………………………乔应春（424）

蓬莱阁集卷之七

七言绝句
唐诗三首
登楼寄王卿……………………………………………韦应物（426）
送司马先生……………………………………………李　峤（426）

海上忆洛中旧游·····················独孤及（427）

宋诗一首

咏　海···························王师中（427）

金元诗五首

冷然泉···························张国卿（428）

日观峰····························萧　贡（428）

望瀛台春望·························邢具瞻（429）

登蓬莱阁··························王鹿庵（429）

风烟绝胜亭························萧闲老人（430）

明诗三十五首

观海二绝··························王崇庆（430）

观海二绝····························于　溱（431）

观海四绝··························杨载鸣（432）

送门人之登州························胡　珙（433）

答蓬莱羽客三绝······················冀　桐（433）

田横山······························刘　泾（434）

春潮带雨····························郭　朴（434）

春潮带雨··························张应登（435）

旭日蒸霞····························郭　朴（435）

旭日蒸霞··························张应登（435）

岛月摇光····························郭　朴（436）

岛月摇光··························张应登（436）

鲛宫幻象····························郭　朴（436）

鲛宫幻象··························张应登（437）

披裘垂钓····························郭　朴（437）

披裘垂钓··························张应登（437）

漱石枕流····························郭　朴（438）

漱石枕流··························张应登（438）

送浪浮槎····························郭　朴（438）

送浪浮槎··························张应登（439）

洪涛濯足····························郭　朴（439）

洪涛濯足··························张应登（439）

次陈侍御韵	陈景隆（440）
望　海	黄　绣（440）
登蓬莱阁六首	吴维岳（441）
和吴峻伯蓬莱阁六绝	王世贞（442）
寄蓬莱秘药致谢	张应登（443）
海上清明侧体四绝	程　试（444）
海上四绝同南泽刘将军徐真适陈云洲共赋	程　试（445）
海上对月四绝	程　试（445）
谒海庙二绝	程　试（446）
登蓬莱阁十绝	冀　述（447）
奉次大韵	刘炳文（448）
登蓬莱阁观海	徐元卿（449）
蓬莱阁登眺时重九后口	程　试（449）

蓬莱观海亭集卷之八

五言律诗

唐诗四首

望　海	周　繇（451）
赠客游海	贾　岛（451）
望　海	李　峤（452）
望　海	李　峒（452）

宋诗二首

| 题海庙 | 梅　贡（453） |
| 望瀛亭 | 杜子民（453） |

元诗三首

登蓬莱阁	李　愿（454）
压山楼	李　愿（454）
宾日楼	于　钦（455）

明诗二十六首

登蓬莱阁	王允修（455）
五月登蓬莱阁四首	郑　芸（456）
登蓬莱阁	白　玶（457）

登蓬莱阁	柳本明	（457）
观海市	李　绅	（457）
观海市	汤绍恩	（458）
海市晚集	王　傅	（459）
和白渠王明府登蓬莱阁	王　言	（459）
春日侵辰予同王槐轩登蓬莱阁观日出寻由山城过珠玑崖望海潮	罗廷绅	（460）
无　题	王光祖	（460）
答蓬莱羽客	冀　桐	（461）
壬子年五月次王佥宪一泉公海上宴游	应大桂	（461）
珠岩泛舟	应大桂	（462）
次陈侍御韵	陈景隆	（462）
蓬莱阁观海	戚　勋	（463）
游珠玑岩	郑　漳	（463）
登蓬莱阁	王　言	（464）
竹山呈市	王　言	（464）
无　题	吴　定	（465）
无　题	张克家	（465）
还郡望海	谢继科	（466）
陪饮阁上赋赠东莱司理李小庵	谢继科	（466）
陪饮李民部阁上	谢继科	（467）
黄县道中	黄克缵	（468）
春游次韵	程　试	（468）
蓬莱阁观海	李惟中	（469）

蓬莱阁集卷之九

七言律诗
宋诗六首

咏蓬莱阁	赵　抃	（470）
观　海	苏　轼	（471）
游珠玑崖	苏　轼	（471）
海上书怀	苏　轼	（472）
次韵陈海州乘槎亭	苏　轼	（472）

登蓬莱阁 ………………………………………………… 许　遵（473）

金元诗二首

海岳楼 ……………………………………………………… 王汝玉（473）
登蓬莱阁 …………………………………………………… 黄士表（474）

蓬莱阁集卷之十

明诗八十六首

观海市不见 ………………………………………………… 吴　谦（475）
登太平楼 …………………………………………………… 游　琏（475）
同陈龙山宪副登蓬莱阁 …………………………………… 周　宠（476）
登蓬莱阁 …………………………………………………… 顾应祥（477）
游漏天 ……………………………………………………… 郑　漳（477）
登蓬莱阁 …………………………………………………… 潘九龄（478）
登蓬莱阁三首 ……………………………………………… 胡缵宗（478）
登太平楼 …………………………………………………… 陈凤梧（479）
登太平楼 …………………………………………………… 柳本明（480）
登蓬莱阁 …………………………………………………… 于　湊（481）
登蓬莱阁 …………………………………………………… 郑　淳（481）
上蓬莱阁观海市 …………………………………………… 姚文炤（482）
上蓬莱阁观海市 …………………………………………… 沈　松（483）
登蓬莱阁 …………………………………………………… 郭　玺（483）
登蓬莱阁 …………………………………………………… 谢仲贤（484）
登蓬莱阁二首 ……………………………………………… 熊文翰（484）
登蓬莱阁二首 ……………………………………………… 陈　鼎（485）
观海市二首 ………………………………………………… 陈　鼎（486）
登蓬莱阁 …………………………………………………… 浦　铉（486）
登蓬莱阁 …………………………………………………… 赵秉伦（487）
蓬莱阁怀旧 ………………………………………………… 李　泂（487）
登蓬莱阁二首 ……………………………………………… 浦之浩（488）
五日蓬莱阁宴集 …………………………………………… 王　言（489）
将适维杨登阁述怀 ………………………………………… 陈其学（489）
登蓬莱阁 …………………………………………………… 吴　昶（490）

登蓬莱阁次潘文宗韵	谭　纲	（491）
与谢将军饮蓬莱太平楼	吴维岳	（492）
登蓬莱阁二首	赵　绅	（492）
与僚佐望海二首	王世贞	（493）
蓬莱阁望海一首	周国卿	（494）
省白邀蓬莱阁观月	刘　泾	（494）
奉和次山公登蓬莱阁观海	谢　榛	（495）
游仙人洞	乔应春	（495）
次乔使君韵	陈其学	（496）
观　海	宋守孟	（497）
登蓬莱阁次先君豸史公韵二首	周凤来	（498）
李柱峰宪副寄蓬莱观海诸作用报一章	张应登	（498）
用韵谢张玉车	李　琪	（499）
登蓬莱阁	张继孟	（499）
登蓬莱阁写怀	王良臣	（500）
观海二首	徐　冠	（501）
无　题	夏　时	（501）
海　市	王懋中	（502）
无　题	沈　松	（502）
漳源公按登之三日余适至得陪诸公上蓬莱阁观海市	姚文焰	（503）
谢郑东溟招饮同舟游珠玑岩	浦　铉	（504）
望　海	王光祖	（504）
鹤峰参知邀宴蓬莱阁	蹇　达	（505）
蓬莱阁夕眺	李　戴	（505）
城上观日	李　戴	（506）
中丞刘泉公有海上之行且登蓬莱阁望三山寄赠	王世懋	（506）
丁亥同王参藩李兵宪登蓬莱阁	毛　在	（507）
登蓬莱阁	邹德泳	（507）
登蓬莱阁二首	王云鹭	（508）
次登蓬莱阁韵	陈其学	（509）
雨台程侯示见河王太公相偕诸僚登蓬莱阁志感诗次韵奉和	张梦鲤	（509）
无　题	孙　旬	（510）

无题	左之宜	（510）
奉和见河王太尊登蓬莱阁诗二首	程子侃	（511）
蓬莱阁观辽船因忆海	吴之美	（511）
游仙人洞	吴之美	（512）
过田横寨	王云鹭	（512）
赠刘东莱弘老泛槎珠玑岩前喜而独酌	谢继科	（513）
海上公宴即事	谢继科	（513）
阁上酬王见老宴	谢继科	（514）
又酬郭敬所宴	谢继科	（514）
谒海神庙观海	黄克缵	（514）
东牟观兵夜宴蓬莱阁二首	黄克缵	（515）
登蓬莱阁观水上军二首	来三聘	（515）
春日登蓬莱阁观海水操次抚台韵三首	程试	（516）
中秋蓬莱阁燕集二首	程试	（517）
海上漫赋	程试	（518）
中秋从程太翁冀寅丈蓬莱阁燕集二首	张以翔	（518）
登蓬莱阁	徐元卿	（519）
登蓬莱阁观海	袁九功	（519）
蓬莱阁晚眺二首	冀述	（520）
和程太老筌洲中秋夜蓬莱阁燕集二首	冀述	（520）
登蓬莱阁观海次抚台韵四首	马行健	（521）
观海	马行健	（522）
次大中丞黄公观兵夜宴蓬莱阁韵四首	蔡梦齐	（522）
登蓬莱阁观海二首	蔡梦齐	（524）
登蓬莱阁观海市	金秉钺	（524）
登蓬莱阁观海市	董振业	（525）
登蓬莱阁观海市	刘敬业	（525）
蓬莱阁观海	曹让	（526）
秋杪阁中观日出	黄应台	（526）

蓬莱阁集后跋 ……………………… 王云鹭（527）
蓬莱阁集后序 ……………………… 马行健（528）

蓬莱阁集叙[①]

孙 旬

海上有蓬莱阁，人间胜地也。世咸泥于庄周、徐福之说，见为物外清虚之府，飞仙朗吟之处，非人间所有。而阁之得名者，以其气象之肖，而非真蓬莱也。其阁中之题咏，亦咏其气象之肖，而非真咏蓬莱也。此在遗世之士，每惑志焉，莫不欲直到真处而脱于无何之乡，即身处阁中，犹然驰海外之想焉。余独谓其幻慕渺茫，而近遗实际也。

夫阁去登郡二里许，架千仞之丹岩，临无垠之瀚海，窈窕空明哉。身游其上，则天风飘袖，爽气袭襟，恍惚清冷，若游太虚然。故名卿巨公，鸿儒骚客，往来兹郡者，无弗快其登临，而形诸词章。是故凭虚远眺，则见宇廓，天空豁然，镜皇图之雄盛也。抚景兴怀，则见波澄烽熄，怡然思保泰之石画也。触目疑神，则见日浴星滔，鳌峰蜃市，旷然会大道之真机也。由此以谭，则是阁也，岂直朴樕齐东之胜已哉。天下无蓬莱则已，有蓬莱则兹窈窕空明之处，即蓬瀛之真境也。天下无仙人则已，有仙人则兹挥洒楼阁之章，尽绝粒之仙才也。彼托虚物外驾说海中者，荒唐甚矣。

嗟乎！古仙人不复见矣。幸及见者，阁与篇什耳。顾居诸寝久，残剥日甚，今幸存者又乌知其不复泯乎？中州见河王公治郡之二年，以政优民和之会，既增拓其阁制，仍搜辑其篇什，梓而寿之，传之天下，使天下注想兹阁者，一展阅而尽蓬瀛之胜概；亦使天下得览篇什者，一捧诵而识海宇之廓清；抑亦使天下晓然，知仙圣在人间，而黜荒唐之说于不足信也。公之用心，其在兹欤！集成命余为之叙，因书而识之。

万历岁在辛卯又三月谷旦

赐进士第中宪大夫提督操江兼管巡江南京都察院右佥都御史前大理寺左右少卿顺天府丞陕西道监察御史侍经筵莱阳浒西孙旬谨书

孙 旬（生卒年不详），字若穆，号浒西，山东莱阳人。明万历二年（1574）进士，初授行人，后任陕西道监察御史、顺天府丞、大理寺少卿，官至巡抚操江右佥都御史。著有《皇明疏钞》。

【注释】

①此文还收录于万历十九年《蓬莱阁集》中。

拟蓬莱阁集序

程 试

盖闻省耕省敛歌夏谚于游休，勿剪勿伐颂甘棠于蔽芾。矧抚绥所至，每御缥缃节钺之余，不废词翰者哉。爰有大壑，实为归墟。地入鹅鸠，星分危女。弥溟渤之巨浸，接天汉之洪流。八月仙槎泛星辰而直上，三山神闉列岛屿以潆洄。断鳌员赑而负山，精卫昂藏以衔石，岿然突兀。

阁曰"蓬莱"，跨朱崖，吞赤水，俯圆峤，凌丹丘。青琐银铺，缭以藻井；珠宫贝阙，敞以绮疏。凉室处其西偏，温房承其东序。南眺炎洲，一瞬澄波闽粤；北瞻帝阙，五云遥接蓬莱。隔弱水之三千，去层霄之尺五。御风神濩，招安期于阜乡；餐玉清涯，揖羡门于县圃。迨及旭日，试看朝暾，翔鸟振羽于扶桑，烛龙衔火于阳谷。赤轮捧日，大冶耀金，若出水之芙蓉，真凌波之菡萏。他如海市，城郭隐见，须臾蜃气楼台变幻，顷刻以故。名公巨卿，骚人迁客，登高作赋，授管摛词，谟写胸怀，抒腴风物，恒于胜地焉，一寄泄矣。苏长公倡其始，诸名公扬其芬。山灵方待品题，碧纱久需笼护。

兹者督抚晋江黄公，文武为宪，安攘绥猷，开府齐中，阅兵海上。值天吴之效顺，巨汇澄波；属上帝之赉贤，辎车巡守。先声夺气，显允宣威。弓挂天山玄菟，几年清虎豹；箭传青海赤符，他日到麒麟。既毕省方，遂及游览。尔乃乘丹毂，驭青虬，跻方丈，登瀛洲，冰夷为之熄尘，丰隆于焉清道。畅怀瑶岛之下，濯魄冰壶之内。于是，扬盱衡旷，骇瞩流羽，爵开琼筵。循赏之余，高韵自发。岱宗郢调，寄豪兴于江山；海表齐风，抒壮猷于云汉。遂使凌飙却月，法曹掩响于扬州；玉柱金卮，总持退舍于江左。落霞秋水，谩诧滕王阁之画栋珠帘；把酒临风，直继岳阳楼之先忧后乐。霓旌挥甲，夜色映韬钤；彩笔扫商，云春生组练。一时唱和千古。

主盟复以《蓬莱集》杀青，已旧副墨宜新，乃以首篇督之。末吏顾试，负笯甘同于马走，学诗未闻乎鲤趋。授玄有愧，童乌属草，敢方文考。况火炫萤尾，不足大观；而水满蹄涔，敢扬巨壑。敬输半豹，顾见一班。

万历岁次癸卯孟春吉旦
赐进士第中顺大夫知登州府事赵人程试谨书

程　试（生卒年不详），字子跃，号荃洲，河北新河人。明万历十一年（1583）进士，曾任寿光知县、工部都水司主事、户部屯田员外郎、饶州府知府，万历二十九年（1601）任登州府知府。著有《水部之山集》。

蓬莱阁集卷之一

秦文一首

登琅邪台刻石文①

始　皇

　　维二十六年，皇帝作始。端平法度，万物之纪。以明人事，合同父子。圣智仁义，显白道理。东抚东土，以省卒士。事已大毕，乃临于海。皇帝之功，勤劳本事。上农除末，黔首是富。普天之下，抟心揖志。器械以量，同书文字。日月所照，舟舆所载。皆终其命，莫不得意。应时动事，是为皇帝。匡饬异俗，陵水经地。忧恤黔首，朝夕不懈。除疑定法，咸知所辟。方伯分职，诸治经易。举错必当，莫不如画。皇帝之明，临察四方。尊卑贵贱，不逾次行。奸邪不容，皆务贞良。细大尽力，莫敢怠荒。远迩辟隐，专务肃庄。端直敦忠，事业有常。皇帝之德，存定四极。诛乱除害，兴利致福。节事以时，诸产繁殖。黔首安宁，不用兵革。六亲相保，终无寇贼。欢欣奉教，尽知法式。六合之内，皇帝之土。西涉流沙，南尽北户。东有东海，北过大夏。人迹所至，无不臣者。功盖五帝，泽及牛马。莫不受德，各安其宇。

　　维秦王兼有天下，立名为皇帝，乃抚东土，至于琅邪。列侯武成侯王离、列侯通武侯王贲、伦侯建成侯赵亥、伦侯昌武侯成、伦侯武信侯冯毋择、丞相隗林、丞相王绾、卿李斯、卿王戊、五大夫赵婴、五大夫杨樛从，与议于海上。曰："古之帝者，地不过千里，诸侯各守其封城，或朝或否，相侵暴乱，残伐不止，犹刻金石，以自为纪。古之五帝三王，知教不同，法度不明，假威鬼神，以欺远方，实不称名，故不久长。其身未殁，诸侯倍叛，法令不行。今皇帝并一海内，以为郡县，天下和平。昭明宗庙，体道行德，尊号大成。群臣相与诵皇帝功德，刻于金石，以为表经。"

　　始　皇（前259—前210），嬴姓，赵姓，名政，生于赵国都城邯郸，秦庄襄王之子。13岁继承王位，39岁称皇帝，在位37年。中国历史上著名的政治家、战略家、改革家，首位完成大一统的政治人物，建立首个多民族的中央集权国家。采用三皇之"皇"、五帝之"帝"构成"皇帝"的称号，是古今中外第一个称皇帝的君主。

【注释】

① 此文还收集录于万历十九年《蓬莱阁集》中。

唐文一首

招海贾文①

柳宗元

咨海贾兮，君胡以利易生而卒离其形？大海荡薄兮，颠倒日月。龙鱼倾侧兮，神怪隳突。奔螭出抃兮，翔鹏振舞。天吴九首兮，更笑迭怒。垂涎闪舌兮，挥霍旁午。君不返兮终为虏。

咨海贾兮，君胡乐出幽险而疾平夷？恟骇愁苦而以忘其归。上党易野恬以舒，歧路脉布满九区，出无入有而货俱。君不返兮欲谁须，胶鬲得圣捐盐鱼。范子去相安陶朱，吕氏行贾南面孤。弘羊心计登谋谟，煮盐大冶九卿居。禄秩山委收国租，贤智走诺争下车。逍遥纵傲世所趋，君不返兮为愚。

咨海贾兮，贾尚不可为，而又海是蹈。死为险魄兮，生为贪夫。亦独何乐哉？归来宁君躯。

柳宗元（773—819），字子厚，河东解县（今山西运城西南）人。唐贞元九年（793）进士，曾任秘书省校书郎、集贤殿书院正字、蓝田尉、监察御史里行、邵州刺史、永州司马。柳宗元是唐代文学家、哲学家，唐宋八大家之一。有诗文作品600余篇，骈文近100篇，散文论说性强，笔锋犀利，讽刺辛辣。著有《河东先生集》。

【注释】

① 此文还收录于万历十九年《蓬莱阁集》中。

宋文三首

北海十二石记①

苏 轼

登州下临大海，目力所及，沙门、鼍矶、牵牛、大竹、小竹凡五岛。惟沙门最近，兀然焦枯。其余皆紫翠巉绝，出波涛中，真神仙所宅也。上生石芝，草木皆奇玮，多不识名者。又多美石，五彩斑斓，或作金色。

熙宁己酉②岁，李天章③为登守，吴子野④往从之游。时解二卿⑤致政，退居于登，使人入诸岛取石，得十二株，皆秀色灿然。适有舶在岸下，将转海至朝。子野请于解公，尽得十二石以归，置所居岁寒堂下。

近世好事能致石者多矣，未有取北海而置南海者也。

元祐八年八月十五日记

苏 轼（1037—1101），字子瞻，又字和仲，号东坡居士，四川眉山人。宋嘉祐二年（1057）进士，授凤翔府签书判官。宋元丰二年（1079）因"乌台诗案"遭贬，谪黄州团练副使。元丰八年（1085）十月任登州知州，到任五天后，奉调回京任礼部郎中，后转任龙图阁学士等。卒后追赠太师，谥"文忠"。苏轼曾奏请废除登州榷盐专卖制度，登州百姓感其恩德建"苏公祠"，后祀于登州府名宦祠。苏轼为北宋中期文坛领袖，唐宋八大家之一，在文、诗、词三方面都拥有极高的造诣，是宋代文学最高成就的代表，一生留下《海市诗》等与登州有关诗文21篇。他擅行书、楷书，与黄庭坚、米芾、蔡襄并称"宋四家"。著有《东坡七集》《东坡志林》等。

【注释】

①此文还收录于万历十九年《蓬莱阁集》中。

②熙宁己酉：宋熙宁二年（1069）。

③李天章：即李师中，字诚之，楚丘（今山东曹县）人。宋熙宁初任天章阁待制，熙宁二年任登州知州。

④吴子野：即吴复古，字子野，号远游，广东揭阳人。

⑤解二卿：即解宾王，字伯京，山东蓬莱人。曾任刑部侍郎。

东海广德王庙碑铭①

贾黄中

惟尧之圣，就如日，望如云，而下民罹洪水之患。惟禹之德，声为律，身为度，而尽力有浚川之劳。垂力无穷，流惠斯大。然而究其本末，论乎委输，苟疏凿不使于朝宗，渟蓄非由于善下，则尧欲济难，虚罄知人之明；禹无成功，徒施焦思之苦。夫成二圣之丕绩，冠乎古今；解万方之倒悬，免其垫溺。满而不溢，大无不包，则其惟东海广德王乎！

若乃验五行之用，习坎推先；纪四渎之序，东方称首。太昊是都于析木，大帝实馆于扶桑。限蛮夷以分疆，兴云雨而成岁。其广也，尽天之覆，助玄化以无私；其深也，载地如舟，使含生而共济。统元气以资始，擅洪名而不居。涤荡日月之精，推斥阴阳之候。物惟错以称富，润作咸而兴利。龙门导其九曲，吸为安流。鳌峰②耸其八柱③，镍（音锁）为巨镇。祸淫如响，驱山岂足以加威；福善必诚，航苇皆期于利涉。是故毳（音吹）冕④之制，异其章以著明；罍水之洁，法其左以定位。信夫太极兼之以生，万物资之以成，九州因之以平，百谷赖之以倾。至若不以污浊分别，见其仁也；不以寒暑增损，全乎义也；卑以为体，合乎礼也；深而无际，包乎智也；潮必以时，著乎信也。如是，则象止可以目观，神莫得而智知。三王之际，已严祀典；万世而下，率修旧章。德若非馨，罔有昭答；祭或如在，必闻感通。惟品汇之盛衰，系时风之隆替，允属昌运，遐光令猷。广天广运圣文神武明道至德仁孝皇帝，覆载群生，照临下土。飞龙正在天之位，丹凤效来仪之资，负斧扆以朝诸侯，登紫坛而款太一。执玉帛者万国，防风无后至之诛；舞干羽于两阶，有苗悛不恭之罪。九流式叙，七德用成。化洽雍熙，美溢图史。然后较步骤之优劣，论礼秩之等夷。声教所通，人神俱举。

东莱之地，海祠在焉，岁月滋深，规模非壮，岂称集灵之所，徒招逼下之讥。盖累朝以来，中夏多故，垣墉虽建，诚异于可圬（音污）；牲牢虽设，或乖于掩豆。噫！太平之难遇既如彼，亵渎之成弊又如此。惟大圣以有作，眷皇明而烛幽，经久之圗，自我为始。于是大匠颁式，百工献能，暗盼星昭，潋漫云灿！不资民力，盖示于丰财；无夺农时，诚彰于悦使。长廊千柱以环布，虚殿中央而崛起。窗牖回合其寒暑，金碧含吐其精荧。衮冕尊南面之仪，羽卫图永远之制。节内外以严关键，宽步武而辟轩庭。丹垩极物表之环奇，陆离尽人间之壮丽。且黄金为阙，止是虚谈；紫贝开宫，何尝目睹！于是祝史举册而致命，彻侯当祭而为献。肃肃庙貌，雍雍礼容，牢醴⑤载陈而有加，光灵拜赐以来格。斯盖答贶于穹旻，属意于黎元，使俗被和平，物消疵疠，于以隆治，道于无穷。光至德于不朽，若夫信徐氏之言，将游方丈；惑文成之妄，欲访安期。意在虚无，事皆怪诞，校其得失，何止天壤哉？宜乎九译来庭，不睹扬波之兆；三时多利，屡臻大有之年。膺宝历以永昌，率群神而授职。般诗考义，遐播无疆之休；望秩陈仪，长垂不刊之典。昔汾浍二水，《左传》尚纪其始封；泾渭两川，《马史》犹书其命祀。况兹广德王之盛烈，焉可缺如！爰诏下臣，俾文其事。虽逢时备位，固绝乘桴之嗟；而为学甚芜，愈增持翰之愧。乃勉为铭曰：

在昔洪水，下民其咨。惟天命尧，当数之奇。惟尧命禹，救时之危。赖二圣之有德，导万流之东驰。纳而无所，功将安施。以圣翊圣，无为而为。幽鉴不昧，聪明可知。既载既奠，以京以坁（音池）。运有否泰，时有盛衰。崇其秩望，俟乎雍熙。我后之明，照临寰瀛。我后之德，覆载蛮貊⑥。乃丰礼秩，乃盈严祀。乃荐牲币，乃洁樽彝。宫室羽卫，王者之规。衮冕剑佩，南面之仪。眷彼平野，蔓草如束。既图既划，树以嘉木。养彼旧址，坏彼垣属。既经既营，峙以华屋。玄贶斯答，皇明斯烛。神之来兮，若受万福。庙貌惟赫，享献惟肃。神之来兮，诞荷百禄。疵疠消于八纮，和气浃于群生。披文勒石，超三代之英。

贾黄中（940—996），字娲民，河北南皮人。后周显德二年（955）进士，曾任左拾遗、宣州知州、司封郎中、给事中、参知政事、秘书监。著有《伏睹禁林盛事谨赋一章》《吟贻宣义大师英上人》《送新知永州潘宫赞若冲赴任》《题华林书院》。

【注释】

①此文还收录于万历十九年《蓬莱阁集》中，但文中无字义注解。

②鳌峰：江海中的岛屿。因如巨鳌背负山峰，故名。

③八柱：古代神话传说中地有八柱，用以承天。

④毳冕：毳衣和冕。古代天子祭祀四望山川时所用礼服。

⑤牢醴：古代祭祀用的牲品和美酒。

⑥蛮貊：泛指四方落后部族。

蓬莱阁记①

朱处约

　　世传蓬莱、方丈、瀛洲②在海之中，皆神仙所居，人莫能及其处。其言恍惚诡异，多出于方士之说，难于取信。而登州所居之邑曰蓬莱，岂非秦汉之君东游以追其迹，意神仙果可求也？蓬莱不得见，而空名其邑曰蓬莱，使后传以为惑。

　　据方士三山之说，大抵草木鸟兽神怪之名，又言仙者宫室伟大，气序和平之状，食其草木，则可以长生不死。长往之士，莫不欲到其境而脱于无何之乡。际海而望，翕然注想物外，不惑其说者鲜矣。

　　嘉祐辛丑③，治邦逾年，而岁事不愆，风雨时若，春菑秋获，五谷登成，民皆安堵。因思海德润泽为大，而神之有祠，卑陋不葺，遂新今庙。即其旧基以构此阁，将为州人游览之所。层崖千仞，重溟万里，浮波涌金，扶桑日出，霁河横银，阴灵生月，烟浮雾横，碧山远列，沙浑潮落，白鹭交舞，鱼浮上下，钓歌互应。仰而望之，身企鹏翔；俯而瞰之，足蹑鳌背。听览之间，恍不知神仙之蓬莱也，乃人世之蓬莱也。上德远被，恩涵如春，恍若致俗于仁寿之域，此治世之蓬莱也。后因名其阁曰蓬莱，盖志一时之事，竟不知神仙之蓬莱也。

朱处约（生卒年不详），字纯臣，真州（今江苏仪征）人。宋景祐四年（1037）进士，曾任南安军上犹知县、殿中丞、承奉郎、太常博士、泸州军州通判、侍御史、吏部司封员外郎。宋嘉祐五年至七年（1060—1062）任登州知州，倡建蓬莱阁。后任祠部郎中，官至兵部侍郎。

【注释】

①此文还收录于万历十九年《蓬莱阁集》中。

②蓬莱、方丈、瀛洲：古代传说东海中有蓬莱、方丈、瀛洲三神山，山中有不死之药，秦始皇、汉武帝曾东游以追求之。《史记·秦始皇本纪》："齐人徐市等上书，言海中有三神山，名曰蓬莱、方丈、瀛洲。"相传山形如壶，故又称"三壶山"。

③嘉祐辛丑：嘉祐六年（1061）。

蓬莱阁集卷之二

明文十首

蓬莱阁记①

韩 敏

蓬莱阁,大都督卫公青②因海神祠而建也。祠旧在沙门岛小岨山,蛟龙之所出没,蜃气之所瀚结,洪涛巨浪之所腾沛。居民艰于航海,弗克以时而祝厘焉。乃视地之可迁者,得近城之崖,出海天人境,空阔中可容百余楹,曰:"此可也。"于是具其事,请于朝。遂出己资若干缗,取石于崖浒,斩木于郁林,鸠工卜日,校崖形胜,下其巅半之,益其下而倍之,级而上之,若鳞次然。崇其中作殿宇,旁有廊庑,外有山门。殿之东建三清殿,旁列皆如其制。迤西又有楹栏曲绕,为奉神者居,使传以道言,而复其役。居民以公劳,塑像世祀焉。

总督备倭永康侯徐安,继公之任,建天风海涛亭,翘然后耸,若自天而落者。登眺之暇,燕坐憩息,足以游目骋怀也。亭之东建观音阁,制度加备焉。

今年夏,大都督公主器、平羌将军、宣城伯卫颖③,以予尝宦游其地,属为文以记。予以为,东极之山曰开明,南极之山曰暑门,西极之山曰阊阖,北极之山曰寒门,皆远在四裔;而蓬壶、方丈、瀛洲之三神山,风致殊绝,又在四极山之中,是皆渺茫幻泡,莫之或知。今登公之阁,尘念顿息,身势恍惚,虽海外四极三山之风致,意必不是过也。名曰蓬莱,举目一览,南仆昆仑,东俯三韩,西偃恒阜,北下不周。举凸(音秃)然碟(音指)然于前,而溢溢爽气,袭人襟袂。吾知登斯阁也,得以穷高极远,望氛祲以节劳役,其恋阙思亲之心,油然于此而生矣。姑因其请以复,是为记。

韩 敏(生卒年不详),江苏淮安人。明天顺三年(1459)任登州府知府。

【注释】

①此文还收录于万历十九年《蓬莱阁集》中,但文中无字音注解。

②大都督卫公青:指明代抗倭名将卫青,曾在山东抗倭十余年,明宣统十年(1435)敕封左军都督府都督佥事。

③卫颖:卫青次子。袭父职任济南卫指挥使,明正统十四年(1449)升都指挥同知,擢署都督佥事。明天顺元年(1457)因拥明英宗复辟有功获封宣城伯并世袭,随后升为总兵官,挂平羌将军印坐镇甘肃,后历官辽东总兵官,官至后军都督府掌府事。明弘治十一年(1498)去世,获赠宣城侯,谥"壮勇"。

蓬莱阁记①

杨 琅

阁以蓬莱名,纪形胜也。蓬莱,或者以为方外之境,神仙之窟,形胜之区。而阁得名者,气象类之也。若夫东牟之隅,丹崖瞰海,划凸塞凹(遏腰二音起也),相方定址,此阁之创建也。碧瓦鳞次,檐牙翚举,画栋彩槛,青碧夺目,此阁之壮丽也。开窗寓瞩,周览形胜,则鲸波无际,涵乾吸坤,何宽旷也。沙门、鼍矶,诸岛联络,何清绝也。重楼翠阜,海市出没,何神奇也。夷寠獠穴,簇丛可指,何高爽也。若乃阳乌吐彩,而波光荡摇;兔魄腾辉,而清影交映,则阁之朝暮也。暗烟凝而海天浑,岸草香而鱼鸟适,雪涛驾风,岛屿飞白,则阁之四时也。朝夕殊象,四时异景,所以昭阁之形胜一也。时或衣冠萃止,升高望远,游阁之佳宾也。感时触物,珠玑吐喷,赋咏之篇什也。盖海宇廓清,狼烟息焰,士君子歌诵太平之盛也。阁昉于宋,而湮其址,创而新之,自今以始也。后之视今,犹今之视昔,嗣是时葺理之,则是阁与山光水色,同无极也。创之者谁?元戎永康侯徐公安也。成化辛卯②仲秋己丑,则阁之创建年月日也。后三年甲午季春③清明日记。

杨 琅(1428—1473),字朝重,福建莆田人。明天顺八年(1464)进士,曾任河南道监察御史、江西清军御史、浙江巡按御史、山东按察司提学佥事。著有《举业经义》。

【注释】

①此文还收录于万历十九年《蓬莱阁集》中。

②成化辛卯:明成化七年(1471)。

③甲午季春：明成化十年（1474）三月。

观海市记①

张　璿

登州海市旧矣，居兹地者以见为恒，经兹地者以遇为难，以不得遇为徒游，以故古今人过此留题多长叹去。

正德辛未②冬，余奉命巡兹土，窃有意于海市之遇焉，未必也。今年夏五月念一日入登州，公余，问及海市。告者曰："见当时，若晓起雾集，为见之蒙。"余闻其言，而窃有意于雾集焉，未必也。连日晴明，念八日辛未更绝，无云翳，余偶疾，饮药卧，门关焉。日午，有击门鼓者，再启视之。告者曰："市见良久，报无由，因击鼓报。"余闻而喜之，且怪击鼓不早也，乃呼驺奴促肩舆行北上。

北城门外，吴少参从岷③、盛金宪德章④已先至。北望海洋岛屿，恍惚市如在。须臾，大竹山围以黄墙，门向阳，山隈一木团松形。迤西为小竹山，山形如殿。又迤西为牵牛岛，岛变平楼，东南窗启不闭。已而，傍起围亭，顶大如斗。又迤西为北洋山，山树翁郁，若十里余，远望之如城郭。而山之东、岛之西又北，平水中突出，山林未显也。伫立者久之，市幻化不暇计。

左顾蓬莱阁，基山濒海，突兀如画。告者曰："阁高，登阁望市加详，且名公题咏俱在，不登不见。"余闻而喜其助余也。遂下城，出城西，入水城。潮初退，渔童三五捕蟹蛤，不去。自西而北，路渐高。又高，为海庙门，左右累然。入门，怪石四立如人状，庙塑海神，傍有廊，廊多绘事。将入览之，告者曰："市仍在。"遂东出小门，行转北，抠衣上石磴，磴尽为平峦，即丹崖山绝顶处。阁居其上，乃步梯次第登阁。中彩扉开，天光入，佳果列，海鲜烹，鼓吹动，衣冠集。顾海市献现巧如初，眼空怀放，情畅神清，恍如身在云霄之上，不知广寒、清暑、方丈、瀛洲何若也。北望辽海，茫无际涯。东望扶桑日出之乡，如在咫尺。而其西则田横岛，违珠玑岩不远，屹立不阿，令人感慨。又极目而南，齐王信祠重山障蔽，心且不取也，乃坐而饮酒。数行阅阁中题咏，多佳句。阅既，谈论域中奇景，至于不可知处，共无言。少焉，平水山林变为城市楼台，三叠上下分明。倚扉送目，海风凉入怀抱不暇顾。日转申，市仍不散，欲归未舍也。引壶觞再酌酒，欲酣，继以苦茶醒，乃下搜石刻读之，多苔绣未明。

东顾栋宇巍然，为三清殿，入揖三清。又东为观音阁，阁仅一楹，金碧眩目不俗。出倚石阑，视晚潮，凭风势作声，撞岸石，石安不动。再顾海市，惟山岛在，而城郭、楼台、山林、亭树，绝无影像，可怪也。斯时也，断霞明，飞鸟还，樵担渔罩。沿径登岸，若龙王宫、太平楼、仙人洞皆不暇登览，遂归焉。

询日晴市见之由，告者曰："雨兆也，数日后当雨。"余闻而喜益滋，且验之。明日阴，又明日阴，皆不雨。越三日，辛未夜，雷电交作，雨如倾，然未广也。又越三日，甲戌雨，一日夜乃晴，四野沾濡，稿禾用苏，农夫荷锄，欢声在途。告者曰："昔子瞻寓此祷而市见，留有诗。今不祷而见，而久而雨，而可无言。"余曰："不然！子瞻一代文人，隆冬祷应，因为诗，遂为故事，迨今传固宜。若余之来此，当见时日晴，而见者偶然也。自巳至申，移时不散者，偶然也。见而天雨，雨足一方，转枯回生者，偶然也。余以偶然来，市偶然见，亦奚必哉而可言也。"告者曰："吴、盛二君俱有诗，王宪副汝邻后至，亦补作续，有赓和宜多焉，而可无言。"余不获，已而应之，姑记之，为群玉引。

张璿（1477—1542），字仲齐，号恒山，河北晋州人。明正德三年（1508）进士，正德六年（1511）任巡按山东御史，后任南京提学使、右佥都御史、都察院提督。著有《家藏集》《东巡录》《抚宁录》等。

【注释】

①此文还收录于万历十九年《蓬莱阁集》中。
②正德辛未：正德六年。
③吴少参从岷：即吴江，字从岷，号与斋，时任山东布政司左参议，官至河南布政司右参政。
④盛佥宪德章：即盛仪，字德章，号蜀岗，江苏江都人。明弘治十八年（1505）进士，曾任监察御史，官至太仆寺卿。著有《嘉靖惟扬志》。

观海市记①

包 节

粤稽往籍，谓："登州多海市，市如城郭、宫室、车马、旌旗然。"尝慨然庶几遇之，比一再至，未之或见，则疑纪载不经，史氏诬乎哉。乃问其乡之人，亦曰："市有之，市如城郭、宫室、车马、旌旗然，其在春夏之交乎。"即春夏交，未之或见，则疑其乡之人善眩者，沿习诞妄荧惑想像哉。

乃岁丙申②夏五月，晋沁阳侍御张公③以按至。至之再日，会海市见，国以内欢呼狂惊，告于郡邑吏，郡邑吏以告于藩臬诸大夫，诸大夫以告于侍御公。公瞿然曰："怪迂之变，不可考原久矣。"其试观之，维时天地融朗，不瞀侵氛。乃跻层阁，俯澄瀛，顾望诸岛。市且谲变，如史氏所纪载，及其乡之人所称引云。

其始见也，樛流宛延，澶漫迤靡，则有若崇堆缭垣，绵亘夷陆者矣。其变则隆崇岩岌，旷分弘敞，有若树颢天之台，揭豫章之馆，绮寮炯晃，栋宇高骧者矣。又变则为芬丽缤纷之态，旖旎飒缅之状，有若翳芝盖扬霓，旌靡云旗者矣。曾未移时而殊形，诡制不可殚究。维时观者色异，因相与嗟叹，玄灵推极莽眇。或曰蜃气欤，或曰海若赑屃欤，或曰列真之金银台欤，或曰明月夜光腾英吐藻欤，类弗可考原矣。

乃进而质诸侍御公，公曰："若以为有乎哉，无乎哉。泱瀰之野呈奇逞变，将安归乎。中国名山人川环瑰倬诡者，往往棋置，是又将安归乎。夫融结聚散，无非气也。久忽常幻，无非气也。恶乎有，亦恶乎无。君其问之倏忽，问之鸿蒙。"诸大夫曰："然今而后知海市矣，其识之。"

包　节（1506—1556），字元达，号蒙泉，华亭（今上海松江）人，原籍浙江嘉兴。明嘉靖十一年（1532）进士，曾任东昌府推官、监察御史。著有《湟中稿》《陕西行都司志》《包侍御集》。

【注释】

①此文还收录于万历十九年《蓬莱阁集》中。

②丙申：嘉靖十五年（1536）。

③晋沁阳侍御张公：指山东监察御史张鹏，字鸣南，号漳源，山西沁县人。

拟苏子瞻祷海市文①

潘　滋

事不习见，以为怪理，则旷世而相待。立于有物之先，议于六合之外。潓沱②之水，可以合衡山之云，可以开王霸为中兴之佐。韩愈乃命世之才，投之险阻而弗悯，迫之仓卒而不乱。措黔黎③于衽席，诞先登乎彼岸。怀江湖之先忧，示庙堂之深筭④。建洪化⑤之休符⑥，表法象之贞观。

登之瀛岛，海市实奇。春夏则见，秋冬则非，执而不溥。我则大疑，孰闶其光？孰泥其行？帝命是敕，惟广德王蜿（音怨，又音远）蟺（音檀）瑰诡，发其尽藏而使金桥千尺，瑶阙万重。人皆见于春，我独见于冬，岂人力之夤缘⁷，斯诚意之感通。于是晴霞旭暾，惠风荡灪（音雷），玄圃升，赤城壍（音戏），焕云机之锦裳，披天章之玉字，不见而见，不莅而莅。孤臣轼敢再拜稽首，以侥明神之嘉赐。

潘 滋（生卒年不详），字汝霖，江西婺源人。明嘉靖七年（1528）举人，嘉靖二十九年（1550）任登州府推官。著有《蓬莱观海亭集》《浮槎稿》。

【注释】

① 此文还收录于万历十九年《蓬莱阁集》中，但文中无字音注解。
② 滹沱：指滹沱河。
③ 黔黎：指百姓。
④ 深筭：即深图远筭。深谋远虑的意思。
⑤ 洪化：宏大的教化。古时用来歌颂帝王。
⑥ 休符：吉祥的征兆。
⑦ 夤缘：攀附上升。比喻拉拢关系，向上巴结。

重修蓬莱阁记①

宋应昌

按史：秦皇东游并海上，登之罘②，以冀与神遇。汉武时，燕齐迂怪之士扼腕言，海上有蓬莱、方丈、瀛洲三神山之属，仙人可致。帝欣然，庶几遇之，即其地以望蓬莱，则蓬莱阁之名，实昉此焉。

说者曰："兹名也，秦汉之侈心也，胡为乎沿之而以重修烦也？"考郡乘③，宋嘉祐时，守臣朱处约氏实创构之，谓："上德远被，致俗仁寿，此治世之蓬莱也。"语具贞珉④中。余览而旨之，叹曰："知言哉！古人一丘一壑，不废登咏，矧是阁首踞丹崖，俯瞰沧溟，千折之槛，三至之阶，恍然出人间世，固域内一奇胜也，乌可无修。"

在昔尧天海涵，寅宾日出，周波不扬，肃慎东来，爽鸠氏之所宅，管敬仲⑤之所官，升降不知凡几，于海王之国仅一瞬也，可以观世。风雨晦冥之潮汐万状，沙门、罿矶、牵牛、二竹⑥之楼台闪忽，鱼、龙、犀、螭、象罔之出没无常，安期、羡门、紫芝、瑶草⑦之若有若无，凭阑一睇，怛心骇目，斯诧奇吊诡之囿也，可以观变。尔乃观海揽襟，登高作赋，或明风于爰居，或辩物于楛矢，或寓言于《齐谐》，或侈谈于裨海，或赋子虚⑧以见奇，或祷海市以志感，秀色雄乎涛声，逸思巧于蜃气，可以观材。至若东扼岛夷，北控辽左⑨，南通吴会⑩，西翼燕云⑪，艘运之所达，可以济咽喉，备倭之所据，可以崇保障，封豕鼷所渔，长鲸罔敢吸，可以观要。抚时察变，度材修要，四者备，天下之大观矣，乌可无修？

语有之，台以察氛祲，节劳佚，微独于目观美也。盖古之仁人君子，遐思逖览，罔不在民。记超然台则起物外之想，登岳阳楼则勤先忧之思，宁独骋眄望流光景为旷已乎。若乃登兹阁者，纪纲之臣，肃其宪令；封疆之臣，宣其慈惠；文学之臣，藻其謦欬；将帅之臣，振其武略。俾物无疵疠，民无夭札，跻斯世，而蓬莱之庶几仁人君子之用心哉。

无论世无神仙，蓬莱政使有之，以方我大明盛治，摹唐型周，海静风恬，真人天境界，果何若也。抑方丈、瀛洲君子固掩口不欲道耶。然则是阁也，修于治世尤亟矣。余固曰："知言哉，宋臣也。"卑卑秦汉从叟者流，奚置喙焉。

是役也，前抚李公⑫宪檄经始稽费，则公课百余缗，乡官戚总戎⑬输资百余缗，预办材辽左。会巡抚辽东顾公海檄兵道郝，返其值金，输木千金，艘运三年，财靡帑出，力靡民劳，规画宏敞，视旧贯什倍之矣。阁入国朝，一修于永熙间，再修于成化七年，凡兹三修也。阁事竣，适不穀建节之初，郡吏具状，守巡以白，佥谓材美制巨，地胜名远，不可以不纪也，于是乎记。

宋应昌（1536—1606），字思文，号桐冈，浙江杭州人。明嘉靖四十四年（1565）进士，曾任绛州知州、济南知府、福建布政使，进副都御史巡抚山东，官至兵部右侍郎，加右都御史。宋应昌是明朝抗倭名将，明万历二十年（1592）以兵部右侍郎经略朝鲜、蓟辽等处军务，率兵援朝，收复失地，其文韬武略，名重一时。著有《道器图说》《心径茅锄》《窥测陈筌》《经略复国要编》等。

【注释】

①此文还收录于万历十九年《蓬莱阁集》中。
②之罘：烟台市芝罘区北伸入海中的一个半岛。
③郡乘：载录历史曰"乘"，郡乘即郡志。
④贞珉：石之坚且美者，比喻石碑。此指朱处约《蓬莱阁记》碑，今不存。
⑤管敬仲：即管仲，春秋时齐国宰相。登州原属齐地，故引此。
⑥沙门、鼉矶、牵牛、二竹：岛名，属于庙岛群岛。
⑦安期、羡门、紫芝、瑶草：安期、羡门为古代传说中的仙人；紫芝、瑶草为仙草。

⑧赋子虚：汉司马相如作《子虚赋》。

⑨辽左：指辽东。

⑩吴会：东汉分会稽郡为吴、会稽二郡，合称"吴会"。后虽分郡渐多，仍通称这两郡的故地为吴会。

⑪燕云：指幽州和云州，今河北、山西辖地。

⑫前抚李公：即前任山东巡抚李戴。

⑬戚总戎：即戚继光。

修蓬莱阁成创僧舍记①

王云鹭

余以武库郎②乙酉③出守扬州，"腰缠十万贯，骑鹤上扬州"④，昔人诙（音贱）谈之。余素无腰缠，而轻骑上扬。及抵郡，即访琼花之墟。于烟月消沉之中，只遗山人张三丰"清致不沾凡雨露，高标犹带古烟霞"之句。读此则愿一见颜色不异琼树枝者，是琼花虽亡而实在也。丙戌⑤拜日长至⑥，有一鹤，羽翮⑦高六尺强，自楚州三百余里，凌风而翔于太守之庭。谕德张元忭，敬洒长篇以章其事，从而和者十数，咸称真扬州鹤也。居三载，部使者已奏绩矣。自视仍无腰缠，或因为不尔尔者，不扬也。

幸而山川之灵亮⑧之恍然，移余于东海蓬莱之境，兹境群仙古楼也。今岁六月至郡城，八月易蓬阁而新之，十二月落成。其材木之美，率以海艘办于辽阳千里间，关之外三年所也。不余先不余后，材集而工举。若又有相之者，余辱铸山煮海，旧地竟不能理及腰缠。苏子瞻尝游此也，诗曰："无事此静坐，一日似两日。若得七十岁，便是百四十。"余暇中喟然，谓："日长似岁闲，方觉岂但一日、两日而已。"

扬仙郡也，登仙郡也，去仙吏而得仙吏名，无乃不可居。余闻东海上有安期生，食枣如瓜。愿乞其种，效青门五色，甘美无妨也。阁视旧贯，倍加宏敞，益可为往来临眺。余募一僧，有静规者守之。客至，澹香一篆，苦茗一掬，如来氏数语，虽俗子亦自胸次⑨洒然，又一仙也。因镌年月于所构僧舍，为之记。

王云鹭（生卒年不详），字翀儒，河南夏邑人。明隆庆五年（1571）进士，明万历十七年（1589）任登州府知府。王云鹭好金石文字，曾重刻宋代洪适金石学名著《隶释》，是该书现存最早刻本。

【注释】

①此文还收录于万历十九年《蓬莱阁集》中,但文中无字音注解。

②武库郎:官名。隶属兵部武库清吏司,主掌戎器、符勘、尺籍、武学、薪隶之事。

③乙酉:指万历十三年(1585)。

④腰缠十万贯,骑鹤上扬州:出自南朝梁殷芸《小说》,后指随身携带的钱财,亦泛指拥有的财富。

⑤丙戌:指万历十四年(1586)。

⑥日长至:指夏至。

⑦羽翮:翅膀。

⑧灵亮:明媚美秀。

⑨胸次:胸间,亦指胸怀。

蓬莱阁多寿亭序①

陈其学

粤稽古盛王,未有遗年者。我国朝且著之令甲,永锡灵长之脉。逮我圣天子,重敦典以培植元苞,即合六幕而仁寿之也甚殷。乃命我钟文陆公②代之东巡,实钦承之。首按嵎海穷陬,揽辔澄清而冲涵恬润且无际。暨登阁,望洋浮天合碧,泠㴐(音弟)酝酾,必有遐旷者以应世瑞云。

按志,牟人颛蒙椎鲁,历今犹有古风。矧斥瘠无营业,惟务农,且俭啬,寡谐际,心目一无他适。此其朴钝寒散,殆与淳气相合,自是多得之。郡守王公素善养老者,即以百八十余人导之入见。霜髯雪发,恍若华表蹁跹,把袂牵裳,肘腋交携,鱼贯而前,咸据掌致诸地。乃一一温燠之,各赍以金帛。亟谕所司其无伤,欢声沸出,殊然气象。於戏!美哉!寿乎矧且多也。即移郡建多寿亭于蓬莱阁,仍绘之像,以昭太平之世。

重谈及余耄,业会题俞旨存问矣。盍乞言以纪之?遂如礼授綮枉沐,问其寿及所以寿。余罔生无以諆。按字纬曰:寿者,受也,谓纪之者天。又曰:守也,谓顺之者人。理数难齐,姑曼云已。余屡植少多病,亟慎以守之,奚翅斋战。迨强而仕,辄投之边徼垂二十年,以病归。一惟心息相依,和天倪以顺天年。延今仅能言视勃窣,可愧以多,幸老民自叙,乃辱命以裁撰耶。

仰惟顺承天施，涵濡旁魄，即衰榆枯梗顿生有泽色。缠绵布濩皞皞难名，而幽鸟鸣春知识云然哉。随率诸畴辈，偕诣多寿亭下，爇炷宝薰，望阙叩首，同呼以祝之曰：天子万年。

陈其学（1508—1593），字宗孟，号竹庵，别号行庵，山东蓬莱人。明嘉靖二十三年（1544）进士，历任陕甘、延绥总督，转任宣大、山西总督，晋户部右侍郎、兵部左侍郎、右都御史，官至南京刑部尚书。他断案明晰，颇有政声。致仕居乡20年，卒于蓬莱，赠太子少保，谥"恭靖"，祀于登州府乡贤祠、大忠祠。

【注释】

①多寿亭：在蓬莱阁南，明万历十八年（1590）登州府知府王云鹭建，今已不存。此文还收录于万历十九年《蓬莱阁集》中。

②钟文陆公：即钟化民，字维新，别号文陆，浙江余杭人。万历十八年任巡按山东监察御史。

蓬莱多寿亭图后跋①

王云鹭

余编行乡约保甲法，得遍历城衢及郊关之内。计户不满三千，见垂白而扶杖而匍匐甚众。因询其年，得八十以上及百岁共百八十七名口，而七十者不与焉。先是我按台钟公②，因东省少歉，大疏蠲逋，适巡牟海，又便宜开仓，皆以广布朝廷寿国寿民之政。会郡具乡保二图集上，公曰："仁寿哉兹民，何兹地之多耶？果仁人静而有常之理耶？果地瘠民贫，生不见异物，造化乘除之数耶？果衍气多仁，寒气多寿，地气使然耶？果斯民莫不欲寿，三王生之而不伤，而国家生养休息之恩耶？"除南刑书陈公③钦旨存问，余缙绅则礼于其庐，匹夫匹妇别优以粟帛。一时士民欣然，咸颂我公老安少怀，盛举也。间有识之者曰："自古以来，东海民多寿，误者以为有仙，吾郡真人间世蓬莱也！"

余忝郡长吏，承宪檄建多寿亭于蓬莱阁下，并绘刻一百八十七老形状、姓名于后，以示来者云。

王云鹭（生卒年不详），字翀儒，河南夏邑人。明隆庆五年（1571）进士，明万历十七年（1589）任登州府知府。王云鹭好金石文字，曾重刻宋代洪适金石学名著《隶释》，是该书现存最早刻本。

【注释】

①此文还收录于万历十九年《蓬莱阁集》中。

②钟公：即钟化民。

③南刑书陈公：即南京刑部尚书陈其学。

甜井记①

王云鹭

蓬莱阁下百余武，小海傍有甘泉焉。秋夏苦霖潦所浸，余甃以石壁，覆以瓦亭，扁曰"甜井"。客有过而问曰："兹泉也，郡胡珍重之若是也？"侍者莫能答，以告余。余曰："处有顺逆，行有易难，区区一掬泉耳，而邻于汪洋无际之巨壑，千流皆卤，万派悉咸，彼独孑然挺然，而天性本来之甜淡无恙。硁硁然小人哉②，敢藐海若，敢抗波臣，往来井井③，难乎哉易乎！"客闻之，喟然曰："滕薛④不可以敌秦楚也，势也；雕刻不可以改面目也，定也。可以为难矣。"知其难，兹固余珍重斯泉之意也。镌之石。

【注释】

①此文还收录于万历十九年《蓬莱阁集》中。

②硁硁然小人哉：比喻渺小而顽强。

③往来井井：洁净不变的意思。

④滕薛：春秋时的两个小国、弱国，在今山东枣庄境内。

蓬莱阁集卷之三

晋赋一首

海　赋[①]

木玄虚

　　昔在帝妫，巨唐之世，天纲浡潏（音厥），为凋为瘵。洪涛澜汗，万里无际；长波湝（音踏，满溢也）湍（音堕，水往来貌），迤延八裔。于是乎禹也，乃铲临崖之阜陆，决陂潢而相浚；启龙门之崒（音窄，山狭貌）嶷（音额），垦陵峦而崭（音洒）凿。群山既略，百川潜渫，泱漭澹泞，腾倾赴势。江河既导，万穴俱流，掎（音几，编引也）拔五岳，竭涸九州。沥滴渗淫，荟蔚云雾，涓流泱瀼，莫不来注。

　　于廓灵海，长为委输，其为广也，其为怪也，宜其为大也。尔其为状也，则乃浟（音尤，水流貌）溁（音亦，水名）潋滟，浮天无岸；冲（音冲，水平远貌）瀜沆（音抗，水广貌）瀁（音养，水漾貌），渺弥溔（音炭，大水也）漫；波如连山，乍合乍散；嘘噏百川，洗涤淮汉；襄陵广舄，瀷濭（音意，清也）浩汗。

　　若乃大明擶（音禩）辔于金枢之穴，翔旸逸骇于扶桑之津。猋（音飙）沙岩（音却，石声）石，荡飓（无音，似飑；音枢，风舒也）岛滨。于是风伯鼓怒，溢浪扬泡。更相触搏，飞沫起涛。状如天轮，胶戾而激转；又似地轴，挺拔而争回。岑岭飞腾而反覆，五岳鼓舞而相碓（音堆）。㵾溃沦而滀（音畜，滞也）漯，郁沏（音册，水流也）迭而隆颓。盘猛（音污，旋流也）激而成窟，㳿（音锹，舀也）㴸（音旗，义同）溁而为魁。泅（音旱，流也）泊柏而迤（音以，邪行也）扬，磊匎（音答，重叠也）匎（音葛，市也）而相屄（音灰，猪灰地）。惊浪雷奔，骇水迸集。开合解会，瀼瀼湿湿。葩华踧泹（音猱，水吏也），湏（音永）泞瀁（音集）滘（音溺，水动也）。

　　若乃霾曀潜销，莫振莫竦。轻尘不飞，纤萝不动。犹尚呀呷（音匣，吸也），余波独涌。澎（音彭）濞（音辟，水声也）灪（音欲，水也）硙（音怀，石也），碨（音畏，朱不平也）磊山砻。披靡尔其枝岐潭瀹，渤荡成汜。乖峦隔夷，回互万里。

若乃偏荒速告，王命急宣。飞骏鼓楫，泛海陵山。于是候劲风，揭百尺，维长绡，挂帆席。望涛远决，冏然鸟逝。鹬如惊凫之失侣，倏如六龙之所掣。一越三千，不终朝而济所届。

若其负秽临深，虚誓愆期，则有海童邀路，马衔（音衍）当蹊。天吴乍见而仿佛，蝄（音罔，水石之精）象暂晓而闪尸。群妖遘迕，眇䁯（音遥，美目也）冶夷。决帆摧橦，戕风起恶（去声）。廓如灵变，惚恍幽暮。气似天霄，叆霼（音费，云貌）云布。翕（音叔）昱（音育，日光）绝电，百色妖露。呵嗽（音旭，气也）掩郁，矆（音挥，面垢也）睒（音闪，暂视貌）无度。飞涝相礉（音怆，石也），激势相沏。崩云屑雨，浤浤汩汩。踸（音堪，义同）踔（音卓，独立貌）湛瀿（音岳，水名），沸溃渝溢。濯涛濩渭，荡云沃日。

于是舟人渔子，徂南极东，或屑没于鼋鼍之穴，或挂罥（音绢）于岑嶅之峰。或掣掣泄泄于裸人之国，或泛泛悠悠于黑齿之邦。或乃萍流而浮转，或因归风以自反。徒识观怪之多骇，乃不悟所历之近远。

尔其大量也，则南澰（音练，泛也）朱崖，北洒天墟，东演析木，西薄青徐。经途瀴（音英，水也）溟，万万有余。吐云霓，含龙鱼，隐鲲鳞，潜灵居。岂徒积太巅之宝贝，与隋侯之明珠。将世之所收者常闻，所未名者若无。且布世之所闻，恶审其名？故可仿像其色，叆霼（音喜，云貌）其形。

尔其水府之内，极深之庭，则有崇岛巨鳌，峌（音跌，嵽高山貌）峴（音齿，山空也）孤亭。擘洪波，指大清，竭磐石，栖百灵。扬凯风而南逝，广莫至而北征。其垠则有天琛水怪，鲛人之室。瑕石诡晖，鳞甲异质。

若乃云锦散文于沙汭之际，绫罗被光于螺蚌之节。繁采扬华，万色隐鲜。阳冰不冶，阴火潜然。熺炭重燔，吹炯九泉。朱燩绿烟，腰眇蝉蜎。鱼则横海之鲸，突兀孤游。戛岩嶅（音傲，动摇貌），偃高涛，茹鳞甲，吞龙舟。噏波则洪涟踧蹜，吹涝则百川倒流。或乃蹭蹬穷波，陆死盐田；巨鳞插云，鬐鬣刺天；颅骨成岳，流膏为渊。若乃岩坻之隈，沙石之嵚（音卿，山势也）；毛翼产鷇（音冠，鸟初生须母食之），剖卵成禽；凫雏离褷（音师），鹤子淋渗；群飞侣浴，戏广浮深；翔雾连轩，泄泄淫淫；翻动成雷，扰翰为林；更相叫啸，诡色殊音。

若乃三光既清，天地融朗。不泛阳侯，乘峤绝往。观安期于蓬莱，见桥山之帝像。群仙缥眇，餐玉清涯。履阜乡之留舄，被羽翮之襂（音衫，绛帛也）纚（音飒，长袖貌；又音史，冠织也）。翔天沼，戏穷溟。甄有形于无欲，永悠悠以长生。且其为器也，包乾之奥，括坤之区。惟神是宅，亦祇是庐。何奇不有，何怪不储？茫茫积流，含形内虚。旷哉坎德，卑以自居。弘（音勉，张口貌）往纳来，以宗以都。品物类生，何有何无。

木玄虚（生卒年不详），名木华，字玄虚，广川（今河北景县西南）人。西晋辞赋家，曾为太傅杨骏府主簿。

【注释】

①此文还收录于万历十九年《蓬莱阁集》中，但文中无字义注解。

唐赋十二首

海潮赋①

卢 肇

夫潮之生，因乎日也；其盈其虚，系乎月也。古君子所未究之，将为之辞。犹惮夫有所未通者，故先序以尽之。

肇始窥《尧典》，见历象日月以定四时，乃知圣人之心，盖行乎浑天矣。浑天之法著，阴阳之运不差。阴阳之运不差，万物之理皆得。万物之理皆得，其海潮之出入，欲不尽著，将安适乎？近代言潮者，皆验其及时而绝，过朔乃兴，月弦乃小瀛，月望乃大至。以为水为阴类，牵月而高下随之也。遂为涛志，定其朝夕，以为万古之式，莫之逾也。殊不知月之与海同物也。物之同，能相激乎？《易》曰："天地睽而其事同也，男女睽而其志通也。"夫物之形相睽，而后震动焉，生植焉。譬犹烹饪，置水盈鼎，而不爨之，欲望膳羞之熟，成五味之美，其可得乎？潮亦然也。天之行健，昼夜复焉。日傅于天，天左旋入海，而日随之。日之至也，水其可以附之乎？故因其灼激而退焉。退于彼，盈于此，则潮之往来，不足怪也。其小大之期，则制之于月。大小不常，必有迟有速。故盈亏之势，与月同体。何以然？日月合朔之际，则潮始微绝。以其至阴之物，迩于至阳，是以阳之威不得肆焉，阴之辉不得明焉。阴阳敌，故无进无退，无进无退，乃适平焉。是以月之与潮，皆隐乎晦，此潮生之实验也。其朒（妠□二音，□也）其朓（巢桃二音，祭也），则潮亦随之。乃知日激水而潮生，月离日而潮大。斯不刊之理也。古之人或以日如平地执烛，远则不见。何其谬乎！夫日之入海，其必然之理乎。且自朔之后，月入不尽，昼常见焉，以至于望。自望之后，月出不尽，昼常见焉，以至于晦。见于昼者，未尝有光，必待日入于海，隔以映之。受光多少，随日远近，近则光少，远则光多，至近则甚亏，至远则大满。此理又足证夫日至于海，水退于潮，尤较然也。

肇适得其旨，以潮之理，未始著于经籍间，以类言之，犹乾坤立，则易行乎其中。易行乎其中，则物有象焉。物有象而后有辞，此圣人之教也。肇观乎日月之运，乃识海潮之道，识海潮之道，亦欲推海潮之象，得其象亦欲为之辞。非敢炫于学者，盖欲请示千万祀，知圣代有苦心之士如肇者焉。赋曰：

开圆灵于混沌，包四极以永贞（立天之道）。翖（音吸，赤白色怒貌也）至阳之元精（谓日也），作寒暑与晦明。截穹崇以高步，涉浩漾而下征。回龟鸟于两至（冬至日在南斗，玄武之体，故云龟；夏至日在东井，朱雀之体，故云鸟也），曾不愆乎度程。其出也，天光来而气曙；其入也，海水退而潮生。何古人之守惑，谓滋涛之不测。安有夫虞泉之乡，沃焦之域。栖悲谷以成暝，浴蒙汜而改色。巨鳅隐见以作规，介人呼吸而为式。阳侯玩威于鬼工，伍胥泄怒乎忠力。是以纳人于聋昧，遗羞乎后代。曾未知海潮之生兮自日，而太阴裁其小大也。今将考之以不惑之理，著之于不刊之辞。陈其本则昼夜之运可见其影响，言其征则朔望之后不爽乎毫厘。岂不谓乎有耳目之疾，而爧（音霍，正作霩）将判乎神医者也。粤若太极，分阴分阳。阳为日，故节之以分至启闭；阴为水，故霏之以雨露雪霜。虽至赜而可见，虽至大而可量。岂谓居其中而不察乎渺漠，亡其外而不考其茫洋者哉！故水者阴之母，日者阳之相。阳不下而昏晓之望不得成，阴不升而云雨之施不得睹。因上下之交泰，识洪涛之所鼓。胡为乎历象取其枝叶而迷其本根也，策其涓滴而丧其泉源也（诸家不言海潮之由也）。于是欲抉其所迷而论之，采其所长而存之。光乎廓乎，汩磅礴乎。差瀴溟之无际，曷鸿蒙而可以尽度乎？乃知夫言潮之初，心游六虚。索蜿（音怨，又音远）蜒（音淡，南方夷）乎乾龙，驾镠辂乎坤舆。知六合之外，洪波无所泄（但随二至升降而已）；识四海之内，至精有所储（元气常运，万物自成）。不然，何以使百川赴之而不溢，万古揆之而靡余也。是乃察乎涛之所由主也。

骇乎哉！彼其为广也，视之而荡荡矣；彼其为状也，喝（音曷，歇也）乎其沉沉矣。其增其赢，其难为状矣。当夫巨浸所稽，视无巅倪。汹涌颓洞，穷东极西。浮厚地也体定（谓地浮于水，天在水外也），半圆天而势齐（谓阴阳上下各一半也）。谓无物可以激其至大，故有识而皆迷。及其碧落右转，阳精西入（始作潮也）。抗雄威之独燥，却众柔之繁湿。高浪瀑以旁飞，骇水汹而外集。霏细碎以雾散，屹奔腾以山立。巨泡丘浮而迭起，飞沫电烻以惊急。且其日之为体也，若炽坚金，圆径千里（周髀法曰，日径千里，周三千里）。土石去之，稍迩而必焚；鱼龙就之，虽远而皆靡。何海水之能逼，而不澎濞沸渭以四起。故其所以凌铄，其所以薄激者，莫不魄落焊铄，如爨巨镬。艳兮不可探乎蓏蓏（音流，菜名）之内，呀焉若天地之有龈腭。其始也，漏光迸射，虹截寓县。拂长庚而尚隐，带余霞而未殄。其渐没豿（音狗，熊虎之子）兮，若后羿之时，平林载驰，驱貙（音枢，似狸）虎与兕象，慑千熊及万罴。呀偃塞而矍铄，忽划砾而齹（音搓，齿跌陷，又音崖）齗（音崖，齿不正也）。其少进也，若兆人缤纷，填城溢郭。蹄相跺蹙，毂相摩错。哄闽澶漫，凌强侮弱。倏皇舆之前跸，孰不奔走而挥霍。及其势之将极也，渣兮若牧野之师，昆阳之众。定足不得，骇然来奔。腾千压万，蹴搏沸乱。雄棱后阕，懦势前判。慑仁兵而自僵，倏谷呀而巚断。此者皆海涛遇日之形，闻者可以识其畔岸也。

赋未毕，有知玄先生讽之曰："斯义也，古人未言，吾将辉乎文墨之场，以贻永久，为天下称扬。"爰有博闻之士，骇潮之义，始盱衡而抵掌，俄颡（音禁，怒也）齘（音解，又音介，齿怒也）而愕眙。摰衣下席，蹈足掀臂，将欲致诘，领画天地。久之而乃谓先生曰："伊潮之源，先贤未言。枚乘循涯而止记其极，木华指近而未考其垠。焉有末学后尘，遽荒唐而敢论。"先生矍然而疑乃因其后，推车捧席执腒（音渠居，干雉，腊也）伺颜。言之少间，请见征之所如。客乃曰："人所不知而不言，不谓之讷；人所未识而不道，不谓之愚。彼亦何敢擅谈天之美，斡究地之翰。指溢溥之难悟，欲盖听于群儒。今将尽索乎彼潮之至理，何得与日月而相符。且大章所步（大章，禹臣。禹使步量地理者也），东西有极。容成叩玄，阴阳已测（容成，黄帝臣。帝遣造历日）。阳秀受乎江政，玄冥佐乎水德。莫不穷海运，稽日域。及周公之为政也，则土圭致晷（谓量日影，千里而差一寸也），周髀作则（即勾股算法。周人以髀为勾，以股为用，以算乃知日之远近也）。裨竈穷情乎天象（裨竈，郑大夫，善知天文者），子云赞数于幽默（杨雄作太虚，分八十一首七百二十九赞，以定阴阳之数者也）。张衡考动以铸仪（谓地动仪），淳风述时而建式（谓作《乙巳占》，以仪立式，以定星辰也）。彼皆凝神于经纬之间，极思乎圆方之壶。胡不立一辞于滋潮，以明乎系日之根本也？先生苟奇之，胡不思之？先生将宝之，胡不考之（自此以下发十四问）？苟由日升，当若准若绳，何春夏差小（其一问），而秋冬勃兴（其二问）？其逾朔也当少进，何遽激而斗增（其三问。月二日潮便大也）？其过望也当少退，何积日而凭凌（其四问。十八日潮势何故更大也）？昼何常微（其五问。昼潮皆小也）？夜何常大（其六问。潮比昼势校大，海人知之）？何钱塘汹然以独起，殊百川之进退（其七问）？何仲秋忽尔而自兴，异三时之滂霈（其八问）？日之赫焉，犹火之烈，火至水中，其威乃绝。入洪溟以深溃，何日光而不灭（其九问）？潮之往来，既云因日，日唯一沉，潮何再出（其十问)？万流之多，匪江匪河，发自畎浍，往成天波，终古不极，盍沈四国，何成彼潮，而小大一式（其十一问）？为潮之外，水归何域（十二问）？又云水实浮地，在海之心，日潜其下，而逢彼太阴。且其土厚石重，山峻川深，投块置水，靡有不沉。岂同其芥叶，而泛以蹄涔，繄块圠之至大，何水力之能任（十三问）？吾闻之，天地噫（音隘）气，有吸有呼，昼夜成候，潮乃不逾（其十四问）？岂由日月之所运，作夸诞以相诬者哉！"

先生阅赋之初，深通厥旨。及闻客论，忻然启齿。于是谓客徐坐，善听厥辞："盖闻南越无颁冰之礼，郑人有市璞之嗤。常桎梏于独见，终沉溺于群疑。既别白而不悟，爰提耳而告之。然事有至理，无争无胜。犹权衡之在悬，审锱铢而必应。稽海潮之奥旨，谅余心之足证。当为子穷幽而洞溟，岂止于揲物而称哉！（答第一问）夫日北而燠，阳生于复䷗（震下坤上，将论日之升降，阴阳之大体，故假《周易》复、姤二卦以明之也）。离南斗而景长（冬至后日渐近北，故昼渐长，一日进一度故也），迩中都而夜促。当是时也，气蒸川源，润归草木。既作云而泄雨，乃襄陵而溢谷。鱼龙发坼于胎卵，鸟兽含滋于孕育。水生之数一，而得土之数六。不测者虽能作于溟渤，苟穷之当无羡于升掬。其散也为万物之腴，其聚也归四海之腹。归则视之而有余，散则察之而不足。春夏当气散之时，故潮差而小也。（答第二问）及其日南而凉，阴生于姤䷫（巽下乾上，姤）。退东井而延夕（夏至后日渐近南，故夜长），远神州而减昼。当是时也，草木辞荣，风霜入候。水泉闭而上涸，滋液归而下凑。瘁万物以如烬，空大泽而若漏。缩于此者盈于彼，信吾理之非谬。秋冬当气聚之时，故潮差而大也。（答第三问）两曜之形，大小唯敌。既当朔以制威，阳虽盛而难迫。其离若争，其合若击。始交绥而并斗（合朔之次，非无物喻之，故比乎交绥也），终摩垒而先释（月行疾，合朔乃过，故比乎摩垒也）。日沮其雄，水凝其液。既冒威于一朝，信畜怒乎再夕。且潮之所恃者月（趋阴类也），所畏者日（避阳威也）。月违日以渐遥，水畏威而乃溢。亦犹群后纳职，来篚王门。获命以出，望宁而奔。引百寮而尽退，何一迹之敢存。此潮象之所以至二日而斗增也。（答第四问）黄道所遵，遐迩已均。肆极阳而不碍，故积水而皆振。自朔而退（哉生魄之后左行，渐远于日也），退为顺式；自望而进（自望之后，在日之右，渐逼于日也），进为干德（稍稍近日，若来干犯之也）。伊坎精之既全，将就晦而见逼。势由望而积壮，故信宿而乃极。此潮之所以后望二日而方盛也。（答第五问并第六问）自晓至昏，潮终复始。阳光一潜，水复迸起。复来中州，逾八万里（周天法，一面出入八万里）。其势涵澹，无物能弭（周天法，一面去日八万一千一百九十九里有奇也）。分昼于戌，作夜于子（子前为早潮，子后为晚潮。一云戌前为早潮，亥后为晚潮）。子之前日下而阴滋，子之后日上而阳随。滋于阴者，故铄之于水而不能甚振；随于阳者，故迫之为潮而莫肯少衰。此潮所以夜大而昼稍微也。（答第七问）尝信彼东游，亦闻其揆。赋之者究物理，尽人谋。水无远而不识，地无大而不搜。观古者立名而可验，何天之造物而难筹。且浙者折也，盖取其潮出海屈折而倒流也。夫其地形也，则右蟠吴而大江覃其腹，左挟越而巨泽灌其喉。独兹水也，夹群山而远入，射一带而中投。夫潮以平来，百川皆就。浙入既深，激而为斗。此一览而可知，又何索于详究。（答第八问）群阴既归，水与天违。当宵分之际（谓八月也），避至烈之辉。因圆光之既对，引大海以群飞（《大玄经》云海中飞群）。夫秋之中而阴盛，亦犹春之半而阳肥。事苟稽于已著，理必辨于犹微。故涛生于八月之望者，尤发发而巍巍也。（答第九问）万物之中，分日之热（谓三才之中各有火也）。叩琢钻研，其火乃烈。吹烟得焰，传薪就爇。附于坚则难销，焚于槁则易绝。所依无定，遇水乃灭。太阳之精，火非其匹。至威无焰，至精有质。入四海而水不敢濡，照八纮而物莫能屈。就之者咸得其光辉，仰之者不知其何物。其体若是，岂比夫寒灰死炭，遇湿而同漂汨哉！（答第十问）方舆之下，阳祖所回，历亥子而右盛，逾丑寅而左来。右激之远兮远为朝，左激之远兮远为夕。既因月而大小成，亦随时而前后隔。此日之所以一沉，而潮之所以两析也。（答第十一问）天地一气也，阴阳一致也。其虚其盈，随日之经。界寒暑之二道，将无差于万龄。故小大可法，而乾坤永宁也。（答第十二问）若夫云者雨者，风者雾者，为雪为霜者，为雹为露者，雷之所鼓者，龙之所赴者，群生之所赋者，万物之所附者，彼皆与日而推移，所以就其衰而成其茂也。然后九围无余，而万流为之长辅。"

谈未竟，客又剿（音抄，劳也，又轻隐也）而言曰："若乃寒暑定而风雨均也。吾闻之《洪范》云：'豫常燠，急常寒。狂乃阴雨为沴，僭则阳气来干。'苟日月之躔一定，又何远于王政之大端？"彼有后问，姑纾前言："夫三才者，其德之必同。天以阳为主，地以阴为宗。参二仪之道，在一人之躬。一人行之，三才皆协。德顺时则雨霁均，行逾常则凶荒接。僭慢所以犯阳德也。故曝烎莫之哀。狂急所以犯阴德也，故离毕为之灾。此则为政之所致，非可以常度而剸裁也。"客曰："唯。其余如何？"复从而解之曰："（答第十三问）惟坤与乾，余常究焉。清者浮于上，浊者积于渊。浊以载物为德，清以不极为玄。载物者以积卤负其大（卤，咸水也，所以能浮厚地也），不极者以上规奠其圆（北辰不动，谓之上规也）。故知卤不积则其地不能载，玄不运则其气无以宣。夫如是，山岳虽大，地载之而不知其重；华夷虽广，卤承之而不知其然也。气之轻者，其升乃高。故积云如岳，不驻鸿毛。轻而清也，而物莫能劳。及其干霄势穷，霏然下坠（谓为雨者也）。随坳（音腰，不平也）壑而虚受，任畎浍之疏溃。著则重也，故舟楫可以浮寄。至夫离九天，堙（音因，塞也）九地，作重阴之胶固，自坚冰以驯致。固可以乘鸿溟以自安，受万有而不圮者也。听兹言，较兹道，定一阳之所宗，何众理之难考。且合昏知暮，而翰音司晨。安有怀五常之美，预率土之滨，苟无谅乎此旨，亦何足齿于吾人。（答第十四问）子以天地之中，元气噫（音亿）哕。为夕为朝，且登且没。泛辞波而甚雄，处童蒙而未发。孰观地啄乎深泉之涯，孰指天吭乎巨海之窟。既无究于兹源，宁有因其呼吸而腾勃者哉。"

客谢曰："辞既已矣，欲入壶奥，愿申一问，先生幸以所闻教之。尝居海裔，觇朝之势。或久往而方来，或合沓而相济。曷舛互之若斯，今幸指乎所制。先生撰屦旁盱，亦穷其变。吾因讯夫墨客，当大索其所见。彼亦告于余曰：'日往月来，气回天转。其激也大，则体盛而相疎；其作也小，则势接而相践。惟体势之可准，故合沓而有羡。'其何怪焉！"客乃跽躯敛色，交袂而辞。彼圆玄方颐，古惑今疑。叹载籍之不具，恨象数之尚遗。方尽述于闑域，非先生亲得于学者，而孰肯论之。于是乎若卵判雏生，鼓击声随。雷电至而幽蛰起，蛟龙升而云雨滋。形开梦去，醒至醒离。既手之舞之，足之蹈之，乃避席而称诗为贺，庶知玄先生之辞。辞曰：

噫哉古人，迷潮源兮。刊编蠡翰，曾未言兮。罗虚列怪，无藩垣兮。名儒幽讨，理可尊兮。高驾日域，窥天门兮。涛疑一释，永立言兮。若和与扁，祛吾慗兮。昔之论者，何其繁兮。意摩心揣，只为欢兮。阴阳数定，水长存焉。进退与日，游混元兮。一升一降兮寒暑成，下凝浊兮上浮清。随盈任缩兮浮四溟，釜鬲（音立，釜也）蒸爨兮拟厥形。愿扬此辞兮显为经，高夸百氏兮贻亿龄。先生曰：彼能赋之，子能演之。非文锋之破镝，何以解乎群疑。客乃酣然自得，油然而退也。

卢　肇（818—882），字子发，江西宜春人。唐会昌三年（843）状元，曾任秘书省著作郎、仓部员外郎、集贤院直学士、歙州刺史、宣州刺史、池州刺史、吉州刺史。著有《文标集》《届堂龟鉴》《卢子史录》《逸史》《愈风集》《大统赋注》。

【注释】

①此文还收录于万历十九年《蓬莱阁集》中，但多处注解与此文不同。

琅邪台观日赋①并序

无名氏②

秦筑东门于海岸，曰琅邪，高可望也，而东之人悉以宵分之后观于海底者，壮其观而为赋云：

秦门之东，天地一空。直见晓日，生于海中。赤光浮浪，如沸如铄。惊涛连山，前挹后却。圆规上下，隐见寥廓。焜煌天垂，若吞崖壑。当其扶桑汹涌于云光，阳德出丽于乾刚。汗漫榻纳，将吞六甲。中融青冥，遥浸大明。羲和首驭，夸父上征。彼秦伊何？崇此为门。委绝人力，其谁敢论！失万邦者，虽设门而必圮；表东海者，谅无门而亦存。步秦亭而在此，伤魏阙而何言？千载之后，石梁斯在。时无鬼工，岂越沧海？念无道而肆志，将不亡而何待。我国家逾溟渤而布声教，穷地理而立郊坰。略秦王于帝典，参汉武于天经。顾荒台而寂寞，取殷鉴于生灵。尔其秋景趋忽，晴光焕发；蜃气干云，蚌胎候月。长波沃荡，超百谷以深沉；候鹤徘徊，想三山而灭没。齐鲁群邑，霜天沉寥。陵虚无而倒景，临沉瀣而乘潮。日向蒙汜，云横丽谯。追鲁连之达节，行将蹈海；仰田横之行义，若在云霄。骊龙之窟，群玉之府。想望绵邈，依稀处所。有海客之无心，托扶摇之轻举。

【注释】

①此文还收录于万历十九年《蓬莱阁集》中。

②原文作者无名氏，据《钦定古今图书集成·山川典》记载，此文作者为唐代熊曜，江西南昌人。玄宗开元间任临清尉，干练有才，曾义释被诬系之囚。他与岑参为诗友。

登天坛山望海日初出赋①

无名氏②

配乎地者惟山，丽乎天者惟日。登岧（音迢，山貌）峣（音尧，高峻貌）之峻极，见曈昽（音龙，朦也）之初出。廓灵海百川之宗，孕金乌千里之质。泛圆光于沆瀁，焕鲜耀而滟溢。虽腾耀于碧浪之中，讵侔色于红萍之实。观夫烈霆曀，赫炎精。擘洪波，歊（音嚣，气出貌）太清。冯夷骇跃，罔象奔惊。照灼兮骊珠潜吐，矘（音倘，目无睛直视也）朗兮龙烛忽生。愕群象于金镜，惊天鸡于玉京。巨浸半涵，犹韬普天之美；人寰尚暝（音莫，冥也，又深目也），孰识未融之明。懿其千仞可跻，肆日斯在。危岫陵乎碧落，日域辽乎沧海。既登陟以遐观，知蒙汜之洛彩。晨光乍分，夜色未改。升黄道而将始，临下土而有待。昼明夕晦，徒观其躔次之常；出有入无，孰测夫阴阳不宰。气澄雾卷，月落星残。流晖电曜，散慧虹攒。将焕烂以下烛，亦浩淼（音渺，大水也）而上攒。挂扶桑而杲杲，升阳谷而团团。敷九华而艳奕，粲三山之峰峦。且几升天，无忧于见谍；已能烜物，宁患乎其寒。顺寅宾而不忒，烁溟涨之无端。乘变化而复往，得沐浴乎波澜。于是游太极，辞残夜。羲和敬道，运行有舍。得天能久，克彰乎贞明；委照无私，不间于夷夏。尝倾霍之久视，冀余光之一借。

【注释】
①此文还收录于万历十九年《蓬莱阁集》中，但文中无字义注解。
②原文作者无名氏，据《全唐文》记载，此文作者是纥干俞。

海上生明月赋①

无名氏②

观乎皎皎新月，含虚惊阙。伺海蛤以齐生，候阶蓂以俱发。既与物而盈偃，亦随风而兴歇。故其清光未满，斜轮半空。依稀破镜，仿佛悬弓。离毕坠南，绕晕生风。散微华于粉壁，集轻照于兰丛。尔其为状也，皎皎的的，镜丹霄而灼烁；鲜鲜绵绵，点清汉而婵娟。逢轻云而暂蔽，杂华星而共妍。写近城之羁句，鉴珠箔之娇弦。思闺女之披幌，弄舟人于叩舷。若乃断山风入，中天气清。云散彻景，霞开晚晴。望颓阳之西落，见微月之孤生。出烟郊而漫漫，映江浦之亭亭。凝碧台以光净，度清楼以色明。虽予情之斯得，仲宣揽而不盈。俄而凉夜未几，低轮半倾。坠斜光于森木，落余照于严城。临玉墀而不见，望亭阁而杳冥。余亦何为者？感在空庭。

【注释】
①此文自"故其清光未满"之后内容缺失，参照万历十九年《蓬莱阁集》补全。
②原文作者无名氏，据《文苑英华》记载，此文作者是王泠然，字仲清，山西太原人。唐开元五年（717）进士，历任太子校书郎、右威卫兵曹参军。他工诗善文，时人称之。

早秋望海上五色云赋[1]
以余霞散成绮为韵

张 何

夫幽栖多暇,乐道闲居。座文章之苑囿,放情思以畋汉。咏大冲之招隐,讽相如之子虚。觏兰凋而蕙歇,伤夏卷而秋舒。升重轩以徙倚,目平海而踟蹰。见五云之间出,绕三山而忽诸。映乌晶之瞳朗,涵蜃气之纡余。光泛泛而逾净,影离离而不疎。懿夫!腾腾碧海瑞皇家,金柯玉叶兼杂花。文璀粲,光纷华。况夫!罗帏锦帏绕香车,双虹宛转紫翠霞。及夫倏而聚,忽而散,霓裳羽旆相凌乱。倚长空,浮回岸,琼楼金阙横天半,美人濯锦春江畔。既而丛彩可望,奇状难名。群象纠纷,疑绮罗之绣出;五色明媚,若丹青之画成。影沉波而海晏,气幂岫而山晴。嗤砀(音荡,文石,又县名)岭之光浅,耻汾川之色轻。比瑞图之旧篆,应乐府之新声。似帝乡之迢递,冀有司而见行。悠悠帝图三千里,不托光容谁炫美。希君顾盼当及时,无使霏微散成绮。

张 何(生卒年不详),唐代诗人。

【注释】
[1]此文自"皇家,金柯玉叶兼杂花"之前内容确失,参照万历十九年《蓬莱阁集》补全。

白云点照春海赋[1]
以鲜碧空镜春海为韵

姜公辅

白云溶溶,摇曳乎春之海中。纷纷层汉,皎洁长空。细影参差,匝微明于日域;轻文磷(音吝,鬼火也)乱,分炯晃于仙宫。始而乾门辟,阳光积。乃缥缈以从龙,遂轻盈而拂日石。出穿峦以高骞,跨横海而远接。故海映云而自春,云照海而生白。或杲杲以积素,或沉沉以凝碧。圆虚乍启,均瑞色而周流;蜃气初收,与清光而激射。云信无心而舒卷,海宁有志于朝夕。彼则澄源纪地,此乃泛迹流天。影触浪以时动,形随风而屡迁。入洪波而并曜,对绿水以相鲜。时惟孤屿水朗,长汀云净。辨宫阙于三山,总妍华于一镜。临琼树而昭晰,覆瑶台而紫映。鸟颉颃以追飞,鱼从容而涵泳。莫不各适其适，咸性乎性。登夫爽垲，望兹云海。云则连锦霞以离披，海则蓄玟（音梅，石之美者）瑰（音圭，玫瑰珠也）之彩色。道莫尚于洁白，岁何芳于首春？惟春也，嘉夫藻丽；惟白也，赏以清真。可临流于是日，纵观美于斯辰。彼美之子，顾曰无尘。扬桂楫，棹青蘋，心遥遥于极浦，望远远乎通津，云兮片玉之人。

姜公辅（730—805），字德文，号继规，爱州日南（今越南清化）人。唐大历十四年（779）进士，历任校书郎、左拾遗、翰林学士、京兆尹户曹参军、谏议大夫、同中书门下平章事、太子右庶子、泉州别驾、吉州刺史，追赠礼部尚书。姜公辅是"南安四贤"之一。著有《对直言极谏策》。

【注释】

①此文还收录于万历十九年《蓬莱阁集》中，但文中无字义注解。

大鹏赋[①]并序

李　白

余昔于江陵见天台司马子微，谓余有仙风道骨，可与神游八极之表，因著《大鹏遇希有鸟赋》以自广。此赋已传于世，往往人间见之。悔其少作，未穷宏达之旨，中年弃之。及读《晋书》，睹阮宣子《大鹏赞》，鄙心陋之。遂更记忆，多将旧本不同。今复存于集，岂敢传诸作者？庶可示之子弟而已。其辞曰：

南华老仙，发天机于漆园，吐峥嵘之高论，开浩荡之奇言。征至怪于《齐谐》，谈北溟之巨鱼。吾不知几千里，其名曰鲲。化为大鹏，质凝胚（音坯，肉酱未成酱也）浑。脱修髯（音然，须也）于海岛，张广翅于天门。刷渤澥之春流，晞扶桑之朝暾。赫奕乎宇宙，凭凌乎昆仑。一鼓一舞，烟朦沙昏。五岳为之震荡，百川为之崩奔。

尔乃蹶厚地，摩太清。亘层霄，突重溟。激三千以崛起，抟九万而迅征。背嶪（音岌也为是）太山之崔嵬，翼举垂云之纵横。左回右旋，倏阴忽明。历汗漫以夭矫，排阊阖之峥嵘。簸鸿蒙，扇雷霆。斗转而天动，山摇而海倾。怒无所搏，雄无所争。固可想象其势，仿佛其形。

若乃足萦虹霓，目耀日月。连轩沓拖，挥霍翕忽。喷气则六合生云，洒毛则千里飞雪。邈彼北荒，将穷南隅。递逸翩以傍鼓，击奔飙而长驱。烛龙炫光以照影，列缺施鞭而启涂。块视三山，杯观五湖。其动也神应，其行也道俱。任公见之而罢钓，有穷不敢以弯弧。莫不投竿失镞，仰之长吁。

尔其雄姿壮观，映背河汉。上摩苍苍，下覆漫漫。盘古开天而直视，羲和倚日以傍叹。缤纷乎八荒之间，隐映乎四海之半。横大明而掩昼，若混茫之未判。忽腾覆以回旋，则霞廓而雾散。

然后六月一息，至于海湄。欻翳景以横楷（音之，柱也），逆高天而下垂。憩乎泱漭之野，入乎汪湟之池。猛势所射，余风所吹。溟涨沸渭，岩岳纷披。天吴为之怵（音祝，忧心也）栗，海若为之躩（音葵，跣也）跣（音泥，躩斜龙动貌）。巨鳌冠山而却走，长鲸腾海而下驰。缩壳挫鬣，莫之敢窥。吾亦不测其神怪而若此，盖乃造化之所为。

岂比夫蓬莱之黄鹄，夸金衣与菊裳？耻苍梧之玄凤，耀彩质与锦章。既服御于灵仙，亦驯扰于池隍。精卫殷勤于衔木，䴗鹠悲愁乎荐航。天鸡警曙于蟠桃，踆（音逡，退也）乌炳耀于太阳。不旷荡而纵适，何拘挛而守常？未若兹鹏之逍遥，无厌类而比方。不矜大而暴猛，每顺时而行藏。参玄根以比寿，饮元气以为浆。戏旸谷而徘徊，凭炎洲而抑扬。

俄而希有见而谓之曰：伟哉鹏乎，若此之乐也。吾左翼掩乎东极，右翼蔽乎西荒。跨蹑地络，周旋天纲。以恍惚为巢，以虚无为场。我呼尔游，尔呼我翔。于是大鹏许之，欣然相随。此二禽已登于寥廓，而斥鷃之辈空见笑于藩篱。

李白（701—762），字太白，号青莲居士，自称祖籍陇西成纪（今甘肃秦安）。曾任翰林供奉，游历全国。唐开元二十四年（736）至天宝十四载（755）迁居山东，遍游齐鲁胜地，留下诗文近180篇。李白是唐代伟大的浪漫主义诗人，被后人誉为"诗仙"，与杜甫并称"李杜"。著有《李太白集》。

【注释】

①此文还收录于万历十九年《蓬莱阁集》中，但文中无字义注解。

鲲化为鹏赋[①]

高 迈

北溟有鱼，其名曰鲲，横海底，隘龙门，眼睔睔（音昆，去声，大目也）而明月不没，口呀呀而修舷欲吞。一朝乘阴阳之运，遇造化之主，脱我鬐鬣，生我翅羽。背山横而压海嵯峨，足山立而偃波揭竖。张皇闻见，卓荦今古。过鲁门者累伯，曾莫敢睹；来条友者成群，又何足数？既负此特达之状心，亦有取也。若乃张垂天，激洪涟，海若簇其后，阳侯腾其前。汹如也，皓如也，蛟螭为之惧怖，洲岛为之崩骞。如欲上未上之间，邈矣三千。接海运，抟风便，飞廉候而走，羊角忽而转。栩如也，蓬如也，云溟为之光掩，山岳为之色变。如欲高未高之间，腾夫九万。足踏元气，背摩太清，指天地以遥集，按高衢而迅征。时与运并，道与时行，遗夭阏之类，于逍遥之情。如此，自一日，亘千岁，阴数兴，阳数废，乃下夫南溟之裔。呜呼！谁无借便之事？九万三千，故非常情之所希冀；谁无回翔之图？一翥六月，故非常情之所觊觎。由此言之，则凤凰上击，诚未得其锱铢；鸿鹄一举，适可动其卢胡。况鹪鹩之辈，尺鷃之徒，易安易给，其足其居。须臾之间，腾踔无数；龌龊之内，翩翩有余。伊小大之相纪，亮在人而亦尔。陵云词赋，满腹经史，婆娑独得，肮脏自是。不大遇，不大起。谓斯言之无征，试假借乎风水，看一动一息，凡历夫几千万里。

高　迈（生卒年不详），渤海（今河北沧州一带）人。唐中宗时文学家，工辞赋。著有《高迈赋》，已佚。

【注释】

①此文还收录于万历十九年《蓬莱阁集》中，但文中无字义注解。

北溟有鱼赋①
以击水三千抟风九万为韵

独孤授

次天地之量者，海为之大；首鳞介之雄者，鲲靡有敌。禀形徒怪其恢诡，造物孰振乎朕迹？慌北溟之安流，考南华之遗籍。好奇焉得以心骇，乘理可同乎目击。且鱼之状，有逾七日之尾；而海之深，盖积八纮之水。静则高浪为之中辍，动则连水为之四起。鲜鳞俯首而骏奔，玄冥捉足而却视。其有适也，越孟诸之夕宿；其自纵也，岂监田之陆死。况风涛息日，空水相涵。横巨鳞而海分为二，舣双目而日为之三。湝湉（音堕，水往来貌）迤延，载回载旋。吓鳃则飞沫成雨，击尾乃跳波荡天。任公之术靡措，龙伯之力徒然。生无以伤，庸识其长久；大不可度，莫知其几千。固非海若之所候属，天鸡之所干犯。不吞龙舟以作暴，岂贪牛饵而自残？遵坎德以独适，随混元而变观。本为鳞而孰知终始，化为鸟而何足控抟。一气潜融，飞沈以通。刺水之鬐拂日，重云之翼从风。曜灵韬映以骤晦，溟涨豁落而半空。方鼓怒于澔漾，欻腾凌于鸿朦。观其羽之化也将飞，风之积也未厚。六翮之力相切，万流之波却走。恐天衢之不容，顾水府其何有？嗟鹭鸟之累百，异亢龙之上九。彼鼋鼍之穴处而渔钓或困，彼鸿鹄之云飞而网罗绝远。曷若纵溟渤而抟扶摇？其势固以相万。

独孤授（生卒年不详），唐大历十四年（779）进士，曾任秘书省校书郎。

【注释】

①此文还收录于万历十九年《蓬莱阁集》中，但文中无字义注解。

巨鳌冠灵山赋①

杨 涛

海环四方，东为之沧，有巨鳌兮，其大无极，载仙山兮，其力难量。是山也，根无附丽；彼鳌也，势则腾骧。积浪沦涟，拖其身而欻以动荡；攒风回旋，加于首而随以低昂。岂不以禀兹魁大，举其峻极，当一动一息之际，见翻海回山之力。延颈而群山腾青，耸身而半天映黑。征物象之无比，见神用之罕测。匪横天极地之质，邈尔形标；冠蓬莱方丈之尊，轻如首饰。然则神岳之高兮莫知，大鳌之壮兮若兹。视鲲鹏如纤芥，比嵩华于毫厘。欹崟之容，初结根于无地；突兀之状，终冠首于此时。举其大，吞舟不足称也；谕其小，戴胜有以似之。观其转峰峦，偃波浪，万派沸汹，特立放旷。荷至重而匪重，见大壮之用壮。风水可运，屃（音系，作力貌）屃而近。摩天根丘山可胜，嶕（音茜，峚山貌）崒（音卒，峰头崲岩）而高标海上。蓬壶之灵，神仙之扃，独观岩亭，横绝沧溟，莫究其广大之形。溪谷陵阜，崭（音谗，石高峻貌）嵓（音岩）纷乱，仰戴于首，无可无不可，乃与夫天地相久者哉！

兹岭磅礴，随流混沦。耸切云之高，且知其抗首；鼓翻波之势，想见其侧身。顺时而或踊或跃，推理而乃圣乃神。比愚公之移有异，想龙伯之钓无因。兹可谓气冠渺弥，力均造化。则鳌之戴山也，以地载之力相亚。

杨 涛（？—897），字执珪，弘农（今河南灵宝）人。曾任安东大都护府户曹参军兼平卢军司马、太子家令充节度判官。

【注释】

①此文还收录于万历十九年《蓬莱阁集》中,但文中无字义注解。

钓鳌赋①

张友正

东海有三山,山有六巨鳌。鳌则偃蹇以戴山,下横乎大壑;山则穹崇以厌海,迥出乎洪涛。哂鲸鲵兮琐细,视嵩华兮秋毫,此则鳌之所以为大,山之所以为高。乃有龙伯之国,巨人攸处,谓天生之神物,可以充乎鼎俎。壮图方启,高足云举。曾移十步之余,已奄五山之所。以是载揭长竿,载纶巨缁。俯沧溟其流如带,垂芳饵有肉如坻。既投之以潜下,果食之而不疑。其肉未入于口,而钩已贯于颐。争心既愤,勇气相持。崩腾渤澥,磅礴崛夷。蹴天柱,裂地维。地虽广兮振矣,天虽高兮殆而。欲出不出,腾跃非一。万川倒流,八气旁溢。血吞琼田之草,波陷鲛人之室。轻共工之触山,小夸父之逐日。岂长蛇趋阆风之足数,大鹏徙天池而可匹。尔其骇百神,奔万族,波巨荡而失水,海若迸而登陆。以鳌之灵,凭帝之福。谓优游以无穷,何瞬息而连六。犹将灼其骨,岂惟离其肉。于以泊之,几竭东海之水;于以燔之,足尽南山之木。群仙于焉以垫溺,二山由是而沦覆。且山之峨然,若与天连,鳌以首戴之,里数不知其几千。彼大人兮,并之于背,负之而旋。斯其为大也,胡可得而言?待其人,人有所不能;恃于力,力有所不全。若使以阴阳为网,以道德为筌,以信质为机于其上,以仁义为饵于其前,则所为获物者,其于鳌也大焉。

张友正(生平不详),唐末人。

【注释】

①此文还收录于万历十九年《蓬莱阁集》中。

蜃楼赋①

王 起

伊浩汗之鹏壑②,有岩峣之蜃楼。不因材而结构,自以气而飞浮。闷然无朕,赫矣难俦。出彼波涛,必丽天以成象;化为轩槛,宁假日以销忧。是以掩鳌山于别岛,漏蛟室于悬流。若乃雾歇烟销,云归月朗。千里目极,八纮心赏。为错之类咸伏，阳侯之波无响。于是吐氤氲③，腾泱济。隐隐迥出，亭亭直上。乍明乍灭，舒涛瀚而新鲜；若合若离，结丽谯而博敞。虽舟子未来，斯国工是仰。莫不惊天地之赫灵，睹井干而成象。赫奕奕而有光，纷郁郁而难详。影临贝阙，彩曳虹梁。比绳墨之曲直，如规矩之圆方。岳岳之仙，乍窥于天表；盈盈之女，具愧于路傍。八窗未工，百尺非峻。伴祥烟于巨浸，杂佳气于重润。仰层构之如翚，必巨川之化蜃。大壮冥立，全模洞开。吐嗽而俸华宇，呼吸而象瑰材。翔鸥拂而不散，贺燕往而复来。依稀碧落，想像瑶台。旁辉日域，下莹珠胎。比落星之流点缀，疑明月之照徘徊。则知霞驳云蔚，有壮丽之贵；栋折榱崩，无压覆之畏。既变态于倏忽，亦凭虚而仿佛。岂比夫鼎居汾水，艳艳④以腾文；剑在丰城，雄雄而增气。方今圣功不宰，海物咸在。固知吐为楼阁，以全其躯。岂争彼鱼盐，弗加于海。

王　起（760—847），字举之，山西太原人。唐贞元十四年（798）进士，曾任校书郎、蓝田县尉、兵部尚书、尚书左仆射、山南西道节度使、同平章事。谥"文懿"。王起博洽经史，富于文学，有"当世仲尼"之称。著有文集120卷、《五纬图》、《写宣》。

【注释】

①此文还收录于万历十九年《蓬莱阁集》中。
②鹏壑：指大海。
③氤氲：烟云弥漫的样子。
④艳艳：赤色光耀的样子。

明赋一首

蓬莱阁赋①

潘　滋

厥惟牟子之区，虚危之野，地接瀚海，波带扶桑，泉有温汤，城曰不夜。宁州开烟霞之洞，文邑筑望仙之台，庶几遇子乔②于缑氏③，接玉女于天台。于是楚之客而至齐者，言于齐伯曰："小人以吏事聘于诸侯，无所辱命，则必观蓬莱而归。"

齐伯曰："诺。"谷旦，惟差僚佐胥会。霜戟明，鸾车嘤，建霓旌，飘羽盖。步自刁渔之寨，经于沙门之宫。重岭巍峨以仳伿，连冈开閜以巃嵷。磥逶迤以层升，周寥窌而径至。览檀峦之秘偈，觌苍巘之绘事。薛蔰钩颔以倩俐，鼫鼯眽瞹以眷漩。像蝹闪偭以窃宵，鳄蠡菌踳而駢顛。于是鸣籁吹，华钟撞，肃龙妃，祠海王。尔乃置酒于晃爌之室，息燕于迢递之轩。斟琼浆之灌潸，蔬石华之蜷蟬。停杯候潮，酾酒临浪，极目空阔，舒襟沆瀁。气泊漂以不风，天清泠而无云。夫何冯夷④挥霍，阳侯⑤喷渍。淫淫泄泄，悬濑襄汉；澎澎濞濞，流沫迸岸。汩硈旷以倾腾，冏崛岈而相逗。纷盘猛以激雪，訇赴势以奔雷。润渹漯以回飈，滑油哨而飞涝。怳蛇惊而鸟攫，欸龙踔而虎跑。

于是西望诸山，弥雾渺烟，峭壁无路，绝壑连天。其上则翡翠孔鸾，䳰鹖雎鸠；其下则白虎赤狐，驳马骊牛；其华则雁红枸杞，薏苡蘼芜。重城言言以中峙，洪涛汤汤以四还。似芙蓉之出水，类明珠之走盘。既星罗于八州，亦棋置于六卫。貔貅备倭之如林，冠带鸣学而如缀。朱门烨于长衢，黄茆绵于广陌。驱羊织罽之乡，负盐黑齿之国。乃凌丹崖而直上，抗蓬莱之所基。虹修梁以夭矫，猊穿柱之躩跜。鱼鳞切迭于重桷，虾须戍削于绮疏。莽雾晻翳于藻井，朝阳炫射于金铺。启罘罳而流眺，叫阊阖以披胸。窥泰山之日观，招九嶷之祝融。何大畜之天衢，信冯虚而御风。抚八埏于我囷，眇四渎于盂盎。虽身处江海之远，而心存魏阙之上。既而碧云垂于员峤⑥，明月出乎西山。发商歌而互答，放白鹤以高骞。

潘子顾谓客曰："今日之游乐乎？"客曰："昔蓬莱之仙，有安期生⑦之出阜乡，麻姑⑧之降蔡经。此而无之，是虚名也；有而不见，是虚行也。二者无一焉而可？"潘子曰："异乎吾所闻。徐生⑨侯生⑩入海求仙者，是方士之瞽也；文成⑪死，栾大⑫诛，明天下之无仙人者，是汉武之觉也。今圣人在上，百工咸能，天无烈风，海波不兴，岁丰人足，讼简刑清。于是致白雉于越裳，来肃慎之楛矢。内外向风，遐迩一体。然后作为雅颂，陈之清庙，告厥成功，书之竹帛，以垂无穷。此则蓬莱之实也。若夫流连之乐，神仙之事，何足多乎？"客怵然避席曰："吾乃今得闻先生之风，愿敬受教。"

潘　滋（生卒年不详），字汝霖，江西婺源人。明嘉靖七年（1528）举人，嘉靖二十九年（1550）任登州府推官。著有《蓬莱观海亭集》《浮槎稿》。

【注释】

①此文还收录于万历十九年《蓬莱阁集》中，文中多处与此不同。
②子乔：周灵王太子，名晋，字子乔。

③缑氏：山名，指代缑氏山，在今河南偃师。
④冯夷：古代神话中的黄河水神。
⑤阳侯：古代传说中的波涛之神。
⑥员峤：海外五仙山之一。
⑦安期生：一名安期，人称千岁翁、安丘先生，传说中的仙人。
⑧麻姑：又称寿仙娘娘、虚寂冲应真人，道教神话中的女神。
⑨徐生：即徐福，字君房，琅邪人，秦时著名方士。
⑩侯生：秦时韩国人，著名方士，与徐福、卢生齐名。
⑪文成：即李少翁，西汉齐人，著名方士。
⑫栾大：西汉人，著名方士。

蓬莱阁集卷之四

五言古诗

隋诗四首

望 海①

炀 帝

碧海虽欣瞩,金台空有闻。
远水翻如岸,遥山倒似云。
断涛还共合,连浪或时分。
驯鸥旧可狎,卉木足为群。
方知小姑射,谁复语临汾。

炀 帝(569—618),即隋炀帝杨广,本名杨英,陕西华阴人。隋朝第二位皇帝。在位 14 年间,修造大运河、营建东都洛阳、攻灭吐谷浑、征讨琉球、三征高句丽,引发农民起义,天下大乱,导致隋朝崩溃覆亡。隋炀帝有很高的文学造诣,有辑本《隋炀帝集》。

【注释】
①此诗还收录于万历十九年《蓬莱阁集》中。

季秋观海①

炀 帝

孟轲叙游圣,枚乘说愈②疾。

遂听乃前闻，临深验兹日。
浮天迥无岸，含灵固非一。
委输百谷归，朝宗万川溢。
分城碧雾晴，连洲彩云密。
欣同夫子观，深愧玄虚笔。

【注释】
①此诗还收录于万历十九年《蓬莱阁集》中。
②原诗注：音于。

奉和望海[①]

虞　茂

清跸临溟涨，巨海望滔滔。
十洲云雾远，三山波浪高。
长澜疑浴日，连岛类奔涛。
神游藐姑射，睿藻冠风骚。
徒然虽观海，何以效涓毫。

虞　茂(？—618)，原名虞世基，字茂世，浙江余姚人。曾任建安王法曹参军事、祠部殿中二曹郎、太子中舍人、尚书左丞、内史侍郎。其博学高才，尤善草隶。著有《茂世集》，编纂隋朝《区宇图志》1200卷，是较早的全国性区域志。

【注释】
①此诗还收录于万历十九年《蓬莱阁集》中。

奉和望海[①]

杨师道

春山[②]临渤海，征旅辍晨装。
回瞰卢龙塞[③]，斜瞻肃慎[④]乡。

洪波回地轴，孤屿映云光。
落日惊涛上，浮天骇浪长。
仙台隐螭驾，水府泛鼋梁。
碣石朝烟灭，之罘忽腾翔。
北巡非汉后，东幸异秦皇。
搴旗羽林客，援距少年场。
电击驱辽水，鹏飞出震方。
将举青丘缴，安访白霓裳。

杨师道（？—647），字景猷，陕西华阴人，隋朝宗室。入唐后拜侍中，迁中书令，后任吏部尚书、检校中书令、工部尚书、太常卿。卒赠吏部尚书、并州都督，谥号"懿"。杨师道善草隶，工诗，著有《杨师道集》。

【注释】
①此诗还收录于万历十九年《蓬莱阁集》中。
②春山：意思是春日。
③卢龙塞：意为山色苍黑、其状连绵如龙行，依山势之险要而人为设限的山口处。比喻渤海一带的地理位置险要。
④肃慎：古民族名。古代居于我国东北地区。亦泛指远方之国。

唐诗八首

春日望海[①]

太　宗

披襟眺沧海，凭轼玩春芳。
积流横地纪，疏派引天潢。
仙气凝三岭，和风扇八荒。
拂潮云布色，穿浪日舒光。
照岸花分彩，迷云雁断行。

怀卑运深广,持满守灵长。
有形非易测,无源讵可量。
洪涛经变野,翠岛屡成桑。
之罘思汉帝,碣石想秦皇。
霓裳非本意,端拱是图王。

太 宗（599—649）,即唐太宗李世民,陇西成纪（今甘肃秦安）人。唐朝第二位皇帝,以文治天下,虚心纳谏,厉行节约,劝课农桑,使百姓休养生息,国泰民安,开创中国历史上著名的"贞观之治"。

【注释】

①此诗还收录于万历十九年《蓬莱阁集》中。

观 海①

太 宗②

北登渤海岛,回首秦东门③。
谁尸造物功,凿此天池源。
颎洞④吞百谷⑤,周流无四垠⑥。
廓然混茫际,望见天地根。
白日自中吐,扶桑如可扪。
迢遥蓬莱峰,想像金台⑦存。
秦帝昔经此,登临异飞翻。
扬旌百神会,望日群山奔。
徐福竟何成,羡门⑧徒空言。
唯见石桥⑨足,千年潮水痕。

【注释】

①此诗还收录于万历十九年《蓬莱阁集》中。

②原诗作者标注有误,经查,此诗作者应为独孤及。

③秦东门:秦始皇曾在东海上朐界中立石为秦王朝东大门标志,遗址在今连云港孔望山。

④ 灦洞：比喻水势汹涌。
⑤ 百谷：指众谷之水。
⑥ 四垠：指四境、天下。
⑦ 金台：指金砌的台，比喻神话传说中神仙居处。
⑧ 羡门：古代传说中的仙人，秦始皇至碣石曾派人寻求。
⑨ 石桥：指秦始皇鞭石成桥求见海神的典故。

望 海^①

高 适

圣代务平典，辀轩推上才。
迢遥溟海际，旷望沧波开。
四牡未遑息，三山安在哉。
巨鳌不可钓，高浪何崔嵬。
湛湛朝北谷，茫茫连九垓。
挹流纳广大，观异曾迟回。
日出见鱼目，月圆如蚌胎。
迹非想像到，心似精灵猜。
远色带孤屿，虚声涵殷雷。
风行越裳贡，水遏天吴灾。
揽辔隼将击，忘机鸥复来。
缘情韵骚雅，独立遗尘埃。
吏道竟殊用，翰林乃忝陪。
长鸣谢知己，所愧非龙媒。

高 适（约700—765），字达夫，渤海郡（今河北景县）人。唐朝大臣，曾任刑部侍郎、散骑常侍，封渤海县侯，世称"高常侍"。卒赠礼部尚书，谥号"忠"。高适是唐朝著名边塞诗人，与岑参并称"高岑"，与岑参、王昌龄、王之涣合称"边塞四诗人"。著有《高常侍集》。

【注释】
① 此诗还收录于万历十九年《蓬莱阁集》中。

感 兴①

李 白

十五游神仙，仙游未曾歇。
吹笙吟松风，泛席窥海月。
西山玉童子，使我炼金骨。
欲逐黄鹤飞，相呼向蓬阙。

李 白（701—762），字太白，号青莲居士，自称祖籍陇西成纪（今甘肃秦安）。曾任翰林供奉，游历全国。唐开元二十四年（736）至天宝十四载（755）迁居山东，遍游齐鲁胜地，留下诗文近180篇。李白是唐代伟大的浪漫主义诗人，被后人誉为"诗仙"，与杜甫并称"李杜"。著有《李太白集》。

【注释】

①此诗还收录于万历十九年《蓬莱阁集》中。

海上寄萧五①

独孤及

朔风②剪塞草，寒露日夜结。
行行③届瀛壖④，归思生暮节。
驿楼见万里，延首⑤望辽碣。
远海入大荒，平芜际穷发。
旧国在梦想，故人且胡越。
契阔阻风期，荏苒成雨别。
海西望京口，两地各天末。
索居动经秋，载笑知曷月。
日穷南望尽，唯见飞鸟灭。
音尘未易得，何以慰饥渴。

独孤及（725—777），字至之，河南洛阳人。唐天宝十三载（754）进士，曾任华阴县尉、左拾遗、太常博士、礼部员外郎、濠州刺史、舒州刺史、检校司封郎中、常州刺史，谥号"宪"。独孤及是古文运动的先驱者，著有《毗陵集》。

【注释】

①此诗还收录于万历十九年《蓬莱阁集》中。
②朔风：指北风。
③行行：不停地前行。
④瀛壖：指海岸。
⑤延首：伸长头颈，形容急切盼望的样子。

岁莫海上作①

孟浩然

仲尼既已没，予亦浮于海。
昏见斗柄回，方知岁星改。
虚舟任所适，垂钓非有待。
为问乘槎人，沧洲复何在。

孟浩然（689—740），字浩然，号孟山人，湖北襄阳人。孟浩然是唐代著名的山水田园派诗人，世称"孟襄阳""孟山人"，与王维并称"王孟"。著有《孟浩然集》。

【注释】

①此诗还收录于万历十九年《蓬莱阁集》中。

游 仙①

王贞白

我家三岛上，洞户枕波涛。
醉背云屏卧，谁知海日高。
露香红玉树，风绽碧蟠桃。
悔与神仙别，思归梦钓鳌。

王贞白（875—958），字有道，号灵溪，信州永丰（今江西上饶）人。唐末五代十国著名诗人,一生作诗颇丰,名句"一寸光阴一寸金"至今广为流传。著有《灵溪集》。

【注释】

①此诗还收录于万历十九年《蓬莱阁集》中。

送薛文学归海东①

刘眘虚

日处归且远,送君东悠悠。
沧溟千万里,日夜一孤舟。
旷望②绝国③所,微茫④天际愁。
有时近仙境,不定若梦游。
或见青色古,孤山百里秋。
前心方杳眇⑤,此路劳夷犹。
离别惜吾道,风波敬皇休。
春浮花气远,思逐海水流。
日暮骊歌后,永怀空沧洲。

刘眘虚(约714—约767),亦作慎虚,字全乙,亦字挺卿,号易轩,洪州新吴(今江西奉新)人。他是盛唐著名诗人,精通经史,诗多幽峭之趣。后人曾将他与贺知章、包融、张旭称为"吴中四友"。

【注释】

①此诗还收录于万历十九年《蓬莱阁集》中。
②旷望:极目眺望,远望。
③绝国:极其辽远之邦国。
④微茫:迷漫而模糊。
⑤杳眇:指悠远、渺茫的样子。

宋诗二首

观 海[①]

苏 轼

东方如碧环,西北卷蓬莱。
云光与天色,直到三山回。
我行适仲冬,薄云收浮埃。
黄昏风絮定,半夜扶桑开。
参差泰华顶,出没云涛堆。
安期与羡门,乘龙安在哉。
茂陵秋风客,劝尔麾一杯。
帝乡不可期,楚寨招归来。

苏 轼(1037—1101),字子瞻,又字和仲,号东坡居士,四川眉山人。宋嘉祐二年(1057)进士,授凤翔府签书判官。宋元丰二年(1079)因"乌台诗案"遭贬,谪黄州团练副使。元丰八年(1085)十月任登州知州,到任五天后,奉调回京任礼部郎中,后转任龙图阁学士等。卒后追赠太师,谥"文忠"。苏轼曾奏请废除登州榷盐专卖制度,登州百姓感其恩德建"苏公祠",后祀于登州府名宦祠。苏轼为北宋中期文坛领袖,唐宋八大家之一,在文、诗、词三方面都拥有极高的造诣,是宋代文学最高成就的代表,一生留下《海市诗》等与登州有关诗文21篇。他擅行书、楷书,与黄庭坚、米芾、蔡襄并称"宋四家"。著有《东坡七集》《东坡志林》等。

【注释】

①此诗还收录于万历十九年《蓬莱阁集》中。

游珠玑岩①

苏 轼

蓬莱海上峰，玉立②色不改。
孤根③捍滔天，云骨有破碎。
阳候④杀廉角⑤，阴火发光彩。
累累弹丸间，琐细成珠琲。
阎浮⑥一沤耳，真妄果安在。
我持此石归，袖中有东海。
垂慈老人眼，俯仰了大块。
置之盆盎中，日与山海对。
明年菖蒲根，联络不可解。
倘有蟠桃生，旦暮犹可待。

【注释】

①此诗还收录于弘治十四年《蓬莱阁诗集》和万历十九年《蓬莱阁集》中，《蓬莱阁诗集》中的题目是《咏珠玑岩》，诗中有多处与此诗略有差异。

②玉立：坚定地挺立着。

③孤根：指兀立的丹崖山。

④阳候：即阳侯，古代传说中的波涛之神。此处指大浪。

⑤廉角：边角。指与海浪相峙的岩石。

⑥阎浮：佛教经典中的大树名。

明诗七首

大风观蓬莱阁①

左思忠

飓风起北溟②，遥过扶桑隈。

扬波蹴霄汉③，虚车轰震雷。
喷射变阴晦，崩腾撼穹台。
有如巨鳌动，背负三山来。
又如沃焦溢，倒流万里回。
天地色沮丧，岛屿为之摧。
爰居徙东荒，戢翼④避其灾。
八月广陵潮，未敢争奇恢。
气悸伏雕槛，意广倾金罍。
大道何茫茫，琐细徒喧豗。
乃知观于海，众水难为哉。
安得无倪舟，去适无际陔。

左思忠（生卒年不详），字长臣，号石皋，陕西耀州人。明嘉靖二年（1523）进士，嘉靖三年（1524）任莱阳知县，官至吏部员外郎。

【注释】

①此诗还收录于弘治十四年《蓬莱阁诗集》和万历十九年《蓬莱阁集》中，《蓬莱阁诗集》中的题目是《大风蓬莱阁观海涛》。

②北溟：传说中世界最北端阳光照射不到的大海。

③霄汉：云霄和天河，指天空。

④戢翼：收拢翅膀，不再飞翔。比喻退隐。

观 海①

徐 冠

仲春②登泰山，五月观沧海。
眼界顿纡余③，胸次真爽垲④。
平生壮游怀，何幸遂一载。
学山病丘陵，学海希川汇。
进进欲盈科⑤，循循肯自怠。
仰高志弥勤，望洋心徒俙⑥。
借问蓬莱仙，海市何时磊。

徘徊坐新亭，迟留若有待。
少焉清风生，山川若变改。
大竹小竹⑦边，渐渐腾光彩。
或曳如长城，或突如高垒。
或平之为坡，或分之为巘。
仿佛似殿台，依稀如绮彩。
神龙萃精英，天地出傀儡。
谓其果无邪，未见理固⑧乃。
谓其果有邪，吾亦何主宰。
有无形影间，知者当自采。
东坡有诗留，恒山有文在。
走也素浅中，睹此期寡悔⑨。

徐　冠（生卒年不详），字士元，号竹冈，安徽泾县人。明弘治五年（1492）举人，曾任清丰教谕、浮梁训导、都昌知县、监察御史、吉安府知府、广东副使等职。徐冠在山东任内曾上疏清减易州夫役，革内臣冗员，政绩卓著。

【注释】

①此诗是作者任监察御史期间登蓬莱阁观海所作。此诗还收录于弘治十四年《蓬莱阁诗集》和万历十九年《蓬莱阁集》中，《蓬莱阁诗集》中的题目是《无题》，诗中有多处与此诗不同；万历十九年《蓬莱阁集》中"谓其果无耶""谓其果有耶"与此诗略有差异。

②仲春：春季中期，指农历二月。

③纡余：从容宽舒的样子。

④爽垲：高爽干燥。

⑤盈科：比喻打下坚实基础。

⑥原诗注：陔亥二音，奇非常也。

⑦大竹小竹：为竹山岛的重要组成部分，竹山岛有大竹山岛和小竹山岛，分布在长山岛的东面，是两个较小的海岛。

⑧理固：意思是按道理应当这样。

⑨寡悔：意思是少懊悔。

无题①

寇 林

瞻彼蓬莱阁，仙凡势不同。
下临沧海岸，上接广寒宫。
日从海里出，月落华山峰。
瑞气笼三岛，霞彩断复虹。
巨鲸翻远浪，潮响似鸣钟。
举手扪参斗，云汉界西东。
一尘飞不到，万事总成空。
道人功行满，蝉蜕去无踪。
空留殿与阁，终日白云封。
美哉山共水，堪写画图中。

寇 林（生卒年不详），河北保定唐县人。明弘治三年（1490）任登州府知府。

【注释】

①此诗还收录于万历十九年《蓬莱阁集》中。

蓬莱阁与郭近庵张晓峰夜话①

邹 善

暮招蓬莱侣，同上蓬莱岑②。
凭虚极眇默③，望望杳且沉。
精卫敛波澜，群岛露岖嵚④。
境绝晤更奇，愉悦故难任。
林宗信有道，倾盖谈素心。
时鼓阳春曲，流徵和海音。
景阳怀昭旷⑤，把酒快登临。
话往逾三纪，能不怆离襟⑥。
人生瀛海内，悲喜垿晴阴。
况复暌合踪，落落辰与参。

高人融道器，浑沦⑦超古今。

资此谢生虑，对坐息深深。

观妙室通庸，全生石蕴琛。

齐契在今夕，缅焉发微吟。

邹　善（1521—1600），字继甫，号颖泉，江西安福人。明嘉靖三十五年（1556）进士，曾任刑部员外郎，嘉靖四十三年（1564）擢升山东提学佥事，嘉靖四十五年（1566）为提学副使，后任湖广参政、广东右布政使、太常寺卿。

【注释】

①此诗还收录于万历十九年《蓬莱阁集》中。

②岑：指崖岸。

③眇默：形容悠远、空寂。

④岖嵌：形容山势险峻。

⑤昭旷：开朗豁达。

⑥离襟：借指离人的思绪或离别的情怀。

⑦浑沦：古代传说中的太阳神。

海　日①

刘　孝

石亭宾旭处，地尽水茫茫。

云起天边彩，珠瑶海底光。

郁华②不射目，罗耀欲生凉。

泛泛六螭驾，遥遥三距芒。

欲黄先自赤，似磬复成方。

空传夸父杖，那得到扶桑。

刘　孝（生卒年不详），字子仁，号邃渠，相台（今河南安阳）人。明隆庆二年（1568）进士，曾任南乐知县、曲沃知县、礼部主事、吏部主事、山东左参政、山东按察使、陕西按察使、河南按察使、山西右布政使等职。著有《邃渠集》。

【注释】

①此诗还收录于万历十九年《蓬莱阁集》中。
②郁华：古代传说中的太阳神。

同刘大参潘宪副登蓬莱阁观海观日出时采访海运[①]

梁梦龙

古今观海处，杰阁表蓬莱。
抹直渔联棹[②]，沙门柏映台[③]。
水连霄汉去，日看扶桑来。
渤澥[④]上游在，舳舻[⑤]真便哉。
神京元只尺，淮口未迂回。
延瞩偕高侣，豁然心目开。

梁梦龙（1527—1602），字乾吉，号鸣泉，真定（今河北正定）人。明代政治家、军事家。明嘉靖三十二年（1553）进士，曾任顺天府丞、河南副使、河南右布政使，明隆庆四年（1570）以右佥都御史巡抚山东。明神宗初为户部右侍郎、兵部左侍郎、右都御史，总督蓟、辽、保定军务，加兵部尚书。卒赠少保，谥"贞敏"。梁梦龙为官清正，人称"梁阁老"。著有《史要编》《海运新考》。

【注释】

①此诗还收录于万历十九年《蓬莱阁集》中。
②原诗注：在阁东里许。
③原诗注：阁上望沙门岛甚近，内有元监察行台。
④渤澥：即渤海。
⑤舳舻：指首尾相接的船。

登蓬莱阁望云门秦望诸山[①]

高 启

旅思[②]旷然释，置身苍林杪。
群山为谁来，历历散清晓。

奇姿脱雾雨，奋首争欲矫。

气通海烟长，色带州郭小。

曲疑藏啼猿，横恐截归鸟。

流晖③互荡激，下有湖壑绕。

佳处未遍经，一览心颇了。

秦皇遗迹泯，晋士流风杳。

愿探金匮篇，振袂翔尘表。

高　启（1336—1374），字季迪，号槎轩、青丘子，长洲（今江苏苏州）人。曾任翰林院国史编修。高启才华高逸，学问渊博，能文精诗，与刘基、宋濂并称"明初诗文三大家"，与杨基、张羽、徐贲被誉为"吴中四杰"，是元末明初著名诗人、文学家。参与编修《元史》，著有《高太史大全集》《凫藻集》。

【注释】

①此诗还收录于万历十九年《蓬莱阁集》中。

②旅思：羁旅的愁思。

③流晖：形容光彩闪烁。

蓬莱阁集卷之五

七言古诗

唐诗一首

登天坛夜见海日①

李 益

朝游碧峰三十六，夜向天坛月边宿。
仙人携我搴玉英，坛上夜半东方明。
仙钟撞撞迎海日，海中离离三山出。
霞梯赤城遥可分，霓旌绛节倚彤云。
八鸾五凤纷在御，王母欲上朝元君。
群仙指此为我说，几见尘飞沧海竭。
竦身别我期丹宫，空山处处遗清风。
九州下视杳未旦，一半浮生皆梦中。
始知武皇求不死，去逐瀛洲羡门子。

李 益（746—829），字君虞，河南郑州人，祖籍甘肃凉州。明大历四年（769）进士，初授郑县尉，久不得升迁，弃官在燕赵一带漫游。明建中四年（783）登书判拔萃科，曾任幽州营田副使、检校吏部员外郎、检校考功郎中、御史中丞、右散骑常侍等职，官至礼部尚书。李益诗与李贺齐名，尤擅长七绝边塞诗。著有《李益集》。

【注释】

①此诗还收录于万历十九年《蓬莱阁集》中。

宋诗一首

祷海市①

苏 轼

东方云海空复空,群仙出没空明中。
荡摇浮世生万象,岂有贝阙藏珠宫?
心知所见皆幻影,敢以耳目烦神工。
岁寒水冷天地闭,为我起蛰鞭鱼龙。
重楼翠阜出霜晓,异事惊倒百岁翁。
人间所得容力取,世外无物谁为雄。
率然有请不我拒,信我人厄非天穷。
洛阳太守南迁归,喜见石廪堆祝融。
自然正直动山鬼,不知造化哀龙钟。
信眉一笑岂易得,神之报汝亦已丰。
斜阳万里孤鸟没,但见碧海磨青铜。
新诗绮语亦安用,相与变灭随东风。

苏 轼(1037—1101),字子瞻,又字和仲,号东坡居士,四川眉山人。宋嘉祐二年(1057)进士,授凤翔府签书判官。宋元丰二年(1079)因"乌台诗案"遭贬,谪黄州团练副使。元丰八年(1085)十月任登州知州,到任五天后,奉调回京任礼部郎中,后转任龙图阁学士等。卒后追赠太师,谥"文忠"。苏轼曾奏请废除登州榷盐专卖制度,登州百姓感其恩德建"苏公祠",后祀于登州府名宦祠。苏轼为北宋中期文坛领袖,唐宋八大家之一,在文、诗、词三方面都拥有极高的造诣,是宋代文学最高成就的代表,一生留下《海市诗》等与登州有关诗文21篇。他擅行书、楷书,与黄庭坚、米芾、蔡襄并称"宋四家"。著有《东坡七集》《东坡志林》等。

【注释】

①此诗还收录于万历十九年《蓬莱阁集》中。

元诗一首

登蓬莱阁[①]

赵 亨

尘埃世路悲寥落，一上蓬莱最高阁。
海天无穷目力穷，暂觉烦襟为轩豁。
虚檐缥缈接云烟，水底蛟鼍总晏然。
方壶圆峤杳何许，笑欲举手招飞仙。
秦皇汉武何如主，可怜浅识邻儿女。
遗台突兀倚晴洲，犹是徘徊望仙处。
岂知方士皆妖妄，徐福未来栾大[②]往。
沙丘风惨辒辌车[③]，柏梁露冷铜人掌[④]。
千秋有客重登眺，往事悠悠尚堪吊。
可人幽鸟解忘机，唤取樽前谐一笑。
前年水灾今旱雷，使者东行拯民瘼。
岂无虾蟹可疗饥，矫诏珠宫驱海若。
夜来万鼓声何壮，应是长风骇巨浪。
客床摇梦不成眠，起看扶桑红日上。

赵 亨（生卒年不详），江苏淮安人。曾任翰林待诏，明永乐年间（1403—1424）任淮安府同知。

【注释】

①此诗还收录于弘治十四年《蓬莱阁诗集》中，题目是《无题》，诗中"一上蓬莱最高阁""遗台突兀倚晴州""徐福未来乐大往""使者东行极民瘼""应是长风骏巨浪""客来摇梦不成眠"与此诗略有差异。

②栾大：汉代术士。

③辒辌车：古代的卧车，亦用作丧车。

④铜人掌：化用汉武帝铸造铜人仙掌承露的典故。

明诗二十二首

咏 海①

薛 瑄

骢马②晓辞莱子国③,北上高冈④俯辽碣⑤。
辽阳万里天风寒,山溪二月凌澌⑥结。
空蒙极目春无边,春涛汹汹涵春烟。
还从绝顶下长坡,高城忽起沧溟前。
沧溟倒浸红楼影,通衢四达尘埃静。
已应持节是明时,况复观风得佳境。
天空海阔霜台高,霜台逸思何飘飘。
巨鳌负山真浪语,大方见笑非虚谣。
乾坤俯仰高歌起,有物无名大莫比。
瀛海茫茫未足夸,真是人间一泓水。

薛 瑄(1389 或 1392—1464),字德温,号敬轩,山西河津人。明永乐十九年(1421)进士,曾任广东道监察御史,明正统元年(1436)任山东按察司佥事,官至通议大夫、礼部右侍郎兼翰林院学士,谥"文清"。薛瑄是明代著名理学家、教育家和文学家,河东学派创始人,世称"薛河东"。著有《薛文清集》《读书录》。

【注释】

①此诗还收录于弘治十四年《蓬莱阁诗集》和万历十九年《蓬莱阁集》中,《蓬莱阁诗集》中"北上高岗俯辽碣""辽碣万里天风寒""春涛汹汹摇春烟"与此诗略有差异。

②骢马:青白色相杂的马。

③莱子国:春秋时的小国名,位于今山东龙口。

④高冈:指丹崖山。

⑤辽碣:指辽东的群山。

⑥凌澌:流水。

咏 海①

张 穆

世间百物海为大，茫茫无涯亦无外。
但见日月互升沉，回视江湖敢襟带。
九河四渎尽朝宗，万流千流皆会同。
浩渺已将尘世隔，周流直与天河通。
更有弱流三万里，谁云航之直一苇。
造化浑凝混沌初，乾坤尽在空蒙②里。
中有贝阙藏珠宫，珠宫深处多蛟龙。
扬波莫作滔天势，泽物当施济世功。
吾皇建极③仁恩布，四海无虞兆民附。
宣尼④不用乘桴浮，亚圣⑤何劳挟山喻。
三山漂渺接蓬莱，安期⑥浮丘不重来。
徐福真成避秦计，始皇可惜非仙才。
君侯爱客不可当，邀我登临到上方。
酒酣凭栏一长啸，此身真与凌风翔。
蓝桥赤城有奇遇，阆苑瀛洲岂无路。
云軿鹤驭来几时，我欲乘之上天去。

张 穆（1417— ?），字敬之，江苏昆山人。明正统四年（1439）进士，曾任工部主事，明天顺元年（1457）擢山东按察司副使，官至浙江布政司右参政。著有《勿斋集》。

【注释】

①此诗还收录于弘治十四年《蓬莱阁诗集》和万历十九年《蓬莱阁集》中，《蓬莱阁诗集》中的题目是《无题》，诗中"万派千流皆会同""更有弱水三万里""造化浑疑浑沌初""君侯我客不可当""此身直与凌风翔""我欲乘之海天去"与此诗略有不同；万历十九年《蓬莱阁集》中"万派千流皆会同""造化浑疑混沌初"与此诗略有差异。

②空蒙：细雨迷茫的样子。

③建极：指帝王即位。

④宣尼：汉平帝元始元年追谥孔子为褒成宣尼公，后称孔子为宣尼。

⑤亚圣：特指孟子。

⑥安期：仙人名。传说他曾从河上丈人习黄帝、老子之说，卖药东海边。秦始皇遣使入海求之，未至蓬莱山，遇风波而返。

观东坡海市碑有感①

杜庠

韩愈能开衡山云，东坡祷现登州市。
二贤不但文章师，更有感召亦奇异。
可怜遭遇非其时，海涯岭表官流离。
古来豪杰多如此，宣父②亦欲居九夷。
我从天上到东海，目睹东坡旧碑在。
刻文剥落莓苔生，神思维持三百载。
临风三复发浩叹，心神豁爽毛骨寒。
恍然坐我海涛上，异事得与东坡观。
立马城头询父老，海市常时结山岛。
忽现忽灭如有神，始信坡诗不虚道③。
曾闻蜃气吹嘘成，莫言怪异令人惊。
世间万物有常数，物之变化非物情。
何当借我三山鹤，凌风吹上蓬莱阁。
不徒海市生目前，醉拍栏干看潮落。

杜庠（1427—1486），字公序，长洲（今江苏苏州）人。明景泰五年（1454）进士，曾任攸县知县。杜庠自负才高，因不得志而弃官，自称"西湖醉老"。他每过赤壁就题诗，时人称之"杜赤壁"。著有《楚游江浙歌风集》。

【注释】

①此诗还收录于弘治十四年《蓬莱阁诗集》和万历十九年《蓬莱阁集》中，《蓬莱阁诗集》中有多处与此诗略有差异。

②宣父：对孔子的尊称。

③虚道：空泛无用的说教。

咏 海[①]

王士昭

海东赤日生扶桑，碧波万顷摇晴光。
海人惊报海市出，十二玉楼摩晓苍。
金城耀空空宇阔，云窗半起东南角。
彷佛人家住十洲[②]，鸡声隐隐闻咿喔。
别有孤亭山畔起，青松盘距蛟龙尾。
借问樽[③]前宦游客，此景人间真有几。
神工变幻顷刻收，山自嵯峨水自流。
尘世荣华亦如此，凭栏一笑海天秋。

王士昭（生卒年不详），字希贤，福建闽县（今福州）人。明弘治九年（1496）进士，弘治十六年（1503）任监察御史，后任山东按察司副使、广西布政司右参政。

【注释】

①此诗还收录于弘治十四年《蓬莱阁诗集》和万历十九年《蓬莱阁集》中，《蓬莱阁诗集》中的题目是《无题》。

②十洲：道教称大海中神仙居住的十处名山胜境。亦泛指仙境。

③樽：指古代的盛酒器具。

咏 海[①]

秦 金

晴云昼护蓬莱岛[②]，海上青峰翠螺[③]小。
烟波万里驾沧溟，蓦地神工炫奇巧。
珠宫贝阙宝藏兴，恍惚阛阓[④]移山城。
八千世界苍龙窟，十二楼台白玉京[⑤]。
芙蓉秀出孤松岭，亭子分明傍仙境。
气化絪缊[⑥]有倏无，万象荡摩皆幻影。
高阁乘风此望洋，乾坤吾道心茫茫。
杂俎[⑦]披奇竟何补，夷坚[⑧]志怪诚荒唐。

异哉海市何人传，岁寒健笔惊坡仙⁹。
谁知兹祥⑩非偶然，一雨三日占丰年。
海市之名今更显，柱史⑪文章⑫光琬琰⑬。

秦　金（1467—1544），字国声，号凤山，江苏无锡人。明弘治六年（1493）进士，曾任户部主事、河南提学副使，明正德五年（1510）任山东布政使，明嘉靖二年（1523）升南京礼部尚书，后历任兵部尚书、户部尚书、工部尚书，嘉靖十三年（1534）进太子少保，时人称他为"两京五部尚书，九转三朝太保"。卒赠少保，谥"端敏"。著有《凤山奏稿》《抚湘政要》《安楚录》《通惠河志》《凤山诗集》。

【注释】

①此诗还收录于弘治十四年《蓬莱阁诗集》中，题目是《无题》，诗中"蓦地神工炫奇功""气化细缊不倏无""高阁筑风此望洋""海市名今更显显"与此诗略有差异。

②蓬莱岛：此处借指丹崖山。

③翠螺：即青螺。比喻海市出现之前茫茫海上仅有小如青螺的岛屿。

④阛阓：古代称市肆（商店）为阛阓。此处指海市中恍惚间出现的闹市。

⑤十二楼台白玉京：十二楼台是仙人居住的地方。白玉京指白玉筑成的高台。此句用来形容海市出现时的壮丽气势。

⑥细缊：形容云烟弥漫。

⑦杂俎：指唐段成式创作的《酉阳杂俎》，多记神奇之事。

⑧夷坚：指宋洪迈创作的著名志怪小说《夷坚志》。

⑨坡仙：指苏轼。

⑩兹祥：祥瑞，指海市的出现。

⑪柱史：古官名，此处美称苏轼。

⑫文章：指苏轼的《海市诗》。

⑬琬琰：美玉，用以形容苏轼的《海市诗》文辞之美。

咏海二首

陈 鼎

一①

根吸六阴呼九阳,洪涛煎沸何茫茫。
金盆②朝暾③夜皓魄④,两丸跳掷鱼龙忙。
南面丹崖数千尺,城于绝顶高寻常。
更因高处着此阁,檐牙⑤撞破云烟乡。
最宜海市巧相向,三家互换真文章。
蓬莱弱水杳何在,空名寄此为谁芳。
偶然登眺亦不俗,那堪周览临昏黄。
寥寥村郭动烟火,十分只有三分强。
逃亡破屋但四壁,桑榆斤斧无遗行。
早愿薰风自南来,倚栏搔首思虞唐。
休论嬴刘觅仙误,夫何一国皆如狂。
欲提此阁投之海,尽使名迹俱消亡。
一洗迷蒙自今古,且无民瘼⑥愁清扬。
趁遂闲鸥老山海,羊裘何必终岩光。

二⑦

凌虚出市何冥蒙,应与万物同论功。
相传灵蜃解尔尔,云胡独见蓬莱东。
竹山妃子巧妆束,翠屏金镜堆芙蓉。
几回梳云蛟室暗,有时浴日鲸波红。
恍疑根着带鳌极,不然底柱楂骊龙。
海若无言风伯死,六丁白日驱丰隆⑧。
楼居十二隔云雾,齐州九点攒神工。
三朝宜雨卜已久,卷舒谁者尸幽宫。
求仙男童招不返,征辽残卒心犹雄。
无乃精魂依幻劫,不随游水徒匆匆。
小儿造化只如此,芦灰色石非谈空。
三山遥指亦有意,桃花未许刘郎通。

归来几席有沧海，终当稽首乘桴翁。

陈 鼎（生卒年不详），字文相、大器，号大竹，山东蓬莱人。明弘治十八年（1505）进士，曾任礼科给事中、河南参议、陕西副使、浙江按察使，官至南京应天府尹。卒赠右都御史、兵部右侍郎，祀于登州府乡贤祠。陈氏宗族在蓬莱是明朝科举世家。

【注释】

①此诗还收录于弘治十四年《蓬莱阁诗集》和万历十九年《蓬莱阁集》中，《蓬莱阁诗集》中的题目是《次前蓬莱阁韵》，多处字句与此诗不同。

②金盆：比喻太阳。

③朝暾：早晨的阳光。

④皓魄：明月。

⑤檐牙：檐际翘出如牙的部分。

⑥民瘼：民众的疾苦。

⑦此诗还收录于弘治十四年《蓬莱阁诗集》和万历十九年《蓬莱阁集》中，《蓬莱阁诗集》中的题目是《次前海市韵》，多处字句与此诗不同。

⑧丰隆：古代神话中的雷神，后多用作雷的代称。

夏日登蓬莱阁①

顾中立

昔闻蓬莱之阁辽海东，廿年梦想嗟无从。
迩来行役历海上，始遂登览披心胸。
壮哉此阁真巨观，俯瞰渤澥窥嬴蓬。
八窗空洞吐元气，列栋突兀排天风。
时当五月梅雨收，气清天朗烟雾空。
遥山近屿出水面，望中朵朵青芙蓉。
半洋以东小竹西，恍然佳气连诸峰。
青冥浩荡久不散，幻出海市呈海功。
初如长堤堰陂水，上有青草交蒙茸。
俄为平城起楼观，隐隐户牖开玲珑。

间如小亭傍幽圃，突如巨阁临平嵩。
窎如村墟翳林莽，俨如寝庙垂帘栊②。
飘如仙人驭鸾鹤，矫如群帝③骖螭龙。
或如平沙驻万骑，闪烁时见旌旗红。
或如长桥卧苍波，中起下伏形穹窿。
往来缤纷若车马，延袤宛转如垣墉。
万怪不可以尽述，斯理百世无人穷。
相传蛟蜃吐灵气，此说迂诞④不可宗。
蜃之为物非匏瓜⑤，图南徙北无留踪。
云何四海尽不市，独向此地施奇工。
吾闻神仙之居在东海，瑶台玉宇云霞中。
奇花珠树遍玄圃⑥，限以弱水无由通。
又闻蛟龙之窟在海底，前起贝阙抱珠宫。
玉函宝册秘水府，时有精气腾苍穹。
仙都灵境不终蕴，无乃变现海市昭。
形容古今见者百一二，我来忽睹真奇逢。
坐中夃史才独赡，援笔立赋如流虹。
云烟滚滚走笔下，直与海市争长雄。
群公嗣此咸有作，琳琅铿戛交词锋。
惟予寡昧歌下里，何异击缶和黄钟。
东行千里两月余，双眉不展忧忡忡。
流离载道忝司牧，况复遍野滋蝗虫。
斯游虽胜敢盘乐，此意群公应所同。
临风把酒不成醉，吁嗟仰愧希文翁。

顾中立（1495—1562），字伯挺，号左山，华亭（今上海松江）人。明嘉靖五年（1526）进士，曾任南京刑部主事、仪制司郎中、山东按察司佥事、广西参议。

【注释】

①此诗是嘉靖十五年（1536）五月，山东监察御史张鹏奉旨到登州巡查，时任山东按察司佥事的顾中立陪同张鹏登蓬莱阁观海市所作。此诗还收录于弘治十四年《蓬莱阁诗集》和万历十九年《蓬莱阁集》中，《蓬莱阁诗集》中的题目是《夏日从漳源诸公登蓬莱阁观海市长句一首》，诗中的"幻出海市呈神功""千奇万怪不

可以尽述""琪花珠树遍玄圃""又闻龙之窟在海底,前起贝阙中珠宫""何异击缶希黄钟"与此诗略有差异。

②栊:窗棂木。

③群帝:道家谓五方之帝。

④迂诞:意思是迂阔荒诞,不合事理。

⑤匏瓜:古文中常指葫芦。此处用来借喻海市的虚无缥缈,无踪可寻。

⑥玄圃:传说在昆仑山顶,中有金台、玉楼,为神仙所居。后泛指仙境。

和东坡祷海市①

郭宗皋

乱云堆雨缀春空,琅邪山色有无中。
欲从韩众②学辟谷,山头谁为结行宫。
仙人赤手补天漏,力士以足画鬼工。
千寻绝涧饮渴虎,九天飞瀑游毒龙。
殿中亦有曼倩子,方士不惑李少翁③。
神骏一顾空万马,干将④中夜鸣其雄。
旷浪⑤观物入有涯,汗漫相与期无穷。
稳坐鹤背瞰九州,诗芽旋茁春机融。
对食误惊承明诏,梦回忽听景阳钟⑥。
霓旌⑦翠纛尧观华,金桥贝阙⑧文在丰。
比德自佩水苍玉,勒功将铸首山铜。
羡君大鹏翀天翮,敢不端拜承天风。

郭宗皋(1499—1588),字君弼,山东福山人。明嘉靖八年(1529)进士,曾任翰林院庶吉士、刑部主事,擢监察御史,以右佥都御史巡抚大同,进兵部右侍郎,总督宣府、大同、山西军务,官至南京兵部尚书。郭宗皋素以敢直言时弊而著名,被誉为"铁头御史"。卒赠太子太保,谥"康介",祀于登州府福山县乡贤祠。著有《康介公遗集》《四素录》《内经便读》。

【注释】

①此诗还收录于万历十九年《蓬莱阁集》中。

②韩众：古代传说中的仙人。
③李少翁：汉武帝时方士。
④干将：古剑名。
⑤旷浪：形容放纵，不受拘束。
⑥景阳钟：指文武百官听到钟声开始上早朝。
⑦霓旌：缀有五色羽毛的旗帜，为古代帝王仪仗之一。
⑧贝阙：以紫贝为饰的宫阙。后用以形容壮丽的宫室。

和东坡咏海市①

潘　滋

君才如天马行空，手提沧海双袖中。
清晓酌酒王母池，黄昏栖宿蕊珠宫②。
临池洗墨水为黑，至今墨竹夺天工。
忽然险语③动明主，谁知老桧非虬龙。
自以疎节恣诙谐，正论不诡伊川翁④。
志挟飞仙抱明月，岂与人世争长雄。
岭表归来又东海，故吾道在未为穷。
忌材何代无黄祖⑤，错认前身是孔融。
日出照见扶桑树，霜后自鸣丰山钟。
愿以圣德颂庆历，敢谓司马归元丰。
行藏聊复纤黄纸，勋业何必看青铜。
海市之祷余事尔，宫市一谏尤高风。

潘　滋（生卒年不详），字汝霖，江西婺源人。明嘉靖七年（1528）举人，嘉靖二十九年（1550）任登州府推官。著有《蓬莱观海亭集》《浮槎稿》。

【注释】
①此诗还收录于万历十九年《蓬莱阁集》中。
②蕊珠宫：道教经典中所说的仙宫。
③险语：耸人听闻的话。
④伊川翁：指宋理学家邵雍，字尧夫，自号安乐先生、伊川翁等。

⑤黄祖：东汉末年历史人物。

无 题①

邹 袭

天有五行水为先，地有四渎②海为大。
奠彼扶桑日出东，混茫荡漾瀛洲下。
匪独③齐鲁称形胜，洪纤④清浊归包纳。
孔子道大与此同，间往观之培增价。
自古及今千万年，不泄不竭亦不罅。
深愧吾生只望洋，寂寥影响甘蟠螫。
何尝恭逢豸独来，善持风纪敦风化。
以昼继夜有底忙，囊封草奏无少暇。
乃所学则孔子徒，会逢其适夫谁假。
蓬莱阁上一凭栏，薰风皎日当初夏。
胸次虚灵动海神，忽然海市开图画。
人马交驰浮又沉，楼台突起明还灭。
元气氤氲⑤变态多，徘徊瞻眺惊且诧。
抚景挥毫恣品题，字字句句追骚雅⑥。
从此波平尘不扬，鳄鱼远避过三舍。
所惜还朝已及期，虽欲借之不可借。
回首应思东土危，正如重载方税驾。
前席惟祈进一言，金门早放金鸡赦。
薄赋轻徭罢用兵，永令黎庶安耕稼。
更进一言在用贤，中流砥柱扶宗社⑦。

邹 袭（生卒年不详），字继芳，江西吉安永新人，山东济南卫军籍。明成化二年（1466）进士，曾任兵部武选司郎中、兵部郎中。

【注释】

①此诗还收录于万历十九年《蓬莱阁集》中，诗中"间往观之倍增价"与此诗略有差异。

②四渎：长江、黄河、淮河、济水的合称。

③匪独：不单是，不只是。

④洪纤：大小，巨细。

⑤氤氲：烟云弥漫的样子。

⑥骚雅：《离骚》与《诗经》中《大雅》《小雅》的并称。借指由《诗经》和《离骚》所奠定的古诗优秀风格和传统。

⑦宗社：宗庙和社稷。泛指国家。

和东坡先生①

陈凤梧

乾坤元气浮虚空，千流万派吞吐中。
丹崖屹立若砥柱，上有飞构②神仙宫。
世传海市甚奇绝，不容人力还天工。
我持节钺③抚东服④，救旱方欲驱蛟龙。
忽报云瑞蜃气现，奔走童稚喧老翁。
试登层城看幻影，两山夹峙何其雄。
依稀山顶分复合，顷刻变化谁能穷。
黄光隐隐牵牛岛⑤，羲驭⑥卓午⑦方昭融。
海波激石声镗答，凭栏静听如洪钟。
共言雨兆庶在此，但愿齐鲁歌年丰。
秦皇纷然觅方士，汉武何事营梁铜。
坡诗读罢清兴发，洪涛万里乘长风。

东海之胜，予想慕久矣，兹以扞循全齐。五月九日在黄县，十日至登州，两日夜连梦若见海市。然十一日巳刻，果报海市现，速登蓬莱阁观之。移时乃散，时陪观者刘大参思贤、黄宪副昭道暨杨都阃鼎也。人言海市现则雨，迨十四日果雨至暮。予喜遭遇之甚奇，而朕兆之先见也。辄用东坡《海市》韵赋诗一章，以记其胜云。

陈凤梧（1475—1541），字文鸣，号静斋，江西泰和人。明弘治九年（1496）进士，曾任刑部主事、湖广提学佥事、河南按察使，明正德十六年（1521）任右副都御史巡抚山东，官至右都御史。著有《毛诗集解》《篆文六经》。

【注释】

①此诗还收录于万历十九年《蓬莱阁集》中，题目是《无题》，诗中"我持节钺抚东脉"与此诗略有差异。

②飞构：高耸的屋宇。

③节钺：符节及斧钺。诗中用来比喻作者想象自己拥有至高无上的权力。

④东服：古代指王畿以东的地方。诗中指蓬莱阁所在的渤海之滨。

⑤牵牛岛：蓬莱阁以北海域的一个岛。

⑥羲驭：太阳的代称。羲和为日驭，故名。

⑦卓午：指正午。

登蓬莱阁①

刘思贤

穿云直上蓬莱阁，醉拍阑干悲寥廓②。
凌波仙子几时来，孤岛微茫青天落。
弱水西连昧谷③东，乾坤纳纳荡摩中。
长蛟巨虺声不吼，四时云雨护龙宫。
日出沧波烟树晓，目穷尘世坐中了。
半洋笑指翠螺浮，杨子回思衣带小。
澄清薄太虚，气概豁天表。
云如车兮风如马，不见仙之人飘然而下。
芝草琅玕丹崖前，万景森然妙难画。
登临我愧百年迟，海市传闻信且疑。
随看变灭东风里，再拜坡翁千古词。
尼父④于怪不轻语，夷坚志之竟何补。
吁嗟东海神，冥冥正气吐。
不愿幻影成海市，但愿腾泻商家之霖雨。
流遍天涯苏下土，神圣功高清海宇。
九夷八蛮年年梯，航朝明王□□□。
秦皇汉武徒寂寞，何须更借扬州鹤⑤。

刘思贤（生卒年不详），字用宾，号七峰，湖北石首人。明弘治九年（1496）进士，曾任户部郎中、重庆府知府、工部侍郎。

【注释】

①此诗还收录于万历十九年《蓬莱阁集》中。
②寥廓：高远空旷。
③昧谷：古代传说中西方日入之处。
④尼父：对孔子的尊称。孔子字仲尼，故称。
⑤扬州鹤：《渊鉴类函》引南朝梁殷芸《小说》："有客相从，各言所志，或愿为扬州刺史，或愿多资财，或愿骑鹤上升。其一人曰，腰缠十万贯，骑鹤上扬州，欲兼三者。"后以"扬州鹤"指代理想中十全十美的事物，或者不可能实现的空想、奢求。

观海市和坡翁韵①

游　琏

波涛万顷摇晴空，祥光掣影珊瑚中。
中涵万象不可测，五山②浮海流仙宫。
妖虫吹气生倏忽，往来变幻谁为工。
非烟非雾起千尺，希奇盛事传苏翁。
我来适与佳胜会，遥见海若腾苍龙。
层峰削立车牛岛，大竹小竹环争雄。
分明图画列城郭，卑高聚散无终穷。
楼台隐隐彩虹跨，浮金耀璧波融融。
尘怀抖擞豪兴发，便欲谒海吞千钟。
人生得乐自我有，何必俯首思元丰③。
醉来皓月驾瑶海，蟾蜍抱影流青铜。
安得一带航无极，蜜迹太乙批瑳④风。

游　琏（1487—1566），字世重，号少石，福建连江人。明正德六年（1511）进士，曾任江西新建知县、南京户部主事、南京户部员外郎，明嘉靖六年（1527）任登州府知府，后升海南兵备副使、江西布政司参政等。游琏为官一任，造福一方。

他在登州招抚流民，开仓赈灾，治病除疫，修缮学宫，兴文育才，平冤惩贪，御史浦铉赞之与苏轼相媲美。著有《海道经》《蓬莱集》。

【注释】

①此诗还收录于万历十九年《蓬莱阁集》中，诗中"我未适与佳胜会""密迩太乙批嵯风"与此诗略有差异。

②五山：古代传说中东海上的五座仙山，分别为岱舆、员峤、方壶、瀛洲、蓬莱。

③元丰：指宋元丰八年（1085）苏轼在丹崖山上祷海神见海市一事。

④原书注：音牙，石似玉。

同陆思庵宪伯观海市①

邹　善

卢敖②惯作天外游，昂霄③高举陋八州④。
竭来振衣从若士，剧饮⑤将军海上楼。
天吴戢浪静不发，瀛堧⑥群茇趁轻鸥。
长天一色连积水，中有三岛即瀛洲。
酒阑忽报海中市，隐隐烟岚见复收。
已怪小竹层台耸，更惊大竹长城浮。
造物吊诡不可状，牵牛员峤成方丘。
浮世如幻又如影，古来万事皆悠悠。
祝融空矜堆石廪，东牟谩诧鞭苍虬。
倏然避地东海滨，倏然剖玉临淄侯。
人生龙蠖亦如此，朝菀夕枯等浮沤。
倏然矢决聊城策，倏然蒉解平原仇。
人生行止千万端，今齐明赵东逝流。
倏然孤白献强秦，倏然貹⑦踽⑧啼荒陬。
石火光同蜃气迅，请君试问雍门周。
我抱贞常不幻者，对此亦尔成淹留。
极目大壑总归虚，掀髯一笑海天秋。

邹　善（1521—1600），字继甫，号颖泉，江西安福人。明嘉靖三十五年（1556）

进士,曾任刑部员外郎,嘉靖四十三年(1564)擢升山东提学佥事,嘉靖四十五年(1566)为提学副使,后任湖广参政、广东右布政使、太常寺卿。

【注释】

①此诗还收录于万历十九年《蓬莱阁集》中。
②卢敖:秦代博士,齐国(一说燕国)方士。
③昂霄:高入霄汉。形容出人头地或才能杰出。
④八州:大半个中国,后也指全国。
⑤剧饮:痛饮,豪饮。
⑥原书注:音软,宫外垣也。
⑦原书注:音生,鼠名。
⑧原书注:音吾,鼠飞生。

九日同陆思庵宪伯登蓬莱阁遂赴秦将军太平楼宴敬步薛文清公咏海韵①

邹 善

重阳弭节②牟子国,同上飞阁望辽碣。
望中③雾霭弥弥平,鼍矶牛岛相连结。
须臾长风来天边,吹衣落帽净浮烟。
飞鸿历历鱼可数,直将诸岛送筵前。
手持菊蕊映波影,俯槛玩之心神静。
坐久已无车马喧,宁知萍迹寄人境。
更上层城望转高,泠然御风何飘飘。
欢饮将军茱萸酒④,何须搔首发孤谣。
遥呼安期振袂起,游乘六气迅莫比。
时从东海泛北溟,谛观无朕对弱水。

【注释】

①此诗还收录于万历十九年《蓬莱阁集》中。
②弭节:驾驭车子。
③望中:视野之中。

④茱萸酒：旧时在重阳节置茱萸、菊花于酒，希望饮之可以辟邪。

海 市①

李 汶

案牍无事阶帘清，偶闻扃署剥啄声。
仓猝②遣吏走相讯，为报渤澥呈神工。
览胜危步蓬莱阁，瑰奇万象交闪烁。
吻开欲吞海岳潮，尾曳群山势盘薄③。
层闉④画堞连城际，宫宇参差穷点缀。
不闻车马声和鸣，疏绮远扉时启闭。
起若虹桥引千尺，动若雁阵惊露滴。
长松短桧碧森森，洞府暂移诸仙籍。
大小陆离难象拟，纷合变化须臾耳。
乍见海市喜且愕，谁信世事皆如此。
侧微曾作平阳奴⑤，一朝拥麾轰帝都。
饭牛鼓角夜悲壮，倏忽霖澍枯槁苏。
封侯不偶将军何，长沙少年空蹉跎。
锦帐铣谷翻尘土，披裘带索发浩歌。
大鹏横霄斥鷃笑，嫫母⑥青娥⑦争绰约⑧。
彭殇寿短相颉颃，塞翁得失速庆吊。
帝幕粪溷咤落苍，羊肠康庄天之涯。
蒯缑⑨三弹珠履间，多少生翼委泥沙。
云雾蒸变千万里，逆旅光阴一弹指。
回首世界海市收，瞬息大梦春风里。
噫嘻哉！人见海市喜且愕，不知世事皆如此。

李 汶（1535—1609），字宗齐，号次溪，河北任丘人。明嘉靖四十一年（1562）进士，曾任工部主事、都水司郎中，明隆庆五年（1571）任山东按察司副使，明万历八年（1580）任山东按察使，后历任陕西右布政使、都察院右佥都御史巡抚陕西、兵部右侍郎，官至兵部尚书。著有《督陕奏议》《南游三纪》《出塞诗》。

【注释】

①此诗还收录于万历十九年《蓬莱阁集》中。
②仓猝：匆忙，急促。
③盘薄：形容磅礴、广大的样子。
④层闉：高耸的瓮城城门。亦泛指城门。
⑤平阳奴：指西汉名将卫青，其母曾是平阳公主家奴。
⑥嫫母：传说中黄帝之妻，貌极丑。后为丑女代称。
⑦青娥：指美丽的年青女子。
⑧绰约：形容女子体态柔美的样子。
⑨蒯缑：用草绳缠剑柄。

次苏文忠公韵①

蹇 达

沧波不尽吞晴空，三山十洲微茫中。
公余使君能载酒，携我来俯天吴宫。
鼍矶牛岛当孤城，二竹竞秀诚天工。
居然观海难为水，奔涛骇浪疑蛟龙。
喜无蜃气碍远景，请祷却讶眉山翁。
日射沧溟万象开，水光天色自争雄。
一天幻影同浮世，阮藉②何用悲途穷。
词坛健笔得孙绰③，北海清尊逢孔融④。
况此大观不易得，登临我辈殊情钟。
已看甘雨遍东方，东人是处歌年丰。
浊醪暂尔对沧海，红颜忽漫老青铜。
异时双剑酬恩后，还拟乘桴一御风。

蹇 达（1542—1608），字汝上，更字汝循，号理庵，巴县（今重庆巴南）人。明嘉靖四十一年（1562）进士，曾任颍上县令、河南祥符知县、礼部主事、礼部员外郎、安庆府同知、平阳府知府、山东提学佥事、湖广按察使、蓟辽总督等职，累官至兵部尚书。卒赐祭葬，赠少保。蹇达是明代抗倭名将，他所指挥的宁夏戡乱之役、抗倭援朝之役、播州平叛之役是研究明史的重要部分。著有《凤山草堂集》。

【注释】

①此诗还收录于万历十九年《蓬莱阁集》中。

②阮藉：即阮籍，三国时期魏国诗人，"正始之音"的代表，"竹林七贤"之一。

③孙绰：东晋文学家、书法家，玄言诗派代表人物。

④孔融：东汉文学家，"建安七子"之一。

晚宿阁中观日苦为云雾所障①

毛 在

蓬莱一榻最高峰，夜静涛声入梦中。

五更起来望海日，彤云②密布天之东。

银浪翻飞数百尺，阴风黯惨③如洪蒙。

残月疏星水荡漾，苍茫隐现于芙蓉。

十二玉楼杳无际，那有积金为天墉。

彷佛遥看白色泽，明珠藏在昆仑宫。

羡彼坡老谪仙子，神人应祷鞭蛰龙。

即今望日日未见，敢徼蜃市烦神工。

毛 在（生卒年不详），字君明，江苏太仓人。明万历二年（1574）进士，授建昌府推官，升云南道监察御史，出按贵州、山东、河南，升大理寺右丞。著有《先进遗风增补》《四疏稿》。

【注释】

①此诗还收录于万历十九年《蓬莱阁集》中，诗中"彤云密布天之东"与此诗略有差异。

②彤云：指下雪前密布的阴云。

③黯惨：昏暗惨淡。

观日楼①观日出②

王云鹭

天鸡四鼓鸣乌乌，炎官③火伞奔天吴。
浩劫灰沉势尽燃，鳌足掣断翻轻轳。
手扪扶桑欲大叫，旸谷恍已摇窗窔。
孰云天径十六万，洪蒙一点通灵窍。
须臾露滴收繁宿，吴门匹马入驰骤。
槛外寒涛风拂鬐，堞边别岛云浮豆。
隙中白驹常如此，鲁阳④怒戈亦曷止。
九鸟妖随羿矢飞，夸父依然空渴死。
万古晦明聊舒卷，青天白日贵无觑。
肝胆秦越奈尔何，莫道长安有近远。

王云鹭（生卒年不详），字翀儒，河南夏邑人。明隆庆五年（1571）进士，明万历十七年（1589）任登州府知府。王云鹭好金石文字，曾重刻宋代洪适金石学名著《隶释》，是该书现存最早刻本。

【注释】
①观日楼：也称望日楼、宾日楼，在蓬莱阁东，观日出之处。
②此诗还收录于万历十九年《蓬莱阁集》中。
③炎官：神话中的火神。
④鲁阳：指鲁阳公。楚之县公，传说为挥戈使太阳返回的英雄。

次观日楼观日出韵①

王云鹭

咸池②为浴扶桑乌，苍茫羲御③趣天吴。
华盖左旋杳何朕，牵山筶④断随輠⑤轳⑥。
鼍更⑦递向鸡阉叫，春潮细写珠岩窔。
倏忽徘徊中央宫，万象迸出浑沌窍。
烛龙⑧衔火辟罗宿，赤波奔涌金轮骤。

铁砚浮烟赋未成，日林早散灵光豆。
渔矶闲人乐有此，双旌焕彩胡来止。
登楼对日扫天章，阳春唤醒田螺死。
餐尽朝霞红半卷，洒之石上桃花靦。
瑞袤槐堂⑨湿紫泥⑩，五云深处沧洲远。

【注释】

①此诗还收录于万历十九年《蓬莱阁集》中。
②咸池：神话中谓日浴之处。
③羲御：太阳的代称。羲和为日驭，故名。
④原书注：音翟，狭也，迫也。
⑤原书注：音雷，《汉书》辒辌不绝也。
⑥原书注：音芦，辖辂也。
⑦鼍更：指更鼓声。因鼍夜鸣与更鼓相应，故名。
⑧烛龙：古代神话中的神名。
⑨槐堂：泛指高官之宅第。
⑩紫泥：古人以泥封信，泥上盖印。皇帝诏书用紫泥，后指代诏书。

观海市①

王云鹭

从来蓬海说海市，物色相传得之耳。
我至移时冀一观，白日吏报海云驶②。
小竹大竹与牵牛，三山相连如山徙。
迤逦一带围城郭，森成林鸟风旖旎。
兀然室宇开窗牖，玲珑宛转旌幢起。
初时乍有还乍无，伫看辽邈仍伊迩。
忆昔苏公祷即见，就中明有鬼物使。
太守粗官③目既真，当年耳语今如彼。
悠悠共诧莫名状，烟清飕细犹多似。
市后定有雨脚横，市分久暂雨可指。

五月云汉几无麦,老农候市深色喜。
人言蜃气结楼台,海角多岛宁无雉。
六合之外置勿论,市乎市乎竟何理。
默思造物坐叹息,人生幻影而已矣。

【注释】

①此诗还收录于万历十九年《蓬莱阁集》中,诗中"海角各岛宁无雉"与此诗略有差异。

②原书注:音史,疾也。

③粗官:指武官。

蓬莱阁望海

黄应台

昔卧洞庭山,泛观山海图。
东游拟拂泰山云,遥瞰沧桑窥蓬壶。
小竹大竹鼍矶连,芙蓉岛映蜉蝣隅。
上有五彩金英之美石,下接三山赤水之玄珠。
东望天柱峰,西眺大珠树。
琼宫贝阙不可睹,灵风飒飒卷飞雨。
盘涡澎湃浪滚滚,青天隆隆响天鼓。
龙藏其中是耶非,但见人鱼作人舞。
慎勿戏之逢彼怒,顷刻雾霭泪下土。
前年初游凤皇台,嵯峨巨艑①如山来。
白波不动鉴光晓,云帆千幅争先开。
中流缩首心茫然,恍如乘云行九天。
惊涛忽逐回风旋,砰雷转毂雪满川。
长江之险且如此,何况渤海洪荒先。
我欲驾苍虬,飞渡蓬莱洲。
临流漱金碧,长歌金石讴。
徐福安期皆梦幻,秦皇汉武何足尤。

安得沧溟酿作酒，颓然洪崖共拍手。

一笑云衢②跨金鳌，不用乘桴天吴③走。

龙宫海藏在眼前，扶桑朝暾④金镜悬。

便激弱水⑤三千里，直上昆仑第一巅。

黄应台（生卒年不详），江津（今属重庆）人。曾任高唐州知州。

【注释】

①巨艑：巨大的船。

②云衢：云中的道路。

③天吴：中国神话传说中的水神。

④朝暾：初升的太阳。

⑤弱水：泛指险恶难渡的河海或险而遥远的河流。

蓬莱阁集卷之六

五言绝句

唐诗一首

感怀一绝①

无名氏②

海门连洞庭,一去三千里。
十载一归来,辛苦潇湘水。

【注释】
①此诗还收录于万历十九年《蓬莱阁集》中。
②此诗作者无名氏,经查,该诗出自唐代郑还古《博异志·许汉阳》。原诗为"海门连洞庭,每去三千里。十载一归来,辛苦潇湘水"。

明诗五首

咏大竹小竹二绝①

周 鳌

一

大竹与小竹,谁家好兄弟。
高名千古重,夷齐圣之清。

二

首阳青不断,潇潇海上山。
归周还叩马,风雨对潺湲。

周 鳌(生卒年不详),字允良,江苏武进人。明嘉靖二十八年(1549)任登州府知府。

【注释】

①此诗还收录于万历十九年《蓬莱阁集》中,诗中"谁家好弟兄"与此诗略有差异。

登蓬莱阁二绝①

梁 木

一

粉署依山起,青城向水开。
云盘龙凤舞,日闪金银台。

二

放艇牵牛岛,看钓上鼍矶。
点笔星飞砚,引杯②云满衣。

梁　木（1509—?），字仁夫，陕西三原人。明嘉靖二十年（1541）进士，嘉靖二十六年（1547）任登州府同知。

【注释】

①此诗还收录于万历十九年《蓬莱阁集》中，诗中"纷署依山起"与此诗略有差异。

②引杯：举杯，指喝酒。

登蓬莱阁四绝①

潘　滋

一

来登羲仲宅，朝日列仙官。
尚有尧时草，欲取屈轶看。

二

日照扶桑树，天门去不遥。
步履金鳌背，何劳问石桥。

三

洲边拾落翠，竹里结行厨。
无病餐枸杞，有客脍龙须。

四

跳雨鸟逾白，流霞树借红。
诗成珠满把，题就锦为丛。

潘　滋（生卒年不详），字汝霖，江西婺源人。明嘉靖七年（1528）举人，嘉靖二十九年（1550）任登州府推官。著有《蓬莱观海亭集》《浮槎稿》。

【注释】

①此诗还收录于万历十九年《蓬莱阁集》中。

古意二首①

潘 滋

一

海底有明月，冷冷抱夜光。
空照浊水泥，不得近君床。

二

庭前三五树，夜夜有鸟啼。
唤起海中鸟，背出金轮飞。

【注释】

①此诗还收录于万历十九年《蓬莱阁集》中。

春日蓬莱阁观日①

乔应春

一

五云②披欲捧，九地③转如驰。
半出沧波外，人间东白时。

二

远岛浮苍霭，危楼俯巨涛。
眼前难道景，绝代有人豪。

三

酬唱谁宾主，乾坤自古今。
凭栏一长啸，浩渺隔尘心。

四

年来嗟岐路，此日坐渔矶。
莫遣桃花笑，海天朋旧稀。

五

竹岛余龙窟，桑田遍海陬④。
车书今混一，辽左属皇州。

六

茆屋数家晓，山桃满树红。
指顾扶桑外，灵源此地通。

七

轩盖凌晨发，城陴接海回。
市寰惊露冕，应是峤壶来。

乔应春（1536—？），字仁卿，河南安阳人。明嘉靖四十一年（1562）进士，曾任辽东行太仆寺少卿兼山东按察司佥事，明万历三年（1575）任登州府知府。撰有《七里泉》《新建护国报恩千佛寺宝像碑记》。

【注释】

①此诗还收录于万历十九年《蓬莱阁集》中。
②五云：指五色瑞云，多作吉祥的征兆。
③九地：指太阳。
④海陬：海隅，海角。亦泛指沿海地带。

蓬莱阁集卷之七

七言绝句

唐诗三首

登楼寄王卿①

韦应物

踏阁攀林恨不同，楚云沧海思无穷。
数家砧杵秋山下，一郡荆榛寒雨中。

韦应物（约737—791），字义博，京兆万年（今陕西西安）人。唐代官员、诗人，因出任过江州刺史、检校左司郎中、苏州刺史，世称"韦江州""韦左司""韦苏州"。韦应物是唐代著名山水田园派诗人，后人每以王孟韦柳并称。其诗风恬淡高远，以善于写景和描写隐逸生活著称。著有《韦江州集》《韦苏州集》《韦苏州诗集》。

【注释】

①此诗还收录于万历十九年《蓬莱阁集》中。

送司马先生①

李 峤

蓬阁桃源两处分②，人间海上不相闻。
一朝琴里悲黄鹤③，何日山头望白云。

李 峤（约645—约714），字巨山，河北赞皇人。唐代诗人，对唐代律诗和歌行的发展有一定作用和影响。李峤以文辞著称，与苏味道并称"苏李"，与苏味道、杜审言、崔融合称"文章四友"，晚年更被尊为"文章宿老"。著有《杂咏》《评诗格》。

【注释】

①此诗还收录于万历十九年《蓬莱阁集》中。

②蓬阁桃源两处分：蓬阁借指仙境，桃源借指世俗。此句是仙境和凡尘相分隔的意思。

③黄鹤：出自唐代崔颢《黄鹤楼》。后以"黄鹤"比喻一去不返的事物。

海上忆洛中旧游①

独孤及

凉风台上三峰月，不夜城边万里沙。
离别莫言关塞远，梦魂长在子陵家。

独孤及（725—777），字至之，河南洛阳人。唐天宝十三载（754）进士，历任华阴县尉、左拾遗、太常博士、礼部员外郎、濠州刺史、舒州刺史、检校司封郎中、常州刺史，谥号"宪"。独孤及是古文运动的先驱者，著有《毗陵集》。

【注释】

①此诗还收录于万历十九年《蓬莱阁集》中。

宋诗一首

咏 海①

王师中

晓气金茎露共浮，日光照耀海山秋。
巨鳌不负仙舟去，留与幽人②作胜游。

王师中（生卒年不详），河南河阴（今属荥阳）人。宋徽宗时期（1101—1125）任登州知州，参与宋金"海上之盟"相关事宜。

【注释】

①此诗还收录于弘治十四年《蓬莱阁诗集》和万历十九年《蓬莱阁集》中，《蓬莱阁诗集》中的题目是《无题》，诗中的"日光彻照海山秋""巨鳌不负仙洲去"与此诗略有差异。

②幽人：指幽居之士。

金元诗五首

冷然泉①

张国卿

万派潮东日夜添，随波上下尽如盐。
谁知一掬冷然水，不混长流独自甜。

张国卿（生平不详），元代人。

【注释】

①冷然泉：位于登州城北丹崖山阴，距海数十步，水味甘洌，因名"冷然"，今已不存。此诗还收录于万历十九年《蓬莱阁集》中。

日观峰①

萧 贡

半夜东风揽邓林，三山银阙杳沉沉。
洪波万里兼天涌，一点金乌出海心。

萧 贡（1158—1223），字真卿，陕西咸阳人。金大定二十二年（1182）进士，补尚书省令史，累迁右司郎中，历国子祭酒兼太常少卿，官至户部尚书。萧贡是金代中后期著名文人,文采风流,照映一时。与陈大任刊修《辽史》,著有《史记注》《萧氏公论》《五声姓谱》。

【注释】

①此诗还收录于万历十九年《蓬莱阁集》中。

望瀛台春望①

邢具瞻

晴云如困柳如痴,丹杏开残碧草齐。
一派望瀛台下水,暖风迟日浴凫鹥。

邢具瞻(?—1147),字岩夫,辽西人。金太宗天会二年(1124)进士,官至翰林待制。

【注释】

①此诗还收录于万历十九年《蓬莱阁集》中。

登蓬莱阁①

王鹿庵

三山云海旧曾来,黄竹白榆手自栽。
今日红尘海西岸,蓬莱阁上望蓬莱。

王鹿庵(1202—1293),即王磐,字文炳,号鹿庵,广平永年(今属河北)人。金正大四年(1227)进士,曾任宋荆湖制置司议事官,在元朝官至翰林学士。王鹿庵为官不承顺权贵,有"古直"之称。

【注释】

①此诗还收录于万历十九年《蓬莱阁集》中。

风烟绝胜亭①

萧闲老人

一轩空洞纳云海,万象森然圆镜中。
云梦何妨吞八九,酒浇不下阮公胸。

萧闲老人(1107—1159),即蔡松年,字伯坚,号萧闲老人,真定(今河北正定)人。完颜宗弼攻宋,他兼总军中六部事,累官至右丞相,封鄯国公、卫国公,加封吴国公,谥"文简"。蔡松年是金代文学家,文词清丽,尤工乐府,与吴激齐名,时称"吴蔡体"。著有《明秀集》。

【注释】

①风烟绝胜亭:在蓬莱县署后。金大定间,县尉安霖建,今废。此诗还收录于万历十九年《蓬莱阁集》中。

明诗三十五首

观海二绝①

王崇庆

一

长风②吹断海门③霞,三月登州始见花。
望出白云千万里,还当天外有人家。

二

秦皇汉武亦雄才,海上求仙竟不来。
千古风流春梦断,碧桃岩下自花开。

王崇庆(1484—1565),字德征,号端溪,直隶开州(今河南濮阳)人。明正德三年(1508)进士,曾任沁州通判,正德十四年(1519)擢升登州府同知,后历任江西按察司佥事、山西按察司副使、河南按察司副使、四川右布政使等职,官至南京礼部尚书。王崇庆举止稳重博雅，为官廉洁清正，著述颇多，堪称忠孝礼贤。著有《开州志》《五经心义》《山海经释义》《元城语录解》《端溪文集》等。

【注释】

①此诗还收录于弘治十四年《蓬莱阁诗集》和万历十九年《蓬莱阁集》中，《蓬莱阁诗集》中的题目是《观海四绝》，诗中第四首的"千古风流等春梦"与此诗略有差异。

②长风：大风。

③海门：指渤海海峡。

观海二绝①

于 溱

一

海上烟云午不收，仙踪何处觅瀛洲。
几时得遇灵槎②便，直上银河问斗牛。

二

薄宦③年来海上游，每惊雪浪起潮头。
于今识得盈虚数，若比人心是顺流。

于 溱（生卒年不详），字本清，号东江，河北任丘人。明正德三年（1508）进士，曾任兵科给事中，正德十三年（1518）任招远知县，后升广南府知府，不就，进阶一级。

【注释】

①此诗还收录于弘治十四年《蓬莱阁诗集》和万历十九年《蓬莱阁集》中，《蓬莱阁诗集》中的题目是《无题》，诗中"仙踪何处觅瀛州"与此诗略有差异。

②灵槎：指能乘往天河的船筏。

③薄宦：卑微的官职。此处用为谦辞。

观海四绝①

杨载鸣

一②

直从南海观东海，翻忆今游是旧游。
身愧韩公③淹五岭，心怜苏老④胜全年。

二

秦皇碑碣⑤虚无里，武帝楼台烟霭中。
徐福不来王母去，蓬莱高阁自春风。

三

长山高山⑥指顾前，大竹小竹苍翠连。
巨鲸春破千层浪，灵蜃晴嘘万里烟。

四

飘零莫复叹天涯，四海登临此地奇。
彩笔几人霄汉上，至今犹说长公诗⑦。

杨载鸣（1514—1565），字虚卿，江西泰和人。明嘉靖十七年（1538）进士，曾任潮州府推官、登州府推官、吏部主事、惠州府推官，官至通政使。著有《大拙堂集》。

【注释】

①此诗还收录于万历十九年《蓬莱阁集》中，第一首"心怜苏老胜全牟"与此诗略有差异。原诗中的作者"杨载"疑为抄录遗漏，实为杨载鸣。
②原书注：余先任潮州。
③韩公：指的是韩愈。
④苏老：指的是苏轼。
⑤秦皇碑碣：指秦始皇东巡时留下的刻石。
⑥长山高山：岛屿名，指的是长山岛和高山岛，属于庙岛群岛。
⑦长公诗：指苏轼在蓬莱阁所作的《海市诗》。

送门人之登州①

胡 琪

博学曾传鸿宝书②,蓬莱西去近灵须。
且将公事阁中了,知子仙才信有余。

胡 琪（1411—？）,字文璧,江苏沭阳人。曾授文林郎,明成化二年（1466）任河南夏邑知县。

【注释】
①此诗还收录于万历十九年《蓬莱阁集》中。
②鸿宝书：道教修仙炼丹之书。

答蓬莱羽客三绝①

冀 桐

一

访入蓬莱东又东,呼童着履问山公。
斗牛②道路还多远,携尔乘槎海上行。

二

多少浮名总是闲,倦时沉醉醒登山。
谩敲棋子寻迟着,满径椒花放白鹇③。

三

闻有桃源去问津,烟霞洞④里悟玄真。
夜来醉带麻姑酒,别惹天香一样新。

冀 桐（生卒年不详）,河北永年人。举人,明嘉靖三十二年（1553）任登州府同知,后升长史。

【注释】
①此诗还收录于万历十九年《蓬莱阁集》中。
②斗牛：二十八宿中的"斗宿"和"牛宿"。泛指天空中的星群。

③白鹇：一种名贵的观赏鸟，是祥瑞的象征。
④烟霞洞：昆嵛山西北隅烟霞山的一处天然山洞，相传王重阳曾在此悟道。

田横山①

刘　泾

相从五百②尽同心，千载犹怜义气深。
谁道汉高③能大度，潜身海岛也追寻。

刘　泾（1510—1567），字叔清，号次山，怀庆卫（今河南沁阳）人。明嘉靖二十六年（1547）进士，曾任翰林院庶吉士、贵州道监察御史、凤翔府知府、登州府知府、山西按察司副使。刘泾在登州任职期间，公正严明，锄强扶弱，善决疑狱。遇到饥年，多方赈贷，救助饥民。因功绩卓著，祀于登州府名宦祠。著有《理学四先生言行录》《晋阳集》。

【注释】
①田横山：位于蓬莱阁西侧。传说韩信破齐，田横败走，曾与五百壮士在此山筑寨，故名田横山。此诗还收录于万历十九年《蓬莱阁集》中。
②相从五百：指追随田横的五百壮士。
③汉高：即汉高祖刘邦。

春潮带雨①

郭　朴

曾闻高隐爱沧洲，谁识滇荒汗漫游。
春晓观潮兼听雨，风涛雪浪拍天浮。

郭　朴（1511—1593），字质夫，世称东野先生，河南安阳人。明嘉靖十四年（1535）进士，历任庶吉士、礼部右侍郎、吏部尚书，嘉靖四十五年（1566）任武英殿大学士。卒赠太傅，谥"文简"。郭朴与李春芳、严讷、袁炜合称"青词宰相"。著有《文简公集》。

【注释】

①此诗前注：海天八景题齐使君图寄李使君览。此诗还收录于万历十九年《蓬莱阁集》中。

春潮带雨①

张应登

鲵鱼穴底海潮生，蹙浪摧波杂雨声。
碣石坐来闲盺望，白鸥飞到欲为盟。

张应登（生卒年不详），字玉车，四川内江人。明万历十一年（1583）进士，曾任河南彰德府推官、吏部主事、山东副宪。张应登为官秉公执法，狱无冤滞。撰有《游滏水鼓山记》。

【注释】

①此诗还收录于万历十九年《蓬莱阁集》中。

旭日蒸霞①

郭 朴

阳乌扬彩挂扶桑，海气升腾散锦章。
何事披衣乘曙色，餐霞新授异人方。

【注释】

①此诗还收录于万历十九年《蓬莱阁集》中。

旭日蒸霞①

张应登

逸骇②翔盺欲海弥，丹霞锦色倚天披。
赤身顶出云霄上，杲杲朱光照四陲。

【注释】

①此诗还收录于万历十九年《蓬莱阁集》中。
②原书注：音解，去声。

岛月摇光①

郭　朴

冰轮东上岛烟清，天际无云海水平。
荡漾流光涵素影，幽人对此独怡情。

【注释】

①此诗还收录于万历十九年《蓬莱阁集》中。

岛月摇光①

张应登

别岛嵚环皓月团，光澄玳瑁水漫漫。
风来浪动银河转，倚杖低头看广寒。

【注释】

①此诗还收录于万历十九年《蓬莱阁集》中。

鲛宫幻象①

郭　朴

霁景②蓬溟烟雾开，恍如城市见楼台。
睇思灵境多奇幻，疑有仙人共往来。

【注释】

①此诗还收录于万历十九年《蓬莱阁集》中。

②霁景：雨后晴明的景色。

鲛宫幻象①

张应登

金贝楼台蜃结成，三山境界亦分明。
仙人飞度如平地，怜我招呼市上行。

【注释】
①此诗还收录于万历十九年《蓬莱阁集》中。

披裘垂钓①

郭　朴

小艇纶竿钓碧波，羊裘混迹伴渔蓑。
海天日月宽如许，闲向西风倚棹歌。

【注释】
①此诗还收录于万历十九年《蓬莱阁集》中，诗中"闲向西风倚棹欹"与此诗略有差异。

披裘垂钓①

张应登

若个渔翁不为鱼，一竿一艇向归墟。
丝钩钓着沃焦②石，鼓泄③携来障草庐。

【注释】
①此诗还收录于万历十九年《蓬莱阁集》中。
②原书注：海中泄水处。

③原诗注：音意，裭也。

蘱石枕流①

郭　朴

翠屏环抱石床平，枕畔冷冷漱玉声。
睡起翛然神骨爽，蛟龙雷雨不须惊。

【注释】

①此诗还收录于万历十九年《蓬莱阁集》中。

蘱石枕流①

张应登

蛇盘镜里几多年，洗耳扶桑黑水边。
一去一来骑鹤倦，徘徊蘱石枕流眠。

【注释】

①此诗还收录于万历十九年《蓬莱阁集》中。

送浪浮槎①

郭　朴

八月闲乘上汉槎，海天风景浩无涯。
漫寻牛渚支机石，拟看三山琪树花。

【注释】

①此诗还收录于万历十九年《蓬莱阁集》中。

送浪浮槎①

张应登

道人不是爱烟波,欲泛灵楂织女河。
逆浪虬龙勤护送,朅来如骑复如梭。

【注释】
①此诗还收录于万历十九年《蓬莱阁集》中。

洪涛濯足①

郭　朴

石蹬高跻独振衣,滩流濯足晚方归。
数声渔笛烟波起,村火茅茨半掩扉。

【注释】
①此诗还收录于万历十九年《蓬莱阁集》中。

洪涛濯足①

张应登

波涛喷起拂云流,踞石褰衣濯自悠。
不识巨鳅长万里,偶然伸足踏穿头。

【注释】
①此诗还收录于万历十九年《蓬莱阁集》中。

次陈侍御韵[1]

陈景隆

蓬瀛登处在云头,光景无边足胜游。
满目海天襟抱阔,升平圣化及遐陬。

陈景隆(1439—?),字如初,号畏庵,福建长乐人。明成化十一年(1475)进士,曾任武康知县、德清知县、广东道监察御史,官至山东按察司佥事。著有《畏庵集》。

【注释】

[1] 此诗是作者于明弘治三年(1490)任山东按察司佥事期间,来登州巡查海防,公务之余与同僚登阁观海,次韵山东监察御史陈璧《无题》之作。此诗还收录于万历十九年《蓬莱阁集》中。

望 海[1]

黄 绣

一碧如凝万顷冰,尽收元气付薰蒸。
飘然欲驾天风去,玉宇寒多恐未胜。

黄 绣(生卒年不详),字文卿,清江(今江西樟树)人。明弘治三年(1490)进士,曾任兵部主事、兵部员外郎、山东按察司佥事、辽东行太仆寺少卿、四川按察司副使,官至山西布政司右参政。

【注释】

[1] 此诗还收录于万历十九年《蓬莱阁集》中。

登蓬莱阁六首①

吴维岳

一

蓬莱阁上起鸾笙,碣石云红②峤气清。
海水冥冥春又绿,至今无处问徐生。

二

群山映带曙霞开,千尺巉岩水上台③。
仙驭有无春色里,长空云尽鸟飞回。

三

万里晴波蜃雾消,迎仙犹识汉皇桥。
琼楼半倚空明上,日晚微风落洞箫。

四

鞭石乘槎④迹未分,众山杯外送斜曛。
漫将海水论深浅,历尽沧桑是白云。

五

微茫气色闪金银,岛屿桃花细浪春。
酒洽⑤正临遗枣地⑥,月门疑见弄珠人⑦。

六

南中烽燧⑧近如何,江海鱼盐⑨愿息戈。
干羽七旬应格远,鲸鲵⑩休破越裳⑪波。

吴维岳(1514—1569),字峻伯,号霁寰,孝丰(今浙江安吉)人。明嘉靖十七年(1538)进士,曾任江阴县令、刑部主事、兵部郎中,嘉靖三十六年(1557)任山东按察司副使,后历官山东学政、湖广参议、河南按察使,官至右佥都御史。吴维岳擅长书法,精通文学,尤卓于诗,为"嘉靖广五子"之一。著有《天目山斋岁编》《奏议》《海岱集》。

【注释】
①此诗还收录于万历十九年《蓬莱阁集》中,第五首"月明疑见弄珠人"与此

诗略有差异。

②碣石云红：碣石，指丹崖山。云红，指丹崖山周围一片红光。

③水上台：指丹崖山与蓬莱阁。

④鞭石乘槎：指秦皇汉武求仙的故事。

⑤酒洽：喝酒喝得愉快。

⑥遗枣地：传说仙人安期生食巨枣如瓜。此处说蓬莱阁是遗枣地，意在认定蓬莱为仙境。

⑦弄珠人：即鲛人。

⑧南中烽燧：南方的烽火，指战争。

⑨江海鱼盐：借指黎民百姓。

⑩鲸鲵：大鱼，常常比喻战争。

⑪越裳：泛指南方。

和吴峻伯①蓬莱阁六绝②

王世贞

一

坐看红日应天鸡，曙色中原一瞬齐。
雄观古来谁得似，昆仑高挂大荒西。

二

虚无紫气隐蓬莱，水落青天忽对开。
已借鳌簪为岛屿，还从蜃口出楼台。

三

绛节秋逢鸾鹤群，安期③遣信欲相闻。
袖中亦有千年枣④，不羡瀛洲⑤五色云。

四

早晚苍龙自在眠，春波织就蔚参天。
风雪忽卷秦桥⑥去，日月还依禹碣悬。

五

万乘秋风屈布衣，沧桑今古定谁非。
田横五百应如在，徐市⑦三千竟不归。

六

君泛仙槎拟问津，我从东海学波臣。
隋珠却坠双明月，鲸岛寒光夜夜新。

王世贞（1526—1590），字元美，号凤洲，又号弇州山人，江苏太仓人。明嘉靖二十六年（1547）进士，曾任大理寺左寺、刑部员外郎、刑部郎中，嘉靖三十五年（1556）任山东按察司副使，后历官浙江右参政、山西按察使、湖广按察使、广西右布政使、右副都御史、应天府尹、南京兵部右侍郎，累官至南京刑部尚书。王世贞是著名文学家、史学家，明代"后七子"领袖之一，与李攀龙、宗臣等结成复古文学流派。著有《弇州山人四部稿》《弇山堂别集》。

【注释】

①吴峻伯：即山东按察司副使吴维岳。
②此诗还收录于万历十九年《蓬莱阁集》中。
③安期：即安期生，仙人名。
④千年枣：传说海上神山所有的五种仙草仙药之一。
⑤瀛洲：传说中的仙山。
⑥秦桥：相传秦始皇东游时所造的石桥。
⑦徐市：即徐福，秦代方士。

寄蓬莱秘药致谢①

张应登

海上神仙药不传，劳君寄我一茎玄。
却嗤秦帝无缘分，错恨徐生断去船。

张应登（生卒年不详），字玉车，四川内江人。明万历十一年（1583）进士，曾任河南彰德府推官、吏部主事、山东副宪。张应登为官秉公执法，狱无冤滞。撰有《游滏水鼓山记》。

【注释】

①此诗还收录于万历十九年《蓬莱阁集》中。

海上清明侧体四绝

程 试

一

清明尚觉春寒浅，陌头①杨柳金丝软。
携朋载酒密山头，坐爱芳草齐如剪。

二

举首沧溟连天碧，群山四顾翠微积。
开樽②皎月正当空，杯中蟾影摇琼液。

三

沧溟万顷何寥廓，谁谓长鲸敢肆虐。
瑶岛琼洲堪博游，凌空直欲乘玄鹤。

四

深林俯听啼百舌，遥望龙山岚气结。
归来一啸海天空，匣中吴钩白似雪。

程 试（生卒年不详），字子跃，号荃洲，河北新河人。明万历十一年（1583）进士，曾任寿光知县、工部都水司主事、户部屯田员外郎、饶州府知府、登州府知府。著有《水部之山集》。

【注释】

①陌头：路上，路旁。
②开樽：亦作"开尊"，指举杯饮酒。

海上四绝同南泽刘将军徐真适陈云洲共赋

程 试

一

寻春又上蓬莱阁，万里沧烟入眼廓。
三尺光铓欲断鲸，掀髯长啸凌秋鹗。

二

沧波出没鱼龙跃，把酒谈兵问海若①。
喜得伏波有大才，深渊那怕长鲸恶。

三

珠玑岩下频频酹，两两红儿相戏谑。
三岛十洲真画图，醉来直欲乘玄鹤②。

四

海上春游花未萼，座间喜有千金诺③。
大家同啸碧天空，眼前一任浮云薄。

【注释】
①海若：传说中的海神。
②玄鹤：指黑鹤。
③千金诺：《史记·季布栾布列传》记载："得黄金百（斤），不如得季布一诺。"后以"千金诺"指难得的、可贵的诺言。

海上对月四绝

程 试

一

冻云①飞尽海天空，一派清光万里同。
对月开尊聊一醉，恍然身在广寒宫。

二

梧桐疎影满庭台，皓彩光流吟兴开。
醉取琵琶弹一曲，不知身世在尘埃。

三

谁驾冰轮到海边，开尊相对兴翻然。
金杯笑指蟾光动，疑是嫦娥下九天。

四

还忆高楼醉月明，美人玉甲走银筝。
醉来一枕芙蓉帐，空笑巫山云雨情。

【注释】
①冻云：严冬的阴云。

谒海庙二绝

程 试

一

巍峨海庙厂丹楹，望海楼空接太清。
三岛芙容阔眼界，何如宦海复营营①。

二

殿廊环列焕然新，金碧辉煌迥出尘。
昭假②不端方寸地，却从何处问明神。

【注释】
①营营：奔走钻营。此处实为作者自嘲。
②昭假：指向神祷告，昭示其诚敬之心以达于神。

登蓬莱阁十绝

冀 述

一

万山低翠倚城隈，隐隐楼船十道开。
碧海连天惟一色，白云飞尽见蓬莱。

二

满目沧波去不还，琼楼依旧翠微间。
小东①杼柚②今何似，几度临流鬓欲斑。

三

璇阙疑似画里看，波光云影日盘桓。
坐来顿觉人间迥，一阵西风六月寒。

四

潮拥银山护故城，仙楼百尺紫霞生。
蓬莱自是清虚府，莫问年来多少兵。

五

楼台泛影女墙东，一叶渔舟万里风。
牛渚仙槎人自去，烟波空忆月明中。

六

峰接麟郊衣摘翠，望回龙塞③燧销红。
春风不隔珠帘外，鸟语花香人自同。

七

飞阁④临流万石堆，人传秦帝驱山来。
无端砥砺英雄起，忍教白蛇一剑催。

八

阁下悬崖漱玉流，珠玑错落满芳洲。
天吴不禁连城价，泪洒鲛人⑤万斛浮。

九

秦桥月满明沧屿,汉柱云横砥碧津。
万里洪涛环紫石,不须升斗润波臣。

十

海上六鳌浮翠岛,人间千火隐仙台。
蜃楼谩逐卿烟去,螭驾还随日毂来。

冀 述(1558—1612),字继文,号紫璇,河北武安人。明万历二十六年(1598)进士,曾任广宁司理,万历三十年(1602)任登州府推官,后升兵部主事。冀述性沉静,有远量,以清廉闻名。著有《桃园草》《庸言》。

【注释】

①小东:西周时以镐京为中心,统称东方各诸侯国为东国,近者为小东,远者为大东。
②杼柚:借指纺织。
③龙塞:泛指边远地区。
④飞阁:意思是高阁。
⑤鲛人:神话传说中的人鱼。

奉次大韵①

刘炳文

一

蓬莱拟作凌烟阁②,极目乾坤转寥廓。
气吐眉扬任激昂,长风万里骞独鹗。

二

醉看雪浪当空跃,蓬岛三山常自若。
砥柱中流峙碧空,春和不见风波恶。

刘炳文(生卒年不详),字明仲,号心白,湖北崇阳人,祖籍福建漳浦。世袭台州卫指挥佥事,明万历三十一年(1603)中武举,曾任登州游击、宁绍参将、督抚中军、贵州守备，万历四十七年（1619）升山东都司，明泰昌元年（1620）委署登莱副总兵，明崇祯间（1628—1644）任山东备倭都司掌印都司，后以军功封昭勇将军。著有《营阵图》《藏拙图》。

【注释】

①此诗是作者任山东备倭都司游击将军时登阁观海，次韵登州府知府程试《海上四绝同南泽刘将军徐真适陈云洲共赋》所作。

②凌烟阁：唐朝为表彰功臣而建筑的绘有功臣画像的高阁。

登蓬莱阁观海

徐元卿

海天一色望中看，无数青山倒影寒。
秦汉祈仙休漫说，空留我辈浪游观。

徐元卿（生卒年不详），长洲（今江苏苏州）人。明万历二十八年（1600）任登州府通判。

蓬莱阁登眺时重九后□

程 试

一

蓬莱高阁倚云开，万里沧波入望来。
红日曈曈①相映出，恍然身世在天台。

二

碧浪连天一色同，蓬山深处有仙宫。
凭阑遥对沧烟渺，顿觉尘寰万虑空。

三

九日满城风雨歇，今朝复上蓬莱阙。
何须落帽羡登台，争似金尊对海月。

四

海月一天光皎洁，寸心自扪如冰雪。

玉山任倒②倩人③扶，一点虚明常不涅。

程　试（生卒年不详），字子跃，号荃洲，河北新河人。明万历十一年（1583）进士，曾任寿光知县、工部都水司主事、户部屯田员外郎、饶州府知府、登州府知府。著有《水部之山集》。

【注释】

①曈曈：日出时光亮的样子。

②玉山任倒：形容酒醉后东倒西歪的样子。

③倩人：请托别人。

蓬莱观海亭集卷之八

五言律诗

唐诗四首

望 海

周 繇

苍茫空泛日，四顾绝人烟。
半浸中华岸，旁通异域船。
岛间应有国，波外恐无天。
欲作乘槎客，翻然去隔年。

周　繇（841—912），字为宪，池州至德（今安徽东至）人。唐咸通十三年（872）进士，曾任福昌县尉、建德县令、检校御史中丞。周繇是晚唐诗人，"咸通十哲"之一。其诗如警句，语藏禅机，故他有"诗禅"之誉。撰有《送边上从事》《送宇文虞》。

赠客游海

贾 岛

此别天涯远，孤舟泛海中。
夜行常认火，帆去每因风。
蛮国人多富，炎方[①]语不同。
雁飞难渡岭，书信若为通。

贾　岛（779—843），字阆仙，一作浪仙，号碣石山人，范阳（今河北涿州）人。曾任遂州长江主簿、普州司仓参军。贾岛早年出家为僧，法号无本。他一生穷愁，苦吟作诗，长于五律，重词句锤炼，人称"诗奴"，与孟郊并称"郊寒岛瘦"。著有《长江集》。

【注释】

①炎方：指南方炎热地区。

望　海

李　峤

习坎①疏丹壑，朝宗②合紫微。
三山巨鳌涌，万里大鹏飞。
楼写青山色，珠含明月辉。
会因天雾露，方遂众川归。

李　峤（约645—约714），字巨山，河北赞皇人。唐代诗人，对唐代律诗和歌行的发展有一定作用和影响。李峤以文辞著称，与苏味道并称"苏李"，与苏味道、杜审言、崔融合称"文章四友"，晚年更被尊为"文章宿老"。著有《杂咏》《评诗格》。

【注释】

①习坎：险阻。
②朝宗：比喻小水流注入大水中。

望　海

李　峒

瀛洲何处是，岛屿接青霄①。
日暝朝生雾，涛鸣晚上潮。
欲泛仙槎去，其如绛阙遥。
临流浑漫兴，六月动凉飙②。

李　垌（生卒年不详），唐咸通十年（869）任黔中节度使。

【注释】
①青霄：青天，高空。
②凉飙：秋风。

宋诗二首

题海庙

梅　贡

海岸何年庙，真人旧乞灵。
玉旒开帝锡，宝殿带龙腥。
照槛群山碧，参天老桧青。
太平波浪静，佳气满沧溟。

梅　贡（生卒年不详），浙江海盐人。宋熙宁六年（1073）进士。

望瀛亭①

杜子民

一

拥传来观海，危亭一拂衣。
云晴千怪出，浸大百川归。
日月遭吞吐，乾坤入范围。
群鸥不须避，禅寂久忘机。

二

北望沧溟大，茫茫天地间。
回环知万里，缥缈认三山。
汉使何年到，星槎度岁还。

蟠桃应已熟，方朔在人寰。

杜子民（生卒年不详），宋元丰元年（1078）任详断官，宋元符三年（1100）任朝散郎，宋崇宁元年（1102）任常州通判。

【注释】
①此诗还收录于万历十九年《蓬莱阁集》中。

元诗三首

登蓬莱阁①

李　愿

纵目②有佳趣，须登四景楼③。
轮蹄喧市井，桑谷暗郊丘。
翠盖云生里，沧溟天尽头。
阑干知几曲，倚槛恣清愁。

李　愿（生平不详），元代人。

【注释】
①此诗还收录于万历十九年《蓬莱阁集》中。
②纵目：放眼远望。
③四景楼：在登州蓬莱县北，今圮。

压山楼①

李　愿

城角楼孤迥，高高势压山。
曲阑邻鸟道，危砌俯人寰。
岚气檐楹底，云光户牖间。

洒然清景好，登览自忘还。

【注释】

①压山楼：在登州府胭脂岗上，今废。此诗还收录于万历十九年《蓬莱阁集》中。

宾日楼①

于 钦

旸谷②朝迎日，丹霞射海楼。
云随华表鹤，风送日南舟。
孤岛烟中树，平沙雁外秋。
凭阑一登眺，不尽古今愁。

于 钦（1283—1333），字思容，山东益都（今青州）人。曾任国子监助教、山东廉访司照磨、益都路总管，官至中书省兵部侍郎。于钦是元代方志编纂家、历史地理学家、文学家。著有《齐乘》。

【注释】

①宾日楼：在登州府治后，取寅宾出日之义，今已不存。此诗还收录于万历十九年《蓬莱阁集》中。
②旸谷：古代指日出之处。

明诗二十六首

登蓬莱阁①

王允修

观海平生志，登临豁醉眸。
古今成过客，天地一轻舟。
无计苏民困，何人与国谋。
苍茫烟水上，疑是岳阳楼。

王允修(1500—？)，河北容城人。明嘉靖二年(1523)进士，嘉靖二十年(1541)任登州府知府。

【注释】

①此诗还收录于万历十九年《蓬莱阁集》中，题目是《登蓬莱阁二首》。

五月登蓬莱阁四首①

郑 芸

一

晓曙登蓬阁，朝阳喜正逢。
锦云延万丈，宿雾敛千峰。
水远看仙穴，潮平听蛰龙。
红尘何处着，萍梗②愧无踪。

二

晓晴疑海辟，岛近讶仙逢。
欲渡无兰楫，重来恋竹峰。
澄清惭李范③，献纳愧夔龙④。
漫唱皇华赋，行行无定踪。

郑 芸(生卒年不详)，字士馨，福建莆田人。明嘉靖十四年(1535)进士，曾任松阳知县、上虞知县，迁监察御史，出按山东。

【注释】

①原诗实际收录二首。此诗还收录于万历十九年《蓬莱阁集》中，题目是《五月登蓬莱阁观海市四首》。

②萍梗：比喻行踪如浮萍断梗一样漂泊不定。

③李范：本名李隆范，唐朝宗室大臣，唐睿宗李旦第四子。

④夔龙：相传为舜的二臣名，夔为乐官，龙为谏官。后用以喻指辅弼良臣。

登蓬莱阁①

白 珵

飞阁临无地,跻攀四望开。
沧溟天外合,岛屿日边回。
冰解游鱼上,风和候雁来。
灵明神女祠,绝代长公才。

白 珵(生卒年不详),河北南宫人。明嘉靖十二年(1533)任开封府知府。
【注释】
①此诗还收录于万历十九年《蓬莱阁集》中。

登蓬莱阁①

柳本明

飞阁危楼上,登临天际头。
碧云围岛屿,怪市隐城楼。
潮响蛟龙动,波光日月浮。
茫茫几万里,何处觅沧洲。

柳本明(1486—?),字诚甫,河南光山人。明嘉靖八年(1529)进士,嘉靖十六年(1537)任莱州府知府,官至陕西按察司副使。
【注释】
①此诗还收录于万历十九年《蓬莱阁集》中。

观海市①

李 绅

风散神仙市,望穷尺五天。
海山终爱宝,岛屿故舒烟。

  驱石人无有，乘槎水断连。
  欲归任得句，铁笛隔云传。

李　绅（生卒年不详），河南祥符人。进士，曾任行人，明嘉靖二十三年（1544）任登州府知府，官至太仆寺少卿。

【注释】

①此诗还收录于万历十九年《蓬莱阁集》中。

观海市①

汤绍恩

一

  地迥非嚣景，亭虚敞洞天。
  轻鸥翻白浪，薄筏泛苍烟。
  长赋怜王粲②，高飞忆仲连③。
  悬知风雅作，永共海山传。

二

  重城飞汉节，五月敞华筵。
  烟树无还有，云冈断复连。
  潮回天际雁，阁隐浪中仙。
  乐处相逢少，何妨酒数传。

汤绍恩（生卒年不详），字汝承，号笃斋，四川安岳人。明嘉靖五年（1526）进士，曾任户部郎中、德安府知府、绍兴府知府、山东右布政使。汤绍恩是明代著名的水利专家。

【注释】

①此诗还收录于万历十九年《蓬莱阁集》中，诗中"水共海山传"与此诗略有差异。

②王粲：东汉末年文学家，"建安七子"之一。

③仲连：鲁仲连，战国末期齐国人，著名的纵横家和辩士。

海市晚集[①]

王 傅

可爱水中屋，堪观花外楼。
云移金粟树，人在玉壶秋。
壮志洗兵马，豪心问斗牛。
我吟凤吹曲，谁与截琳璆[②]。

王 傅（生卒年不详），河南洛阳人。明嘉靖二年（1523）进士，嘉靖二十年（1541）任莱州府知府，嘉靖二十八年（1549）升山东按察司巡海副使。

【注释】
①此诗还收录于万历十九年《蓬莱阁集》中。
②原诗注：音求，美玉。

和白渠王明府登蓬莱阁[①]

王 言

何处觅芳瑶，天风起朔潮。
楼台疑蜃市，烟树恍村招。
仙霭浑无定，灵氛杳未消。
汉槎如可问，千载慰空寥。

王 言（1513—1572），字代言，号一泉，登州卫（今山东蓬莱）人。明嘉靖二十年（1541）进士，曾任翰林院庶吉士、江西道监察御史、河南按察司佥事、奉政大夫。王言居官清正，为民请命，弹劾污吏，后因不愿与严嵩等奸臣同流合污，辞官归里，崇祀登州府忠孝祠、乡贤祠，被誉为蓬莱一代名宦。著有《一泉集》《家训》，修《登州府志》。

【注释】
①此诗还收录于万历十九年《蓬莱阁集》中。

春日侵辰①予同王槐轩登蓬莱阁观日出寻由山城过珠玑崖望海潮②

罗廷绅

晓日升东海,红霞映水明。
弄珠消客况,绕阁伴仙行。
蜃气漫山岛,龙涛喷羽旌。
太和③法象④里,随处是蓬瀛。

罗廷绅(1522—?),字公书,陕西淳化人。明嘉靖三十二年(1553)进士,曾任主事官、保宁府知府。著有《小山志》。

【注释】
①侵辰:即侵晨,黎明。
②此诗还收录于万历十九年《蓬莱阁集》中。
③太和:天地间冲和之气。
④法象:对自然界一切事物现象的总称。

无 题①

王光祖

春日度春城,春光照眼明。
岚烟依石转,鸟语逐人行。
喜气临车盖,嘉云拂斾旌②。
关门相顾讶,仙侣在蓬瀛。

王光祖(1528—?),河北魏县人,祖籍山西黎城。明嘉靖二十三年(1544)进士,曾任监察御史、汝宁府知府,嘉靖三十五年(1556)任登州府知府。

【注释】
①此诗还收录于万历十九年《蓬莱阁集》中,诗中"岚烟依在转"与此诗略有差异。
②斾旌:泛指旗帜。

答蓬莱羽客①

冀 桐

一从来海上，几度欲寻真。
煮石分邻火，藏砂赠主人。
槎遥斗牛月，花杂野城春。
还向终南去，白云洞口新。

冀 桐（生卒年不详），河北永年人。举人，明嘉靖三十二年（1553）任登州府同知，后升长史。

【注释】

①此诗还收录于万历十九年《蓬莱阁集》中，诗中"槎遥牛斗月"与此诗略有差异。

壬子年①五月次王佥宪一泉公②海上宴游③

应大桂

佳辰当角黍④，帅府广华筵。
迟日明花卉，新声促管弦。
寂寥惭簿领，文藻羡家传。
为问嫖姚⑤节，何时奏凯旋。

应大桂（生卒年不详），字邦才，号立齐，浙江仙居人。明嘉靖五年（1526）进士，曾任汉阳府知府、黄州府知府、登州府知府，官至湖广副使。

【注释】

①壬子年：嘉靖三十一年（1552）。
②王佥宪一泉公：指的是河南按察司佥事王言，字代言，号一泉。
③此诗还收录于万历十九年《蓬莱阁集》中。
④角黍：即粽子。
⑤嫖姚：指霍去病。

珠岩泛舟①

应大桂

旷绝②东牟地，层城与海通。
仙山罗列并，变态杳冥③中。
暂借烟霞④力，缘知造化工。
苍生应有待，未许狎渔翁。

【注释】
①此诗还收录于万历十九年《蓬莱阁集》中。
②旷绝：僻远。
③杳冥：极高或极远以致看不清的地方。
④烟霞：烟雾和云霞。

次陈侍御韵①

陈景隆

饬兵东渤上，乘暇望蓬莱。
海晏夷通贡，时清浪息雷。
兔乌随吐纳，云汉共昭回。
道体分明见，神功不可猜。

陈景隆（1439—？），字如初，号畏庵，福建长乐人。明成化十一年（1475）进士，曾任武康知县、德清知县、广东道监察御史，官至山东按察司佥事。著有《畏庵集》。

【注释】
①此诗是作者于明弘治三年（1490）任山东按察司佥事期间，来登州巡查海防，公务之余与同僚登阁观海，次韵山东监察御史陈璧《无题》之作。此诗还收录于万历十九年《蓬莱阁集》中，诗后还有一短述，诗中"海宴夷通贡"与此诗略有差异。

蓬莱阁观海①

戚 勋

杰阁凭虚眺,超然宦况②闲。
高情云外鸟,佳趣坐中山。
川水看斯道,天风破醉颜。
春樽潇洒兴,彷佛出区寰③。

戚 勋(生卒年不详),河北定州人。明正德九年(1514)武科进士,正德十五年(1520)任定州卫指挥使,明嘉靖六年(1527)任山东备倭都司署都指挥佥事。

【注释】
①此诗还收录于万历十九年《蓬莱阁集》中,题目是《登蓬莱阁观海》。
②宦况:做官的状况、心境。
③区寰:境域,天下。

游珠玑岩①

郑 漳

绝顶乘云雾,长风吹鬓毛。
扪萝②身独健,得句思还豪。
下见扶桑小,平临北斗③高。
匏瓜如可摘,吾欲泛天艘。

郑 漳(生卒年不详),字世绩,福建闽县(今福州)人。明正德十二年(1517)进士,曾任户部主事、户部员外郎,明嘉靖十三年(1534)任登州府知府,迁两淮盐运使,官至南京刑部侍郎。郑漳任登州府知府期间,为官廉洁公正,宽严有度,离任二十余年登州百姓仍为其立"去思碑",后祀于登州府名宦祠。

【注释】
①珠玑岩:在蓬莱阁丹崖山下,以多有卵石状如珠玑而得名。"万斛珠玑"是蓬莱十大景之一。此诗还收录于弘治十四年《蓬莱阁诗集》和万历十九年《蓬莱阁集》中,《蓬莱阁诗集》中的题目是《春日游珠玑岩四首》。

②扪萝：攀缘葛藤。
③平临北斗：意思是北面与高悬的北斗星齐平。

登蓬莱阁①

王 言

宦寄历三秋，春归嗣壮游。
山遥云树杳，阁迥洞天幽。
抚景知时变，倾尊对客酬。
东南民久困，吾志切先忧。

王言（1513—1572），字代言，号一泉，登州卫（今山东蓬莱）人。明嘉靖二十年（1541）进士，曾任翰林院庶吉士、江西道监察御史、河南按察司佥事、奉政大夫。王言居官清正，为民请命，弹劾污吏，后因不愿与严嵩等奸臣同流合污，辞官归里，崇祀登州府忠孝祠、乡贤祠，被誉为蓬莱一代名宦。著有《一泉集》《家训》，修《登州府志》。

【注释】
①此诗还收录于万历十九年《蓬莱阁集》中。

竹山呈市①

王 言

蓬岛三山近，瑶池②四望通。
烟云出没处，楼榭③有无中。
蜃气传非讹，灵图④画未工。
雄文当杰阁，千载让苏翁。

【注释】
①此诗还收录于万历十九年《蓬莱阁集》中。
②瑶池：中国古代神话中西王母居住的地方。
③楼榭：高台之上的房屋。

④灵图：指河图。

无 题①

吴 定

岁晚风为阵，鱼龙冻已坚。
冰明忽上月，雪拥不分天。
驱石②闻遗柱，乘槎是几年。
沧溟浑不改，今古总茫然。

吴 定（1550—1609），字止庵，河南安阳人。明万历二年（1574）进士，曾任山东巡按御史，官至大理寺卿。

【注释】
①此诗还收录于万历十九年《蓬莱阁集》中，诗中"古今总茫然"与此诗略有差异。
②驱石：指神助秦始皇驱石造桥的典故。

无 题①

张克家

一

旷哉兹一眺，海色满天涯。
目击玄虚赋，神摇博望槎。
游龙通异域，飞鹤出仙家。
坐赏不能去，寒城落照斜。

二

衔杯蓬莱暮，暮景若相留。
皎月衡海上，轻云过岛浮。
猜疑谭海市，想像见瀛洲。
欲与安期遇，茫茫何处求。

张克家（1537—？），字有光，安徽宣城人。明嘉靖四十四年（1565）进士，曾任户部主事，明万历十年（1582）任山东按察司佥事兼巡海副使，后任贵州右参议、云南副使等职。

【注释】

①此诗是万历十一年（1583）腊月，作者陪同山东按察司佥事塞达登蓬莱阁所作。此诗还收录于万历十九年《蓬莱阁集》中。

还郡望海①

谢继科

难将河泊眼，激水限三千。
绛气浮无地，华胥别有天。
波平延海若，吏隐接神仙。
自有真人息，宁论鞭石年。

谢继科（生卒年不详），字哲甫，江西金溪人。明万历十七年（1589）进士，万历十八年（1590）任登州府推官，后任刑部郎中、琼州府知府。万历四十三年（1615）在琼州金粟泉上东坡书院旧址建书院，集名流与诸生朝夕讲习。

【注释】

①此诗还收录于万历十九年《蓬莱阁集》中，诗中"难将河伯眼"与此诗略有差异。

陪饮阁上赋赠东莱司理①李小庵②

谢继科

一

乘轺③来上客，把袂④此孤亭。
海逼延尊绿，云光带眼青。
真吾聊复得，拙宦⑤敢言醒。
为契九秋干，同临万里溟。

二

天吴⑥扬鬣峤，珠客隐龙宫。

风自无边穴，云生诸岛中。

阴开朝鲜外，右拍扶桑东。

便可乘槎上，宁须博望通。

【注释】

①东莱司理：东莱，指莱州府。司理，对推官的别称。

②此诗还收录于万历十九年《蓬莱阁集》中。

③乘轺：一匹马驾驶的轻便小车。

④把袂：握袖，表示亲热。

⑤拙宦：指不善为官，仕途不顺。多用以自谦。

⑥天吴：中国古代神话中的水神。

陪饮李民部阁上①

谢继科

一

鸿轩②催鼓瑟，蚁酝促飞觞③。

海色当筵敞，秋风散阁凉。

披襟④乘羽跷，送目略扶桑。

百尺冲堪折，犹言咏太康。

二

青山俯百雉⑤，紫气隐长虹。

渤澥⑥三韩外，方壶别岛中。

弦歌从月上，鼙鼓在天东。

饮博⑦宁妨醉，云梯欲御风。

【注释】

①此诗还收录于万历十九年《蓬莱阁集》中。

②鸿轩：指鸿雁高飞。比喻举止不凡。

③飞觞：指传杯行酒令。
④披襟：敞开衣襟。多喻心怀舒畅。
⑤百雉：借指城墙。
⑥渤澥：渤海。
⑦饮博：指饮酒博戏。

黄县道中

黄克缵

二月行将暮，柳条犹未青。
人烟依北渚，山势入东溟。
市井浮蜃气，盘餐杂海鲸。
惟余风太朴，茅屋不须扃。

黄克缵（1543—1628），字绍夫，号钟梅，福建晋江人。明万历八年（1580）进士，曾任寿州知州、刑部员外郎、山东左布政使，万历二十九年（1601）升右副都御史巡抚山东。因先后任兵部尚书、刑部尚书、兵部尚书、工部尚书、南京吏部尚书，史称"黄五部"。著有《数马集》《杞忧疏稿》《古今疏治黄河全书》。

春游次韵①

程　试

政暇行春日，西郊柳欲青。
雁行底远树，海市起沧溟。
田妇初传饷，渔人乍献鲸。
归来闾里静，外户不曾扃。

程　试（生卒年不详），字子跃，号荃洲，河北新河人。明万历十一年（1583）进士，曾任寿光知县、工部都水司主事、户部屯田员外郎、饶州府知府、登州府知府。著有《水部之山集》。

【注释】
①此诗是作者次韵黄克缵《黄县道中》所作。

蓬莱阁观海

李惟中

一

清秋望远海，倚槛兴何穷。
浪涌三山上，潮回万派东。
偶从鳌极①断，忽与蜃楼通。
莫羡乘槎客，吾今已御风。

二

此夜仍佳节，能无忆旧游。
酒尊文举宴，词赋仲宣楼。
月色骊胎满，天空白雁秋。
几曾离宦海，久已狎沧洲。

李惟中（生卒年不详），河南开封人。明万历元年（1573）进士，曾任昌邑知县。
【注释】
①鳌极：指神话传说中女娲断鳌足所立的四极天柱。

蓬莱阁集卷之九

七言律诗

宋诗六首

咏蓬莱阁①

赵 抃

山巅危构倚蓬莱，水阔风长此快哉。
天地涵容百川入，晨昏浮动两潮来。
皇恩座上游观远，愈觉胸中度量开。
忆我去年曾望海，杭州东向亦楼台。

赵 抃（1008—1084），字阅道，号知非子，浙江衢县（今衢州衢江区）人。宋景祐元年（1034）进士，曾任殿中侍御史、益州路转运使、成都府知府、杭州知州、青州知州等职，官至资政殿大学士。卒赠太子少师，谥"清献"。赵抃是北宋名臣，在朝弹劾不避权势，时称"铁面御史"。著有《赵清献公集》。

【注释】

①此诗是作者任青州知州兼安抚使时所作。青州在北宋属京东东路，青州知州由京东东路安抚使兼任。此诗还收录于弘治十四年《蓬莱阁诗集》和万历十九年《蓬莱阁集》中。

观海①

苏 轼

忆观沧海过东莱，日照三山迤逦开。
玉观飞楼凌雾起，仙幢宝盖拂天来。
不闻宫漏催晨箭，但觉檐阴转古槐。
供奉清斑非老处，会稽何日乞方回。

苏 轼（1037—1101），字子瞻，又字和仲，号东坡居士，四川眉山人。宋嘉祐二年（1057）进士，授凤翔府签书判官。宋元丰二年（1079）因"乌台诗案"遭贬，谪黄州团练副使。元丰八年（1085）十月任登州知州，到任五天后，奉调回京任礼部郎中，后转任龙图阁学士等。卒后追赠太师，谥"文忠"。苏轼曾奏请废除登州榷盐专卖制度，登州百姓感其恩德建"苏公祠"，后祀于登州府名宦祠。苏轼为北宋中期文坛领袖，唐宋八大家之一，在文、诗、词三方面都拥有极高的造诣，是宋代文学最高成就的代表，一生留下《海市诗》等与登州有关诗文21篇。他擅行书、楷书，与黄庭坚、米芾、蔡襄并称"宋四家"。著有《东坡七集》《东坡志林》等。

【注释】

①此诗还收录于万历十九年《蓬莱阁集》中，诗中"供奉清班非老处"与此诗略有差异。

游珠玑崖①

苏 轼

海隅荒怪有谁珍，流落珊瑚泣季伦。
法供坐令微物重，色难归致孝心纯。
只疑薏苡来交趾，未信玭珠②出泗滨③。
愿子聚为江夏枕，不劳折扇④自宁亲⑤。

【注释】

①此诗还收录于万历十九年《蓬莱阁集》中。
②玭珠：指珍珠。此处形容珠玑崖的白石圆润如芡实、似珍珠。

③泗滨：地名，此地多出砭石。
④折扇：指挥扇。
⑤宁亲：使父母安宁。

海上书怀①

苏　轼

郁郁苍梧海上山，蓬莱万丈有无间。
旧闻草木皆仙药，欲弃妻孥守市阛。
雅志未成空自叹，故人相对若为颜。
酒醒却忆儿童事，长恨双岛去莫攀。

【注释】

①此诗还收录于万历十九年《蓬莱阁集》中，诗中"长恨双凫去莫攀"与此诗略有差异。

次韵陈海州乘槎亭①

苏　轼

人事无涯生有涯，逝将归钓汉江槎。
乘桴我欲从安石，遁世谁能识子嗟。
日上红波浮翠巘，潮来白浪卷青莎。
清谈美景双奇绝，不觉归鞍带月华。

【注释】

①此诗还收录于万历十九年《蓬莱阁集》中。

登蓬莱阁①

许 遵

鼓吹旌旗夹道开，乘闲接客上蓬莱。
良辰共喜黄花节②，清宴③休辞白玉杯。
一望山川连海阔，数声歌笑入云回。
官家底事催清兴，风雨长吟一写怀。

许 遵（1008—1088），字仲涂，泗州（今江苏盱眙）人。曾任大理寺详断官、长兴知县、宿州知州，宋治平三年（1066）任登州知州，官至大理寺卿。

【注释】

①此诗还收录于弘治十四年《蓬莱阁诗集》和万历十九年《蓬莱阁集》中，《蓬莱阁诗集》中的题目是《咏蓬莱阁》，最后一句"胜游且尽陶陶乐，轩冕荣华住倘来"与此诗略有差异。
②黄花节：重阳节的别称。
③清宴：指清淡的宴饮。

金元诗二首

海岳楼①

王汝玉

十二朱栏倚半空，元龙高卧定谁雄。
檐楹翠湿蓬山雨，枕簟凉生弱水风。
物色横陈诗卷里，云涛飞动酒杯中。
谪仙会有骑鲸便，八极神游路可通。

王汝玉（1349—1415），本名璲，字汝玉，号青城山人，长洲（今江苏苏州）人，祖籍四川遂宁。明洪武二十三年（1390）举人，洪武末任郡学教授，后任应天训导、翰林五经博士，官至春坊赞善。谥"文靖"。曾预修《永乐大典》，著有《青城山人集》。

【注释】

①此诗还收录于万历十九年《蓬莱阁集》中。

登蓬莱阁①

黄士表

飒飒西风动绮罗，美人连骑②奏笙歌。
万枝黄菊携当槛，双引红旌稳上坡。
莫笑使君秋鬓白，须从嘉客醉颜酡③。
登临此会诚难得，雅俗嬉游一倍多。

黄士表（生卒年不详），金大定十九年（1179）进士。

【注释】

①此诗还收录于万历十九年《蓬莱阁集》中。

②连骑：多形容乘马侍从之盛。

③醉颜酡：醉后脸泛红晕。

蓬莱阁集卷之十

明诗八十六首

观海市不见①

吴　谦

蓬莱阁上试游遨②，万里空明眼界饶。
风撼波涛声振地，蜃嘘楼阁势凌霄。
祖龙玉辇今芜没③，徐福仙舟竟寂寥。
往事已贻千古笑，肯将怪诞污清朝。

吴　谦（生卒年不详），字伯成，福建尤溪人。明洪武十年（1377）任山东道监察御史，后任武昌知县。

【注释】
①此诗还收录于弘治十四年《蓬莱阁诗集》和万历十九年《蓬莱阁集》中，《蓬莱阁诗集》中的题目是《无题》，诗中"祖龙王辇今芜没"与此诗略有差异。
②游遨：释义为游逛。
③芜没：湮灭。

登太平楼①

游　琏

城头风色上楼台，台下烟涛次第开。
鳌岛光浮秋月静，海门声咽晚潮来。
湖南老子清霄②兴，汉代嫖姚③宿将才。
凉雾满天豪思阔，醉看归骑出蓬莱。

游　琏（1487—1566），字世重，号少石，福建连江人。明正德六年（1511）进士，曾任江西新建知县、南京户部主事、南京户部员外郎，明嘉靖六年（1527）任登州府知府，后升任海南兵备副使、江西布政司参政等职。游琏为官一任，造福一方。他在登州招抚流民，开仓赈灾，治病除疫，修缮学官，兴文育才，平冤惩贪，御史浦铉赞之与苏轼相媲美。著有《海道经》《蓬莱集》。

【注释】

①太平楼：在蓬莱水城备倭总镇府后，据登州府推官潘滋记载，学道王宇署名"涌月楼"。此诗还收录于弘治十四年《蓬莱阁诗集》和万历十九年《蓬莱阁集》中，《蓬莱阁诗集》中的题目是《袁都阃设宴乘月登太平楼》，诗中的"湖南老子清宵兴""凉露满天豪思阔"与此诗略有差异。

②清宵：清静的夜晚。

③嫖姚：指霍去病，曾为嫖姚校尉。

同陈龙山宪副登蓬莱阁①

周　宠

牟山杰阁是蓬莱，此日登临亦快哉。
屹屹奇峰天设险，濔濟巨浪地轰雷。
田横义岛垂芳誉，苏老诗章②骋妙才。
只为蜃楼空两度，笋舆将发又徘徊。

周　宠（1490—1546），字君锡，号东山，浙江临海人。明嘉靖五年（1526）进士，授仪真知县，后任江西道监察御史，嘉靖十一年（1532）任山东监察御史。

【注释】

①此诗还收录于万历十九年《蓬莱阁集》中。

②苏老诗章：指苏轼的《海市诗》。

登蓬莱阁①

顾应祥

芒鞋②飞下珠玑岩，遥望扶桑指顾间，
风啮石头成碎颗，潮回山脚露新斑。
鲸波夹镜环三面，沙岛排空屹两关。
何用楼船凌不测③，分明琼馆在凡间。

顾应祥（1483—1565），字惟贤，号箬溪，浙江长兴人。明弘治十八年（1505）进士，曾任江西饶州推官、锦衣卫经历、广东按察佥事兼岭东道、江西副使、山东布政使、都察院右副都御史巡抚云南，官至南京刑部尚书。顾应祥是王阳明的弟子，思想家、数学家，著有《归田诗选》《惜阴录》《南诏事略》《测圆海镜分类释术》《测复算术》《弧矢算术》《勾股算术》等。

【注释】

①此诗还收录于弘治十四年《蓬莱阁诗集》和万历十九年《蓬莱阁集》中，《蓬莱阁诗集》中的题目是《自田横山下珠玑岩和陈中丞韵一首》，诗中最后一句"何用楼舡凌不测，分明仙境在人寰"与此诗略有差异。

②芒鞋：指用植物的叶或杆编织的草鞋。

③何用楼船凌不测：暗讽当年秦皇汉武东巡求仙药的典故。

游漏天①

郑　漳

梦里逢人说漏天，兴来携友共探玄。
不嫌梅雨山途暝，为有珠泉鸟道悬。
壁立光摇河汉影，风回声压水龙眠。
匡庐②瀑布当年兴，把酒高歌忆谪仙③。

郑　漳（生卒年不详），字世绩，福建闽县（今福州）人。明正德十二年（1517）进士，曾任户部主事、户部员外郎，明嘉靖十三年（1534）任登州府知府，迁两淮盐运使，官至南京刑部侍郎。郑漳在登州府任职期间，为官廉洁公正，宽严有度，离任二十余年登州百姓仍为其立"去思碑",后祀于登州府名宦祠。

【注释】

①此诗还收录于弘治十四年《蓬莱阁诗集》和万历十九年《蓬莱阁集》中,《蓬莱阁诗集》中的题目是《游漏天二首》,诗中"风回声压鱼龙眠"与此诗略有差异。

②匡庐:指江西庐山。

③谪仙:指唐代诗人李白。

登蓬莱阁①

潘九龄

蓬莱高阁倚云横,今古诗人几度经。
形胜千年还是昔,神仙四海信虚名。
灵光浸屋斗牛②近,白浪排空岛屿平。
肆③我登临豪思发,一杯清兴万山晴。

潘九龄(生卒年不详),宁夏银川人。明正德十一年(1516)举人,明嘉靖八年(1529)任登州府推官,后任户科左给事中、湖广布政司左参议、云南按察使、四川右布政使等职。

【注释】

①此诗还收录于弘治十四年《蓬莱阁诗集》和万历十九年《蓬莱阁集》中,《蓬莱阁诗集》中的题目是《无题》。

②斗牛:二十八宿中的"斗宿"和"牛宿"。常用于借指天空。

③肆:放纵,任意行事。

登蓬莱阁三首①

胡缵宗

一

落日初登海上台,蓬莱高阁倚云开。
沙门②宿浪翻晴雪,鼍岛寒潮起暮雷。
蜃市杳茫楼观影,龙宫闪烁金银堆。

秦皇汉武空搔首，不见仙人携鹤来。

二

城南纤月照蓬莱，海口风回夕雾开。
点点晴矶动星斗，冥冥晚市遮楼台。
薇垣③玄鹤联翩至，豸史青骢蹀躞来。
共倚秦桥④望王母，金宫高处踏苍苔。

三

昔闻北海蓬莱阁，今上东州缥缈台。
汉柱暮云浮万岛，秦桥纤月⑤傍三台。
元戎⑥列塞冬风静，刺史垂帘春雨来。
借问瀛洲学仙者，天边巨阙几时开。

胡缵宗（1480—1560），字孝思、世甫，号可泉、鸟鼠山人，秦安（今属甘肃）人。明正德三年（1508）进士，曾任山西右布政使、河南左布政使，明嘉靖十五年（1536）以右副都御史巡抚山东。胡缵宗是明代著名的诗人、书法家，为官爱民礼士，抚绥安辑，廉洁辨治。著有《胡氏诗识》《鸟鼠山人集》《安庆府志》《苏州府志》《秦州志》。

【注释】

①此诗还收录于弘治十四年《蓬莱阁诗集》和万历十九年《蓬莱阁集》中，《蓬莱阁诗集》中第三首的"元戎列塞冬风净""天边贝阙几时开"与此诗略有差异。

②沙门：沙门岛，诗中指长岛。

③薇垣：即紫微垣，星官名，三垣之一。

④秦桥：相传秦始皇东游时所造的石桥。

⑤纤月：月牙，此处指的是未弦之月。

⑥元戎：主将，元帅。

登太平楼①

陈凤梧

重城之外更重城②，坐镇沧溟拱帝京。

晓日③潮平新海口，晚风角起旧军营④。
水边万堞连蓬岛，云外层楼表太平。
自是圣人在中国，鲸鲵无警海波清。

陈凤梧（1475—1541），字文鸣，号静斋，江西泰和人。明弘治九年（1496）进士，曾任刑部主事、湖广提学佥事、河南按察使，明正德十六年（1521）任右副都御史巡抚山东，官至右都御史。著有《毛诗集解》《篆文六经》。

【注释】

①此诗还收录于万历十九年《蓬莱阁集》中，诗中"倭舟无警海波清"与此诗略有差异。

②重城：第一个"重城"指登州府城，第二个"重城"指蓬莱水城。

③晓日：朝阳，引申为清晨。

④旧军营：指刀鱼寨。

登太平楼①

柳本明

太平高阁接瀛洲，乘兴登临尽日②留。
潮漫沙堤秋草绿，浪涵山岛碧云浮。
蓬莱海上疑真假，城市空中信有不。
睡罢追思千载事，枉教车驾谩东游。

柳本明（1486—？），字诚甫，河南光山人。明嘉靖八年（1529）进士，嘉靖十六年（1537）任莱州府知府，官至陕西按察司副使。

【注释】

①此诗还收录于万历十九年《蓬莱阁集》中。

②尽日：整天，终日。

登蓬莱阁①

于 溱

饮余高兴步蓬莱,诗思撩人信手裁。
沧海静无风作浪,远山晴似画屏开。
古今题咏多佳句,秦汉求仙是妄猜。
还讶隆冬见海市,阳侯②应惜长公才。

于 溱(生卒年不详),字本清,号东江,河北任丘人。明正德三年(1508)进士,曾任兵科给事中,正德十三年(1518)任招远知县,后升广南府知府,不就,进阶一级。

【注释】

①此诗还收录于弘治十四年《蓬莱阁诗集》和万历十九年《蓬莱阁集》中,《蓬莱阁诗集》中的题目是《无题》,诗中"沧海静无风浪作""阳侯应借长公才"与此诗略有差异。

②阳侯:古代传说中的波涛之神。

登蓬莱阁

郑 淳

一①

蓬莱高阁坐逍遥,抚景长吟兴未消。
棠棣②歌联情更适,海天望极乐偏饶③。
地通星宿浮寰宇,天作雄图翊圣朝。
徐福安期成底事,九鳌何处负仙桥。

二④

杰阁巍巍枕石城,高飞物外觉孤清。
眼前万里沧溟阔,天际几声鸥鸟鸣。
玄岛有时呈贝阙,扁舟无处觅徐生。
神仙落落应难遇,留得蓬莱二字名。

郑 淳（生卒年不详），河北任丘人。明嘉靖十三年（1534）任登州府推官，后任顺天府推官、秦府长史。

【注释】

①此诗还收录于弘治十四年《蓬莱阁诗集》和万历十九年《蓬莱阁集》中，《蓬莱阁诗集》中的题目是《无题》，诗中"常棣歌联情更适"与此诗略有差异。

②棠棣：亦作"常棣"。后常用来比喻兄弟。

③偏饶：格外多。

④此诗还收录于弘治十四年《蓬莱阁诗集》和万历十九年《蓬莱阁集》中，两版最后一句分别是"神仙落落输谁遇""神仙落落输难遇"，均与此诗略有差异。

上蓬莱阁观海市①

姚文焌

木榭山亭望不遐，倏看村树半人家。
千方变化随天巧②，极目玲珑散日华。
绝岛势连惊燕雀，清波影落动鱼虾。
潮声欲断残霞照，还向中流泛斗槎③。

姚文焌（1495—?），字在明，号虚谷，福建莆田人。明嘉靖二年（1523）进士，曾任刑部主事、刑部员外郎，嘉靖九年至十四年（1530—1535）任金华府知府，后任山东按察司副使、山东按察使、湖广右布政使、浙江左布政使。

【注释】

①此诗是嘉靖十五年（1536）五月，山东监察御史张鹏奉旨到登州巡查，时任山东按察司副使的姚文焌陪同张鹏登蓬莱阁观海市所作。此诗还收录于弘治十四年《蓬莱阁诗集》和万历十九年《蓬莱阁集》中，《蓬莱阁诗集》中的题目是《漳源公按登之三日余适至得陪诸公上蓬莱阁观海市》，诗中"水榭山亭望不遐"与此诗略有差异。

②天巧：不假雕饰，自然工巧。

③斗槎：借指仙舟。

上蓬莱阁观海市①

沈　松

偶来蓬阁一凭虚，未解瀛洲景物稀。
忽漫氤氲②凝竹岛，无端幻化出鼍矶。
两山朝市开图画，一水楼台映翠微。
天假奇观供散吏③，不妨乘兴暮忘归。

沈　松（生卒年不详），字如松，又字南涯，浙江德清人。明正德十二年（1517）进士，任晋江县令，明嘉靖四年（1525）任广东道监察御史，升佥事，后任山东布政司左参议。

【注释】

①此诗还收录于弘治十四年《蓬莱阁诗集》和万历十九年《蓬莱阁集》中，《蓬莱阁诗集》中的题目是《无题》，诗中"忽谩氤氲凝竹岛""一水楼台映翠薇"与此诗略有差异。

②氤氲：形容烟或云气浓郁。

③散吏：闲散的官吏。指有官阶而无职事的官员。

登蓬莱阁①

郭　玺

海上何年有此亭，我来真得瞰方瀛。
洞中仙酒蛟龙酿，云里玉箫鸾凤鸣。
日近始知城不夜，风回惟喜雪初晴。
白鸥作伴闲眠②久，赢得人夸吏隐名。

郭　玺（生卒年不详），河北肥乡人。明嘉靖二十六年（1547）任登州府通判，后升登州府同知。

【注释】

①此诗还收录于万历十九年《蓬莱阁集》中，题目是《无题》。

②闲眠：借用白居易《闲眠》一诗，表达对恬淡平和生活的向往。

登蓬莱阁①

谢仲贤

家住海州常见海，乘槎又到海东头。
白云袭得单衣湿，玉树②攀来细叶稠。
谢朓看山因载屐，仲宣怀土③欲登楼。
一行物色堪吟赏，鹭带残霞向槛收。

谢仲贤（生卒年不详），江苏海州人。明嘉靖二十八年（1549）任登州府通判。
【注释】
①此诗还收录于万历十九年《蓬莱阁集》中。
②玉树：神话传说中的仙树。
③怀土：身在异乡思念故土。

登蓬莱阁二首①

熊文翰

一

冯虚直上蓬莱阁，两腋风清夏更幽。
仙境不教尘土到，诗怀②应为海山留。
音书命处来青鸟，身世幡然愧白鸥。
西望故园云际眇，令人却忆仲宣楼③。

二

大竹山长小竹高，牵牛隐隐望还遥。
渔郎去棹不嫌远，诗客凭阑偏觉劳。
怪蜃几回含雨色，征鸿千里见秋毫。
何当觅取珊瑚树，稳阁纶竿学钓鳌。

熊文翰（生卒年不详），明嘉靖二十二年（1543）任蓬莱教谕。他工诗画，有魏晋之风。

【注释】

①此诗还收录于万历十九年《蓬莱阁集》中。

②诗怀：作诗怀念。

③仲宣楼：湖北当阳城楼，因汉代王粲（字仲宣）于此楼作《登楼赋》而得名。后借指诗人登临抒怀之处。

登蓬莱阁二首①

陈 鼎

一

倚楼沧海看安流②，背指扶桑出日头。
神禹应龙知此历，汉皇瑶草笑经秋③。
雷轰晴昼观来复，水落闲矶认远洲。
试问个中垂钓者，曾无有意到成周④。

二

赢得清平问海陬⑤，蓬莱高枕碧云头。
映阶芝木荣还老，隔槛风烟夏欲秋。
有信潮音⑥如速客，无言山色自归楼。
登临几度空怀范，谁解先忧记此州。

陈 鼎（生卒年不详），字文相、大器，号大竹，山东蓬莱人。明弘治十八年（1505）进士，曾任礼科给事中、河南参议、陕西副使、浙江按察使，官至南京应天府尹。卒赠右都御史、兵部右侍郎，祀于登州府乡贤祠。陈氏宗族在蓬莱是明朝科举世家。

【注释】

①此诗还收录于万历十九年《蓬莱阁集》中。

②安流：舒缓平稳地流动。

③经秋：经年。

④成周：古地名，西周王朝的京师。借指周公辅成王的兴盛时代。

⑤海陬：海隅，海角。亦泛指沿海地带。

⑥潮音：潮水的声音。

观海市二首①

陈 鼎

一

年来无梦到登瀛，山海聊从玩此生。
地殷天声②龙似吹，市乘岚气③蜃初明。
非关霖雨④占吞吐，应是神工答治平⑤。
犹记坡仙当日祷，岁寒特特为开晴。

二

茫茫何处问中边⑥，撑柱三山不问年。
非雾非烟随物化，宜晴宜雨信人传。
须臾亲见水成陆，恍惚遥惊地压天。
莫把此机殊眼看，花花叶叶满前川。

【注释】

①此诗还收录于万历十九年《蓬莱阁集》中。
②天声：天上的声响，比喻盛大的声威。
③岚气：山中雾气。
④霖雨：连绵大雨，比喻恩泽甘霖。
⑤治平：政治清明，社会安定。
⑥中边：内外，表里。

登蓬莱阁①

浦 铉

人间无路问蓬莱，大竹山前一径开。
吞吐沧溟淹日月，升沉蜃气幻楼台。
浮云半出青天迥，远水双飞白鹭来。
漫兴更凭阑外看，夕阳影里钓船回。

浦 铉（1482—1542），字汝器，号竹堂，登州卫（今山东蓬莱）人。明正德十二年（1517）进士，曾任山西洪洞知县、湖广道监察御史、陕西按察使，先后上四十余疏，所言皆为军国大计。后上书请求释放河南道监察御史杨爵，因言辞过激被捕下狱，死于狱中。明隆庆元年（1567），诏赠光禄少卿，谥"忠烈"，祀于登州府乡贤祠、忠烈祠。著有《竹堂奏议》《竹堂诗集》。

【注释】

①此诗还收录于弘治十四年《蓬莱阁诗集》和万历十九年《蓬莱阁集》中，但《蓬莱阁诗集》中的题目是《无题》，且诗中第一句"谁移形胜壮蓬莱，尘眼登临几遍开"和最后一句"夕阳影里钓舡回"与此诗不同；万历十九年《蓬莱阁集》中"漫兴更凭栏外看"也与此诗略有差异。

登蓬莱阁①

赵秉伦

城阁重重映晓霞，海天空处有谁家。
升天错讶旌阳宅②，泛海难寻博望槎③。
云满旌旗拂玉树，烟轻屏障锁琼花。
石鲸水底自鳞甲，却忆当年辇路④赊。

赵秉伦（生卒年不详），字宗道，山东蓬莱人。明弘治十二年（1499）进士，曾任西安府咸宁知县、云南道监察御史。卒祀登州府乡贤祠。

【注释】

①此诗还收录于万历十九年《蓬莱阁集》中。
②旌阳宅：相传为晋许逊炼丹成仙处。亦借指修炼成仙之所。
③博望槎：指博望侯张骞乘槎至天宫事。诗中代指通往天宫的工具。
④辇路：天子车驾所经的道路。

蓬莱阁怀旧①

李 洞

重来还上海边楼，依旧风光足纵眸。

满槛跳珠②疑是雨，一帘寒影不禁秋。

幽怀③漫向尊前壮，霜鬓从教④镜里流。

却忆学仙⑤人不见，谁家吹笛⑥隔汀洲。

李　洞（生卒年不详），字伯远，山东莱阳人。明嘉靖二十年（1541）进士，曾任工部虞衡司主事、都水司员外郎，官至郎中。

【注释】

①此诗还收录于万历十九年《蓬莱阁集》中。

②跳珠：溅起来的水珠或雨点。

③幽怀：隐藏在内心的情感。

④从教：听任，任凭。

⑤学仙：学习道家的长生不老之术。

⑥吹笛：出自魏晋向秀《思旧赋》，含伤逝怀旧之意。

登蓬莱阁二首①

浦之浩

一

蓬莱飞阁倚层崖，鸟道凌空入望赊②。

靖海无波思帝泽，观风有客赋皇华③。

曲江锡燕④袍初绿，萱树承恩影未斜。

醉舞归来看明月，白茆门巷是仙家。

二

东牟小隐近瀛洲，乘兴何妨日日游。

天上匏瓜应可摘，人间月府有谁修。

仙人何处玉箫发，王母不来青鸟愁。

无数断碑荒藓合，且将磨洗问前修。

浦之浩（生卒年不详），字子化，号北郭，登州卫（今山东蓬莱）人。明嘉靖二十年（1541）进士，任中书舍人，嘉靖二十四年（1545）任浙江道监察御史，后任陕西监察御史、河南监察御史、四川道监察御史、江西南昌府知府、江西按察司副使。祀于登州府乡贤祠、忠烈祠。

【注释】

①此诗还收录于万历十九年《蓬莱阁集》中,第二首诗中"仙人何处玉萧发"与此诗略有差异。

②赊:意为长或远。

③皇华:《毛诗序》云:"《皇皇者华》,君遣使臣也。送之以礼乐,言远而有光华也。"后以"皇华"赞颂奉命出使或出使者。

④锡燕:意为赐宴。

五日蓬莱阁宴集①
时再命苏松过家②

王 言

芳晨寻约泛花游,郡府筵开阁上头。
双影旆摇山雨霁,数声歌动海云秋。
潮回珠树光吞月,斗傍灵槎景入楼。
为问沧浪濯缨者,无如此处赋清流。

王 言(1513—1572),字代言,号一泉,登州卫(今山东蓬莱)人。明嘉靖二十年(1541)进士,曾任翰林院庶吉士、江西道监察御史、河南按察司佥事、奉政大夫。王言居官清正,为民请命,弹劾污吏,后因不愿与严嵩等奸臣同流合污,辞官归里,崇祀登州府忠孝祠、乡贤祠,被誉为蓬莱一代名宦。著有《一泉集》《家训》,修《登州府志》。

【注释】

①此诗还收录于万历十九年《蓬莱阁集》中。

②过家:指还乡。

将适维扬登阁述怀①

陈其学

一

一行骢马②下江乡,聊向天吴问大方。

璇宅路漫依蜃市，石桥虹断落鼋梁③。
即怜团磧鳌波④素，未许漕帆泛海苍。
处处炊烟冷村树，吉云遮莫度林芳。

二

蓬莱个是有楼居，楼外征尘上锦袪。
碧熨玉壶天水际，紫涵金穴岛云踈。
浮槎何处觅渚次，挂席日边餐霞初。
满壁赋情半苔藓，令人长忆木玄虚⑤。

陈其学（1508—1593），字宗孟，号竹庵，别号行庵，山东蓬莱人。明嘉靖二十三年（1544）进士，曾任陕甘、延绥总督，转任宣大、山西总督，晋户部右侍郎、兵部左侍郎、右都御史，官至南京刑部尚书。他断案明晰，颇有政声。致仕居乡20年，卒于蓬莱，赠太子少保，谥"恭靖"，祀于登州府乡贤祠、大忠祠。

【注释】
①此诗还收录于万历十九年《蓬莱阁集》中。
②骢马：毛色青白相杂的马。
③鼋梁：借指帝王的行驾。
④鳌波：指巨浪。
⑤木玄虚：即木华，字玄虚，西晋辞赋家，今存《海赋》篇。

登蓬莱阁①

吴　昶

漠漠烟波春不开，海天何处觅楼台。
题诗古壁蛟龙跂，吹笛空山风叶催。
野鸟衔来金字诰②，仙人亲授紫霞杯。
苏耽③佐郡④留丹井，千古令人想逸才⑤。

吴　昶（1515—?），字伯明，号晋庵，山东蓬莱人。明嘉靖二十三年（1544）进士，授河南推官，擢福建道监察御史。卒祀登州府忠孝祠、乡贤祠。著有《石洞主人稿》。

【注释】

①此诗还收录于万历十九年《蓬莱阁集》中。

②金字诰:朝廷的诰命。

③苏耽:传说中的仙人,又称"苏仙公"。

④佐郡:指协理州郡政务。暗喻仙人佑护蓬莱。

⑤逸才:出众的人才。

登蓬莱阁次潘文宗①韵②

谭 纲

一

倚阑四顾浑无地③,只有青天在上头。
海市忽看迷水陆,桑田若变失春秋。
游神直欲追千古,回首空惭守一州。
共说中华天子圣,来朝万国诉安流④。

二

极目不分天与水,只疑浑沌未曾开。
星河有象高同下,潮汐无端往复来。
海阔偶从今日上,元神直向太初⑤回。
等闲悟却吾心性,囊括乾坤亦大哉。

谭 纲(1438—1507),又作谈纲,字宪章,号勿轩,常州府无锡(今属江苏)人,官籍。明成化五年(1469)进士,曾任南京刑部主事、广信府知府,明弘治元年(1488)任莱州府知府,官至兵部右侍郎兼右佥都御史。

【注释】

①潘文宗:指潘祯,成化十七年(1481)任山东按察司提学佥事。文宗,对提学的尊称。

②此诗还收录于万历十九年《蓬莱阁集》中。

③无地:形容位置高渺或范围广袤。

④安流:比喻顺利的境况。

5 太初:道家指天道、自然的本源。

与谢将军饮蓬莱太平楼①

吴维岳

春冷嵎夷②蜃气吞,十洲③仿佛散朝暾。
天垂碣石虹霓没,山压沧溟殿阁尊。
波静可通重译使,城孤还识望仙门。
自闻浅水扬尘话,笑为将军罄酒樽。

吴维岳(1514—1569),字峻伯,号霁寰,孝丰(今浙江安吉)人。明嘉靖十七年(1538)进士,曾任江阴县令、刑部主事、兵部郎中,嘉靖三十六年(1557)任山东按察司副使,后历官山东学政、湖广参议、河南按察使,官至右佥都御史。吴维岳擅长书法,精通文学,尤卓于诗,为"嘉靖广五子"之一。著有《天目山斋岁编》《奏议》《海岱集》。

【注释】

①此诗还收录于万历十九年《蓬莱阁集》中。
②嵎夷:指今胶东半岛东部地区。
③十洲:海中神仙居住的十处名山胜境。亦泛指仙境。

登蓬莱阁二首①

赵 绅

海上春风瑶草香,蓬莱高阁俯洪洋。
十洲境秘烟霞②阔,三岛峰深岁月长。
灵异有时窥蜃市,渊源何日变田桑。
来游此处真疎豁③,万里浮天入渺茫。

赵 绅(生卒年不详),武清(今属天津)人。曾任文林郎、山西道监察御史、山东按察司副使。

【注释】

①原书只收录一首。此诗还收录于万历十九年《蓬莱阁集》中。
②烟霞:烟雾和云霞,也指山水胜景。

③疎豁：开阔，敞亮。

与僚佐望海二首①

王世贞

一

携君跃马最高峰，海色苍然尽汉封。
落日层波明玳瑁②，青天孤屿削芙蓉。
洲边大核仙人种，浦外灵槎使者逢。
起看白云出夭矫，不知何事但从龙。

二

悬梯阁道倚蓬莱，地尽天空鸿雁回。
日似海珠人捧出，山疑秦帝石驱来。
千秋未假徐生药，六月长留袁绍杯③。
为语异时陵陆④改，始知尘世有仙才。

王世贞（1526—1590），字元美，号凤洲，又号弇州山人，江苏太仓人。明嘉靖二十六年（1547）进士，曾任大理寺左寺、刑部员外郎、刑部郎中，嘉靖三十五年（1556）升山东按察司副使，后历官浙江右参政、山西按察使、湖广按察使、广西右布政使、右副都御史、应天府尹、南京兵部右侍郎，累官至南京刑部尚书。王世贞是著名文学家、史学家，为明代"后七子"领袖之一，与李攀龙、宗臣等结成复古文学流派。著有《弇州山人四部稿》《弇山堂别集》。

【注释】

①此诗是王世贞任山东按察司副使期间登蓬莱阁望海所作，还收录于万历十九年《蓬莱阁集》中。

②玳瑁：一种属于海龟科的海洋动物。

③袁绍杯：化用东汉末袁绍于冀州宴请学者郑玄的典故，诗中指宴请宾客。

④陵陆：山陵与平地。

蓬莱阁望海一首①

周国卿

小阁嶙峋倚碧空，凭高东眺晚烟蒙。
飞来岛屿鳌峰②合，望处楼台蜃气通。
沙浦③月明潮欲上，仙桥人远鹤难逢。
凌然万里浑无际，我欲抠衣④一御风⑤。

周国卿（生卒年不详），大兴（今属北京）人。明嘉靖二十九年（1550）进士，曾任山东按察司佥事、延安府知府、陕西按察司副使、江西右参政。

【注释】
①此诗还收录于万历十九年《蓬莱阁集》中。
②鳌峰：指江海中的岛屿。
③沙浦：沙洲或沙滩边。
④抠衣：见尊长时提起衣服的前襟，以示恭敬。
⑤御风：乘风飞行。

省白邀蓬莱阁观月①

刘　泾

乘凉燕集②画楼颠，指点蓬瀛绕座前。
才见西天霞彩散，即看东海月轮悬。
咸池③濯耀蟾宫润，广殿通明鲛室连。
最爱沧溟千万里，波光直射到身边。

刘泾（1510—1567），字叔清，号次山，怀庆卫（今河南沁阳）人。明嘉靖二十六年（1547）进士，曾任翰林院庶吉士、贵州道监察御史、凤翔府知府、登州府知府、山西按察司副使等职。刘泾在登州府任职期间，公正严明，锄强扶弱，善决疑狱。遇到饥年，多方赈贷，救助饥民。因功绩卓著，祀于登州府名宦祠。著有《理学四先生言行录》《晋阳集》。

【注释】
①此诗还收录于万历十九年《蓬莱阁集》中。
②燕集：宴饮聚会。
③咸池：神话中的日浴之处。

奉和次山公登蓬莱阁观海①

谢 榛

五马②行春③青草长，蓬莱高阁暂挥觞④。
天风引兴随飘忽，海色催诗入混茫。
鲛室分明归远化，鲸波清彻见余霜。
汉家柱史能为郡，渔父歌谣月满舲。

谢 榛（1495—1575），字茂秦，号四溟山人、脱屣山人，山东临清人。明代布衣诗人，其诗以律句、绝句见长，功力深厚，句响字稳。他与李攀龙、王世贞等结诗社，为明代"后七子"之一。著有《四溟山人全集》《四溟诗话》。

【注释】
①此诗还收录于万历十九年《蓬莱阁集》中。
②五马：太守的代称。
③行春：官吏春日出巡。泛指游春。
④挥觞：举酒杯。

游仙人洞①
洞在阁下，窅然中虚，胜境也

乔应春

一

招携②不分探幽栖③，才下重关地界暌。
千丈巉岩④藏虎豹，半空风浪浴鲸鲵。
安期久去云犹在，坡老曾逢句定题。
咫尺三年今一见，青牛西出⑤望空迷。

二

弱水三千缩地何，方壶⑥此日恍曾过。
才依洞口烟霞迥，回眺城头霄汉摩。
地胜忽疑风在御，坐深不记斧遗柯⑦。
斜阳徙倚⑧四山紫，欸乃沧浪起棹歌。

乔应春（1536—？），字仁卿，河南安阳人。明嘉靖四十一年（1562）进士，曾任辽东行太仆寺少卿兼山东按察司佥事，明万历三年（1575）任登州府知府。撰有《七里泉》《新建护国报恩千佛寺宝像碑记》。

【注释】

①此诗还收录于万历十九年《蓬莱阁集》中。
②招携：招邀偕行。
③幽栖：幽僻的栖止之处。
④巉岩：高而险的山岩。形容险峻陡峭、山石高耸的样子。
⑤青牛西出：出自老子骑青牛西出函谷关的典故。
⑥方壶：传说中的神山名，亦称"方丈"。
⑦斧遗柯：出自王质烂柯的传说故事。喻指世事巨变。
⑧徙倚：徘徊，流连不去。

次乔使君①韵②

陈其学

一

年来归病思如何，矶畔闲鸥日日过。
海若③逐灵输眺望，洞冥底事费编摩④。
拟餐沆瀣⑤迎尊曙，玩拾珠玑倚袖多。
安得偕从杯度者，携天时对白云歌。

二

碧落⑥悬楼海燕栖，寰中往事几相暌。
好看烟市虚疑蜃，谩话虹桥旧跨鲵。

盟席久违抟处梦,望洋敢续大方题。
翻然凝睇重幽讨,潮拍斜曛⑦洞口迷。

陈其学(1508—1593),字宗孟,号竹庵,别号行庵,山东蓬莱人。明嘉靖二十三年(1544)进士,曾任陕甘、延绥总督,转任宣大、山西总督,晋户部右侍郎、兵部左侍郎、右都御史,官至刑部尚书。他断案明晰,颇有政声。致仕居乡20年,卒于蓬莱,赠太子少保,谥"恭靖",祀于登州府乡贤祠、大忠祠。

【注释】

①乔使君:指的是登州府知府乔应春。
②此诗是次韵乔应春《游仙人洞》所作,还收录于万历十九年《蓬莱阁集》中,诗中"翻然疑睇重幽讨"与此诗略有差异。
③海若:传说中的海神名。
④编摩:编辑纂集。
⑤沆瀣:夜间的水汽,露水。
⑥碧落:道家认为东方最高的天有碧霞遍布,故称为"碧落"。后用以指天空。
⑦斜曛:落日的余晖。

观 海①

宋守孟

朝来风浪是如何,日拥红云海底过。
百尺楼台连地轴②,千年潮汐共云摩。
乍惊鹏鸟飞抟远,讵信鱼龙出没多。
翊戴③圣人波久息,敢将吏散伴渔歌。

宋守孟(生卒年不详),山西长治人。明万历五年(1577)任登州府通判,万历十一年(1583)任陕西邠州知州。

【注释】

①此诗还收录于万历十九年《蓬莱阁集》中。
②地轴:古代传说中大地的轴,亦泛指大地。
③翊戴:指辅佐拥戴。

登蓬莱阁次先君豸史公韵二首①

周凤来

堪舆②镇北耸蓬莱，高阁凭虚亦胜哉。
海底光腾初拥日，波心浪击乍惊雷。
永思宁忍观先迹，属和虽成愧匪才。
惆怅白云空伫望，何心抚景更徘徊。

周凤来（生卒年不详），字迁瑞，浙江临海人。明嘉靖四十三年（1564）举人，明万历十三年（1585）任登州府通判，后任云南新化州知州。

【注释】

①此诗是作者次韵山东监察御史周宠《同陈龙山宪副登蓬莱阁》所作。诗文实为二首，原书仅收录一首。此诗还收录于万历十九年《蓬莱阁集》中。

②堪舆：指蓬莱的地理形势。

李柱峰宪副寄蓬莱观海诸作用报一章①

张应登

风流仙客到蓬莱，日日吟从海上回。
帝遣洪涛临翰墨，蜃因巨匠②起楼台。
鼍矶旗鼓谁为敌，牛渚壶觥③独自开。
却忆巴人④萧瑟久，迢迢鹤背好音来。

张应登（生卒年不详），字玉车，四川内江人。明万历十一年（1583）进士，曾任河南彰德府推官、吏部主事、山东宪副。张应登为官秉公执法，狱无冤滞。撰有《游滏水鼓山记》。

【注释】

①此诗还收录于万历十九年《蓬莱阁集》中，诗中"鼍几旗鼓谁为敌"与此诗略有差异。

②巨匠：指苏轼。

③壶觥：酒器。

④巴人：民间俗曲名。

用韵谢张玉车①

李 瑱

简书六月入东莱，耳畔潮声定几回。
阁上银钩②蜗作字，市中金阙③蜃为台。
无诗莫画三山渺，有兴还将百斗开。
博望何时能就我，灵槎④同泛斗牛来。

李　瑱（生卒年不详），字聪甫，解州（今属山西运城）人。明隆庆二年（1568）进士，隆庆六年（1572）任临朐知县，明万历九年（1581）任彰德府知府，万历十四年（1586）任山东按察司副使，后任陕西参政。

【注释】

①张玉车：即山东宪副张应登，字玉车。此诗是次韵张应登《李柱峰宪副寄蓬莱观海诸作用报一章》所作，还收录于万历十九年《蓬莱阁集》中。
②银钩：比喻书法刚劲有力。
③金阙：仙人或天帝所居的宫阙。
④灵槎：指能乘往天河的船筏。

登蓬莱阁①

张继孟

四明招宝曾登眺，屈指流光②十六年。
万古沧溟浑不改，半生白发转堪怜。
微茫云树浮蓬岛，缥缈烟霞接水天。
笑我薇藩忙里客，何缘此地又逢仙。

张继孟（？—1644），字伯功，陕西扶风人。明万历四十七年（1619）进士，曾任潍县知县、南京御史、山东道监察御史、广西府知府、浙江盐运使、川西道副使。

【注释】

①此诗还收录于万历十九年《蓬莱阁集》中,题目是《无题》。

②流光:光阴,岁月。

登蓬莱阁写怀①
正德辛未秋九日

王良臣

一

重阳驻节②海天陬,独步蓬莱阁上头。
贯耳涛雷声动地,书空写字影涵秋。
乾坤灏气③归三岛,山海风光萃一楼。
斜倚危栏频拭目,青云西北是皇州。

二

西风吹袂④入遐陬,九日寻芳到水头。
喜见黄花呈晚节,笑看白发照清秋。
停杯故问天边月,携客同登海上楼。
回首家山千里隔,飞云一片系中州。

王良臣(1468—?),字汝邻,河南宛丘(今淮阳)人。明弘治六年(1493)进士,授浙江德清县令,后任南京监察御史,明正德六年(1511)擢山东按察司副使,备兵青、登、莱三郡,巡察海道,正德十年(1515)擢山东按察使。

【注释】

①此诗还收录于弘治十四年《蓬莱阁诗集》和万历十九年《蓬莱阁集》中,《蓬莱阁诗集》中的题目是《无题》,第一首中的"贯耳涛雷声动北,书空雁字影涵秋"与此诗略有差异;万历十九年《蓬莱阁集》中"书空雁字影涵秋"也与此诗不同。

②驻节:古代指高级官员驻在外地执行公务。

③灏气:弥漫在天地间之气。

④袂:指衣袖。

观海二首①

徐 冠

一

独立蓬莱百尺楼，乾坤万里落双眸。
瀛洲不见神仙会，海市曾闻徐福游。
碧水镜平飞鸟倦，皇明化洽②远夷柔。
临风三诵邹轲训，快意平生此一筹。

二

登高远望兴悠然，海水生风寒气偏。
苍鸟从龙翻碧浪，断云逐雾点青巅。
自疑此外应无地，谁谓人间别有天。
汉武秦皇姱大志，料应到此亦无言。

徐 冠（生卒年不详），字士元，号竹冈，安徽泾县人。明弘治五年（1492）举人，曾任清丰教谕、浮梁训导、都昌知县、监察御史、吉安知府、广东副使等职。

【注释】

①此诗是作者任监察御史期间登蓬莱阁观海所作。此诗还收录于弘治十四年《蓬莱阁诗集》和万历十九年《蓬莱阁集》中，《蓬莱阁诗集》中的题目是《观海市》，诗中第一首的"碧水镜开飞鸟倦"、第二首的"若鸟从龙翻碧浪""汉武秦皇夸大志"与此诗略有差异；万历十九年《蓬莱阁集》的"若鸟从龙翻碧浪"也与此诗不同。

②化洽：指教化普洽。

无 题①

夏 时

水碧天明宿雾收，仙家城阙起中流。
惊看海外三千户，赡有人间十二楼。
潮落鸡声闻隐隐，岛含龙气望悠悠。
西台绣使②劳形载，包括沧溟万顷秋。

夏　时（生卒年不详），字寅正，信都（今河北冀州）人。明弘治六年（1493）进士，曾任监察御史、陕西左布政使、山东提学佥事、山东按察司副使、山东按察使、山东右布政使。

【注释】

①此诗还收录于弘治十四年《蓬莱阁诗集》和万历十九年《蓬莱阁集》中。

②西台绣使：西台，御史台的通称，为国家最高监察机构。西台绣使，即监察御史。

海　市①

王懋中

雨余风暖扫晴烟②，万顷波光浸碧天。
隐隐楼台开锦绣，依依人物半神仙。
一时幻化原无像，千古奇逢时有缘。
盛事只今凭孰纪，观风柱史③笔如椽④。

王懋中（1460—1522），原名中立，字心远，江西安福人。明成化二十年（1484）进士，曾任武康县知县、刑部郎中、山东布政司左参政、山东按察使等职，官至右都御史。他为人廉洁刚正，声震朝野，卒赠太子少保。

【注释】

①此诗还收录于弘治十四年《蓬莱阁诗集》和万历十九年《蓬莱阁集》中，《蓬莱阁诗集》中的题目是《无题》，其中的"雨余风暖扬晴烟""千古奇逢付有缘""盛事只今须孰记"与此诗略有差异；万历十九年《蓬莱阁集》中的题目也是《无题》。

②晴烟：薄雾。

③观风柱史：古官名，此指苏轼。

④笔如椽：比喻大手笔或重要的文墨之事。此处是盛赞苏轼的《海市诗》。

无　题①

沈　松

百年身世此同游，海岳呈灵送远眸。

缥眇旌旗遥荡漾，空明楼阁半沉浮。

日光恍接岚光②现，云气还疑蜃气流。

安得仙舟渡溟渤，直寻蓬岛问津头。

沈　松（生卒年不详），字如松，又字南涯，浙江德清人。明正德十二年（1517）进士，任晋江县令，明嘉靖四年（1525）任广东道监察御史，升佥事，后任山东布政司左参议。

【注释】

①此诗还收录于弘治十四年《蓬莱阁诗集》和万历十九年《蓬莱阁集》中，《蓬莱阁诗集》中最后一句"直寻蓬岛问源头"与此诗略有差异。

②岚光：山间雾气经日光照射而发出的光彩。

漳源公①按登之三日余适至得陪诸公上蓬莱阁观海市②

姚文焌

市浮万顷接晴空，城郭分明指顾③中。

谩说沧瀛多蜃气，岂知造化有神工。

绣衣④秉钺来天上，白日驱云到海东。

千里及期陪燕集，浮生吾亦庆吾逢。

姚文焌（1495—？），字在明，号虚谷，福建莆田人。明嘉靖二年（1523）进士，曾任刑部主事、刑部员外郎，嘉靖九年至十四年（1530—1535）任金华府知府，后任山东按察司副使、山东按察使、湖广右布政使、浙江左布政使。

【注释】

①漳源公：指山东监察御史张鹏，字鸣南，号漳源。

②此诗是嘉靖十五年（1536）五月，山东监察御史张鹏奉旨到登州巡查，时任山东按察司副使的姚文焌陪同张鹏登蓬莱阁观海市所作。此诗还收录于弘治十四年《蓬莱阁诗集》和万历十九年《蓬莱阁集》中。

③指顾：一指一瞥之间，形容时间短暂。

④绣衣：指皇帝特派的执法大员。此处借指张鹏。

谢郑东溟招饮同舟游珠玑岩[①]

浦铉

一叶扁舟驾北溟,风波不入客心惊。
云间竹岛中流立,海外渔矶傍水生。
归隐独便同逸乐,济川君可有才名。
漫随尘世浮沉里,托酒高歌欸乃声。

浦铉(1482—1542),字汝器,号竹堂,登州卫(今山东蓬莱)人。明正德十二年(1517)进士,曾任山西洪洞知县、湖广道监察御史、陕西按察使。先后上四十余疏,所言皆为军国大计。后上书请求释放河南道监察御史杨爵,因言辞过激,被捕下狱,死于狱中。明隆庆元年(1567),诏赠光禄少卿,谥"忠烈",祀于登州府乡贤祠、忠烈祠。著有《竹堂奏议》《竹堂诗集》。

【注释】

①此诗还收录于万历十九年《蓬莱阁集》中。

望 海[①]

王光祖

日升紫气流沧海,潮起青沤[②]上碧滩。
岛屿参差猜远近,乾坤今古说狭宽。
依稀隐见扶桑影,浩荡沉浮弱水湍。
独有瑶池飞不到,几回昂首望云端。

王光祖(1528—?),河北魏县人,祖籍山西黎城。明嘉靖二十三年(1544)进士,曾任监察御史、汝宁府知府,嘉靖三十五年(1556)任登州府知府。

【注释】

①此诗还收录于万历十九年《蓬莱阁集》中。
②青沤:碧水中的水泡。

鹤峰参知邀宴蓬莱阁①

蹇 达

一

阁俯沧溟接混茫,相将词客兴飞扬。
波涛今古吞元气,岛屿西东挂夕阳。
玄圃几人求大药,孤根何处托扶桑。
万流转识朝宗意,并倚危栏望帝乡②。

二

洞里探奇暮景催,胜游不惜更登台。
中天月傍双城起,虚阁风从万里来。
海上珠光疑隐见,斗边剑气自徘徊。
殊方况复逢佳节,笑指沧洲作酒杯。

蹇 达(1542—1608),字汝上,更字汝循,号理庵,巴县(今重庆巴南)人。明嘉靖四十一年(1562)进士,曾任颍上县令、河南祥符知县、礼部主事、礼部员外郎、安庆府同知、平阳府知府、山东提学佥事、湖广按察使等职,官至兵部尚书。卒赐祭葬,赠少保。蹇达是明代抗倭名将,他所指挥的宁夏戡乱之役、抗倭援朝之役、播州平叛之役是研究明史的重要部分。著有《凤山草堂集》。

【注释】
①此诗还收录于万历十九年《蓬莱阁集》中。
②帝乡:指京城。

蓬莱阁夕眺①

李 戴

百尺危楼万仞巅,开窗四顾俨登仙。
东西日月悬双镜,上下星河共一天。
城外云梯疑跨海,席间风景似乘船。
更怜小洞无尘到,把酒谭心尽入玄。

李　戴（1537—1607），字仁夫，号对泉，河南延津人。明隆庆二年（1568）进士，曾任兴化知县、陕西右参政、山西左布政使，明万历十四年（1586）任右副都御史巡抚山东，官至吏部尚书。卒赠少保，赐忠肃公。万历十七年（1589）倡捐改建蓬莱阁。

【注释】

①此诗是万历十五年（1587）作者任右副都御史巡抚山东期间登蓬莱阁所作，还收录于万历十九年《蓬莱阁集》中。

城上观日[①]

李　戴

蓬莱高阁共跻攀，恍惚仙丹现远山。
万斛明珠浮水面，千层霞彩透天关。
浴从溟渤[②]呈全体，行到昆仑识大还。
一盏鸿蒙酒便醉，那知身世在尘寰。

【注释】

①此诗是万历十五年（1587）作者任右副都御史巡抚山东期间登蓬莱阁观日出所作，还收录于万历十九年《蓬莱阁集》中。

②溟渤：泛指大海。

中丞[①]刘泉公有海上之行且登蓬莱阁望三山寄赠[②]

王世懋

遥闻高阁俯蓬壶，薄问三山定有无。
云暖蜃楼朝结市，月寒鲛室夜沉珠。
惊湍槛外星河覆，异域樽前岛屿孤。
若遇安期须乞枣[③]，莫教秦帝石空驱[④]。

王世懋（1536—1588），字敬美，号麟州，江苏太仓人。明嘉靖三十八年（1559）进士，始任南京礼部主事，进员外郎，后任礼部祠祭司，尚宝司丞，江西参议，陕西、江西、浙江、福建提学副使，官至南京太常少卿。他是明代文学家王世贞之弟，著有《学圃杂疏》《艺圃撷余》《闽部疏》《饶南九三郡舆地图说》《王奉常集》等。

【注释】

①中丞：巡抚的别称。

②此诗还收录于万历十九年《蓬莱阁集》中。

③若遇安期须乞枣：指安期生食巨枣的神话故事。

④莫教秦帝石空驱：指神助秦始皇驱石造桥的典故。

丁亥①同王参藩②李兵宪③登蓬莱阁④

毛 在

二月春分海气清，一尊相对坐蓬瀛。
天开图画真佳丽，人集衣冠总俊英。
太白才名高北斗，右军声价重连城。
独惭使客非仙吏，藉手仁贤答圣明。

毛 在（生卒年不详），字君明，江苏太仓人。明万历二年（1574）进士，授建昌府推官，擢云南道监察御史，出按贵州、山东、河南，升大理寺右丞。著有《先进遗风增补》《四疏稿》。

【注释】

①丁亥：万历十五年（1587）。

②王参藩：指王世懋。

③李兵宪：指李戴。

④此诗还收录于万历十九年《蓬莱阁集》中。

登蓬莱阁①

邹德泳

蓬莱爽气正秋初，万叠瑶光接素裾。
鸟没望中随地尽，蜃生空处觉天余。
城临岛浪翻云浸，亭俯岩花带雪纡。

大国名游谁与续，思王②应好赋居诸。

邹德泳（生卒年不详），字汝圣，号泸水，江西安福人。明万历十四年（1586）进士，万历十七年任行人，历官云南御史、太常少卿、太常正卿。

【注释】

①此诗是作者于万历十七年任行人时登蓬莱阁所作，还收录于万历十九年《蓬莱阁集》中，诗中"大国名游谁与绩"与此诗略有差异。

②思王：即三国魏曹植。

登蓬莱阁二首①

王云鹭

一

琼树昔曾留素鹤，孤槎今复泛蓬莱。
台光极目碧云合，蜃气凌风近堞开。
涸鲋②从来羞润泽，衔沙③何处见涓埃。
安期有枣予堪啖，潦倒不将腐鼠回。

二

三山从昔仙灵地，勾漏分符岂漫游。
一缄云烟连海岱，半生踪迹付沙鸥。
樽前树色还移雨，堞外砧声又绕秋。
不必河州天尽处，淄尘岐路各悠悠。

王云鹭（生卒年不详），字翀儒，河南夏邑人。明隆庆五年（1571）进士，明万历十七年（1589）任登州府知府。王云鹭好金石文字，曾重刻宋代洪适金石学名著《隶释》，是该书现存最早刻本。

【注释】

①此诗还收录于万历十九年《蓬莱阁集》中。

②涸鲋：即涸辙之鲋。比喻处于困境中待援的人。

③衔沙：即衔沙填海。出自《山海经》精卫填海的故事。

次登蓬莱阁韵①

陈其学

因霄骑鹤下扬州，揽胜蓬瀛也壮游。
泽国连山浮幻蜃，晴沙几处点闲鸥。
潮声天外随云落，海影涛翻拍岸秋。
莫更倚楼话清浅，秦桥汉柱两悠悠。

陈其学（1508—1593），字宗孟，号竹庵，别号行庵，山东蓬莱人。明嘉靖二十三年（1544）进士，曾任陕甘、延绥总督，转任宣大、山西总督，晋户部右侍郎、兵部左侍郎、右都御史，官至南京刑部尚书。他断案明晰，颇有政声。致仕居乡20年，卒于蓬莱，赠太子少保，谥"恭靖"，祀于登州府乡贤祠、大忠祠。

【注释】
①此诗是明万历十九年（1591）八十四岁的陈其学次韵登州府知府王云鹭《登蓬莱阁二首》所作，还收录于万历十九年《蓬莱阁集》中。

雨台程侯示见河王太公相偕诸僚登蓬莱阁志感诗次韵奉和①

张梦鲤

江乡自昔多清况，海国于今更壮游。
无事应知当跨鹤，忘机始信可狎鸥。
浴凫解意樽前奥，雁过忽传塞上秋。
彷佛凌风三岛近，乾坤身世总悠悠。

张梦鲤（1533—1597），字汝化，号龙池，山东莱阳人。明嘉靖三十五年（1556）进士，曾任户部主事、职方员外郎、开封府知府、陕西按察司副使、江西按察使、山西右布政使、河北巡抚、副都御史、大理寺卿。卒赠祭葬，祀于山西、河南名宦祠。著有《交绣阁诗草》《交绣阁文集》。

【注释】

①此诗还收录于万历十九年《蓬莱阁集》中。

无 题①

孙 旬

一路福星临渤海，三山佳气郁蓬莱。
东坡亮节当年卓，北海清樽此日开。
槛外波涛飞雨露，云间楼阁绝尘埃。
灵胥②已为君家市，试看征车取道回。

孙 旬（生卒年不详），字若穆，号浒西，山东莱阳人。明万历二年（1574）进士，初授行人，后任陕西道监察御史、顺天府丞、大理寺少卿，官至巡抚操江右佥都御史。著有《皇明疏钞》。

【注释】

①此诗还收录于万历十九年《蓬莱阁集》中。
②灵胥：借指波浪、浪涛。

无 题①

左之宜

广陵共羡观涛赋，此日沧溟更壮游。
异政剩闻能下凤，机心已尽不惊鸥。
歌传白雪千年调，月印寒潮万顷秋。
伫见欵川征入相，漫依台斗望悠悠。

左之宜（1548—1630），字用善，号海楼，山东莱阳人。明万历八年（1580）进士，曾任镇江府推官、南京户部主事、南京兵部员外郎、云南道监察御史。左之宜为官刚正不阿，直声著名于朝。

【注释】
①此诗还收录于万历十九年《蓬莱阁集》中。

奉和见河王太尊登蓬莱阁诗二首①

程子侃

一

仙槎本浮银汉里，偶因风引向蓬莱。
秦皇碣石依然在，王母蟠桃尚未开。
日荡海珠光有焰，风磨水镜净无埃。
圣朝不重神仙事，彩鹢应随斗柄回。

二

葱葱佳气郁蜃楼，为有高人览胜游。
八国吏民瞻瑞凤，三山岛屿聚浮鸥。
石栏笔点天边思，桐叶诗题海上秋。
槛外长公留白雪，阳春继响韵偏悠。

程子侃（生卒年不详），字仲言，安徽休宁人。举人，明万历十四年（1586）任莱阳知县，官至澄江府知府。

【注释】
①此诗还收录于万历十九年《蓬莱阁集》中，诗中"彩益应随斗柄回"与此诗略有差异。

蓬莱阁观辽船因忆海①

吴之美

间上蓬莱续旧游，波涛极目尽安流。
澄清志欲随时效，绥抚人今为国筹。
绵亘客航来辽左，延袤运艘达神州。
苍黎际此升平世，愿祝皇家亿万秋。

吴之美（生卒年不详），山东蓬莱人。明隆庆五年（1571）进士，曾任礼科给事中、河南卫辉府知府。他是登州吴氏一族的杰出人物，祀于登州府忠孝祠、乡贤祠。

【注释】

①此诗还收录于万历十九年《蓬莱阁集》中，题目是《蓬莱阁观辽船因忆海运》。

游仙人洞①

吴之美

昔人昔日何处去，此地此时争羡游。
水滴潺潺晴亦雨，石垣曲曲昼还幽。
秦皇谬意长生计，徐福空劳巨楫求。
试问安期今在否，斜阳惟照一田丘。

【注释】

①此诗还收录于万历十九年《蓬莱阁集》中。

过田横寨①

王云鹭

零乱莓苔扫石镌，便从海若问桑田。
蛇亡②事事皆天授，鹿失人人尽比肩。
莫诧眼前空五百，可怜门下更三千。
无穷尘世休相诘，三后于今亦枉然。

王云鹭（生卒年不详），字翀儒，河南夏邑人。明隆庆五年（1571）进士，明万历十七年（1589）任登州府知府。王云鹭好金石文字，曾重刻宋代洪适金石学名著《隶释》，是该书现存最早刻本。

【注释】

①此诗还收录于万历十九年《蓬莱阁集》中。
②蛇亡：指刘邦兴于蛇、亡于"蟒"的故事。

赠刘东莱弘老泛槎珠玑岩前喜而独酌①

谢继科

解带风轻万里情,使君披豁憩神瀛。
云晴岛外供鳌戏,天逼亭孤引鹤鸣。
醉泛鸥波成啸傲,坐招仙侣问虚盈。
流传东海蟠桃事②,强入天台结旧盟。

谢继科(生卒年不详),字哲甫,江西金溪人。明万历十七年(1589)进士,万历十八年(1590)任登州府推官,后任刑部郎中、琼州府知府。万历四十三年(1615)在琼州金粟泉上东坡书院旧址建书院,集名流与诸生朝夕讲习。

【注释】
①此诗还收录于万历十九年《蓬莱阁集》中。
②蟠桃事:指神话中三月初三王母娘娘设蟠桃会宴请众仙。

海上公宴即事①

谢继科

天摇空碧断飞沈,酾酒方壶出世心。
风起潮头千鼓叠,云停岛腹一峰阴。
扶桑东压鼋鼍②窟,碣石横开虎豹林③。
渡海楼船悲往事,升平那不寄长吟。

【注释】
①此诗还收录于万历十九年《蓬莱阁集》中。
②鼋鼍:中国神话传说中指巨鳖和猪婆龙(扬子鳄)。
③虎豹林:形容怪石。

阁上酬王见老宴[1]

谢继科

闻道玄虚作赋才,招邀况复临高台。
开尊云岛三山至,倚槛天风万里回。
雾卷空明浮绝域,月凉清啸坐蓬莱。
仙踪合预王乔宴,笑领芙蓉露几杯。

【注释】

[1]此诗还收录于万历十九年《蓬莱阁集》中。

又酬郭敬所宴[1]

谢继科

谁向楼台吹玉笙,因君欲赋升天行。
醉衔[2]鹦鹉杯间碧,倦倚蛟龙海上城。
霞彩低空笼暮岛,风潮卷石入秋声。
林宗自合神仙侣,为报安期吏隐情。

【注释】

[1]此诗还收录于万历十九年《蓬莱阁集》中,诗中"谁向楼头吹玉笙"与此诗略有差异。

[2]衔:意为用嘴含。

谒海神庙观海

黄克缵

元气茫茫接太清,乘春一望水云平。
雪花浮浪千叠起,日色蒸霞四散明。
海上烽销旗半偃,津头潮落棹空横。

馨香好答神灵贶，莫遣鲸波又震惊。

黄克缵（1543—1628），字绍夫，号钟梅，福建晋江人。明万历八年（1580）进士，曾任寿州知州、刑部员外郎、山东左布政使，万历二十九年（1601）升右副都御史巡抚山东，因先后任兵部尚书、刑部尚书、兵部尚书、工部尚书、南京吏部尚书，史称"黄五部"。著有《数马集》《杞忧疏稿》《古今疏治黄河全书》。

东牟观兵夜宴蓬莱阁二首

黄克缵

一

城列千灯锦帐开，东风吹客上蓬莱。
天光海色春相映，叠鼓鸣笳夜急催。
鳌首三山含雾动，潮头万马拍空来。
观兵幸值妖氛息①，徙倚危栏一举杯。

二

晚风吹浪不胜寒，灵境尘寰此壮观。
银汉遥倾蓬岛外，朱旗高掣暮云端。
潮通鲛市②来常满，楼瞰龙宫立未安。
极目扶桑千万里，茫茫知有海天宽。

【注释】
①观兵幸值妖氛息：我来阅兵的时候，有幸遇上没有外寇入侵的太平时刻。
②鲛市：鲛人的集市。这里指海市。

登蓬莱阁观水上军二首

来三聘

一

海雾晴开春浪平，千军飞棹习昆明。

朱旗荡水鱼龙震，严鼓传风岛屿清。
万里沧溟消沴气，百蛮草木怖天声。
登临喜见鲸波静，却忆山涛惧外宁。

二

蓬莱飞阁绝尘寰，万里烟波指顾间。
天尽扶桑分异域，地穷弱水失三山。
安期仙侣招难至，徐市云帆去不还。
沧海东流人共老，宦情①谁似白鸥间。

来三聘（1540—1612），字任卿，号熙庵，浙江萧山人。明万历十一年（1583）进士，曾任黄梅知县、合肥知县、山东副使、江西右布政使。著有《西韬漫稿》《薄游吟稿》。

【注释】
①宦情：做官的志趣、意愿。

春日登蓬莱阁观海水操次抚台①韵三首

程 试

一

海上雪晴岚气清，空中楼阁与云平。
轻风浪动千层碧，晓日光摇万壑明。
最喜鲸夷成远遁，无劳战舰复纵横。
登临且尽杯中物，闲看群鸥卧不惊。

二

旟旐②翩翻③映水开，眺林冲击绕蓬莱。
风捧竹缆苍龙偃，棹破鲸波雪浪催。
鼓角齐鸣随汛起，军声乱涌逐潮来。
倭夷今幸无消息，海上观兵且举杯。

三

近海风来二月寒，陈兵水面此奇观。

舳舻彩射鱼龙窟，甲胄光腾霄汉端。
战缆已成三捷胜，妖鲸既断万流安。
军容掩映蓬山外，把酒凭栏兴觉宽。

程　试（生卒年不详），字子跃，号荃洲，河北新河人。明万历十一年（1583）进士，曾任寿光知县、工部都水司主事、户部屯田员外郎、饶州府知府，万历二十九年（1601）任登州府知府。著有《水部之山集》。

【注释】

①抚台：指山东巡抚黄克缵。
②旟旐：泛指旌旗。
③翩翩：上下飞动貌。

中秋蓬莱阁燕集二首

程　试

一

暄气初收素节清，一天皓彩映波明。
琼卮喜泛银蟾影，绮席欣沾玉露盈。
不向庾楼①兴去思，且同渤海歌升平。
常将心事看秋月，一醉金茎足解酲②。

二

宦海浮沉二十春，喜随杖屦醉芳辰。
光飞金镜三山灿，影散琼楼万派新。
点点浮光欢白眼，澄澄霁色涤浇尘。
醉来如坐清虚府，自信曾无愧紫宸③。

【注释】

①庾楼：指吟咏欢娱的胜境。
②解酲：指消除酒醉状态。
③紫宸：原意指天子所居的大明宫内宫殿名。诗中借指帝王。

海上漫赋

程　试

海上民淳无俗事，闲看鹤鹿一凭阑。
雨余庭树晴烟锁，日映山楼瑞霭盘。
宓子①鸣琴堪寄趣，醉翁载酒好游观。
何年遂却茹芝愿，绿水青山尽日看。

【注释】
①宓子：孔子弟子，名不齐，字子贱。

中秋从程太翁①冀寅丈②蓬莱阁燕集二首

张以翔

一

频年佐郡护楼船，此夕中秋启尽筵。
风起深洋无定月，烟消极浦不分天。
何妨露气浸罗绮，一任潮声乱管弦。
北海故称能好客，开樽宁负酒杯传。

二

飞阁岩峣③架玉虹，丹崖高敞疑神工。
万流赴壑依天险，五色蒸云④拥日宫⑤。
童女尚余秦帝恨，楼船谁纪汉时功。
自从岛寇惊烽火，未得忘机愧海翁。

张以翔（生卒年不详），河南祥符人。举人，明万历二十六年（1598）由宁海州知州升任登州府同知，万历四十年（1612）任河州通判。

【注释】
①程太翁：指的是登州府知府程试。
②冀寅丈：寅丈是对同僚的尊称。此处指的是登州府推官冀述。

③岩峣：山高峻貌。
④五色蒸云：指五色云彩，古人以为祥瑞。
⑤日宫：指太阳。

登蓬莱阁

徐元卿

春风淡荡海波澄，缥缈①云山烟景层。
飞鹤声空涛和响，藏龙窟静浪悠腾。
汀洲树色遥看远，岛屿晴光入望弘。
谩道官闲多胜赏，聊将高阁自频登。

徐元卿（生卒年不详），长洲（今江苏苏州）人。明万历二十八年（1600）任登州府通判。

【注释】

①缥缈：高远隐约的样子。

登蓬莱阁观海

袁九功

登临高阁步仙踪，便觉烦襟一洗空。
滚滚波涛涵日月，迢迢脉络接苍穹。
辽阳北望烽烟静，齐鲁东来瑞气钟。
三岛十洲何处是，楼台缥缈彩云丛。

袁九功（生卒年不详），通州（今江苏南通）人。贡生，明万历三十年（1602）任登州府通判。

蓬莱阁晚眺二首

冀 述

一

蓬莱阁下碧波幽,蓬莱阁上望十洲。
贝阙已随蜃气散,曲栏空对暮云愁。
鼍矶寂寞山花冷,岛竹萧疎海月收。
欲觅安期何处是,天光水色共悠悠。

二

楼阁披霞四望开,舳舻①千舰近蓬莱。
霓旌②卷浪蛟龙舞,鼙鼓③喧天鳅鳝哀。
海国防兵今已老,岛酋和市又成猜。
曦轮④谩度扶桑曲,谁御长风万里来。

冀 述(1558—1612),字继文,号紫璇,河北武安人。明万历二十六年(1598)进士,曾任广宁司理,万历三十年(1602)任登州府推官,后升兵部主事。冀述性沉静,有远量,以清廉闻名。著有《桃园草》《庸言》。

【注释】
①舳舻:泛指首尾相接的船。
②霓旌:相传仙人以云霞为旗帜。
③鼙鼓:古代军中的一种小鼓。
④曦轮:指太阳。

和程太老筌洲①中秋夜蓬莱阁燕集二首

冀 述

一

烟收云散正秋清,万里长空一镜明。
皓魄乍傍潮浪起,素华常伴酒杯盈。
琼楼有约寒光浅,海国无波爽气平。

独忆圣明圜未转,每逢佳节病如醒。

二

辽阳回首已三春,寂寞天涯又此辰。
银世光浮城廓旧,冰轮影泛海山新。
诗豪可信袁宏渚,兴浅应惭庾亮尘。
把酒还将酬素月,此生何以报枫宸。

【注释】

①程太老筌洲:指程试,时任登州府知府。

登蓬莱阁观海次抚台①韵四首②

马行健

一③

海戍旗幡混太清,楼船列战碧云平。
鳌头稳载波须稳,兔魄④明生月正明。
王会⑤千年光简帙⑥,皇威万里靖氛横。
元戎已见标铜柱,奕世⑦咸宾浪不惊。

二⑧

乘舠大阅朔风寒,万里洪涛此壮观。
诸葛阵成云鸟在,张华剑倚斗牛端⑨。
北来氛祲⑩千秋熄,东顾关山一带安。
万国梯航今日事,皇图极目配天宽。

三⑪

二月屯云胜地开,仙僚携我上蓬莱。
琪花⑫已向三洲灿,羯鼓⑬无劳乙夜催。
城上白云晓日出,槛前冥色巨涛来。
即今万里鲸波尽,落日虚亭酒一杯。

马行健(生卒年不详),山西大宁人。明万历二十七年(1599)任蓬莱知县,后任陕西绥德知州。

【注释】

①抚台：指山东巡抚黄克缵。

②诗中说是四首，原书仅收录三首。

③此诗是次韵黄克缵《谒海神庙观海》所作。

④兔魄：月亮的别称。

⑤王会：旧时诸侯、四夷或藩属朝贡天子的聚会。

⑥简帙：指书籍卷册。

⑦奕世：累世，代代。

⑧此诗是次韵黄克缵《东牟观兵夜宴蓬莱阁二首》所作。

⑨张华剑倚斗牛端：指晋代张华密令雷焕在丰城掘地得宝剑的故事。

⑩氛祲：比喻战乱或叛乱。

⑪此诗是次韵黄克缵《东牟观兵夜宴蓬莱阁二首》所作。

⑫琪花：仙境中玉树之花。

⑬羯鼓：乐器名。源自西域，状似小鼓，两面蒙皮，均可击打。

观 海

马行健

一上蓬莱眼便空，此身疑在广寒宫。
云团沧溟浮山绿，日发扶桑映水红。
后乐且娱今日芳，前程休问几时通。
临深恨少滴桐句，海若相怜不落穷。

次大中丞黄公①观兵夜宴蓬莱阁韵四首

蔡梦齐

一

亲提虎旅海云开，幕府春风下草莱。
玉帐熊罴争自奋，金牙②刁斗③复频催。
旄头已向三山灭，羽檄从教万里来。

尊俎折冲成燕喜，不妨清夜此衔杯。

二

白云缭绕十洲开，问俗提兵到海莱。
万弩射潮高鸟尽，千艘入敌怒涛催。
长缨我愧夭东役，铜柱君标海外来。
极目扶桑烽火静，相将春色醉霞杯。

三

飓风吹浪海门寒，槛外长天万里观。
倚剑中原来物色，开尊高阁藉云端。
依稀贝阙千门豁，顾盼山河一带安。
迫岸长鲸还自遁，凭虚一跳识天宽。

四

蕊珠宫阙水晶寒，荡漾长风纵大观。
已见丹旄清海徼④，会征黄阁肃朝端。
潢池⑤有警心犹轸，县宇无虞卧始安。
襟度汪洋澄万品，沧溟堪与相心宽。

蔡梦齐（生卒年不详），字觉我，河北定兴人。明万历二十年（1592）进士，万历二十九年（1601）任莱阳知县，后任太原府同知。

【注释】

①大中丞黄公：指山东巡抚黄克缵。
②金牙：诗中暗指城门。
③刁斗：古代军中白天来烧饭，晚上用来敲击巡更的铜制用具。
④海徼：指近海地区。
⑤潢池：出自"弄兵潢池"的典故。借指叛乱，造反。

登蓬莱阁观海二首

蔡梦齐

一

渤澥①无尘灏气清，晴岚②玉界暮山平。
浪花缥缈飞空碧，烟树苍茫入眼明。
映水楼台仙刹近，夕阳樯橹③钓舟横。
于今青海鲸鲵④尽，为报鱼龙莫震惊。

二

翠微高处午风清，万里沧波入望平。
瑶岛雨余青未了，珠宫烟静暗还明。
潮收海面千灵寂，日暮滩头一舸横。
把酒凭阑堪极目，芳洲鸥鹭莫相惊。

【注释】

①渤澥：即渤海。
②晴岚：晴日山中的雾气。
③樯橹：指船只、战船。
④鲸鲵：海中大鱼，长百尺，雄曰鲸，雌曰鲵。

登蓬莱阁观海市

金秉钺

蓬莱高阁倚天开，潮涌晴光万里来。
三岛风清呈五色，十洲云霭结天台。
龙光隐见仙宫近，蜃气氤氲海峤回。
欲访当年驱石事①，乘槎几度去还回。

金秉钺（生卒年不详），会稽（今浙江绍兴）人。明万历二年（1574）武状元，曾任浙江总捕都司署都指挥佥事、杭嘉湖参将、四川松潘参将、神机营参将。

【注释】

①驱石事：指神助秦始皇驱石造桥的典故。

登蓬莱阁观海市

董振业

半生飞兴绕蓬莱，今日佳游何快哉。
万丈龙渊翻日月，五城蜃气幻楼台。
六鳌驾海遥相迓①，三岛栖真莫浪猜。
缘是鲁狂耽胜迹，西从泰岭御风来。

董振业（生卒年不详），山东东阿人。明万历三十一年（1603）任登州府训导。

【注释】

①迓：迎接。

登蓬莱阁观海市

刘敬业

凭阑遐眺似腾骞①，惊睹奇观状宛然。
人寄幻中仍睇②幻，谁能玄上又求玄。
深疑贝阙胡无在，翻迓蓬壶别有天。
我欲瀛洲寻大药，坐看沧海变桑田。

刘敬业（生卒年不详），曾任山东曲阜阙里教授。

【注释】

①腾骞：飞腾。
②睇：注视。

蓬莱阁观海

曹 让

蓬莱阁上望蓬莱,知隔烟云何处猜。
玉观犹传凌远界,学人有几解登台。
常思大道无生灭,却忆双凫①自去来。
赤枣安期非寥廓,勤修须仗不凡才。

曹 让(生平不详),山东蓬莱人。
【注释】
①双凫:两只水鸟。

秋杪阁中观日出

黄应台

秋高画阁紫云多,缥缈蓬莱望里过。
天际金风回鹳鹤,眼前雪浪见鼋鼍。
长山岛外悬双镜,小竹矶边拥数螺。
独倚女墙①无个事,浮云西北竟如何。

黄应台(生卒年不详),江津(今属重庆)人。曾任高唐州知州。
【注释】
①女墙:城墙上呈凹凸形的矮墙。

蓬莱阁集后跋①

王云鹭

郡旧有《蓬莱阁观海亭集》，日就残缺，且近作俱未收入。会庚寅岁，阁复成，规制比往尤备，奂奋名胜，表东海哉。夫蓬莱之名，神仙之说也。士大夫往来临眺兹境，其抚景兴怀，感时摅愫，见之于吟咏篇什。虽人人殊，大端多谈述神仙有无事。必为有仙者，以仙风道骨世自别，有一种松乔其人也；必为无者，又深驳方士满谰诬天，秦汉所求是也。余不知所谓仙第，今畏途者，若视浮名为倘来，内泯机心，外泯机事，随分可以朝市，可以山林，得则为民生造福，失则尚保其故步，此真神仙中人也。先正论释教曰："天堂无则已，有则君子登。"则知神仙无则已，有则君子登无疑矣。凡际清暇，壮游名胜如蓬莱仙阁者，亦宿缘也。其姓氏诗文于是复收之，梓旧集与新增共为卷若干，直题曰《蓬莱阁集》云。

万历十九年辛卯闰三月
知登州府事夏邑王云鹭书

王云鹭（生卒年不详），字翀儒，河南夏邑人。明隆庆五年（1571）进士，明万历十七年（1589）任登州府知府。王云鹭好金石文字，曾重刻宋代洪适金石学名著《隶释》，是该书现存最早刻本。

【注释】

①此文还收录于万历十九年《蓬莱阁集》中。

蓬莱阁集后序

马行健

　　余跧伏大宁，披舆图，谓：东溟有蓬莱、度朔在焉，骇心目久之，泊挟策游无市。偶检《蓬莱集》，读再四，竟恍惚缥缈，与羡门、安期生若相旦暮遇，恨不乘凫越三岛十洲之间，目击而览胜焉。无何上天曹辄得，代匮蓬莱，私心窃自慰，甫视事。以时临千仞之丹岩，睇无垠之碧瀚，见琼阁临流，岿然①特峙，噏吐云气，卷舒飞虹，仰摩银汉，俯探日縠。少焉，烟波微起，风弄红霞，白鹄玄鹤，飞鸣上下，城廓台榭，闪烁万状，对景披情，恍如乘槎犯牛斗之渚，爽然身世在飞仙朗吟窟也。于曩所览载集而怅盼者，犹属幻目耳。

　　时玄菟②、乐浪③之区，稍稍偃烽鼓，而矿税苦横胶，县官且为代庖，黔黎亦色起。壬寅春，大中丞晋江黄公偕监司来公秉钺东巡。夏六月，清流伍公适衔节镇兹土随车之泽迤润四郊，郡伯程公、海防张公、督粮袁公、司理冀公，又殷殷保厘东土，是计以故海隅禔福，蔀屋流醇，波奠澜澄，岚空涛静，海若且灏灏效灵也。于时，诸公以暇登临，凭高瞰下，相与泄天籁，抒性灵。虽长短篇什，人人异哉，总之皆讴歌太平，寄意玄虚，以不负国负民相期许。□□质有其文于都哉，不佞健觍颜。民牧庶几藉福，什少逭于螯，独其集不雅驯，郡大夫惜之。未几，发《蓬莱集》，檄府庠博马君、罗君，暨弟子员秦生、若鲁二三辈，参互考订，芟芜刊蔓，葺旧搜新，且备其音释，注其句读，以垂不朽。令读者了然若捧晬盘，以示集成学博。

　　马君等持而来谒，谓予曰："山川楼阁得人而重，匪人重于山川楼阁也。集中缅缅洋洋欤唾累珠玉而谭者，惟是木玄虚、苏子瞻前茅，视之以其文与其人，皆百代殊绝也。郡伯若倅诸君子文章以事崛起，今昔为海内沃闻，即溟渤藉而安澜，楼阁因而增丽也。千祀后颂登良牧者，当与木苏二公并传不朽，且曰蓬莱而有某某，蓬莱不宁境胜也。若招安期于阜乡，揖羡门于悬圃，事出杳冥，毋曰无之，即有焉，于生民利病何当哉？"不佞唯唯谢其知言，遂持而付剞劂氏。

万历癸卯孟夏之吉旦
蓬莱县事大宁马行健谨书

马行健（生卒年不详），山西大宁人。明万历二十七年（1599）任蓬莱知县，后任陕西绥德知州。

【注释】

①肖然：形容高大独立的样子。

②玄菟：汉四郡之一，汉武帝置，辖境相当于今辽宁东部和朝鲜咸镜道一带。

③乐浪：汉四郡之一，汉武帝置，辖境相当于今朝鲜平安南道、黄海南道、黄海北道、江原道和咸境南道；韩国江原道、京畿道部分地区。

蓬莱阁明代诗文补遗

目　录

宋文一首
纳川亭记……………………………………………………章望之（537）

明文十二首
海市卷后序…………………………………………………边　贡（538）
蓬莱观海亭集序……………………………………………王崇庆（539）
重修三清殿记………………………………………………陈其学（540）
海游记………………………………………………………王世贞（541）
海市常变论…………………………………………………王　言（542）
海市说………………………………………………………陈人第（543）
观海市记……………………………………………………王在晋（543）
松石亭记……………………………………………………阎士选（545）
镜石记………………………………………………………阎士选（547）
阅海操记……………………………………………………毕懋康（548）
蓬莱阁记……………………………………………………陈钟盛（549）
东坡苏公像记………………………………………………张万宪（551）

明赋一首
多寿亭赋……………………………………………………谢继科（552）

七言绝句
恭次黄参伯登阁绝句………………………………………王良臣（554）
次望海绝句…………………………………………………王良臣（555）
无　题………………………………………………………萧来凤（555）
蓬莱阁后六绝………………………………………………王世贞（556）
吕祖刻像题赞………………………………………………钱大复（557）
春雨谢海神…………………………………………………李本纬（557）
蓬莱阁………………………………………………………郑梦周（558）
蓬莱阁………………………………………………………郑道传（558）

登蓬莱仙阁	吴允谦（559）
登蓬莱阁题苏仙观海市诗碑后	李民宬（559）
次水城夜景	金尚宪（560）
和水城月夜有感	金地粹（560）

五言律诗

蓬莱阁	王廷相（561）
午日郡公少岚携饮海上即事赋诗	陈其学（561）
登蓬莱阁短述	吴 定（562）
遥和吴止庵侍御登登州蓬莱阁看海上月出	孙继皋（563）
蓬莱阁望海	袁可立（564）
无 题	王在晋（565）
无 题	梁之垣（565）
登蓬莱阁	徐应元（566）
蓬莱阁	李士高（566）
登蓬莱阁	李民宬（567）
东坡海市碑	吴允谦（567）
同周都司（宗望）游蓬莱阁仍过城西佛寺	吴 翿（568）
晚憩蓬莱阁得青字	李献庆（568）

七言律诗

登蓬莱阁次沈草堂韵	王良臣（569）
次许郡牧韵	王良臣（570）
次黄参伯观海市韵	王良臣（570）
蓬莱阁观海	赵 鹤（571）
无 题	陈 鼎（571）
蓬莱阁望海	谷继宗（572）
奉和毂南代巡登蓬莱阁	陈东光（572）
无 题	卢 宁（573）
放舟蓬莱阁下	戚继光（573）
秋日观海	仇 禄（574）
游高阁	刘 孝（574）
观海市	万世德（575）

无 题……………………………………………高　出（576）
阁上宴戚将军………………………………方　宝（577）
秋夜泛舟蓬莱阁下…………………………徐梦麟（577）
无 题……………………………………………王在晋（578）
登蓬莱阁观海市……………………………王在晋（578）
登蓬莱阁……………………………………李本纬（579）
吕祖咏海市诗………………………………李承勋（580）
无 题……………………………………………陶朗先（581）
登蓬莱阁……………………………………陶朗先（582）
无 题……………………………………………周维翰（582）
登蓬莱阁……………………………………孙廷铨（582）
无 题……………………………………………沈国华（583）
登州蓬莱阁感怀……………………………李崇仁（583）
登蓬莱阁……………………………………权　近（584）
蓬莱阁………………………………………李　穑（585）
次蓬莱阁韵…………………………………李　穑（585）
登蓬莱仙阁…………………………………吴允谦（586）
登蓬莱阁……………………………………金尚宪（586）
次石楼游蓬莱阁韵…………………………李民宬（587）
蓬莱阁示郑下叔罗季郁……………………高用厚（587）
蓬莱阁次清阴韵呈张驲雪斋可大…………高用厚（588）
蓬阁有主僧玉光以扇作诗赠之因次………崔有海（588）
次张元戎蓬阁韵二首………………………崔有海（589）
次金尚宪登蓬莱阁…………………………崔有海（590）
出登州水城…………………………………崔有海（590）
归路登蓬莱阁………………………………申悦道（591）
蓬莱阁次正使韵……………………………吴　翻（591）
蓬莱阁晚眺…………………………………李献庆（592）

五言古诗

游蓬莱阁……………………………………王世贞（593）
甲子仲夏登署中楼观海市…………………袁可立（594）

蓬莱阁怀古⋯⋯⋯⋯⋯⋯⋯⋯⋯⋯⋯⋯⋯⋯⋯⋯⋯⋯⋯⋯袁可立（595）
无　题⋯⋯⋯⋯⋯⋯⋯⋯⋯⋯⋯⋯⋯⋯⋯⋯⋯⋯⋯⋯⋯王在晋（596）
无　题⋯⋯⋯⋯⋯⋯⋯⋯⋯⋯⋯⋯⋯⋯⋯⋯⋯⋯⋯⋯⋯徐应元（597）
蓬莱阁观海⋯⋯⋯⋯⋯⋯⋯⋯⋯⋯⋯⋯⋯⋯⋯⋯⋯⋯⋯⋯尹嘉宾（598）
望　海⋯⋯⋯⋯⋯⋯⋯⋯⋯⋯⋯⋯⋯⋯⋯⋯⋯⋯⋯⋯⋯尹嘉宾（599）
无　题⋯⋯⋯⋯⋯⋯⋯⋯⋯⋯⋯⋯⋯⋯⋯⋯⋯⋯⋯⋯⋯陈余达（599）
三月十九日过海宿登州公馆郭通事金押马船
　　阻风未至因留待⋯⋯⋯⋯⋯⋯⋯⋯⋯⋯⋯⋯⋯⋯⋯⋯郑梦周（600）

七言古诗

李都阃同登蓬莱阁观海⋯⋯⋯⋯⋯⋯⋯⋯⋯⋯⋯⋯⋯⋯⋯张　吉（601）
观海市⋯⋯⋯⋯⋯⋯⋯⋯⋯⋯⋯⋯⋯⋯⋯⋯⋯⋯⋯⋯⋯王良臣（602）
梁中丞乾吉刘大参子仁同登蓬莱阁夜观日出
　　赋此以纪胜事⋯⋯⋯⋯⋯⋯⋯⋯⋯⋯⋯⋯⋯⋯⋯⋯⋯谢　榛（602）
蓬莱阁夜观海上出日⋯⋯⋯⋯⋯⋯⋯⋯⋯⋯⋯⋯⋯⋯⋯⋯郑汝璧（603）
蓬莱十大景⋯⋯⋯⋯⋯⋯⋯⋯⋯⋯⋯⋯⋯⋯⋯⋯⋯⋯⋯⋯徐应元（604）
观　海⋯⋯⋯⋯⋯⋯⋯⋯⋯⋯⋯⋯⋯⋯⋯⋯⋯⋯⋯⋯⋯吕大器（606）
观东坡海市诗刻次韵⋯⋯⋯⋯⋯⋯⋯⋯⋯⋯⋯⋯⋯⋯⋯⋯宋　献（607）
次陆主事登州海市诗韵⋯⋯⋯⋯⋯⋯⋯⋯⋯⋯⋯⋯⋯⋯⋯李　稷（608）

宋文一首

纳川亭记

章望之

人与天地并生而异道，能周而为变化者，一气也。天地之气不舒，则四时五纬与山川水土举失其常；人之气不舒，则思虑塞而精神有遗，百疾于是乎生。故君子所乐奉者，天地之大。大而高莫如山岳，大而深莫如河海。其间又有禽兽草木之所蕃，鼋鼍鱼鳖之所错，秘怪神异之所储，珠玉宝藏之所产，世之百物莫不具诸。是以高深之地，君子乐之，以其能开人思虑，泰人精神，盖耳目广则聪明豁耳。不然，何以孔子登东山而小鲁，登泰山而小天下哉？故遇西子，然后知世无美色；享太牢①，然后知世无珍味；闻箫韶②，然后知世无至音；观海岳，然后知世无大物。古之君子，务见博而知远者以此。

吉州刺史刘侯涣③之为登州也，为纳川亭于城之北隅，以地滨于海，言此所以容受百川也。广狭得中，奢俭得宜，役不劳而事不烦，其可以为寓目适心之所，殆无与亢者，岂非助大丈夫胸臆之一端欤？侯有文武长材，济之以刚正凛然不可夺之风。尝入居清要，出总繁重，皆赫著能名。

今之作斯亭，以壮郡国游观之胜，以资宾客宴飨之盛。暇日则命戎旅习水战，以无忘戎备。其动翼如，其静肃如。于是正人朝士之出是途，莫不交口，咏其交宾接下之和，美其忠奉朝廷之勤。异日，侯去为天子股肱，知其必能以兴作之心，充斥其行事。

（明泰昌《登州府志》卷之十五）

章望之（生卒年不详），字表民，北宋建州浦城（今属福建）人。少年丧父，后潜心读书，钻研学问，志气宏放，为文辩博，长于议论。他曾游学于江淮一带，北游齐赵，南泛湖湘，西至汧陇，东极吴会，山水胜处，无所不历。著有《救性》《明统》《礼论》。

【注释】

①太牢：古代帝王、诸侯祭祀社稷时，牛、羊、豕三牲全备为太牢。
②箫韶：虞舜时的乐章名。
③刘侯涣：即刘涣，字仲章，保州保塞（今河北保定）人。宋庆历五年（1045）任登州知州。

明文十二首

海市卷后序

边 贡

华泉子曰：余自童子时，读苏子《海市诗》，而窃慕焉。顾未尝一至海上，寤寐思服者二十年于兹矣。

乃今读是卷，而心休焉。曰：是可以弗观已矣，然不能无感焉。则为之言曰：夫有天地即有海，有海即有市，有市即有见之者矣。而数千岁弗传焉，其故何也？过之而弗观，观之而弗纪，与弗见者一也。而一显于宋，盛传于今，岂非海市之遇也哉！

然是卷也，侍御君记之，诸大夫则赋咏之。夫记之者，见之者也；赋咏之者，非必人人而见之也。而若或见之者，无他焉，征诸记而已矣。

天下之人之慕海市如余者岂少哉？吾恐读是卷而心休焉者，将不独余也。柳柳州①曰：美不自美，因人而章。兰亭不遇右军②，则清湍修竹芜没于空山矣。吁！岂独一兰亭也哉！

正德七年十一月朔旦华泉边贡书

（蓬莱阁碑刻）

边 贡（1476—1532），字廷实，号华泉，历城（今山东济南）人。明弘治九年（1496）进士，曾任太常博士、兵科给事中、太常丞、荆州知府，擢陕西、河南提学副使，明嘉靖元年（1522）为南京太常少卿，官至南京户部尚书。边贡早负才名，善诗文，风格婉约，为明代"前七子"之一，与李梦阳、何景明、徐祯卿号称

"弘正四杰"。著有《华泉集》。

【注释】

①柳柳州：即柳宗元，字子厚，河东解县（今山西运城西南）人，唐宋八大家之一。因官终柳州刺史，又称"柳柳州"。

②右军：指王羲之，字逸少，琅邪临沂（今属山东）人，东晋书法家，有"书圣"之称。因官拜右军将军，人称"王右军"。

蓬莱观海亭集序

王崇庆

登州之有蓬莱说也久矣，始予佐郡之至于斯也。会久旱，祷诸广德王庙，既而作《海市辨》，以僭正向往，汛扫荒唐。自是骇而笑、疑而非者半，用是益慨习心之难消也。嗟乎！追思往迹，迩来三十有二年矣。若乃碧桃开榭于涛声之间，海月盈亏于天汉之表，宦情去住于登眺之余，吾又不知今夕之为何夕也。乃己酉①之冬，会郡人侍御，陈君行庵②、吴君晋庵③，相与坐论畴昔。因谓是邦与海为邻，古今大夫士多题咏者，然而版刻不无散逸残缺。因走书中丞傲庵应公④，为折衷之。公忻然喜曰：吾意也。遂以檄下节，推潘子滋为编次润色焉。所以雅墩胜概，考纪岁月，固非寻常加灾梓木比也。敢并述而序之，用告来者。

（明泰昌《登州府志》卷之十三）

王崇庆（1484—1565），字德征，号端溪，直隶开州（今河南濮阳）人。明正德三年（1508）进士，曾任沁州通判，正德十四年（1519）擢升登州府同知，后历任江西按察司佥事、山西按察司副使、河南按察司副使、四川右布政使等职，官至南京礼部尚书。王崇庆举止稳重博雅，为官廉洁清正，著述颇多，堪称忠孝礼贤。著有《开州志》《五经心义》《山海经释义》《元城语录解》《端溪文集》等。

【注释】

①己酉：明嘉靖二十八年（1549）。

②陈君行庵：即陈其学，字宗孟，别号行庵，山东蓬莱人，官至南京刑部尚书。

③吴君晋庵：即吴昶，字伯明，号晋庵，山东蓬莱人，官至监察御史。

④中丞傲庵应公：即应槚，字子材，号警庵，亦作傲庵，浙江遂昌人。明嘉

靖五年（1526）进士，曾任刑部主事、常州府知府、山东参政、山东布政使，后以都御史巡抚山东，官至兵部左侍郎，卒赠兵部尚书。著有《大明律释义》《警庵书疏》《谳狱稿》《苍梧总督军门志》《慎独录》等。

重修三清殿记

陈其学

　　赐进士、资政大夫、食一品俸南京刑部尚书、前三任总督、都察院右都御史兼兵部右侍郎，郡人陈其学撰。

　　赐进士、中宪大夫、江西按察司副使、前监察御史，郡人浦之浩①书。

　　赐进士第、承德郎、户部云南清吏司主事，郡人张诩②篆。

　　按备倭城北垣即丹崖，乙潮处殊斗绝立远，而东迄海口顿止，簪髻结秀，若龙首然。乃上领建有三清殿，规制雅称于廓。余每游憩之，纵观扶木之旭，沉瀣轧汤，盈盈可餐。幻碧影翻，高深涵互，逸言挂席，拟即洞溟之境矣。粤若密神挹其前，环屿带其后，仙洞嵌其下，蓬阁翼其旁，且与帅府对峡过脉，台伏隐然，盖势胜也。

　　顾正统再造之季，距兹旷百祀余，而岿然者果曰非其旧。迄隆庆戊辰③，张凤筠公来开府，雅意新之。储秩稍越，辛未卜八月上吉启工，迄于壬申四月下旬，计端殿、角寝、旁庑、重门暨观音堂咸厎饬之，率仍其故址，而闳伟顿殊。恃帅府、太平楼亦改构完，相望兢耸，重增兹威壮焉。

　　甫衅庙，公即拜冠军，给传于浙矣。越数月，阖武弁暨士庶胥与砻石。且属余以言曰："张公前是尝零于海神，获应缮其祠。值梁抚翁勘海运至，谂悉以帑金加一力。金咨异之，乃兹悉举畅导纯诚。郡节推江碧溧公亦齐心为捐缗钱四万。诸跃然陈义者，若或开右鸠佣虑材，百顺藏悉。第苦楹栋乏良具，忽大洋中浮木十数，若巨楂泊于次。赢三四丈者三，余亦无虑二丈许，植品奇罕，且如刊适用，真灵贶也。目今川原滋泽，溟澥恬波，运艘安流，岛裔驯詟。帖云：'仰得一之灵降时万之福，于赫函蒙顾不尚哉！'请纪之。"余曰："诺。"逾时复来，重曰："祝厘姑勿论，惟张公淳朴完素，縠薄自茹，治军簿一，尚清省有威惠，我大东悦亲者垂五年，暨去后益见思。即以兹真宇为遗爱处，每乐游而讴彦咏之，罔或敕惟无拂所，请藉用与之俱传。"余曰："诺。"

　　寻质之我薄相，苏岩兄乃剧言曰："抑以未必神之者，为确论邪？《记》曰：'明则有礼乐，幽则有鬼神。'存心事天，自是性情合契，而象生其中。按《杂志》

云：'张间建节祠庙，而政誉尤著；王世安为政公平，民皆悦服。'凡祠庙岁久皆重新之。盖仁以治人，故从人，礼以治神，故从祇，神人之间心实联之，而爱敬考衷固同出也。在晋仙山亦尝建三清殿，若刘须溪著者，乃居然文之，虽其典谟无声要，亦因心而可以义起者。矧兹且以爱张公者请邪？"余遂述其语，因以识岁月云。

张公名可久，太仓世官。余护作者例，宜悉附石阴。

大明隆庆六年岁次壬申六月初三日立
（蓬莱阁碑刻）

陈其学（1508—1593），字宗孟，号竹庵，别号行庵，山东蓬莱人。明嘉靖二十三年（1544）进士，历任陕甘、延绥总督，转任宣大、山西总督，晋户部右侍郎、兵部左侍郎、右都御史，官至南京刑部尚书。他断案明晰，颇有政声。致仕居乡20年，卒于蓬莱，赠太子少保，谥"恭靖"，祀于登州府乡贤祠、大忠祠。

【注释】

①浦之浩：字子化，登州卫（今山东蓬莱）人。嘉靖二十年（1541）进士，官至江西按察司副使。

②张诩：登州卫（今山东蓬莱）人。嘉靖十四年（1535）进士，授户部主事。

③隆庆戊辰：明隆庆二年（1568）。

海游记

王世贞

登故枕海山，东门不一里，大蒐之圃在焉，其阳依海堧而坛。余与参政姜君①良翰行部登，既视事五日，乃以牍之间出游，觞于坛。

轻云蒙笼，风师不惊，文沦若縠，容裔慌漾，与天下上。俄而东南雄虹起，亘空若银桥，蜿蜒而下饮于海。惊流喷蹙，玑贝万斛，飞跃注射，若五金之在溶，芒颖晌烂，眦触睛眩，已徐徐缩入海既。久之，顾见鼍矶、大小竹诸岛，云气骤变，峰屿尽改，或断或续，或方或圆，或峻或衍，或英或坏，或陟或密，或堕或赚，或浸溠波浪，或斗插入汉，或为鸥，或为伏虬，为虎豹者不一。童子趋而前曰："是其将市乎？"忽大风发，吹云散，不果市。

余慨然谓姜君曰："於乎！此奇邪之士所得而影响其君，为始若武②者哉！彼其惊幻变之熹微，叹光景之恍忽，以为其下真若有神仙者焉，思竭天下之力以从之，而竟不可得，不知其泡沫之躯倏焉而灭，为兹海之云气久矣。夫身挟名而俱尽者何限？乃南望田横之岛，则隐隐负生色焉，然至于读鲁仲连③被发蹈海之书，蝉蜕物表，视斯人未尝不惝恍俱失也。於乎！古所谓仙不死者，是欤非耶？"姜君不答，第趣觞觞余，醉而归。

（《弇州山人四部稿》卷之七十二）

王世贞（1526—1590），字元美，号凤洲，又号弇州山人，江苏太仓人。明嘉靖二十六年（1547）进士，曾任大理寺左寺、刑部员外郎、刑部郎中，嘉靖三十五年（1556）升山东按察司副使，后历官浙江右参政、山西按察使、湖广按察使、广西右布政使、右副都御史、应天府尹、南京兵部右侍郎，累官至南京刑部尚书。王世贞是著名文学家、史学家，明代"后七子"领袖之一，与李攀龙、宗臣等结成复古文学流派。著有《弇州山人四部稿》《弇山堂别集》。

【注释】

①姜君：即姜宝，字廷善，号凤阿，江苏丹阳人。嘉靖三十二年（1553）进士，官至南京礼部尚书。

②为始若武：指秦始皇、汉武帝。

③鲁仲连：又名鲁连，战国末期齐国人。稷下学派后期代表人物，著名思想家、辩论家和社会活动家。

海市常变论

王　言

海市之说，予别为常变二图者，何也？盖山海为登郡巨观，而海市为山海灵迹，不明辨之，则诸家之说愈晦矣。予昔年读书海上，以见海市为常，因欲深求其故以破群疑。每见其山之初市，乘气而起，积微以渐，是山遂为布濩，若有神龙吐纳于其间，是故其常也。高则为亭台，横则为城郭，山之形犹在也。及其变，则诸岛联络，顷刻之间变态旁出，或如孤隼之奋高冈，或如众木之施重屋，□□恍惚，云树依稀，而山之本形非旧矣。是其浮沉升降，翕聚大小，出没有无，开阖断续，特非随气变化，而山有不与乎。矧夫亭台城郭之状，冈鸟云树之形，要皆以吾心景象会之，亦非实有是迹也。故予尝为之诗曰："烟云出没处，楼榭有无中。"可以知海市矣。

（明泰昌《登州府志》卷之十三）

王 言（1513—1572），字代言，号一泉，登州卫（今山东蓬莱）人。明嘉靖二十年（1541）进士，曾任翰林院庶吉士、江西道监察御史、河南按察司佥事、奉政大夫。王言居官清正，为民请命，弹劾污吏，后因不愿与严嵩等奸臣同流合污，辞官归里，崇祀登州府忠孝祠、乡贤祠，被誉为蓬莱一代名宦。著有《一泉集》《家训》，修《登州府志》。

海市说

陈人第

海市惟蓬莱有之，生长于斯，所习见也。乃闻者辄奇问之，于是绘为图以传广远，便指览焉。夫蓬莱缘城负海，岛屿棋布，历历可数。每将市也，必天清海澄，东风徐来，遥见气若青螺自大竹山嘴而起，以渐而西，连小竹，历牵牛、鼍矶，亘长山、庙岛，正若□屏，诸岛悉泯焉。俄于正屏之中突兀数处，色如深黛，状若浮图，又若幢纛，或尖或平，忽大忽小，甫如村树，倏如楼台，有顷之间，高者平，小者阔，村落者为峰峦，塔盖者为旗帜，前后互异，变幻不居，此则乌能绘哉？即为之说，亦彷佛焉尔。

（明泰昌《登州府志》卷之十三）

陈人第（生卒年不详），山东蓬莱人。陈鼎之孙，举人，明嘉靖四十三年（1564）任登州府同知。

观海市记

王在晋

登有丹崖，巉岩面海。上有半仙、狮子十三洞，秀丽奇绝。蓬莱阁嵯峨踞其上，登阁则海山之胜，一览毕收。傍为海市亭，下为灵祥庙，祀海神，宋崇宁、元至正间,皆赐额。庙之下即陈兵列寨,备倭副将军居之,寨倚岩而城。城之西北为田横山,淮阴侯①破齐,横与其徒五百人栖此。城东距海,岩阿有小榭,仅可容四席,水犀演队于其下。

余于万历庚申②三月二十日阅兵此间。期门似飞,列刃攒镞。主帅指麾传令,艨艟出海,三军仰视,如空中坛宇,倚天门而布阵。冯夷击鼓,风伯扬旌。鼍鼍蛟龙张鬐舞鬣,雷响电激;鳞介分列颜行,为我环卫。上缴流云,下钓渊泽。山海百灵,壮中华之气,而销夷甸之氛。猗与盛哉!是日,海天开霁,惠风弥鲜,舟无翻飘,波无流淼。二三同事仗剑而临戎者,大参陈君亮采③、宪副陶君朗先④、都阃刘君炳文⑤也。刘君向余言:"海日晴熙气暖,当有市。"余谓:"东坡居士知登州,以不见海市为憾,祷于神而得之。台使者按部而来登,辄坐守经旬累月,不得见而去。维余凉德,其何以徼灵于海若不爱宝而适逢其会哉?"言未已,而大竹山忽浮而露址,牵牛岛石门现出。陶君曰:"此海市之征也。"无何,而岛屿复沉,无所见,目瞪瞪以望。震艮之间,奋浩气以弥漫,吐白毫而浤汩,旋散旋收,浮天无际。大竹诸山,忽而昂伏,忽而小大。阳侯吸哦,以岸起洪澜,蛇演而云回,若上下之无根,而远近之可掇。姑余司窃,马衔当蹊。孰得而窥其所以然?穷其所不必然?三军结阵罢战。余与诸君凭槛而观,长山漠岛,漏天珠玑,吐纳灵潮,呼吸万里,盘涡谷转,凌涛山颓。壮之乎,蓬莱之观也!渺太清而空六合矣。牙将请祀海神,余整冠祀毕,观祠前巨石嵓瞵对峙,皆千夫不能拔。更有石如镜,含光照人,遐迩毕映。有石松化木根,土脂酝酿,魂魄不可辨。

正欲周遭间览,而偣人报海市出矣。遑海市多见于鼉矶、牵牛、大小竹、沙门岛间,近则数十里,远则百里,今见于西北皇城岛之前三四百里。而遥中为巍楼,东西为犄角楼,红垣环匝,俨然宫阙。而东北一角,红光隐隐,直薄丹霄。已复直北迭起重楼四五座,云蒸气结。视皇城岛更远一二百里,色如淡墨,未施五采,在依稀彷佛间,亦亭亭久之,始化去。却不如先现者,红黑分明,显而易晰。余与三君倚丹崖雉堞坐而凝眄,以待层楼之变化。虽歊雾潗涔,流光蒙汜,卷舒动荡,而楼台隐隐晻薄,直逼空苍,历巳午而不散。三君邀余入席,至申而始消歇。登即有海市,而无此之远,无此之久。东坡所云"荡摇浮世生万象,岂有贝阙藏珠宫"者,予幸目睹之。

是日,宁海侍御俞公造谒,言海滨人士有至老而不得见者。今以偶观水阵,邂逅遇焉。奇哉!兵书言东海出气如鳌,渭水出气如蜃,蜃形似蛇,而大腰以下鳞尽逆。一曰状似螭龙,有耳有角,背鬣作红色,嘘气成楼台。望之丹碧,隐然如在烟雾高鸟,就之以息,喜且至气,辄吸之而下。今俗谓之蜃楼,将雨即见,而是日无雨,蜃何以见也?又闻蛇求于龟则为鳖,求于雉则为蜃,得其脂和蜡为烛,香闻百步。烟出其上,皆成楼阁之状。夫蛇与雉交何也?无之,何独登有蜃,而时呈宫室、台楼、城堞、人物、车马、冠盖之形?市一起而诸岛皆为联络,起伏聚散之无恒,何也?太史公云:"海旁有蜃气,成楼台,野气,成宫阙。"又言:"海中三神山,去人不远,患且至到,船风引而去。盖尝有至者,诸仙人及不死之药皆在焉。""其物禽兽尽白,而黄金银为宫阙。未至,望之如云。及到,三神山反居水下。"夫去人不远,望之如云,即大竹、小竹、牵牛,能浮能沉,若大若小,或离或合,不可测识。讵蜃气而能令山之浮沉、大小、离合?为登海中岛生石芝、草木,皆奇玮,多不识名。又多美石,五色斑斓,或作金银色。禽兽白,而黄金化为宫阙,其说匪诬。意亦三神山有蕴必吐,而蓬莱、方丈、瀛洲传在渤海中,余兹益信焉。而诸神仙及不死之药,庶几旦暮遇之矣。

(明泰昌《登州府志》卷之十五)

王在晋(1567—1643),字明初,号岵云,江苏太仓人。明万历二十年(1592)进士,初授中书舍人,后任江西布政使,万历四十七年(1619)任右副都御史巡抚山东。明天启二年(1622)三月十八日,代熊廷弼为兵部尚书兼右副都御史,经略辽东、蓟镇、天津、登莱,并提出"拒奴抚虏,堵隘守关"的经略辽东方案,官至兵部尚书。著有《岵云集》《三朝辽事实录》《越镌》。

【注释】

①淮阴侯:指韩信,江苏淮阴人。西汉开国功臣,中国历史上著名军事家。
②万历庚申:万历四十八年(1620)。
③陈君亮采:即山东按察司副使陈亮采。
④陶君朗先:即山东按察司副使兼巡海副使陶朗先。
⑤刘君炳文:即山东备倭都司掌印都司刘炳文。

松石亭①记

阎士选

东海岛中有石,其形怪异。我兵以防汛往者,舁之入府。前守刘君②,命莘之道,时聚观者甚众。睹此石温润而栗,文理森如,根节盘结,千条万缕,如老人苍颜鹤发，蹲踞不前状。环视抵里，木质犹存。金曰："此古松化为石也。"再玩益真。余命筑台供之海神庙前。

试问此石生于何代？长于何时？何年为松？何年为石？以讫于今，若有对者，而倾耳不闻。余常登岱宗之上，有五大夫松在焉，尚尔亭亭，且琳宫梵宇，唐槐汉柏不知其几，然木形俱未改。以石视之，固皆奕世儿孙行也。《抱朴子》曰："松树三千岁者，状如龙形，名曰飞节。"兹石固其类与？余独怪夫秦皇汉武之时，六龙亲驾，停舆海澨，驻跸岩阻，比献谀之徒，凡一草木之异，诞为琼枝瑶草，乃不获睹此石。彼孰知瓦砾皆能说法，卷石即是传丹，当时诸臣固信不及此，宜石之隐而不现也。善乎！吾夫子之赞《易》也，曰："知变化之道者，其知神之所为乎！"昔修羊公化为石羊③，以悟汉景帝；圯上公化为黄石④，以悟张子房⑤。胥此类也。

台成，复鸠工摭材，为亭于其间。时前守刘君名道，迁转运以去。而今守黄君名体仁⑥方来，与郡丞燕君汝靖、郡倅樊君在峰、司理陈君效忠⑦、新司理张君缙⑧、邑令邢君琦⑨，皆乐观厥成者。余顾诸大夫而言曰："历观前代，凡有事海上者，皆以求仙黩武，人情怆皇，无从容暇豫之态，故耳目有所不及详。迄宋且划海而守，不敢越辽一步。惟我明威德远布，四夷宾服，我兵得盘桓岛屿间，而石适与之值，相呼挽之入舟以归，盖海波之不扬也久矣，固我国家万年太平。征云保太之道，愿与诸大夫时共图之。"诸大夫曰："唯唯。"遂书以为记。

万历三十八年春仲吉
赐进士第中宪大夫整饬海防兵巡道山东按察司副使广陵阎士选撰
总镇标下中军莱州卫武举指挥□□督镌

（蓬莱阁碑刻）

阎士选（生卒年不详），字立吾，陕西绥德人。明万历八年（1580）进士，曾任莱州府知府，万历三十五年（1607）升山东按察司副使兼海防道副使，官至山东按察使。阎士选文武兼备，在登州两年，整饬军备之余，精心采编苏轼在胶西的诗文，编著《东坡守胶西集》四卷。

【注释】

①松石亭：原在蓬莱阁天后宫门西，今已不存。
②刘君：即刘道，湖北黄冈人。举人，万历三十四年（1606）任登州府知府。
③修羊公化为石羊：汉刘向《列仙传》记有修羊公的故事。
④圯上公化为黄石：指圯上张良拾履，黄石公赠《太公兵法》的典故。

⑤张子房：即张良，字子房，颍川城父（今河南襄城西南）人。汉高祖刘邦的谋臣，汉朝的开国元勋之一。

⑥黄君名体仁：即黄体仁，字长卿，号谷城，上海人。万历三十二年（1604）进士，官至东兖道副使。

⑦陈君效忠：即陈效忠，字葵心，房山（今属北京）人。万历年间贡生，曾任登州府推官。

⑧张君绾：即张绾，字佩珩，号恒南，山西盂县人，曾任登州府推官。

⑨邢君琦：即邢琦，直隶开州（今河南濮阳）人，曾任蓬莱知县。

镜石记

阎士选

海中有山，名为"漠岛"，因建海庙于其上，土人又称为"庙岛"。峭石当前，光明如鉴，佥谓灵气所钟也。舟人间有取其石归者，号曰"镜石"。约方，广止于径尺。而石之背及前后，皆坚栗晦蒙，独一面当前，莹润圆滑，瞪目对之，冠裳须眉可辨。每当日映，若有五色射人，山光云影，恍惚动荡，包含固无尽者。昔人所谓握方诸之镜，处深泽之间，而上引太清，物类相随，此石固有之矣。余既以松石供海庙前，复取镜石配之，左顾右盼，松石似皮毛零落之尽，而独存真实，镜石似聪明韬晦之极，而尤露真常，二石皆龙象也。海外有形语之国，口不能言而相喻以形，其以形语也捷于口，二石可以口耳思议哉！《淮南子》曰："明镜之始，型蒙然。及粉之以元锡，摩之以白旃，而后其光始显。"今兹石之生，孰为之磨练而呈光在前耶？此皆不可知者也。

常闻海神灵应，凡越海者过庙必祷，自历代以来，如求仙采药及征辽通金，凡所举动，皆为神所厌弃，而当时导谀召侮之辈，备诸丑态，何常不昭昭镜石中，鉴肝胆而悚毛骨？顾人每忽之，卒陷于危亡而不之救，惟神不可知，是以常知比诸臣，何不引镜以照之也。汉武叹天下岂有仙人，唐太宗谓魏徵若在，不使我有征辽之行。余以二君得镜晚矣。宣和通金则始终自眜者，语有之："盲人不可贻以镜，邪士莫能鉴其疵。"悲夫！

镜石得自彭公所，而公尝督兵援朝鲜，每为余言："朝鲜大臣之家，苍翠四封，安于逸乐，以召致倭患。幸赖中国威灵保全之，迄今犹无枕戈念也。尝以之训戒将士，为殷鉴①云。"余味其言，有足发明镜石之意，且于海防有裨，因并记之。彭公，名友德，蓟州人。

（清道光《重修蓬莱县志》卷之十二）

【注释】

①殷鉴：语出《诗·大雅·荡》："殷鉴不远，在夏后之世。"后泛称可作借鉴的往事。

阅海操记

毕懋康

昔班孟坚①既通田狩之义，而赋曰："临之以《王制》，考之以《风》《雅》。"是王道之成乎？陆山之田，长杨之猎，失其义矣。而泽萃有戒，代不释兵，国家大司马岁行周教，而郡邑各治赋震，震于委致，围脆致冲；监司于兵为所职，则每履其部而简阅之；御史大夫若直指使者各因旌毂所至，集士伍以饬教令。简力校武，选徒擢骑，此大政也。

青齐海岱之州，其在牟城，大海为池，故事有海操。余以丁巳中夏按其郡，午日登蓬莱阁阅焉。尔时霾曀亘天，瑷䴨云布，呵欺掩郁，咫尺莫辨。余方忆轩辕涿鹿三日沾濡若矣，而法以斗机，何圣人制用之神耶？于是材官请发号矣，乃亟令传宣。火炮一鸣，四塞②忽散，或以金石盈气触克则销，或以发地冒阳宜炊以火，斯已奇矣。少焉大明攡彗于金枢之穴，翔阳逸骇于扶桑之津，沖瀜沉瀁，浮天无岸，泗泊柏而迤扬，磊匋匋而相巹，弘舸连轴，巨舰接舻，五楼三翼，既扬旌㮨，苍鹰文鹢，缀鹜风樯，萍布星浮，盖七八里许。三军哗扣振旅，甲胄骈集，为楼船将军者，为濯船黄头者，为伐松木客者，云兴之将，飙起之师，抑扬电霆，奔骋貔狖。李牧之百金士，勾践之千君子，左属攫庋之鞭，右握破坚之矢，拓弦作霹雳声，阙巩之甲，步光之剑，丈八之矛，文犀之渠，时力、距来之弩，九斿、七斿、六斿、四斿之羽，如荼、如火、如墨之阵。万响烈发，炎起烟迷，纵接横交，杀声震天，飞沫起涛，影沙岩石。而往来传警之棹，速告急宣，望涛远决，囧然鸟逝。大海湏汀溹滀，不见水端，信寰宇一奇观也。

夫青齐古称"四塞之国"，毂击肩摩之途，连衽成帷，举袂成幕，患不在无兵也。昔管夷吾③治齐而罢士无伍，桓公卒用以霸。今蔽海而陈者，士徒集矣，戎器除矣，一旦有叫呼饮马,能灭此而朝食乎?能驱浮囊而断横波之锁者乎?暴子弟采金煮海,啸为游艇之子者,而剪其为长蛇,而暴其为奔鲸者乎?桓桓而号习流者,屯羽秉枹,拱稽僟分,皆凛凛于尺籍伍符,无废用命者乎?不然而徒糜县官之食,以罢士伍矣,蔽海而阵,何益哉?萃之戒曰,不虞未见时者当先见弊。矧边陲之忧,今不啻为于邻之震,无然苏苏,无然索索,惟事事有备无患,图之此为时矣。夫人众而不整,命曰"人满";地大而不垦,命曰"土满";武张而不适于用,命曰"武满",三满者谓之国蹷。其无以师徒为武,无以辽海为远,无日不讨军实,民隐而咨度之。先为不可胜,以待敌之可胜,又何忧东事哉?余故于泽萃之象,一篇之中三致意焉。

皇明万历四十六年岁在戊午重九日

赐进士第中宪大夫顺天府府丞前奉敕巡按直隶陕西山东阅视延固二镇广西道监察御史兵部员外郎中书舍人新都毕懋康撰

(蓬莱阁碑刻)

毕懋康(1571—1644),字孟侯,号东郊,安徽歙县人。明万历二十六年(1598)进士,授中书舍人,后任广西道监察御史、山东按察使。明天启四年(1624)升右佥都御史巡抚郧阳。明崇祯初复任南京通政使、南京兵部右侍郎、南京户部右侍郎。著有《军器图说》《西清集》《疏草》《管涔集》等。

【注释】

①班孟坚:即班固,字孟坚,扶风安陵(今陕西咸阳东北)人。东汉著名史学家、文学家。

②四塞:指四方屏藩之国。

③管夷吾:字仲,以管仲之名而广为人知。春秋初期政治家、军事家、思想家,法家学派代表人物。

蓬莱阁记

陈钟盛

登州滨海而郡,有山蜿蜒,分脉泰宗①,来自东南,崒嵂海岸,作镇城北,前人构阁其上,榜曰"蓬莱"。

夫蓬莱境界,号称仙居。其说见于《山经》《水注》所记载,骚士韵客所托兴,不一而足。而是阁之构乃以是名，其有慕而为之耶？抑将以形破影，以迹蹈空，使登是阁者，悟蓬莱亦如是阁，不必更从阁外觅蓬莱耶？

予以丙子秋奉命守登。初一登临，见荒烟蔓草，颓垣裂瓦，满目萧条，感极而悲。盖以崇祯五年燹于兵故②也。及考诸舆志，则登为古嵎夷地；寅宾出日，于是乎在。而西北有田公寨，是固五百义士所慷慨发愤不为汉臣者也。北折而南，则有之罘岛、文登山、不夜城、系马台，是固秦皇汉武所巡幸驻跸，祷祀祈求，希望长生而不可得者也。极目浩渺，浮波隐见，则有皇城岛、鼍矶诸峦峙间。太宗渡辽之绩③，仁贵天山之功④，流传约略，犹有可论述者。然则登虽小郡，实南北关钥，自昔圣帝明王英雄豪杰之所式化驰骛之区也。乌睹所谓瑶花、琪树、玉阙、金楹之胜概，安期、子晋、王乔、叶善之往来，而号曰蓬莱也哉！虽然世外蓬莱有与无不必论，而解脱缰锁，涤除烦苛，以自心蓬莱，造斯世蓬莱，其得失可还商也。

我明太祖肇造区夏，薄海内外，靡非臣妾，列圣相承，重熙累洽，民生三百年来，不见兵革。鸡犬桑麻，嬉游歌舞，声影闻望，迄于四境，前后长兹土者，或公慈而廉明，或易直而子谅，政无虎猛，俗鲜鸿哀，所称至治之世，纳兆庶于春台，其在斯时乎！使世外果有蓬莱，其优游自得与物无竞之景，当亦如是耳已。无何乱起，刊湮荡析之惨，佹离怨旷之气，通于城野。而曩之所谓鸡犬桑麻、嬉游歌舞、声影闻望迄于四境者，盖已不可复识矣。

予抵登之年，竭蹶砥砺，积粟储器，以戒不虞。幸而鲸波载息，狡穴爰清，虽不敢谓学道爱人，遽臻上理，而生聚教训，固守土者之责也。其荡析佹离之景，行且一转；而曩昔嬉游歌舞之乐，不且再见欤！其纳兆庶于春台，使之优游自得也，即以环登为蓬莱亦可耳。至若流连景会，随物悲喜，写骚情于毫端，抒逸兴于赋底，则善乎范希文⑤之言曰：君子"先天下之忧而忧，后天下之乐而乐"。虽是阁之中风潮月汐，雾彩星棋，一日之内，晦冥异态，可以娱宴，而匪所思存也。

时因葺治城垣，修建海神、天妃诸庙，以为国祝厘，为民祈祷，用纪其事与予之意以告登众，以贻后来有如此者。

（清顺治《登州府志》卷之二十）

陈钟盛（生卒年不详），江西临川人。明万历四十七年（1619）进士，明崇祯九年（1636）任登州府知府。撰有《珍珠泉小志》。

【注释】

①泰宗：泰山。

②兵故：指崇祯年间的孔有德兵变。

③太宗渡辽之绩：唐太宗三次伐辽的故事。

④仁贵天山之功：薛仁贵三箭定天山的故事。

⑤范希文：即范仲淹，字希文，北宋著名政治家、文学家、军事家、教育家。

东坡苏公像记

张万宪

自苏公于岁晚获见海市也，人称奇观。其啸咏韵和镌石于斯者，脍炙绣口，不知凡几千百。

然凭吊之余，止付一欣慕而已，曾未有议创祠像而祀之者。迄戊寅①秋八月既望，兵道周公②以祀海登临，余亦从事左右，慨然捐俸，命余董建厥祠，一若苏公之灵，有以默启之者。故庀材鸠工，两月告竣，而独难其像。繇是玩其诗，绎其文，尚论其世，而遐想其形，凝思郁结者浃旬。忽假寐中一人，峨冠博带，拱余而言曰："人之形骸尚属浮寄，况寄外之寄，何求逼真？吾之像彷彿可也。周公且不日有佳兆矣。"余既觉悟，告于周公，犹未之信。迨余绘梦所见状，授之匠斫，工人之巧酷肖所梦，真耶？似耶？固不遑辨，而周公果已乔迁矣。余于是信畴昔之梦为苏公也。

由此观之，擅艺精者灵不昧，树业不朽者神必传。公生百世之上，百世之下首倡盛举，慨然捐俸者，周公也；奉命董役恍然亲炙者，余也。孰知非周公也，亦非余也，总皆苏公灵爽有以默相而启之者也。余故摭述其终始，以俟后之同志崇祀不替云。

（清康熙《蓬莱县志》卷之七）

张万宪（生卒年不详），明崇祯七年（1634）任登莱海防都司。崇祯十一年（1638）张万宪在登州府任职时，于蓬莱阁东督建苏公祠，内镌苏东坡像，并以碑记之。

【注释】

①戊寅：崇祯十一年。

②周公：即周之训，号日台，湖北黄冈人。崇祯九年（1636）任山东按察司副使兼登州海防道巡海副使。

明赋一首

多寿亭①赋

谢继科

　　万历十八年秋，侍御钟老先生行部至登时，东土久亢不雨。自夏徂秋，四野敖敖，呻吟待哺。公入境，斋坛露祷，虔宿海庙。坡沥请命，一夕甘澍四注，秋华竞实，民用大苏。公推明理学，羽翼圣真，修邹鲁之业而润色之，以斯文斯世为己任。其所至，立达士民，蕲于博济，赈困疏冤，兴学作人，拮据焦劳，不遗余力。而尤垂情于养老，闻东牟风气醇龎，多老人，下车即为讯，八襄以上，期颐以下者，郡治共得男若女一百九十有六人。延于御史台亲自劳问，赍以金帛、菽粟，已乃籍其名氏，而为之筑亭于蓬阁之南，镌之额曰"多寿"，且绘其像，罗列纲户，以垂永永。夫人饮太和，天锡难老，可以观风；赐及三老，导民孝悌，可以观政；风淳政美，式是四方，可以观法；法而不书，后祀何观？郡老大司寇陈公业已载笔而记之矣。于是，属吏继科不敏，猥承简书，谨稽首再拜而献赋焉。虽不足雍容盛美，丕扬景烁，亦职之极思也。赋曰：

　　恭圣皇之御宝兮，阊延禧而四流。调紫龙于黄钟兮，温应律而翔游。开寿域而锡多祜兮，混六合其同畴。陈泰阶厥旌夫使者兮，履赐环于东同。唯皇帝曰钦哉兮，为余驰玄枵之墟而诏之。朝酌元气于北斗兮，夕鹜河济之交渐。戒丰隆使抗旌兮，饬勾芒以先驱。炳灵爀熺烂简书兮，法署崇崇焕衍以陆离。自前世而皆然兮，吾又何羡乎今之遭美？先生之灵娉兮，瞻至人乎相要。佩明月与宝璐兮，吹天籁之嘈嘈。印大觉之高踪兮，劈素言于秋毫。以为鹰鹯不若鸾凤兮，伟龙光之毕照。凤既不瞥蓥于腐鼠兮，龙亦不屯膏而匿耀。余岂不知惠文之嵯峨兮，慨世路之奔哨。故邈览于往哲兮，对诸黔而永吊。尔乃攀龟蒙式阙里，娱丝调竹，锵心感耳。综群龙之纬绪，漱玄辨于终古。遂蹑梁父之崆巃，穷东皇于天尽，礼日观而捧之，旷八荒于一瞬。百灵总总以腾陟，倏若去而中引。于是揖文理，树葆羽，略牛山，指莱子，车息马烦，至于东海之涘。于时狙火告西，旱云犹积，夏实陨风，秋场骇芜。户怛忉以噭噭，侯长孺之发粟。乃师繁露，驱蒸熇，倾囷仓，补不足，雪幽滞理，冤蠚肺石，麾昼号鹄，亭无夜哭。征黑蜧于重渊，濯石牛以泠渌。膏何遐而不暨，感何幽而不瞩。舞焘叟于林畔，荃华秾之棫棫。于是陟不夜之城，攀玉女之馆。海若延于阳阿兮，敖九万以之疏。散十双璧于天之墟兮，献灵市于晨晚。重楼暧霼其十二兮，若植霓旌而临绝巘。倏淡荡以变幻兮，纷灭没其偃蹇。咤诡晖之不可倪像兮，苞若近而乍远。岂积精而上腾兮，眏牟龄之一莞。尔乃挹颢气于内芝，侣乔山与安期。召羲和而缓辔，折扶木以犹夷。澹与神明游，榻与至道俱，彷徉乎滃埃之外，立群吏而训之。夫牟壤山海之奥区，而玄圃之沧浪。连绝域于襟带，浴日月乎池湟。富含和而引考，诲秦汉之荒唐。邈中州之寥廓，都冶不游其乡。黜六根之无营，厥情凝而用减。夫神以澹泊为宗，性以椎鲁为硕。惟海上之逍遥，抱雌晦而守一。外不觊于可欲，君颟顸而委质。夫惟黄发骀背之岩兮，讵羡门之禁术？

至若帝养老，更籍列虞庠，汉礼高牟而兴，秦贱衰老而亡。固封禅其侈心，慨巡幸之久荒。吾代天工于帝者兮，又安可弛而弗襄？于是辟堂皇、赍金帛、揖髦耋于阶圮，爰兹劳曰勿亟。偊偻扶策者，再有百人步，婆娑之唧唧，欢声殷而动地。故老歔而太息，厥有司寇西曹。股肱洵五朝之耆旧，文钏离离而比于长庚。康灵寿于君王，尊年侈之乎上京。泯东胶之已遐，伟旷典而一明。爰始爰谋，轩亭屹起，于以度之，蓬山之趾。丰仙峤之华辟兮，列梗楠与杞梓。枕三峰之崆岷兮，俯楼柞乎履舄。上绛气而萦薄兮，外雨青而不见底。空涛号怒以相素兮，骚万嶂之松声。值旸谷之初登兮，又似乎天轮掎拔而相倾。风潮忽以晏兮，澹间寂之冥冥。云霞昭其四朗兮，乃委神而怡情。壮曜灵之骇辔兮，饮金波之澄清。迓虚空之一粟兮，扪华宿乎天庭。据爽垲于云表兮，曾何足以殚形。乃使睢涣命物，王生传灵，分蛛丝而映流黄兮，肖形貌于笔精。意态俨而欲动兮，垾屈膝于金屏。或颙昂于袍舃兮，或惨澹而欹倾。伯阳攀皇于纲户兮，金母吸月乎雕甍。游华胥其犹未梦兮，孰瓜枣而制乎颓龄？

若乃仙子瑶坛、天妃别馆，群帝高垂于绛节，龙师蜿蜒而夭矫。琉璃雨而金花，飞观榭其缵缵。吟玉清之隐书，通三黄于赤简。察鹦鹉之所凭，观斗回之所皖。成游真而偃盖，驾云旗之衎衎。飞步兹亭而一顾兮，助俯仰于熊经。香氤氲以来往兮，六甲护予以玄铃。并缙籍而列文昌兮，度千劫之浮荣。俾尔久视以遐算兮，修彭祖之所登。司命不能制其纪兮，吾将临乎不死之庭。忽反顾以怀德兮，荷使君曰：

余婴混之帛哺之粟兮，泽惠鲜而垂情。无怀华胥于嗟同兮，舞康衢而造黄。宁阳炼刚而乘璇玑兮，阴倚乎少室之岩肩。彼燕齐之迂怪兮，羌超思而荧荧。忍民生之多艰兮，冀大药之为灵。岂若流道德之淳精兮，润人表以金茎。鼓大和而扇天均兮，又何分乎交脰与增城？过壶中而问道兮，亦将有感于斯亭。

系曰：厥惟瀚海荒大东兮，巉岩沙砾郁鸿丽兮。蒸和畜朴愿既侗兮，登假至道瞳之方兮。真人求从镜虚空兮，支事流沙浮绝邦兮。有翼其亭桀为隆兮，颠毛种种繁仙踪兮。相彼林立能乔松兮，皇帝锡老万福同兮。有臣代之使君钟兮，煌煌观察镇厥中兮。美二千石薄世良兮，无薄瀛壖伊华封兮。

（明泰昌《登州府志》卷之十六）

谢继科（生卒年不详），字哲甫，江西金溪人。明万历十七年（1589）进士，万历十八年（1590）任登州府推官，后任刑部郎中、琼州府知府。万历四十三年（1615）在琼州金粟泉上东坡书院旧址建书院，集名流与诸生朝夕讲习。

【注释】

①多寿亭：在蓬莱阁南，万历十八年登州府知府王云鹭建，今已不存。

七言绝句

恭次黄参伯[①]登阁绝句[②]

王良臣

一

海错庖官荐膳羞，山川风景是东牟[③]。
持杯醉向沧溟洗，诗在蓬莱顶上头。

二

清秋高阁对芳羞，谁问当年故国牟。
桑海未更人世换，明月常照碧峰头。

正德壬申岁闰九月既望④巡海副使宛丘王良臣识

(蓬莱阁碑刻)

王良臣（1468—?），字汝邻，河南宛丘（今淮阳）人。明弘治六年（1493）进士，授浙江德清县令，后任南京监察御史，明正德六年（1511）擢山东按察司副使，备兵青、登、莱三郡，巡察海道，正德十年（1515）擢山东按察使。

【注释】

①黄参伯：即山东按察司佥事黄绣。

②此诗是次韵黄绣《登蓬莱阁望海》所作。

③东牟：古县名，秦置，治所在今山东牟平。这里借指登州。

④正德壬申岁闰九月既望：指正德七年（1512）九月十五日。

次望海绝句①

王良臣

一

碧天碾破一轮冰，扶桑红云海气蒸。
十二琼楼清似水，霓虹霞帔惯能胜。

二

檐马争驰踏碎冰，海暾初上晓霞蒸。
仙槎借我乘风便，却恐尘凡也未胜。

(蓬莱阁碑刻)

【注释】

①此诗是次韵山东按察司佥事黄绣《登蓬莱阁望海》所作。

无　题

萧来凤

海国风光别有春，荒山临水景全真。

田横旧寨依然在，五百英魂骨已尘。

（明泰昌《登州府志》卷之六）

萧来凤（生卒年不详），安徽太和人。举人，明嘉靖元年（1522）任黄县知县。

蓬莱阁后六绝

王世贞

一

东望鼍矶①插汉高，坐来峰屿小秋毫。
不知云雾连波长，漫道任公已钓鳌②。

二

高城钟鼓唤苍茫，海若镕波浴太阳。
绮色中天徐散尽，空青一点是扶桑。

三

初月弓弯碧海秋，乱峰如镞碍云流。
鲛人只讶秦皇至，使者还疑肃慎③留。

四

不尽沧波返照红，千寻霞锦蹙回风。
中流忽迸真珠起，知是垂天饮白虹。

五

汉兵飞度下朝鲜④，十万旌旗鸭绿悬。
烽戍只今寒月色，可闻杨仆将楼船⑤。

六

杖底秋风忆旧游，题诗应在阁东头。
长令风雨千山合，不逐星辰五夜收。

（清顺治《登州府志》卷之二十一）

王世贞（1526—1590），字元美，号凤洲，又号弇州山人，江苏太仓人。明嘉靖二十六年（1547）进士，曾任大理寺左寺、刑部员外郎、刑部郎中，嘉靖三十五年（1556）升山东按察司副使，后历官浙江右参政、山西按察使、湖广按察使、广西右布政使、右副都御史、应天府尹、南京兵部右侍郎，累官至南京刑部尚书。王世贞是著名文学家、史学家，为明代"后七子"领袖之一，与李攀龙、宗臣等结成复古文学流派。著有《弇州山人四部稿》《弇山堂别集》。

【注释】

①鼍矶：即砣矶岛，属于庙岛群岛。
②任公已钓鳌：引用古代任公子钓大鱼的神话故事，引申为钓鱼的最高境界。
③肃慎：古族名，古代居于我国东北地区。亦泛指远方之国。
④汉兵飞度下朝鲜：指汉武帝派兵东征朝鲜。
⑤杨仆将楼船：杨仆，西汉名将，汉武帝任其为楼船将军，与左将军荀彘共征朝鲜。

吕祖刻像题赞

钱大复

秦皇汉武漫求君，烟波茫茫孰是真。
谁似道人长伴侧，个中一点有阳春。

（蓬莱阁碑刻）

钱大复（生卒年不详），字肇阳，号渐庵，松江府华亭（今上海松江）人。明万历七年（1579）举人，万历三十二年（1604）任蓬莱知县。钱大复致仕后，在蓬莱创办学院讲学，卒后祀于乡贤祠。著有《性学总论》。

春雨谢海神

李本纬

蓬莱父老罄欢腾，笑指云根海下升。

才舞玉龙迎岁籥,又飞石燕①殿春灯②。

初至东年,见邑里萧条,感而赋此。

(明泰昌《登州府志》卷之十六)

李本纬(生卒年不详),字君章,锦衣卫籍,山西曲沃人。明万历二十年(1592)进士,曾任巩昌府推官、兵部郎中,万历三十七年(1609)任山东布政司参政,万历四十七年(1619)任山东按察使,官至山东右布政使。著有《灌蔬园集》。

【注释】

①石燕:一种似蝙蝠的鸟。

②春灯:春夜的灯。此处特指元宵花灯。

蓬莱阁

郑梦周

采药①未还沧海深,秦皇东望此登临。
徐生诈计②非难悟,自是君王有欲心。

(《韩国文集丛刊》,韩国景仁文化社1990年版)

郑梦周(1337—1392),字达可,号圃隐,朝鲜高丽王朝末期著名的政治家、外交家、哲学家、文学家,被誉为"朝鲜理学之祖"。明洪武年间(1368—1398)六次出使中国。谥"文忠"。著有《圃隐集》。

【注释】

①采药:指徐福出海寻找不死药。

②诈计:狡诈的计策。指徐福出海为秦始皇寻找不死药是欺骗人的诡计。

蓬莱阁

郑道传

风急扁舟一叶轻,八仙祠下是州城①。

晚登高阁还南望，此去金陵复几程。

（《韩国文集丛刊》，韩国景仁文化社 1990 年版）

郑道传（约 1337—1398），字宗之，号三峰，朝鲜李朝初期的政治家、哲学家、诗人，李朝开国功臣之一。著有《三峰集》《经济六集》《锦南杂题》《陈法书》等。

【注释】
①州城：指登州府城。

登蓬莱仙阁

吴允谦

独登仙阁思悠然，万古无疆只有天。
回首茫茫碧海水，几年还是种桑田。

（《韩国文集丛刊》，韩国景仁文化社 1990 年版）

吴允谦（1559—1636），字汝益，号楸滩。朝鲜李朝仁祖时期政治家，官至领议政。明天启二年（1622）作为正使出使中国。著有《楸滩集》。

登蓬莱阁题苏仙观海市诗碑后

李民宬

寓形①宇内②为男子，到得登州有几人。
海市与人俱变灭③，苏仙诗笔洒千春④。

（《韩国文集丛刊》，韩国景仁文化社 1990 年版）

李民宬（1570—1629），字宽甫，号敬亭，朝鲜李朝时期著名诗人。明天启三年至四年（1623—1624）作为朝鲜使团书状官出使中国。著有《敬亭集》《敬亭续集》。

【注释】

①寓形：寄托其形体。
②宇内：整个世界。
③变灭：变化幻灭。
④千春：千年，形容岁月长久。

次水城夜景

金尚宪

五更残月水城头，咏史何人独舣舟①。
不向东溟②觅归路，还依北斗望神州。

（《韩国文集丛刊》，韩国景仁文化社 1990 年版）

金尚宪（1570—1652），字叔度，号清阴、石室山人、西磵老人。朝鲜李朝仁祖时期进士，著名文臣，官至大司谏。谥"文正"，祭享于孝宗庙廷。明天启六年至七年（1626—1627）作为朝鲜正使出使中国。著有《清阴集》《野人谈录》。

【注释】

①舣舟：使船只停靠岸边。
②东溟：东海。

和水城月夜有感

金地粹

思归①独咏在江头，万里云山一叶舟。
何必铜鞮②频唱和，登州东去即神州。

（《韩国文集丛刊》，韩国景仁文化社 1990 年版）

金地粹（1581—1639），字去非，号苔川。朝鲜王朝著名文人，对绘画有独到见解。谥"贞敏"，祭享道溪书院。明天启四年至七年（1624—1627）作为朝鲜使团书状官出使中国。著有《苔川集》。

【注释】

①思归：想回到故乡。

②铜鞮：曲名。

五言律诗

蓬莱阁

王廷相

阁突烟霄上，城吞渤澥浔。

古今空岛屿，天地此登临。

大圣乘桴兴，高人蹈海心。

蓬莱如可涉，吾欲驭风寻。

（《王廷相集》卷十五，中华书局1989年版）

王廷相（1474—1544），字子衡，号浚川，仪封（今河南兰考东）人。明弘治十五年（1502）进士，明嘉靖二年（1523）任山东右布政使，以右副都御史巡抚四川，官至兵部尚书。明代著名文学家、哲学家，"前七子"之一。著有《慎言》《金陵稿》《横渠理气辩》《答天问》等。

午日郡公少岚携饮海上即事赋诗

陈其学

一

晴海多佳序，招携吏隐分。

扇持寒阙梦，剑履半杯云。

碧落天如水，苍茫日欲曛。

一行尘外过,何必注人文。

二

排云彩鹢开,到处即蓬莱。
不得赍粮去,真从采药回。
潮声天外落,山色浪中来。
岳牧多词客,惭予下里才。

三

挂席此重游,回眸五十秋。
衰迟寻宗社,素霭附仙舟。
轲石喧中渡,随沙净远洲。
翛情抚海月,潮语起灵湫。

四

取足人天处,真游信不违。
蜃楼浮潋滟,蛟室隐珠玑。
触目新诗缮,关乡鸣钓矶。
采梯缘堞上,纳得海云归。

（蓬莱阁碑刻）

陈其学（1508—1593），字宗孟,号竹庵,别号行庵,山东蓬莱人。明嘉靖二十三年（1544）进士,曾任陕甘、延绥总督,转任宣大、山西总督,晋户部右侍郎、兵部左侍郎、右都御史,官至南京刑部尚书。他断案明晰,颇有政声。致仕居乡20年,卒于蓬莱,赠太子少保,谥"恭靖",祀于登州府乡贤祠、大忠祠。

登蓬莱阁短述[①]

吴 定

予登东溟[②]乃在癸未[③]之岁秒,时雪连冰合,所昔闻观日出、观市、观潮俱不可得,能至其晚照委红、新月半浴、浮空澈底、砌玉铺金、万顷莹烁百状俱出,良足奇观也。恐亦向来登览者之所罕际云。

返照琼瑶遍，凌空万里清。
几星浮岛阔，一线远洋明。
风览听潮至，云埋想市横。
秦皇今在否，却欲问徐生④。

（蓬莱阁碑刻）

吴　定（1550—1609），字止庵，河南安阳人。明万历二年（1574）进士，曾任山东巡按御史，官至大理寺卿。

【注释】

①原诗为《登蓬莱阁短述二首》，其第一首已收录于万历十九年和万历三十一年《蓬莱阁集》中，此处不重复抄录。

②东溟：东海。

③癸未：万历十一年（1583）。

④徐生：徐福。

遥和吴止庵侍御登登州蓬莱阁看海上月出

孙继皋

一

君上蓬莱阁，何如蹑五城。
霜威消蜃气，月彩傍窗明。
贝阙层波隐，琅玕①半夜迎。
将无②生羽翰③，汗漫④友卢生⑤。

二

仙人不可望，君到即蓬莱。
月出巨鱼避，天寒青鸟来。
波纹迎槛入，斗柄拂檐回。
海晏登临见，澄清赖上才。

（《宗伯集》卷十）

孙继皋（1550—1610），字以德，号柏潭，江苏无锡人。明万历二年（1574）进士，授翰林院修撰，后任经筵讲官、少詹事兼侍读学士、礼部侍郎、吏部侍郎等职。

【注释】

①琅璈：指古玉制乐器。

②将无：莫非。

③羽翰：翅膀。

④汗漫：形容渺茫不可知。

⑤卢生：秦时方士，相传为始皇入海求仙药，不获而遁。

蓬莱阁望海

袁可立

极目丹崖上，排洋岛屿横。
雪花喷浪色，雷吼撼涛声。
师渡蛟潜窟①，檄传虏徙城②。
长安③拟不远，望断暮云平。

天启甲子春睢阳袁可立题
（蓬莱阁碑刻）

袁可立（1562—1633），字礼卿，号节寰，又号闲闲居士，睢州（今河南睢县）人。明万历十七年（1589）进士，明天启二年（1622）任右佥都御史巡抚登莱，官至兵部尚书。著有《弗过堂集》《抚登疏稿》《评选古唐诗》等。

【注释】

①师渡蛟潜窟：指明军收复旅顺一事。天启三年（1623）春夏之间，后金军队南下，屠戮旅顺和金州一带的百姓。袁可立令大将沈有容率领登莱水军三千六百人，出海应援毛文龙，重创后金军队，一举打下金州，收复旅顺等战略要地，使辽南数百里土地重新收归于明朝。

②虏徙城：天启三年二月，袁可立策反了努尔哈赤的女婿刘爱塔。

③长安：代指京城。

无 题①

王在晋

悬藻同如镜，妍媸②莫遁形。
澄襟一泓碧，入眼万山青。
爱国心如石，劳人发似星。
风尘天外迥，照面酒微醒。

（明泰昌《登州府志》卷之五）

王在晋（1567—1643），字明初，号岵云，江苏太仓人。明万历二十年（1592）进士，初授中书舍人，后任江西布政使，万历四十七年（1619）任右副都御史巡抚山东。明天启二年（1622）三月十八日，代熊廷弼为兵部尚书兼右副都御史，经略辽东、蓟镇、天津、登莱，并提出"拒奴抚虏，堵隘守关"的经略辽东方案，官至兵部尚书。著有《岵云集》《三朝辽事实录》《越镌》。

【注释】
①此诗描写的是镜石，原藏于蓬莱阁天后宫门东镜石亭内，光可鉴人。或传思乡心切者，可于石中见到故里家山。后亭圮，石亦失。
②媸：指相貌丑陋。

无 题

梁之垣

千年义士寨，生气尚峥嵘。
蜃市戈矛壮，鲸涛鼓角鸣。
朝宗归主意，近日戴王情。
汉业今何在？英雄此著名。

（明泰昌《登州府志》卷之六）

梁之垣（生卒年不详），登州卫（今山东蓬莱）人。明万历三十五年（1607）进士，授山西阳曲县知县，迁兵部主事，奉使朝鲜，接渡难民千余口，后升至按察司副使。他博学善诗文，著有《兵鉴》《东游草》。

登蓬莱阁

徐应元

高阁悬天际，危栏枕水滨。
云霞如有约，鸥鹭若相亲。
山影当窗乱，涛声入坐频。
心知潦倒处，身境总非真。

（明泰昌《登州府志》卷之五）

徐应元（生卒年不详），河北沧州人。明万历二十六年（1598）进士，万历四十五年（1617）任登州府知府，官至户部郎中。曾主持纂修明泰昌《登州府志》。

蓬莱阁

李士高

天路无穷际，谁云是尽头。
五云意飞鸟，三岛暂盟鸥。
喷薄涛成雨，空蒙蜃起楼。
吞掀一不怒，夜半触虚舟。

（明泰昌《登州府志》卷之五）

李士高（生卒年不详），字孟干，号同元，磁州（今河北磁县）人。明万历三十八年（1610）进士，万历四十五年（1617）任登州府推官，官至南京户部主事。

登蓬莱阁

秦皇汉武遣方士望海中蓬莱山故名

李民宬

门①虚碧浪涌,楼回彩霞明。
水落田横寨,天低不夜城。
秦皇何所得,汉帝亦无成。
远客②凭栏久,苍溟月又生。

(《韩国文集丛刊》,韩国景仁文化社 1990 年版)

李民宬(1570—1629),字宽甫,号敬亭,朝鲜李朝时期著名诗人。明天启三年至四年(1623—1624)作为朝鲜使团书状官出使中国。著有《敬亭集》《敬亭续集》。

【注释】

①门:蓬莱水城的水门。
②远客:作者的自称。

东坡海市碑

吴允谦

手拂苔纹石,沉吟①海市诗。
银鉤没复见,琼韵得还疑。
异事今何在,仙踪杳莫追。
空余数点岛,荡漾碧琉璃。

东坡莅登州,适十月也。欲赏海市,父老言春夏或见之,十月水寒,气闭难见。东坡祷海神祠,翌日现。蓬莱阁下,有石碑刻《海市诗》,东坡亲笔也。苔纹剥落,几不可见。仍成五言一律,忘失不记,昨于药裹纸得之,癸亥二月,在西郊。

(《韩国文集丛刊》,韩国景仁文化社 1990 年版)

吴允谦（1559—1636），字汝益，号楸滩。朝鲜李朝仁祖时期政治家，官至领议政。明天启二年（1622）作为正使出使中国。著有《楸滩集》。

【注释】

①沉吟：低声吟咏（文辞、诗句等）。

同周都司（宗望）游蓬莱阁仍过城西佛寺

吴 翻

东下蓬莱阁，西登兜率天①。
长生闻秘诀，不住舍诸缘。
夜静千江月，秋深万井②烟。
悠然此时兴，谁复在诗篇。

（《韩国文集丛刊》，韩国景仁文化社1990年版）

吴翻（1592—1634），号天坡。朝鲜李朝进士，曾任权知承文院正字、礼曹佐郎、庆尚监司黄海监司。明天启四年至五年（1624—1625）作为谢恩兼奏请副使出使中国。著有《天坡集》。

【注释】

①兜率天：梵语音译，佛教谓欲界第四天。此处借指西佛寺。
②万井：古代以地方一里为一井，万井即一万平方里。这里指千家万户。

晚憩蓬莱阁得青字

李献庆

京国①无书信，衡门少使令②。
城寒江雪白，山暝③燧烟④青。
久矣安穷寂，居然适性灵。
惟嫌酒味薄，长作楚臣⑤醒。

（《韩国文集丛刊》，韩国景仁文化社1990年版）

李献庆（1719—1791），字梦瑞，号艮翁、白云亭、玄圃。朝鲜李朝后期文臣、学者，才气磅礴，为朝鲜英祖时期四大文章家之一。著有《艮翁集》，现藏于韩国汉城大学奎章阁。

【注释】

①京国：京城，国都。

②使令：供使唤的人。泛指奴婢仆从。

③暝：日落，天黑。

④燧烟：即狼烟，古代烽火台上烧狼粪以报警，故名。

⑤楚臣：指屈原。

七言律诗

登蓬莱阁次沈草堂①韵

王良臣

丹崖绝顶蓬莱阁，阁上已登恍似仙。
山到尽头横截海，水当穷目直连天。
平吞日月光先吐，斜浸星河影倒悬。
谩道弱流三万里，乘风几欲奋孤寒。

（蓬莱阁碑刻）

王良臣（1468—？），字汝邻，河南宛丘（今淮阳）人。明弘治六年（1493）进士，授浙江德清县令，后任南京监察御史，明正德六年（1511）擢山东按察司副使，备兵青、登、莱三郡，巡察海道，正德十年（1515）擢山东按察使。

【注释】

①沈草堂：即沈际飞，字天羽，自署震峰居士，江苏昆山人，明代戏曲理论家。著有《草堂诗余新集》。

次许郡牧①韵

王良臣

登临何处笑颜开,高阁凌空俯草莱。
风卷寒潮偏惧客,山含落日更衔杯。
丹崖万古今常在,青鸟②何年去不回。
风景可人看未了,几时杖履许重来。

（蓬莱阁碑刻）

【注释】

①许郡牧：即宋代登州知州许遵。此诗是次韵许遵《登蓬莱阁》所作。《登蓬莱阁》在弘治十四年《蓬莱阁诗集》、万历十九年《蓬莱阁集》和万历三十一年《蓬莱阁集》中均有收录。

②青鸟：神话传说中西王母的使者。

次黄参伯①观海市韵

王良臣

一

东溟势显蓬莱山,眼界奇观岂浪夸。
隐约轩廊现市井,分明亭阁倚人家。
妆描不假丹青笔,变幻浑凝涌刻花。
伫见寒光登玉宇,丹崖翠屿映明霞。

二

眼前景物炫奇葩,阆苑瀛洲未足夸。
林树青葱森宝藏,楼台突兀拟仙家。
波心雾观蜃呈彩,永留风恬浪戢花。
回首斜阳天外远,青山一抹带残霞。

（蓬莱阁碑刻）

【注释】

①黄参伯：即黄绣，字文卿，清江（今江西樟树）人。明弘治三年（1490）进士，曾任山东按察司佥事。

蓬莱阁观海

赵　鹤

蓬莱阁下晚凉开，倦客乘凉坐未回。
不住鸟声冲雨过，有时龙起带潮来。
愁云尚识田横岛，仙月还虚汉武台①。
回首夕阳瀛海上，一尊怀古独徘徊。

（清顺治《登州府志》卷之二十一）

赵　鹤（生卒年不详），字叔鸣，号具区，江苏扬州人。明弘治九年（1496）进士，官至山东提学副使。著有《书经会注》《五经考论》《具区集》等。

【注释】

①汉武台：汉武帝为求仙所筑的高台。

无　题①

陈　鼎

楼台看近去仍遐，非白非青未许夸。
双柱定能支帝础，洪炉应解铸人家。
气机一变千年事，雨泽三朝万物花。
欲向归墟探出没，长桥拟借半天霞。

（明泰昌《登州府志》卷之五）

陈　鼎（生卒年不详），字文相、大器，号大竹，山东蓬莱人。明弘治十八年（1505）进士，曾任礼科给事中、河南参议、陕西副使、浙江按察使，官至南京应天府尹。卒赠右都御史、兵部右侍郎,祀于登州府乡贤祠。陈氏宗族在蓬莱是明朝科举世家。

蓬莱阁望海

谷继宗

蓬莱阁上海云平,一望扶桑万里晴。
神女弄珠①朝捧日,仙人骑鹤②夜吹笙。
天连浪起浑天地,月逆潮来暗入城。
此处只疑逢罔象,何须尘外觅登瀛。

(《咏鲁诗选注》,山东人民出版社1983年版)

谷继宗(生卒年不详),字嗣兴,号少岱,山东历城人。明嘉靖五年(1526)进士,官至宜兴知县。

【注释】
①神女弄珠:典出郑交甫在江汉边遇二神女,各佩明珠,大如鸡卵的故事。
②仙人骑鹤:典出汉刘向《列仙传》记载的王子乔骑鹤的故事。

奉和縠南代巡①登蓬莱阁②

陈东光

曾闻观海难为水,又说仙人海上多。
鲛室蜃楼纷气象,瀛洲方丈渺烟波。
有槎可泛直须往,无筏堪乘将奈何。
徙倚危阑望不极,空令记胜忆东坡。

(蓬莱阁碑刻)

陈东光(生卒年不详),字叔晦,号平冈,钧州(今河南禹州)人。明嘉靖十四年(1535)进士,曾任山东参政,官至四川右布政使。

【注释】

①代巡：京官巡察地方。

②原诗为《奉和毂南代巡登蓬莱阁二首》，其第一首已收录于万历十九年《蓬莱阁集》中，此处不重复抄录。

无 题

卢 宁

沿崖细摘珠矶石，个个圆明浮日晶。
磨琢卫公淇水玉，纷纭诸葛蜀川兵。
为通馆阁宁珍汝，恒向江湖负重名。
长袖便携东海去，逢人分与小蓬瀛。

（明泰昌《登州府志》卷之六）

卢 宁（1503—1561），字忠献，号冠岩，南海人。明嘉靖二十三年（1544）进士，授昆山知县，历官兴国知县、南京户部员外郎、南京刑部郎中，嘉靖三十七年（1558）任登州府知府，并主持修建登州府名宦祠和乡贤祠。著有《五鹊台集》《五鹊别集》。

放舟蓬莱阁下①

戚继光

三十年来续旧游，山川无语自悠悠。
沧波浩荡浮轻舸，紫石崚嶒出画楼。
日月不知双鬓改，乾坤尚许此身留。
从今复起乡关梦，一片云飞天际头。

（《戚少保年谱耆编》卷之十二）

戚继光（1528—1588），字元敬，号南塘，晚号孟诸，山东蓬莱人。明嘉靖二十三年（1544）袭登州卫指挥佥事，后历任署都指挥佥事、浙江都司佥事、都督同知、神机营副将、右都督，官至左都督，谥"武毅"。戚继光是明朝著名军事家、抗倭名将、书法家、诗人。著有《纪效新书》《练兵实纪》《止止堂集》。

【注释】

①此诗系作者晚年调往广东任职之前回乡小住期间，于蓬莱阁下放舟所作。

秋日观海

仇　禄

天地深秋在海隅，桂席十月摘珊瑚。
云吞浪尽天吴惧，雷送潮来海若呼。
十万堤封分岛屿，三千弱水隔蓬壶。
何当直蹑秦桥去，掬取沧波洗日乌。

（明泰昌《登州府志》卷之十六）

仇　禄（生卒年不详），山西曲沃人。明嘉靖二十九年（1550）任登州府通判。

游高阁

刘　孝

喧岛纳川入渔航，危阁开筵向大洋。
桃洞潮回礁半出，水城月上夜初凉。
空屿□□□□恨，不见徐生返都乡。
阆苑三山何处觅，烟涛万里断人肠。

（蓬莱阁碑刻）

刘　孝（生卒年不详），字子仁，号邃渠，相台（今河南安阳）人。明隆庆二年（1568）进士，曾任南乐知县、曲沃知县、礼部主事、吏部主事、山东左参政、山东按察使、陕西按察使、河南按察使、山西右布政使等职。著有《邃渠集》。

观海市①

万世德

登州之有海市，自昔记之。然多出于夏月，南至②后苏长公以冬月祷海神而见，遂以为千古异事，观其诗可知。余以五月三日抵登，四日直指③广平张公邀登蓬莱阁，方举酒而市出，众异之，余款张公亦然。而楼阁台榭、郊关草树影分明。从官指示云："此小市也，大市则连亘诸岛，出没万状，景色更多。"次为六日，余出阁武校射之际，侍使传语市复见，回顾不见诸岛，或为城廓，或为村墟，或为楼台，或为桥梁，倏高倏下，忽隐忽显，至海外可环一青山，突兀数千里，尤为奇怪，即土人亦罕见之，至兹盖三遇矣。余阅《蓬莱阁集》游览诸公，望市不见者甚多。余一登即见，且至于再至于三，岂海若④之有灵亦际遇之偶然耶？即谢苏长公精神，亦属大观之奇矣。为诗四章，乃报其灵贶云。

一

一上高楼一望奇，东来佳气转琴丽。
长城忽自波间出，绮阁惊从天外垂。
明德歌云通奥杳，玄机真是发葳蕤。
竦身直挂扶桑外，拟向仙都驾六螭。

二

十洲三岛⑤未能探，景物何由大壑涵。
岂是鼋鼍开化国，似从龙象挂灵龛。
波翻草树云连屿，风送楼台日倒岚。
曾笑浮沤成幻影，也能千古作奇谈。

三

日日拟怀蓬岛游，云汉身世转悠悠。
衔杯幸得高人沏，望气真窥元化流。
隐显纷纷皆弃散，沧桑历历总沉浮。
凌风欲觅安期处，为问曦和⑥第几洲。

四

始信壶中别有天，分明大地出重渊。

蛟波已布泉中象,蜃气应销海外烟。
拱极旦辰常夜夜,朝宗江汉自年年。
一付署檐称灵异,可载风雷下潄船。

万历戊戌⑦云中万世德书

(蓬莱阁碑刻)

万世德(1546—1603),字伯修,山西偏关人。明隆庆五年(1571)进士,曾任山东按察司副使,官至右都御史兼兵部右侍郎,赠兵部尚书加太子太保。著有《海防奏议》。

【注释】

①此诗是作者于明万历二十六年(1598)朝鲜平倭后,任蓟辽总督,在登州府登蓬莱阁观海市所作。

②南至:冬至。

③直指:汉武帝时朝廷设置的专管巡视、处理各地政事的官员,也称"直指使者"。

④海若:传说中的海神。

⑤十洲三岛:中国古代神话中神仙居住的地方。

⑥曦和:传说中尧时执掌天文历法的官吏。

⑦万历戊戌:万历二十六年。

无 题

高 出

千骑东方百尺楼,楼根吞呷□沧洲。
为怜南国曾多暇,信美吾邦久不游。
夜色万家俱颒洞,潮声三岛与沉浮。
惭称河朔偕高会,离恩欢情醉也休。

(明泰昌《登州府志》卷之五)

高 出(1579—1630),山东莱阳人。明万历二十六年(1598)进士,曾任曲周知县、卢氏知县、户部主事、户部郎中、江南布政司参议、山西按察使、辽东监军参政等职。

阁上宴戚将军①

方 宝

蓬莱阁上剑歌豪，纵酒聊舒百战劳。
漠北②金河③归雁断，塞南④铜柱拂云高。
樽前霜菊浮隋苑，乱后砧声杂海涛。
却笑牛山空堕泪⑤，风尘天地属吾曹。

（明泰昌《登州府志》卷之十六）

方 宝（生卒年不详），山东蓬莱人。明万历十年（1582）选贡，曾任诸城训导。

【注释】

①戚将军：戚继光。
②漠北：指中国北方沙漠、戈壁以北的广大地区。
③金河：大黑河，在今内蒙古境内。
④塞南：边塞以南的地区，指中原。
⑤牛山空堕泪：指春秋时齐景公登临牛山堕泪的故事。

秋夜泛舟蓬莱阁下

徐梦麟

宦况萧萧发自华，几从仙侣泛浮槎。
阁临穷海天疑半，席近寒潮月未斜。
帆影乱惊三岛雁，砧声遥落万山笳。
年来卧鼓鲸波静，倚剑挑灯逸兴赊。

（清顺治《登州府志》卷之二十一）

徐梦麟（生卒年不详），字惟仁，安徽宣城人。明万历十四年（1586）进士，万历二十六年（1598）任登州府知府，官至按察使。

无 题

王在晋

霸业皇图几变迁，琅琊犹是旧山川。
三齐松柏应无地，孤岛风烟别有天。
谁道楚猿堪百战，但看秦鹿不三传。
而今尚说田横寨，东海空谈鲁仲连。

（明泰昌《登州府志》卷之六）

王在晋（1567—1643），字明初，号岵云，江苏太仓人。明万历二十年（1592）进士，初授中书舍人，后任江西布政使，万历四十七年（1619）任右副都御史巡抚山东。明天启二年（1622）三月十八日，代熊廷弼为兵部尚书兼右副都御史，经略辽东、蓟镇、天津、登莱，并提出"拒奴抚虏，堵隘守关"的经略辽东方案，官至兵部尚书。著有《岵云集》《三朝辽事实录》《越镌》。

登蓬莱阁观海市

王在晋

一

碣石巑岏汩浪浮，东风披拂上重楼。
天河渺漠连三岛，人世分明近十洲。
剑戟当关藏虎豹，旌旗出海拥貔貅。
辽阳王气平吞虏，手握安边第一筹。

二

蜃气才收岛屿平，绚霞五色藩岩城。
延津龙剑①排山动，明月玼珠出海晴。

风静片帆分沆瀣，天开万里息欃枪②。
净将浊眼看苍昊，长啸凭栏酒欲醒。

三

断岸嶕峣叠翠重，天空浪净泛艨艟。
琼台瑶岛飞黄鹤，弱水丹山限祖龙。
香雾氤氲青玉案，锦屏缭绕白云封。
殷勤欲觅神仙侣，惆怅蓬莱隔几峰。

四

蔽崖寒雪石门深，水面青螺似盍簪。
楼阁浮沉归广漠，鱼龙出没混晴阴。
气横渤澥能成市，海润空苍可作霖。
长控一鞭千幛落，三神何处待招寻。

（明泰昌《登州府志》卷之十六）

【注释】

①延津龙剑：指龙泉、太阿两剑在延平津遇合化龙而去。
②欃枪：彗星的别称。

登蓬莱阁

李本纬

凌虚高阁敞丹台，纵目鸿蒙万里开。
走槛蛟龙春上下，宿窗牛斗夜昭回。
潮飞析木梭边雨，浪吼丰隆①鞭底雷。
长啸振衣天海阔，分明期羡②与襄徊。

万历癸丑③季春参政都门④李本纬题
（蓬莱阁碑刻）

李本纬（生卒年不详），字君章，锦衣卫籍，山西曲沃人。明万历二十年（1592）进士，曾任巩昌府推官、兵部郎中，万历三十七年（1609）任山东布政司参政，万历四十七年（1619）任山东按察使，官至山东右布政使。著有《灌蔬园集》。

【注释】

① 丰隆：古代神话中的雷神。

② 期羡：即仙人安期生和羡门。

③ 万历癸丑：万历四十一年（1613）。

④ 都门：即山西曲沃。历史上曾是古晋国之都。

吕祖咏海市诗

李承勋

万历壬辰①冬，承勋奉旨督南兵征倭。癸巳②春中，□□守登莱，缘素蒙吕祖默契，许奉侍为随□□火，令儿大生扶乩③，而咏《海市诗》一律，咸称绝唱，业已镌入玄都第一关薰内。其时方拟勒之石以助蓬莱之胜，勋寻量移京营不果。至乙未年九月，蒙两院会荐复改备倭参将，再抵登州，得竟前愿，岂偶然哉？敬述始末以纪其胜云。

青天忽见动东风，一望三山雾气中。
万丈晴光疑有蜃，四回苍色岂无龙。
已开城郭三千界，又见楼台十二重。
要识人间总虚幻，不须翘首对长空。

大明万历丙申④闰八月吉旦钦差登莱青等处地方总督备倭副总兵弟子李承勋立

（蓬莱阁碑刻）

李承勋（生卒年不详），字锡庸，处州（今浙江丽水）人。世袭指挥同知。明万历二十年（1592），李承勋率南方士兵出征倭寇，首驻登州。万历二十一年（1593）九月，升备倭参将，再守登州。万历二十四年（1596），任备倭副总兵，因倭警，率水师加固蓬莱水城，用砖、石砌筑水城墙体，并在水城东、南、西三面增设敌台。

万历二十七年（1599），任提督朝鲜南北水路官兵，率军驻防朝鲜，协助朝鲜防备倭寇。万历二十九年（1601），率军回国。万历三十一年（1603），蓬莱阁三清殿、白云宫失火焚毁，李承勋捐资重建。

【注释】

①万历壬辰：万历二十年。

②癸巳：万历二十一年。

③扶乩：中国古代的一种巫术。

④万历丙申：万历二十四年。

无　题①

陶朗先

丹崖一水接蓬壶，选日开牙竞舳舻。
浪涌旌旗喧地腊，云高烽火出天吴。
将军百战英雄色，海市千寻款贡图。
自是真人饶胜略，不须重作辟兵符。

（明泰昌《登州府志》卷之五）

陶朗先（1579—1625），字元晖，秀水（今浙江嘉兴）人，寓居吴江。明万历三十五年（1607）进士，万历四十一年（1613）任登州府知府，万历四十五年（1617）升山东按察司副使兼登州海防道巡海副使，后任山东按察使，明天启元年（1621）任登莱巡抚。其诗文函牍刻印成《明秀水陶元晖中丞遗集》。

【注释】

①此诗是作者任山东按察司副使兼登州海防道巡海副使期间在蓬莱水城水月庵阅兵所作。水月庵，又名观音堂、海潮庵、朝海庵，在丹崖山东麓。明清时期均在此阅兵，今已不存。

登蓬莱阁[①]

陶朗先

蓬莱踪迹半虚真，杰阁峨峨俨若神。
槛外浮槎还逼汉，石边短碣尚称秦。
苍茫海国悬东极，错落星芒动北辰。
千古沧桑谁定是，止余鸥鸟一相亲。

（明泰昌《登州府志》卷之五）

【注释】
①此诗是作者任山东按察司副使兼登州海防道巡海副使期间登蓬莱阁所作。

无 题

周维翰

仙侣难招阁尚留，振衣高处倚双眸。
漫从潮汐求元气，喜界华夷护帝州。
风静珠门青镜稳，日晴竹屿翠螺浮。
鱼盐剩作生民利，欲倩希文问乐忧。

（明泰昌《登州府志》卷之五）

周维翰（生卒年不详），山东掖县（今莱州）人。举人，明万历二十八年（1600）任蓬莱教谕。

登蓬莱阁

孙廷铨

凌空高阁倚丹峰，胜日登临不易逢。

万里帆来飞鸟影,千年笔迹访仙踪。
蜃楼隐约通三岛,海市依稀驾六龙①。
极目东瀛②探绝胜,五云深锁翠芙蓉。

(《咏鲁诗选注》,山东人民出版社1983年版)

孙廷铨(1613—1674),字枚先,号沚亭,山东博山人。明崇祯十二年(1639)举人,官至内秘书院大学士。谥"文定"。著有《颜山杂记》《沚亭诗集》等。

【注释】

①六龙:诗中指太阳。神话传说中日神乘车,驾以六龙,羲和为御者。
②东瀛:指东海。

无 题

沈国华

蓬莱阁上望蓬莱,采药扁舟去不回。
始信楼观沧海日,却疑身在凤凰台。
微茫弱水三千里,恍惚凌波二八来。
何事蜃灵偏弗见,挥毫应避谪仙才。

(明泰昌《登州府志》卷之五)

沈国华(生卒年不详),字泽脃,山西潞安(今长治)人。明万历二十五年(1597)举人,授蓝田知县,后升宁海州知州。

登州蓬莱阁感怀①

李崇仁

征鞍初卸郡城西,又向峰头杖瘦藜。
阳谷②波翻看日出,蓬莱云近讶天低。
坡仙绝唱谁能和,岛客③幽魂每欲迷。

自是登临多古意，非开游子独悲凄。

（《韩国文集丛刊》，韩国景仁文化社1990年版）

李崇仁（1347—1392），字子安，号陶隐，祖籍今韩国庆尚北道星州郡。高丽王朝末期著名文学家、诗人。著有《陶隐集》。

【注释】
①此诗是作者作为正使出使中国，于明洪武十九年（1386）在登州所作。
②阳谷：即旸谷，古代神话传说中日出之处。
③岛客：作者自称。

登蓬莱阁①

权 近

蓬莱古阁在高丘，破础颓垣②野草秋。
徐市不远天渺渺，安期难遇水悠悠。
鼋喷雪浪长风壮，鳌戴神山灏气③浮。
秦汉到头何事业，白云千载使人愁。

（《韩国文集丛刊》，韩国景仁文化社1990年版）

权近（1352—1409），原名晋，字可远、思叔，号阳村。高丽王朝末期、李朝初期著名的理学家、文学家、诗人，受封吉昌君。明洪武二十一年（1388）出使中国。著有《礼记浅见录》《阳村集》等。

【注释】
①此诗作于洪武二十九年（1396）。
②颓垣：坍塌的墙。
③灏气：浩然之气，正气。

蓬莱阁

李 穑

蓬莱高阁临沧海，海上三山若个边。
欲棹①扁舟寻得去，浪翻风壮意茫然。
山东山北海连天，利涉②须凭万斛船。
今古几多舟楫手，令人重忆传岩贤。

（《韩国文集丛刊》，韩国景仁文化社 1990 年版）

李 穑（1362—1431），字虞庭，号亨斋。高丽王朝末期、李朝初期文臣，官至领议政。他曾四次出使中国。著有《亨斋集》。

【注释】
①棹：划船。
②利涉：顺利渡海。

次蓬莱阁韵

李 穑

多少舟人包此灵，仙妃①遗像若平生。
风微夜静波涛息，月照沙明宇宙清。
义重只知终报主，魂清却疑已登瀛。
可怜②童仆无心事，酣睡通宵任水程③。

（《韩国文集丛刊》，韩国景仁文化社 1990 年版）

【注释】
①仙妃：指蓬莱阁天后宫的海神娘娘。
②可怜：可爱。
③水程：水路。

登蓬莱仙阁

吴允谦

蓬莱仙山昔闻名,今日登临眼忽明。
大浸亘中夷夏阔,长风骞远斗箕平。
浮槎万里身如粟,排浪千层气掣鲸。
坐到月高银汉净,空中倘有玉箫声。

(《韩国文集丛刊》,韩国景仁文化社1990年版)

吴允谦(1559—1636),字汝益,号楸滩。朝鲜李朝仁祖时期政治家,官至领议政。明天启二年(1622)作为正使出使中国。著有《楸滩集》。

登蓬莱阁

金尚宪

登州楼观跨虚空,势压沧溟万里穷。
桥石已从秦帝断①,星槎②惟许汉臣通。
乾坤荡漾洪波里,日月分开积气③中。
半世远游今白发,百年奇绝此难同。

(《韩国文集丛刊》,韩国景仁文化社1990年版)

金尚宪(1570—1652),字叔度,号清阴、石室山人、西磵老人。朝鲜李朝仁祖时期进士,著名文臣,官至大司谏。谥"文正",祭享于孝宗庙廷。明天启六年至七年(1626—1627)作为朝鲜正使出使中国。著有《清阴集》《野人谈录》。

【注释】

①桥石已从秦帝断:传说秦始皇于海中造石桥,因负约触怒海神,致使石桥没有建成。
②星槎:往来于天河的木筏。

③积气：聚积阴阳之气。

次石楼游蓬莱阁韵

李民宬

半空飞阁拂明河①，画栋霏霏映落霞。
万里沧溟天外合，数声柔橹月边过。
方隅设险城如铁，绝域占云海不波。
倚栏却疑槎犯斗②，玉京遥在析津③涯。

（《韩国文集丛刊》，韩国景仁文化社 1990 年版）

李民宬（1570—1629），字宽甫，号敬亭，朝鲜李朝时期著名诗人。明天启三年至四年（1623—1624）作为朝鲜使团书状官出使中国。著有《敬亭集》《敬亭续集》。

【注释】
①明河：天河，银河。
②犯斗：指登天。
③析津：古析津府。此处指北京。

蓬莱阁示郑下叔罗季郁

高用厚

平海漫漫接太空，画栏凭处地形穷。
风波谁道三韩①隔，舟楫从来万里通。
竹里微茫残照外，蓬山想像彩云中。
临风忽起乡关②念，归棹③何时与子同。

（《韩国文集丛刊》，韩国景仁文化社 1990 年版）

高用厚(1577—?),字善行,号晴沙。朝鲜壬辰倭乱时期举行义兵活动的著名文臣。他在明崇祯三年(1630)作为冬至使出使中国。著有《晴沙集》《正气录》等。

【注释】

①三韩:汉时朝鲜南部马韩、辰韩、弁韩的合称。后指朝鲜。

②乡关:故乡的山关,指故乡。

③归棹:返航的船。

蓬莱阁次清阴韵呈张驸雪斋可大①

高用厚

玲珑朱阁压层空,巨浸无涯目力穷。
乡信②莫叹三月绝,风涛犹幸一帆通。
燕京贡路沧茫外,鳌背仙山缥缈中。
借问桑田知几改,天容海色古今同。

(《韩国文集丛刊》,韩国景仁文化社1990年版)

【注释】

①此诗是明崇祯三年(1630)高用厚作为冬至使出使明朝,在蓬莱阁用金尚宪《登蓬莱阁》韵,赠给登州总兵张可大的诗作。

②乡信:家乡人或家人的信。

蓬阁有主僧玉光以扇作诗赠之因次

崔有海

东望三韩青琐班,登临蓬阁解愁颜。
日车流转云边毂,海市微茫尽里山。
长啸一声威北狄,惊波千里蹴南蛮。
雄心飞动无人会,尽日参禅石榻间。

（《韩国文集丛刊》，韩国景仁文化社1990年版）

崔有海（1587—1641），字大容，号默守堂、绀坡。朝鲜使臣，明崇祯二年至三年（1629—1630）出使中国。他精通医药、卜巫、天文、地理等。著有《默守堂先生文集》《东槎录》等。

次张元戎蓬阁韵二首

崔有海

一

星槎荡漾入蓬壶，东国羁臣①伴月孤。
远塞风烟看变化，列仙踪迹落处无。
层城积雪横云玉，画阁悬灯照夜珠。
手摘旄头②何日是，龙泉将拭血模糊。

二

城上遥临北斗平，葱葱佳气满瑶京③。
风声倒海波涛壮，月色穿云宇宙明。
华表腥尘愁鹤唳，蓬莱胜日动鸾笙。
微臣恋主思归处，天外时看列岫横。

（《韩国文集丛刊》，韩国景仁文化社1990年版）

【注释】

①羁臣：羁旅之臣。
②旄头：即昴星，二十八宿之一。
③瑶京：玉京，天帝所居。泛指神仙世界。

次金尚宪登蓬莱阁

崔有海

岩峣①尽阁入层空，徒倚还惊眼力穷。
地接华夷山不断，天低南北海相通。
仙居远隔微茫外，日吉飞腾指点中。
万壮游襟抱豁里，飘飘身世羽人②同。

（《韩国文集丛刊》，韩国景仁文化社1990年版）

【注释】

①岩峣：高峻，高耸。
②羽人：神话中的飞仙。

出登州水城

崔有海

催挂归帆①奏橹功，水城门外即天东。
暝云飞动沧波②上，春气熏微远岛中。
夷夏同舟凭大义，乡园③隔海任长风。
何时直到清川岸，花满香山雨后红。

（《韩国文集丛刊》，韩国景仁文化社1990年版）

【注释】

①归帆：回返的船只。
②沧波：碧波。
③乡园：家园，故乡。

归路登蓬莱阁

申悦道

杰构巍然碧海头,秦皇当日创斯楼。
波连河汉通真界①,地接蓬瀛认别区②。
一去仙童终不返③,三神灵药竟难求。
登临优觉尘襟爽,自诧男儿辨壮游。

(《韩国文集丛刊》,韩国景仁文化社 1990 年版)

申悦道(1589—1659),字晋甫,号懒斋。朝鲜李朝进士,曾任吏曹正郎、吏曹正言、蔚津县监等。明崇祯元年至二年(1628—1629)作为朝鲜使团书状官出使中国。著有《懒斋集》。

【注释】

①真界:仙界。
②别区:异域。
③一去仙童终不返:指徐福率领童男童女出海寻找不死仙药一去不复返。

蓬莱阁次正使韵

吴 翻

鞭鸾笞凤共登瀛,回首西南未了青。
万古神仙闲出没,九天星斗此纵横。
映纱珠贝看新句,着壁蛟螭①认书铭。
香案哦经休再误,向来尘土②困浮生③。

(《韩国文集丛刊》,韩国景仁文化社 1990 年版)

吴 翻(1592—1634),号天坡。朝鲜李朝进士,曾任权知承文院正字、礼曹佐郎、庆尚监司黄海监司。明天启四年至五年(1624—1625)作为谢恩兼奏请副使出使中国。著有《天坡集》。

【注释】

①蛟螭：蛟龙。

②尘土：尘世。

③浮生：短暂虚幻的人生。

蓬莱阁晚眺

李献庆

东路①登登②直北驰，云高铁岭到来夷。

官居切汉三千丈，云气含村十二时。

仙兴吏情清鼓吹，山形江势俨城池。

淳风③不死耕桑④稳，卧合治规是我师。

（《韩国文集丛刊》，韩国景仁文化社1990年版）

李献庆（1719—1791），字梦瑞，号艮翁、白云亭、玄圃。朝鲜李朝后期文臣、学者，才气磅礴，为朝鲜英祖时期四大文章家之一。著有《艮翁集》，现藏于韩国汉城大学奎章阁。

【注释】

①东路：通往东方的道路。

②登登：象声词，指马蹄声。

③淳风：敦厚古朴的风俗。

④耕桑：种田与养蚕，亦泛指农业。

五言古诗

游蓬莱阁

王世贞

余游蓬莱阁,睹弹子涡石,因记苏长公一章歌之,与参政姜公①共拾取数十枚为玩,遂戏效其体作数语。书付道士,并呈姜公。公前身为白玉蟾②高弟,解服食法,其有以教我。

昔闻蓬莱顶,神仙好围棋。
争道不相娱,散掷东海湄。
海若鼓锋涛,为汝作玉师。
历落涵天星,皎镜支汉机。
数惊骊龙③顾,或起陵阳④悲。
我无菖蒲根,杯水浴置之。
岂必真壶峤,方圆亦参差。
宇宙在一掬,芥子为须弥。
姜侯蟾翁裔,服食夙所宜。
他日访三神,煮以疗吾饥。

(清顺治《登州府志》卷之二十一)

王世贞(1526—1590),字元美,号凤洲,又号弇州山人,江苏太仓人。明嘉靖二十六年(1547)进士,曾任大理寺左寺、刑部员外郎、刑部郎中,嘉靖三十五年(1556)升山东按察司副使,后历官浙江右参政、山西按察使、湖广按察使、广西右布政使、右副都御史、应天府尹、南京兵部右侍郎,累官至南京刑部尚书。王世贞是著名文学家、史学家,明代"后七子"领袖之一,与李攀龙、宗臣等结成复古文学流派。著有《弇州山人四部稿》《弇山堂别集》。

【注释】

①参政姜公：即姜宝，字廷善，号凤阿，江苏丹阳人。嘉靖三十二年（1553）进士，官至南京礼部尚书。

②白玉蟾：本名葛长庚，南宋时期道士，道教金丹派南五祖之一。

③骊龙：传说中的一种黑龙。

④陵阳：指陵阳子明，道教神话人物。

甲子仲夏①登署中楼观海市

袁可立

余建牙东牟，岁华三易，每欲寓目海市，竟为机务缨缠，罔克一觏。甲子春得旨予告，因整理诸事之未集者，又两阅月，始咸结局，于是乃有暇晷。仲夏念一日，偶登署中楼，推窗北眺，于平日沧茫浩渺间，见俨然一雄城在焉。因遍观诸岛，咸非故形，卑者抗之，锐者夷之，宫殿楼阁杂出其中。谛观之，飞檐列栋，丹垩粉黛，莫不具焉。其纷然成形者，或如盖，如旗，如浮屠，如人偶语。春树万家，参差远迩，桥梁洲渚，断续络联，时分时合，乍隐乍显，真有画工之所不能穷其巧者。世传蓬莱仙岛，备诸灵异，其即此是与？自巳历申，为时最久，千态万状，未易殚述。岂海若缘余之将去，而故示此以酬厥夙愿耶？因作诗以纪其事云。

登楼披绮疏，天水色相溶。
云霭泽无际，豁达来长风。
须臾蜃气吐，岛屿失恒踪。
茫茫浩波里，突忽起崇墉。
垣隅迥如削，瑞彩郁葱隆。
阿阁叠飞槛，烟霄直荡胸。
遥岑相映带，变幻纷不同。
峭壁成广阜，平峦秀奇峰。
高下时翻覆，分合瞬息中。
云林荫琦珂，阳麓焕丹丛。
浮屠相对峙，峥嵘信鬼工。
村落敷洲渚，断岸驾长虹。

人物出没间，罔辨色与空。
倏显还倏隐，造化有玄功。
秉钺来渤海，三载始一逢。
纵观历巳申，渴肠此日充。
行矣感神异，赋诗愧长公。

睢阳袁可立题
云间董其昌②书

《海市诗》弟以米家法书之，虽不能称大作之雄伟，然东坡《海市诗》，非弟谓其三力未完，拙书犹不欲让，惟老年丈勒石得法，可以敌长公之笔，为东海不朽事。弟亦不复书名，百世而后，谁知代匠斫者何如？弟其昌。

董年丈初不欲书名，示谊士之拒，游之再三，乃始落款。今并之立弥刻识其实。

天启甲子冬吴郡温如玉③摹勒上石
（蓬莱阁碑刻）

袁可立（1562—1633），字礼卿，号节寰，又号闲闲居士，睢州（今河南睢县）人。明万历十七年（1589）进士，明天启二年（1622）任右佥都御史巡抚登莱，官至兵部尚书。著有《弗过堂集》《抚登疏稿》《评选古唐诗》等。

【注释】

①甲子仲夏：天启四年（1624）五月。

②董其昌：字玄宰，号思白、香光居士，华亭（今上海松江）人。明晚期著名书画家，官至南京礼部尚书。

③温如玉：江苏苏州人，侨寓青州。工真、草、篆、隶，尤善钩临法帖。

蓬莱阁怀古

袁可立

夙慕蓬莱仙，今到蓬阁上。
神仙杳难求，海水空漭漾。

秦皇踪已沉，汉武终觖望。
田横五百人，至今堪惆怅。
义城鲁仲连①，功成甘退让。
千载有同心，感时怀高尚。

（蓬莱阁碑刻）

【注释】

①鲁仲连：战国时期齐国高士，善谋策，常周游各国，排难解纷。著有《鲁仲连子》。

无 题①

王在晋

从昔玄黄剖，山海只一画。
阴阳任变幻，无复分主客。
烈火时时炎，土苴辩今昔。
柔佷化真刚，流膏酿成赤。
洪炉暗加煎，丹灶若燔炙。
娲皇日煅炼，元精本同脉。
山骨连木皮，石脂并松液，
非石亦非松，此是松化石。

（明泰昌《登州府志》卷之五）

王在晋（1567—1643），字明初，号岵云，江苏太仓人。明万历二十年（1592）进士，初授中书舍人，后任江西布政使，万历四十七年（1619）任右副都御史巡抚山东。明天启二年（1622）三月十八日，代熊廷弼为兵部尚书兼右副都御史，经略辽东、蓟镇、天津、登莱，并提出"拒奴抚虏，堵隘守关"的经略辽东方案，官至兵部尚书。著有《岵云集》《三朝辽事实录》《越镌》。

【注释】

①此诗描写的是松石,原藏于蓬莱阁天后宫门西的松石亭内。今亭圮,石亦失。

无 题

徐应元

有美蓬莱阁,矹然丹山头。
高出五云端,俯瞰大海流。
坐对三神山,下藏蛟与虬。
云气时出没,忽焉结为楼。
冉冉双城市,鸟隼杂彩斿。
见岂山灵发,隐若山灵收。
把酒一眺望,因之悟所由。
岛云有聚散,世事等蜉蝣。
东家铅椠子,篝灯焚膏油。
西家羽林儿,跃马试戈矛。
一旦受知遇,谈笑致通侯①。
穷达其何常,海云一转眸。
我生信有缘,家世亦瀛洲。
岂其追仙侣,来作蓬岛游。
麻姑今何在,所思空悠悠。
幻影与浮名,总之任短修。
倚栏长啸傲,此外复何求。

(明泰昌《登州府志》卷之五)

徐应元(生卒年不详),河北沧州人。明万历二十六年(1598)进士,万历四十五年(1617)任登州府知府,官至户部郎中。曾主持纂修明泰昌《登州府志》。

【注释】

①通侯:秦汉时代侯爵的最高一等,又称"彻侯""列侯"。

蓬莱阁观海

尹嘉宾

万历己未九月奉旨召募①,承侍御陈公中湛②招游蓬莱阁观海。

一

溟涬浩无端,划然东北豁。
滔滔遂古今,俶傥为谁发。
真宰收不住,一六逗生伐。
阎浮等芥舟,华藏眠豪发。
纵命吸之尽,讵喻金仙法。

二

秋日如秋月,为浴海水凉。
芳草如芳兰,为饮海气香。
弄日拾瑶草,神飙吹我裳。
麻姑③去何久,今夕当还乡。
我非祖龙④使,诏书急辽阳。
五千水犀甲,擢榜黄头郎。
霜台⑤麾白羽,涛立成沸汤。
暗噫大地簸,岛屿相击撞。
川岳皆效灵,矧兹百谷王。
谈笑歼修鲸,洗兵换耕桑。

(蓬莱阁碑刻)

尹嘉宾(1572—1622),字孔昭,号澹如,江苏江阴人。明万历三十八年(1610)进士,曾任中书舍人、兵部郎中,官至湖广提学副使。万历四十七年(1619)九月,奉旨到山东募兵。他工诗善书,著有《焚余集》。

【注释】

①万历己未九月奉旨召募:万历四十七年初,明军讨伐后金努尔哈赤,即萨尔浒之战,明军惨败。在此形势下,作者奉旨到山东募兵。

②侍御陈公中湛：即御史陈于廷，字孟谔，号中湛，江苏宜兴人。万历二十三年（1595）进士，曾巡按山东。

③麻姑：中国古代神话中的长寿女仙。

④祖龙：指秦始皇。

⑤霜台：即御史陈于廷。

望 海

尹嘉宾

青荧半空碧，白沙出林杪。
谓是雪月明，春烟澹将晓。
咫尺不可耐，飞鞚逾渴鸟。
到来始叫绝，愯然莫敢道。
众容幻倏忽，远意含虚眇。
云日吹微微，千里孤槎小。
玄牝静自春，钧天奏未了。
何当鞭三山，沿洄恣幽讨。

（明泰昌《登州府志》卷之六）

无 题

陈余达

神仙不可接，聊且问蓬莱。
弱水有深浅，麻姑几往回。
沧波通碧汉，丹顶绝红埃。
浴日金鳞动，乘风雪浪开。
积青气是岸，浮翠鸟如堆。
此地一秋矣，苏公五日哉。
关心石上字，得意手中杯。

昔日曾游否？而今俄再来。

（明泰昌《登州府志》卷之五）

陈佘达（生卒年不详），湖北黄冈人。举人，明万历四十年（1612）任蓬莱教谕，升知州。

三月十九日过海宿登州公馆郭通事金押马船阻风未至因留待①

郑梦周

登州望辽野，邈②矣天一涯。
溟渤限其间，地分夷与华。
我来因舟楫，利涉还可夸。
昨日海北雪，今朝海南花。
夫何气候异，可验道路赊。
客怀易凄楚，世事喜蹉跎。
偕行二三子，相失迷风波。
终夜苦忆念，耿耿闻鼓挝③。
晨登蓬莱阁，浪涌山嵯峨。
归来就孤馆，欹枕④空吟哦⑤。

（《韩国文集丛刊》，韩国景仁文化社1990年版）

郑梦周（1337—1392），字达可，号圃隐，朝鲜高丽王朝末期著名的政治家、外交家、哲学家、文学家，被誉为"朝鲜理学之祖"。明洪武年间六次（1368—1398）出使中国。谥"文忠"。著有《圃隐集》。

【注释】

①此诗是作者于洪武二十年（1387）出使中国时在登州府所作。
②邈：遥远。
③鼓挝：敲鼓的声音。

④敧枕:斜倚枕头。
⑤吟哦:有节奏地诵读诗文。

七言古诗

李都阃①同登蓬莱阁观海

张 吉

苍髯如戟李将军,平生嗜好在斯文。
行边宛转阴山北,望水沉吟东海濆。
蓬莱暑雨开新霁,半落沧潮含晓云。
崔嵬阁道隳空阔,导吾并盖穷氤氲。
须臾云散诸岛出,二竹三门联甲乙。
寸心恍惚共神谋,两目颠顶与天毕。
却忆太始混沌初,阴阳摩荡无形质。
二仪既辟清浊分,洄潏颐中止天一。
外浮乾象内涵坤,倒景神人难致诘。
坤轩西北轾东南,万派奔趋同一律。
海市流传不记秋,古今胜事信无俦。
南多鲛室北蜃室,变幻起灭难推求。
蜃为楼阁鲛为绡,往往真与尘世侔。
虽侔尘世终莫有,吁嗟入目不入手。
是时我与李将军,注目晴空颇良久。
渺然一碧何所见,恍恍徒闻鳌抃蛟龙吼。
人言海烟映日海市乃露呈,孰是神物无依凭。
空明万象惊瞋裹,伸手谁探波底星。

(《古城集》卷五)

张　吉（1451—1518），字克修，号翼斋，别号古城，江西余干人。明成化十七年（1481）进士，授工部主事，明正德二年（1507）由广西按察使迁山东右布政使，官至贵州布政使。著有《陆学订疑》《古城集》。

【注释】

①都闻：明代都指挥使司和都指挥使的别称。

观海市

王良臣

蓬莱阁上望蓬瀛，□□几看眼界生。
形结楼台惊幻化，影浮城郭许空明。
乘闲图画写□□，海若称灵浪势平。
底□□□登眺处，翠涛辉映晚霞晴。
□□聚散海天宽，入望乾坤□□看。
车马骈阗纷市肆，鱼龙潜伏静波澜。
光涵万象真泡影，气抱一元如弹丸。
商贾七军凭弱水，千金□购访还丹。

（蓬莱阁碑刻）

王良臣（1468—？），字汝邻，河南宛丘（今淮阳）人。明弘治六年（1493）进士，授浙江德清县令，后任南京监察御史，明正德六年（1511）擢山东按察司副使，备兵青、登、莱三郡，巡察海道，正德十年（1515）擢山东按察使。

梁中丞乾吉①刘大参子仁②同登蓬莱阁夜观日出赋此以纪胜事

谢　榛

台省③匡时同所系，岂徒退食忧侵岁。
桑田恐入鱼鳖乡，切为东方赤子计。
蓬莱阁上坐终宵，光罗星宿垂无际。

直气④相扶动万里，凌空不假神明卫。
海日闪破苍茫天，岛云恍开太古世。
风息浩波生籀文⑤，长鲸自缩广穴闭。
汉家雨露有余泽，渔父讴歌朝复夕。
西来水声非一源，百川朝宗见臣职。
当代并全舟楫功，他日应期钟鼎勒。

（《谢榛全集》卷之二，齐鲁书社 2000 年版）

谢 榛（1495—1575），字茂秦，号四溟山人、脱屣山人，山东临清人。明代布衣诗人，其诗以律句、绝句见长，功力深厚，句响字稳。他与李攀龙、王世贞等结诗社，为明代"后七子"之一。著有《四溟山人全集》《四溟诗话》。

【注释】

①梁中丞乾吉：即梁梦龙，字乾吉，号鸣泉，真定（今河北正定）人。明隆庆四年（1570）以右佥都御史巡抚山东。

②刘大参子仁：即刘一麟，字子仁，号雪山，昌平州（今北京昌平）人。由山东青州府推官选兵科给事中，官至参政。

③台省：指御史台。

④直气：正气。

⑤籀文：比喻水纹。

蓬莱阁夜观海上出日

郑汝璧

飞阁冥冥海峤孤，忽看残夜起阳乌。
晨光积气时开阖，绛节金支乍有无。
沆瀣初消旸谷①晶，重轮徐动峤云扶。
流形尽摄寒空镜，观化疑探赤水珠。
蜃市微茫双阙窅，贝宫隐见万灵趋。
便堪炼药寻三岛，曾记搴芝按五图。
人世风尘成底事，好因清浅问麻姑。

(《由庚堂集》卷之十一）

郑汝璧（1546—1607），字邦章，号昆岩、愚公，浙江缙云人。明隆庆二年（1568）进士，明万历二十一年（1593）任山东右布政，不久升右佥都御史巡抚山东，官至兵部右侍郎兼佥都御史。

【注释】

①旸谷：传说中日出的地方。

蓬莱十大景①

徐应元

仙阁凌空

阁在丹崖山之巅，俯瞰沧溟，突兀凌空，呼吸可通帝座，仙凡往来其中，俱不可辨识。尝为之诗云：

神仙自有楼居兴，不向人间示姓名。

神山现市

海市常变，人诧为异，然千万年来未尝有改，是市常而人变也。尝题云：

倏忽不知人换世，乍观蜃市各惊心。

狮洞烟云

洞在蓬莱阁下，面北。航海自北来者南望，烟云出没，人物依稀，亦有市焉，但游此中者不觉耳。

蓬莱自有神仙窟，何必区区望十洲。

万斛珠玑

岩下石子万斛，圆莹若珠，尝疑为鲛人所泣。题云：

海客何劳空堕泪，无人拾取任珠还。

渔梁歌钓

海上之人忘机，既歌且钓，葛天无怀，殆类是与。尝为之句云：

欸乃四时渔兴乐，太平景象在烟波。

碧浪金乌

晨起东望，天色晴明，海天相际之处，初浮光耀金，冉冉而上，倏离披璀璨，遍海皆赤，而日出矣。诗云：

东方混沌无生计，惟有旭阳先照临。

晚潮新月

新月初出，波心掩映，登楼一望，神气倍清。因横襟赋云：

海若亦知人意净，故教水月洗灵心。

波澄万里

风恬浪净，一碧万顷，中国信有圣人乎？因题云：

圣朝文治重新日，无复鲸鲵乱海波。

漏天银雨

悬崖水滴，细者若游丝，大者若倾注，淙淙然，真银雨声也。呜呼！

谁能移此岩前润，化作甘霖遍九天。

铜井含灵

井在漏天东海中里许，黄色若金，潮退水落，以绳缒探之，深不测底。尝为之句云：

想是当年渴父②饮，沧波不足更穿深。

（明泰昌《登州府志》府景图）

徐应元（生卒年不详），河北沧州人。明万历二十六年（1598）进士，万历四十五年（1617）任登州府知府，官至户部郎中。曾主持纂修明泰昌《登州府志》。

【注释】

①蓬莱十大景中的"漏天银雨""铜井含灵"二景位于阁东三十里，其余八景在蓬莱阁。

②渴父：即夸父，中国神话人物。

观 海

吕大器

予自使署，历今垂廿年，披览天下佳山水亦多，而广大奇险未有若蓬莱海。壬午①之冬，予北上过齐，为虏骑纵横，直逼至登。因同登人士登陴效守，得纵观海，且陟蓬莱阁焉。阁下古洞宖窣，巨波撼之如雷。洞以西，有石如珠。湾里许，奇石峭峰，若今假山之礧磊人成者。忆坡公当年来登五日，仅祷海市，若洞、若石与珠湾，或倥偬未之到也。而予得览焉，快有甚于坡老。

蓬莱杰阁峭天宇，灏气直乏貌今古。
搔首未携谢朓②诗，盈眸却有坡仙语。
洪涛不将纤尘留，柱石能撑浊世流。
有意蜃楼为我设，无心鸥鸟任波浮。
海上自有钓鳌客③，线借虹霓钩借月。
时危不乏济川人，只愁举世妒李白。
明珠一湾雪千峰，玲珑怪幻如天工。
举杯直上层绝处，一腔心胆彻碧空。

（蓬莱阁碑刻）

吕大器（1586—1649），字俨若，号先自，四川遂宁人。明崇祯元年（1628）进士，初任行人，后历任吏部稽勋主事、关南道参议、固原副使。崇祯十六年（1643）任兵部右侍郎兼右佥都御史，总督保定、山东、河北军务，官至吏部左侍郎。著有《东川文集》《抚甘督楚疏稿》。

【注释】

①壬午：崇祯十五年（1642）。

②谢朓：字玄晖，陈郡阳夏（今河南太康）人。南朝齐诗人，在永明体即新体诗作家中成就最高。著有《谢宣城集》。

③钓鳌客：指有豪放胸襟和远大抱负的人。

观东坡海市诗刻次韵

宋 献

重九前五日,观察王明初①、大将军张扶舆②招饮蓬莱阁,因观东坡《海市诗》刻次韵。

忽来放眼天地空,神界惝恍③超寰中。
何须妄拟攀壶峤,身已金堂蕊贝宫。
况逢胜日开芳宴,豪吟细咏称神工。
落照亭亭隐波外,炙笙调管惊鱼龙。
迩檐扪抚漫漶字,灵气呵护惟坡翁。
始信文章千古事,其人往矣孰敢雄。
今日当杯一凭吊,相与诘难穷无穷。
隔岸欲呼遁鹤返,会看泽扫付祝融。
湎怀永夜频跋烛④,山寺隐约来疎钟⑤。
愧我因人真碌碌,拉手语笑情已丰。
岘首感慨襄阳歌,醉归完宛聆白铜。
人生贵得适意耳,东海何孤大国风。

崇祯岁在己巳⑥季秋月濑江宋献漫咏并书于驶雪堂中

(蓬莱阁碑刻)

宋 献(生卒年不详),字献孺,号如园,江苏溧阳人。明崇祯二年(1629)任山东监军佥事,官至山东参议。

【注释】

①王明初:即王在晋,字明初,号岵云,江苏太仓人。明万历四十七年(1619)任山东巡抚,官至兵部尚书。

②张扶舆:即张可大,字观甫,应天(今江苏南京)人。崇祯元年(1628)任山东登莱总兵官,官至南京右都督。

③惝恍:迷迷糊糊,不清楚。

④跋烛:指快要点完的蜡烛。

⑤疎钟：稀疏的钟声。
⑥崇祯岁在己巳：崇祯二年。

次陆主事登州海市诗韵

李 穑

海曙云收天欲明，海中岛屿遥可见。
阳鸟①飞出海气升，万象缘空各形现。
古老相传是海市，奇观异态纷更变②。
画阁朱楼知几重，暂时炫耀非所羡。
对此堪玩亦堪怪，今古几人能细辨。
由来外物多不真，须知顺事为至善③。

（《韩国文集丛刊》，韩国景仁文化社1990年版）

李 穑（1362—1431），字虞庭，号亨斋。高丽王朝末期、李朝初期文臣，官至领议政。他曾四次出使中国。著有《亨斋集》。

【注释】

①阳鸟：指太阳。
②更变：变更，改变。
③至善：最崇高的善。

后　记

　　《蓬莱阁明代文献研究》自2022年3月开始筹备，蓬莱阁景区管理服务中心成立明代文献课题专班，召开专题会议10余次，分工协作，不懈努力，踵事增华，踔厉奋发，历时近两年，由齐鲁书社出版印行。

　　《蓬莱阁明代文献研究》全书收录诗文1000余首，超28万字。书中以"蓬莱阁诗文"为核心篇目，来源有四个部分：国家图书馆珍藏的明弘治十四年《蓬莱阁诗集》、明万历十九年《蓬莱阁集》和万历三十一年《蓬莱阁集》三部古籍，约占全书内容的90%。另外增加蓬莱阁明代诗文补遗一章，摘自《登州府志》、《蓬莱县志》、蓬莱阁碑刻、《韩国文集丛刊》等，可以说，是明代蓬莱阁诗文之集大成。

　　《蓬莱阁明代文献研究》在正文的编排上分为题目、原文、作者简介、注释四条。题目以诗文的原有题目为准，没有题目的均定为无题；原文即对应古籍诗文考释记录的文字，为方便读者了解诗文内容，抄录诗文时，对于诗文中繁体字、通假字、异体字均以简体字代替，错别字不作改动；作者简介对诗文作者情况介绍（同一作者多个作品时，作者简介不予重复），并着重点出其与山东或登州的渊源；注释依托诗文内容、作者情况、时代特点等做出详细解释和浅显研究（着重于诗歌本身诗意的诠释，避免旁涉繁考而力求翔实通俗，以期有利于蓬莱阁诗文推广和研究）。各版本中重复收录的诗文，将其中的字句差异在注释中标明，便于读者更好地体会诗文在转录过程中遣词用句的精妙变化。每册书前增加目录，以供读者查询方便。

　　《蓬莱阁明代文献研究》取得最新研究成果如下。第一，挖掘蓬莱阁诗文碑刻历史原貌。"蓬莱阁，东牟胜地，古今游览者皆有题咏，在卧碑败壁间，字将磨灭。麻城喻公，作郡三年，政通人和之暇收录之。"登州知府喻宗府最早将蓬莱阁碑刻诗文汇集成册，书中诗文196篇，其中无题135篇，约占所有篇幅的70%。这是因为作者创作诗文时不想直接用题目来显露主旨，所谓无题胜有题，这样的诗，含有深意，寄托了作者对蓬莱阁深厚的感情。第二，丰富蓬莱阁诗文题材。蓬莱阁诗文不仅体现在描写景物山水诗，还涵盖一些抒发怀抱寄赠诗、送别诗和唱和诗。如明弘治三年（1490），山东监察御史陈璧来登州巡查海防，陈景隆、赵鹤龄陪同登阁观海，和诗次韵陈璧《无题》之作，表现出明代官员们公务之余在蓬莱阁上赋诗唱和之情。第三，拓展苏轼《海市诗》的重要价值。杜庠、王应鹏、徐问、郭宗皋、潘滋等13位明代文人官员崇拜苏轼，解读《海市诗》，撰诗附和，体现出苏轼《海市诗》对明代文人的影响，为今后苏轼文化研究开辟新思路。第四，纠正蓬莱阁碑刻赏析错误。蓬莱阁苏公祠南墙《观海市》碑刻落款为信都夏时，在编撰《蓬莱阁碑刻诗文赏析》时，受资料所限制，将作者年代划为清代。而该诗在明弘治十四年《蓬莱阁诗集》中收录，因此夏时应为明代人，且另有其人。第五，填补史料空白，对已知史料进行补充印证，使内容更充实完整。比如明泰昌《登州府志》中王崇庆的《蓬莱观海亭集序》提到曾作《海市辨》，但具体文章未见，《蓬莱观海亭集》也未见，此次文献整理中均发现了相关记载。此外，对书中诗文进行标点句读，更便于读者通读，了解文意，在此不一一赘述。

因水平和时间所限，书中难免会出现遗漏和谬误之处，还请广大读者谅解。我们期待该书编辑出版，能为蓬莱阁兴旺发展赢得更广泛的社会关注，使蓬莱阁历史文化更完好地传承下去。

编　者

2023 年 11 月 15 日